접힘과 펼쳐짐

라이프니츠와 현대

지은이 이정우

소운(逍雲) 이정우(李正雨)는 1959년 충청북도 영동에서 태어났고 서울에서 자랐다. 서울대학교에서
공학과 미학 그리고 철학을 공부했으며, 아리스토텔레스 연구로 석사학위를, 푸코 연구로 박사학위
를 받았다. 1995~1998년 서강대학교 철학과 교수, 2000~2007년 철학아카데미 원장, 2009~2011년
어시스트윤리경영연구소 소장을 역임했으며, 현재 소운서원 원장(2008~)과 경희사이버대학교 교
수(2012~)로 활동하고 있다.

소운의 사유는 '전통, 근대, 탈근대'를 화두로 한 보편적인 세계사의 서술, '시간, 사건, 생명 등'을 중심
으로 하는 생성존재론(사건의 철학), 그리고 '소수자의 윤리학과 정치학'을 추구하는 실천철학의 세
갈래로 진행되어 왔다. 철학사적 저작으로는 『신족과 거인족의 투쟁』(한길사, 2008), 『세계철학사 1:
지중해세계의 철학』(길, 2011), 『세계철학사 2: 아시아세계의 철학』(길, 2018), 『소은 박홍규와 서구 존
재론사』(길, 2016) 등이 있으며, 존재론적 저작으로는 『사건의 철학』(그린비, 2011), 『접힘과 펼쳐짐』
(그린비, 2012) 등이, 실천철학적 저작으로는 『천하나의 고원』(돌베개, 2008), 『전통, 근대, 탈근대』(그
린비, 2011), 『진보의 새로운 조건들』(인간사랑, 2012) 등이 있다. 현재는 『세계철학사 4: 탈근대 사유의
갈래들』, 『무위인-되기: 세계, 주체, 윤리』를 집필하고 있다.

소운 이정우 저작집 4
접힘과 펼쳐짐 – 라이프니츠와 현대

초판1쇄 펴냄 2012년 5월 30일
초판2쇄 펴냄 2021년 9월 24일

지은이 이정우
펴낸이 유재건
펴낸곳 그린비
주소 서울시 마포구 와우산로 180, 4층
대표전화 02-702-2717 | **팩스** 02-703-0272
홈페이지 www.greenbee.co.kr
원고투고 및 문의 editor@greenbee.co.kr

주간 임유진 | **편집** 홍민기, 신효섭, 구세주, 송예진 | **디자인** 권희원 | **마케팅** 유하나
물류유통 유재영, 한동훈 | **경영관리** 유수진

ISBN 978-89-7682-380-9 94100   978-89-7682-356-4(세트)

學問思辨行: 배우고 묻고 생각하고 판단하고 행동하고

독자의 학문사변행을 돕는 든든한 가이드 _그린비 출판그룹

그린비 철학, 예술, 고전, 인문교양 브랜드
엑스북스 책읽기, 글쓰기에 대한 거의 모든 것
곰세마리 책으로 통하는 세대공감, 가족이 함께 읽는 책

접힘과 펼쳐짐

라이프니츠와 현대

이정우 지음

그린비

一微塵中含十方

一切塵中亦如是

無量遠劫卽一念

一念卽是無量劫

—義湘大師

To see a World in a grain of sand

And a Heaven in a wild flower,

Hold Infinity in the palm of your hand

And Eternity in an hour.

—William Blake

머리말

이 저작은 내가 1999년(이화여자대학교)과 2000년(철학아카데미)에 행했던 강의에 기초한다. 각각 『접힘과 펼쳐짐』(2000), 『주름, 갈래, 울림』(2001)으로 따로 출간되었던 두 권의 책을 이번 기회에 합본한 것이다. 구성과 서술에서 일정한 변형을 가했다.

라이프니츠의 철학은 이제는 더 이상 시동이 걸리지 않는, 하지만 내부를 잘 뜯어보면 눈이 번쩍 뜨일 만한 부품들이 적지 않게 들어 있는 자동차와도 같다. 오늘날 라이프니츠의 철학을 그 전체로서 수용하기는 어렵다. 많은 사람들에게 그의 철학은 신학적인 사변, 낡아빠진 서구 형이상학의 전형으로 보인다. 하지만 그의 사유 전체가 아니라 그 중 어떤 부품들에서 영감을 얻고자 하는 사람들에게 그의 사유는 보물섬과도 같다. 그 섬 전체를 현대로 옮겨 오기는 불가능하고 또 필요한 일도 아니지만, 우리는 그 섬에서 갖가지 진기한 보물들을 현대로 옮겨 올 수 있고 현대 식으로 고쳐서 다시 제작할 수 있다. 본 저작에서 하려는 시도도 이런 종류의 것이다.

이 저작은 다음의 중심 가설을 축으로 전개된다 : 라이프니츠가 신과 피조물들 사이에 놓은 관계를 오늘날의 인간과 기계들 사이에로 이전할 때 많은 내용들을 이끌어낼 수 있으며, 이 과정에서 (『사건의 철학』에서 일정 정도 뿌려 놓았던) '접힘과 펼쳐짐'의 존재론을 정교화해 나갈 수 있는 여러 단초들을 만들어낼 수 있다. 본 저작은 이 가설 위에서 1부에서는 라이프니츠의 세계(주로 자연철학)를 다루었으며, 2, 3부에서는 그의 사유를 현대의 과학과 기술(하이테크 문명)에 잇고자 했다.

2012년 봄

逍雲

:: **차례**

2부 카오스모스의 과학 — 라이프니츠와 현대 과학

3부 하이테크 시대의 모나드 — 라이프니츠와 현대 문명

서론

§1. 과학과 형이상학

우선 서론적인 논의로서 과학과 형이상학의 관계가 무엇인지를 한번 짚어 보겠습니다. 전통적인 용어를 쓴다면 과학은 'physica'이고 형이 상학은 'meta-physica'이죠. 여기에서 'physica'는 좁은 의미로는 자 연과학을 말하지만, 넓은 의미로는 과학적 탐구들 전반을 뜻하는 말 로 이해할 수 있습니다. 형이상학이 무엇인지를 알려면 이때의 'meta' 의 의미를 음미해 봐야 하겠죠.

과학과 형이상학은 때로는 배타적인 관계를 맺기도 하고 또 때로 는 상보적인 관계를 맺기도 합니다. 물론 상보적인 관계를 맺을 때가 진정한 형이상학이 되겠죠. 과학과 형이상학이 상보적인 관계를 맺을 경우, 우리는 그 관계를 '외삽'外揷이라는 말을 써서 가리킬 수 있습니 다. 형이상학은 과학의 외삽이라고 말할 수 있습니다. 과학이 당대까지 이루어 놓은 성과들을 총체적으로 검토하고 아직 과학적 탐구로 나아가지 못한 영역을 상상력을 통해 점선으로 그려 보는 겁니다. 그러면 나중에 과학이 그 길을 따라가면서, 점선으로만 얼기설기 그려 놓았던 것을 구체화시켜 실선으로 그리는 것이죠. 이런 의미에서 형이상학은 과학의 외삽이라고 할 수 있습니다.[1]

이 규정을 이전 강의에서 내가 과학과 형이상학에 대해 내린 규정과 비교해 볼 필요가 있습니다. 과학은 '현실적인 것'을 다루고 형이상학은 '잠재적인 것', '개연적인 것'을 다룬다고 그랬죠? 과학은 '~이다'를 다루고 형이상학은 '~수 있다'를 다룹니다. 그러니까 제가 방금 말한 점선과 실선을 잠재성/개연성과 현실성으로 바꾸어 이해하면 될 것입니다.

또 한 가지 비유로, 윤형자를 들 수 있습니다. 여러분들이 건축 설계를 해보셨는지 모르겠는데, 설계를 할 때 사용하는 윤형자라는 것이 있어요. 우리가 흔히 사용하는 자들은 정형화된 수학적 도형들로 된 자들이죠? 컴퍼스도 마찬가지고요. 그런데 이런 자들을 가지고는 일정한 도형들밖에는 못 그리죠. 다양하게 꾸불꾸불한 것을 그리려면 보통 자들 가지고서는 안 됩니다. 그래서 윤형자라는 것이 있어요. 여러 형태의 곡선들로 되어 있어 구불구불하게 생겼죠. 이 자를 가지고 그립니다. 하나의 윤형자를 가지고서도 도안이 어려운 경우는 여러 윤형자들을 조합해서 미리 몇 단계 앞에서 맞춰 봅니다. 미리 점선으로 맞춰 본 다음에 실선을 긋고, 또 몇 단계 앞서 맞춰 보고 실선을 긋고 합니다. 바둑을 두는 과정과 비슷하죠. 그래서 형이상학은 과학의 윤형자 같다고 할 수 있습니다.

이 'meta'라는 말은 아직 과학적 탐구가 이루어지지 못한 차원,

개연성의 차원을 가리키는 말입니다. 그런 점에서 'meta'는 '넘어서' 를 뜻한다고 볼 수 있죠. 반대 방향에서 이야기한다면, 과학 자체에 내재해 있는 한계, 인식론적 전제들을 드러내는 작업을 뜻한다고도 할 수 있습니다. 이런 경우들은 형이상학──더 정확히는 존재론[2]──과 인식론/과학철학의 공통부분이라고 할 수 있습니다. 시공간론, 인과론, 양상론,…… 등이 있죠.

물론 'meta-physica'는 'physica'를 전제해서 이루어져야 합니다. 'Physica'와 무관한 사변을 펼치면 유의미한 'meta-physica'가 되기 어렵습니다. 들뢰즈가 말하는 의미에서의 '문제'를 탐구하는 담론, 특이성들의 장을 탐구하는 담론이 형이상학이죠.[3] 하지만 실제 형이

---

1) 미셸 푸코는 "철학──철학적 활동이라는 의미에서──이 사유 자체에 대한 사유의 비판적 작업이 아니라면, 또한 자신이 알고 있는 것을 정당화하는 대신에 달리 사유하는 것이 어떻게 그리고 얼마나 가능할지 알고자 하는 계획에 존립하고 있지 않다면, 오늘날 철학이란 도대체 무엇인가"라고 했다(『쾌락의 활용』, 문경자·신은영 옮김, 나남, 2004, 23쪽). 들뢰즈는 선험철학을 칸트에게서처럼 경험적인 것을 조건 짓는 것(정당화)이 아니라, 선험적 테두리를 넘어 경험을 확장하는 것으로 이해했다('선험적 경험론'. 다음을 보라. 에가와 다카오, 『존재와 차이』, 이규원 옮김, 그린비, 2012). 우리의 지금 논의는 이들의 생각의 과학철학적 버전이라고 할 수 있다.

2) '형이상학'이 종합적이고 사변적인 형태의 거대 이론을 뜻한다면, '존재론'은 (한편으로는 형이상학과 거의 동의어로 사용되기도 하지만) 모든 형태의 사유/담론들의 근본 원리들을 명료화하는 작업을 뜻한다. 형이상학은 그 안에 특정 존재론적 입장을 전제하고 있지만, 존재론은 특정 형태의 형이상학에 구애받지 않는다.

3) 들뢰즈에게 문제란 잠재성의 구조이다. 현실성을 그 하나의 해(解)로서 가지는 잠재성-장의 구조이다. 잠재성과 현실성은 기본적으로는 라이프니츠의 가능세계과 현실세계를 잇고 있지만, 1) 라이프니츠와는 달리 논의가 내재성의 구도에서 이루어지며, 2) 잠재성에 대한 결정론적 이해는 거부되며, 3) '가능적인 것'과 '잠재적인 것'이 구분되고 잠재적인 것에 초점이 맞추어진다. 문제-장을 구성하는 가장 기본적인 요소는 특이성들이다. 문제-장은 일차적으로는 특이성들의 체계이다.

상학사를 보면 너무 사변적인 논의 ─ 특히 신학적 논의들 ─ 가 많았고, 그래서 '형이상학'形而上學 ─ 이 번역어 자체가 이런 이미지를 풍기거니와 ─ 이라는 단어에는 일정 정도 비난의 뉘앙스가 들어가는 경우들이 많죠. 특히 근대의 철학자들이나 과학자들이 이 말을 사용할 때에는 대개 이런 부정적인 의미로 사용했습니다.[4] 그러나 이것은 옥석玉石을 구분하지 않고서 하는 이야기라고 할 수 있습니다. 'Physica'의 외삽으로서의 'meta-physica'와 그런 조건을 갖추지 못한 형이상학을 구분하지 못한 데에서 나오는 일방적인 비난입니다. 어쨌든 진정한 의미에서의 형이상학은 당대까지의 과학적 성과들에 대한 충분한 검토 위에서 이루어지는 행위입니다. 이것이 'meta'라는 말의 두번째 의미죠. '후에'라는 의미입니다. '과학 이후'라는 뜻이죠.

그러나 아쉽게도 20세기에 들어오면 이런 의미에서의 형이상학을 찾아보기는 쉽지가 않아요. 19세기까지만 해도 대大형이상학자들이 있었습니다. 그러나 20세기에 들어오면 과학과 철학, 더 넓게는 이과학문과 문과학문이 날카롭게 갈라지고, 그 과정에서 본연의 의미에서의 'meta-physica'는 찾아보기 어렵게 됩니다. 그러나 진정한 사유는

---

4) 사실 이런 뉘앙스는 (지중해세계의 문명을 이은) 서구 문명의 독특한 맥락에서 이해해야 한다. 서구에서의 'metaphysica'라는 말은 중세 기독교 문명의 그림자를 좀체로 떨쳐내기가 어려운 말이라 할 수 있다. 오늘날까지도 서구에서의 'metaphysica'는 중세적 뉘앙스를 띤 담론으로서 이해되고 있다(또, 'ontology'라는 말을 여전히 중세적 의미로 받아들이는 경우도 종종 본다. 이런 경우에는 "생성존재론"이라는 말이 좀 어색하게 느껴질 것 같다). 따라서 내가 "진정한 의미에서의 메타-퓌지카"라고 표현한 말에는 서구 문명의 특수성을 벗어난 맥락에서의(보다 보편적인 성격의) 형이상학/존재론을 추구하려는 기획이 들어 있다.

형이상학을 포기할 수 없습니다. 개별 과학에는 개별 과학으로서의 역할이 있고, 형이상학에는 형이상학에의 역할이 있습니다. 오늘날처럼 개별적인 지식들은 산더미처럼 쌓여 있지만 세계에 대한 종합적인 이해는 부재하는 상황에서, 자연철학과 형이상학의 부활은 무엇보다도 시급합니다(내가 말하는 '자연'은 전통적인 '自然' 또는 'physis'이고, 때문에 나에게는 자연철학이 곧 형이상학입니다. 추상적인 형태의 형이상학——존재와 무, 하나와 여럿, 연속과 불연속,…… 등의 문제들을 다루는 담론——은 '존재론'이라고 부를 것입니다).

과학들과 형이상학은 서로를 배척하기보다는 상보적인 관계를 맺어야 합니다. 형이상학과 단절된 과학들은 결국 기술 및 자본주의의 하수인이 될 뿐이고, 과학들과 단절된 형이상학은 근거 없는 사변이 될 수밖에 없기 때문이죠. 개별 과학들이 형이상학을 멸시하거나 형이상학이 개별 과학들을 무시한다면, 기술, 자본주의, 종교, 이념, 대중문화,…… 등만 존재할 수 있을 뿐 진정한 의미에서의 사유는 존재할 수가 없습니다. 과학들은 형이상학으로부터 메타적인 사유(비판적이고 종합적인 사유)를 배워 각각의 한계를 돌파해 나가고, 형이상학은 자신의 사유를 개별 과학들의 성과를 매개해 구체화해야 합니다. 그래야 과학과 형이상학의 상보적인 관계가 성립할 수 있습니다. 이 저작은 20세기의 형이상학을 다루고 있습니다만, 앞으로 함께 21세기의 형이상학을 만들어가 봅시다.

특히 동북아 문화 안에서 살아가고 있는 우리에게 새로운 형이상학 또는 자연철학의 수립은 또 다른 각별한 의미를 띠고 있습니다. 우리는 19세기에 이르기까지 서구와는 전혀 다른 세계관을 가지고 살아왔죠. 그토록 오랫동안 친숙해 있던 세계관이 서구 제국주의가 침투한 이래 하루아침에 날아가고, 갑작스럽게 너무나도 낯선 세계관을 받아들이게 된 것이죠. 과학기술과 기독교가 그것입니다. 그런 상황에서 우리의 삶의 정체성이 뿌리에서부터 동요하게 됩니다. 물론 지금은 오히려 서구적인 것이 더 친숙하게 되었고, 전통적인 것은 얄궂게도 더 낯선 것이 되어버렸지만 말입니다. 여기에서 문제의 초점은 서구냐 동북아냐 하는 데에 있는 것이 아니라, 이런 일들이 일어난 구체적인 과정들과 그 결과에 있습니다.

이런 과정이 빚어낸 상황은 오늘날 우리가 배우는 과학 교과서와 생활 속에서의 자연 이해, 사물 이해를 비교해 보면 선명하게 드러납니다. 지금 우리 중고등학생들이 배우는 교과서에는 동북아 자연철학에 관련된 내용은 단 한 페이지, 아니 단어 하나도 나오지 않습니다. 예컨대 전통적 세계관에서 세계를 이해하는 가장 근본 범주였던 '기' 氣 개념은 오늘날의 교과서들에는 아예 등장하지 않습니다. 그런데 우리는 몸이 아프면 한의원에 가죠? 또 "기가 막힌다", "기를 꺾어라" 등등 기에 관련된 표현들을 수도 없이 씁니다. 그러면 이런 말을 할 때 우리는 별 의미도 없는 헛말을 하고 있는 걸까요? 참으로 깊은 괴리가 가로놓여 있는 것입니다. 교과서에서 배우는 것은 전적으로 서구 과학이지만 우리의 삶에는 여전히 전통적인 세계관이 깊숙이 배어 있습니다. 나아가 우리는 과학적 기교들은 배웠지만 진정으로 과학적 사유를 배우지는 못했습니다. 과학적 지식을 갖추는 것과 인간적인 교양을 갖추는 것이 전혀 일치하지 않는 착잡한 현상들을 자주 보지 않습니까? '과학'과 '과학자들' 사이에도 큰 괴리가 있습니다. 또, 기독교가 들어와서 우리 문화를 크게 일그러뜨렸습니다. 이제 우리는 당장에 시사적으로 부딪치는 문제들만이 아니라, 전통과 근대 나아가 탈근대까지 포용해서 세계(지금의 맥락에서는 특히 자연)를 이해하는 방식 자체를 근본적으로 새롭게 세울 필요가 있습니다. 이것이 내가 새로운 자연철학을 꿈꾸는 또 하나의 맥락입니다.

또 하나의 중요한 문제는 90년대에 들어와 형성된 새로운 '사물' 이해입니다(형이상학/존재론은 '세계'에 대한 담론이기도 하지만 또한 '사물'에 대한 담론이기도 하죠). 이제 전통적인 의미에서의 사물 개념 자체가 흔들리고 있어요. 생명공학이 새로운 기술들을 쏟아내면서 생명, 신체, 정신 등등에 대한 이해가 격변하고 있고, 이런 변화는 '복제인간'에 대한 논의에서 극에 달한 느낌입니다. 나아가 컴퓨터를 비롯한 각종 새로운 테크놀로지가 생각, 감성, 글쓰기 방식 같은 삶의 양식들을 전반적으로 바꾸어 놓고 있습니다. 오늘날 거의 모든 것이 컴퓨터를 매개해 이루어지고 있습니다. 문화적 변화도 심해서 컴퓨터 그래픽을 비롯한 다양한 새로운 매체들이 매일 낯선 감성적 언표들을 쏟아내고 있습니다. 우리의 생각뿐만 아니라 감성과 욕망, 무의식까지도 변화시키고 있죠. 도대체 '사물'이 무엇인지, '리얼리티'가 무엇인지가 참 혼란스럽게 되어버렸습니다. 나중에야 분명해지겠지만, 어쩌면 우리는 인류 역사에 있어 가장 굵은 분절선들 중 하나를 통과하고 있는 중인지도 모릅니다. 새로운 기술들이 도래시킨 오늘날의 하이테크 문명을 어떻게 이해할 것인가? 오늘날 '사물'은 무엇이고, '인간'이란 무엇이고, '리얼리티'란 무엇인지 등등에 대해 새롭게 답할 필요가 있는 것입니다. 존재론과 자연철학이 오늘날처럼 일상 속에서 절실하게 요구되었던 시대도 드물 것입니다.

그런데 20세기의 철학은 대체적으로 자연/사물과 절연되어 있었어요. 20세기 철학의 전반적인 경향을 논할 때 흔히 언급되는 것이 '언어적 전회'linguistic turn죠. 무슨 자랑스러운 것이나 되는 듯이 언급되는데, 사실은 철학이 사물과 세계를 상실했다는 것을 뜻할 따름입니다. 20세기의 철학은 주로 언어나 논리, 사고나 문화를 다루어 왔습니다. 세계, 자연, 사물, 우주를 잘 다루지 않았어요. 현대 철학의 빼어난 출발점을 보여 준 인물은 앙리 베르그송입니다만, 그후의 철학사는 그가 꿈꿨던 것과는 다른 방향으로 흘러갔습니다. 주체성의 철학(현상학)이나 언어 분석의 철학(분석철학)을 비롯해 다른 방향들로 흘렀죠. 베르그송의 사유를 비판적으로 이어 갈 필요가 있습니다.

지금은 우리 논의의 출발점으로 라이프니츠를 잡았습니다. 그 이유를 지금 제시하기보다는 논의가 진행되는 과정을 통해 자연스럽게 확인하는 게 나을 것 같습니다. 본 강의는 라이프니츠를 출발점으로 해서 우리의 시대를 이해하고자 합니다.

§2. 라이프니츠와 우리

그런데 왜 라이프니츠인가? 많은 사상가들 중에서 왜 하필이면 라이프니츠를 우리 논의의 출발점으로 삼는가? 그 이유로는 방법적인/스타일적인 면과 내용적인 면을 들 수 있습니다.

우선 우리는 라이프니츠에게서 전통과 현대를 조화시키려는 끝없는 노력을 볼 수 있습니다. 이때의 '현대'는 물론 라이프니츠의 당대겠죠.

자신의 시대와 전통을 조화시키는 것, 그것이 라이프니츠의 과제였습니다. 그러면 라이프니츠의 당대가 어떤 시대였는가? 바로 우리 시대와 비슷한 시대였습니다. 중세 천년을 지배했던, 더 거슬러 올라가면 거의 2천 년을 지배해 왔던 그리스-로마적이고 기독교적인 세계관이 붕괴한 시대였죠. 그러면서 기계론적 세계관이 등장합니다. 수천 년의 전통 문화가 몰락하고 모든 것이 근대화된 지금의 우리의 시대와 일면 상통하는 시대였습니다. 그런데 그런 변화가 아직 대중적 차원, 사회적 차원으로까지 확대되지는 않았습니다. 18세기의 계몽사상과 19세기의 산업혁명, 민주주의까지 가야 하죠. 그러나 지식인의 세계, 새로운 세계관의 맥락에서는 17세기는 이미 새로운 시대였습니다. 자연철학의 맥락에 국한한다면, 그때 라이프니츠가 하려 했던 작업이 바로 당대의 기계론적 세계관과 아리스토텔레스로 대변되는 전통적인 세계관을 어떻게 해서든 화해시키는 것이었습니다. 이 점은 '전통과 근대 그리고 탈근대'를 융합적으로 사유해 보려는 우리에게는 무척 시사적입니다.

이 사람의 원래 직업이 외교관이에요.[5] 그러니까 온 유럽을 돌아

5) 라이프니츠의 생애에 대해서는 다음을 보라. Kurt Müller und Gisela Krönert, *Leben und Werk von Leibniz*, Frankfurt am Mein, 1979. 최근의 연구 성과로는 다음을 보라. Maria Rosa Antognazza, *Leibniz: An Intellectual Biography*, Cambridge Univ. Press, 2009. 간략한 소개로는 다음을 보라. 배선복, 『라이프니츠의 삶과 철학세계』, 철학과현실사, 2007. 라이프니츠는 인격적으로는 그다지 좋은 평가를 받지 못한다. 특히 스피노자와 대조해서 논하고 있는 책으로 다음을 보라. 매튜 스튜어트, 『스피노자는 왜 라이프니츠를 몰래 만났나』, 석기용 옮김, 교양인, 2011(책 제목이 반대로 된 것 같다. "라이프니츠는 왜 스피노자를 몰래 만났나"가 되어야 할 것이다).

다니면서 찢긴 유럽을 체험했고 그래서 그 조각난 유럽을 통합하려는 야심이 있었죠. 라이프니츠가 산 시대가 어떤 시대였습니까? 1618년에서 48년까지 '30년전쟁'이 있었죠? 종교전쟁으로 유럽이 그야말로 초토화됐었죠. 신교와 구교의 대립에다가 또 각종 세부적인 대립들로 유럽이 산산이 분열된 시대예요. 그런 시대에 라이프니츠는 어떻게 해서든 정치적으로나 철학적으로나 유럽을 통일하려고 노력한 사람입니다. 지금의 '유럽 통합'의 시조죠. 결국 라이프니츠는 외교관으로서 유럽을 통합하고 철학자로서 서구 사상을 통합하려고 한 겁니다. 이 점은 공간적으로는 동과 서를, 시간적으로는 전통과 근대, 탈근대를 통합해야 할 과제를 안고 있는 우리에게는 하나의 전범이 될 수 있는 것이죠.

다음으로 단지 이런 외형상의, 스타일상의 동질감만이 아니라 사유의 실제 내용, 라이프니츠 사유의 핵심 자체가 현 시점에서 매력이 있고 또 내가 앞으로 전개하고 싶은 자연철학에 신선한 영감을 준다는 사실입니다. 라이프니츠 철학은 18~19세기에 대체적으로 무시당했습니다. 황당한 사변으로 간주되었죠. 라이프니츠 철학이 나온 이후 18세기가 계몽사상의 시대 아닙니까? 그런데 계몽사상가들이 타도하고자 했던 것은 바로 고중세의 형이상학과 종교였습니다. 한마디로 플라톤적 전통이었죠. 그런데 그들에게는 라이프니츠야말로 17세기까지도 그런 전통에 미련을 두고서 허무맹랑한 사변을 전개한 대표적인 인물로 보였던 겁니다. 가장 '전근대적인' 사상가로 보였던 것이죠. 물론 일각에서는 커다란 영향력을 행사하기도 했습니다. 생물학 분야나 '해밀터니언'의 발전,[6] 그리고 일부 낭만주의나 신비주의에 큰 영향을 미쳤죠. 그러나 철학의 전체 흐름으로 볼 때에는 망각되었습니다.

그러나 20세기에 와서 라이프니츠는 부활합니다. 20세기 초에 러셀, 쿠투라, 카시러 등이 신학적 사변가가 아니라 논리학자/수학자/과학철학자로서의 라이프니츠를 부활시켰고,[7] 그후 근대 철학 연구의 거장인 마르샬 게루의 연구를 거쳐,[8] 특히 20세기 후반에는 (구조주의를 배경으로) '스피노자 르네상스'와 나란히 '라이프니츠 르네상스'가 일어나죠(현상학의 동반자가 데카르트와 칸트라면, 구조주의의 동반자는 스피노자와 라이프니츠입니다). 이런 맥락에서는 블라발의 연구가 특히 중요합니다.[9] 특히 철학 일반에서는 세르와 들뢰즈의 힘이 컸고,[10] 과학에서는 프락탈 이론 등 새로운 라이프니츠적 과학이 등장했습니다.[11] 다른 한편으로, 라이프니츠의 논리학을 이어받아 가능세계론을 비롯한 많은 논제들을 발달시킨 성과들도 속속 나옵니다.[12] 그

6) 해밀터니언(Hamiltonian)에 대해서는 일리야 프리고진·이사벨 스텐저스,『혼돈으로부터의 질서』(신국조 옮김, 정음사, 1988), 7장을 보라.

7) Bertrand Russell, *A Critical Exposition of the Philosophy of Leibniz*, London, 1900. Louis Couturat, *La Logique de Leibniz*, Alcan, 1901. Ernst Cassirer, *Leibniz' System in seinen wissenschaftlichen Grundlagen*, Elwertsche Verlagsbuchhandlung, 1902.

8) Martial Guéroult, *Dynamique et Métaphysique leibniziennes*, Les Belles-Lettres, 1934.

9) Yvon Belaval, *Leibniz, critique de Descartes*, Gallimard, 1960.

10) Michel Serres, *Le système de Leibniz et ses modèles mathématiques*, PUF, 1968. Gilles Deleuze, *Le pli, Leibniz et le baroque*, Minuit, 1988.

11) Benoît Mandelbrot, *Les objets fractals*, Flammarion, 1975. 관련해서 다음을 보라. Laurence Bouquiaux, *L'harmonie et le chaos: le rationalisme leibnizien et la "nouvelle science"*, Peeters, 1994.

리고 건축이라든가 회화, 음악 등에서의 바로크 예술의 부활도 있었죠. 그래서 라이프니츠가 다시 참신한 면모로 살아나게 됩니다. 우리의 논의도 이런 흐름의 연장선상에 있는 것이죠.

우리 강의에서 라이프니츠의 문헌들을 훈고학적으로 자세히 파고들어 갈 수는 없어요. 라이프니츠가 남긴 문헌은 그야말로 산더미같이 많습니다. 아직까지도 라이프니츠의 결정판이 나와 있지 않아요. 20세기에 들어와 라이프니츠 전집의 편찬이 이루어졌는데 지금도 끝나지 않았습니다.[13] 그만큼 방대합니다. 라이프니츠의 특징은 이렇다할 주저가 없다는 점입니다. 스피노자의 『에티카』라든가 칸트의 『순수이성비판』, 헤겔의 『정신현상학』 같은 불후不朽의 명저가 없어요. 『모나드론』, 『형이상학 논구』 등 프랑스어로 쓴 저작들이 많지만, 이보다 그의 사상의 정수는 짧은 라틴어 논문들에 있습니다. '논리적 사유' logical thinking가 무엇인가를 보여 주는 빼어난 작품들이죠. 아주 짧아서 어떤 것들은 반 페이지도 안 됩니다. 그래도 상당히 매력적이에요. 특히 쿠투라가 편집한 논문집이 있습니다.[14] 그리고 주제별로 편집해 놓은 책들이 유용하니까 이런 책들을 이용하면 됩니다.[15]

---

12) 특히 영국과 미국의 학자들이 많은 공헌을 했다. 러셀 이후 나온 대부분의 주요 논문들이 1994년부터 편찬된 다음 논문집에 수록되어 있다. Roger S. Woolhouse(ed.), *Gottfried Wilhelm Leibniz: Critical Assessments*, 4 vols., Routledge, 1993.

13) *Sämtliche Schriften und Briefe*, hrsg. von der Deutschen Akademie der Wissenschaften zu Berlin. 현재까지는 다음이 대표적인 선집이다. *Die philosophischen Schriften von Gottfried Wilhelm Leibniz*, hrsg. von Gerhardt, 7 Bde., Berlin, 1875~1890.

14) Leibniz, *Opuscules et fragments inédits de Leibniz*, éd. par Louis Couturat, Georg Olms, 1903/1988.

라이프니츠는 말하자면 '시스템 빌더'라기보다는 '아이디어 맨'입니다. 칸트처럼 종합적 체계를 구축하는 사람이 아니라 독특한 생각들을 툭툭 던지는 사람이죠. 이 사람은 외교관이니까 한평생 유럽 각국을 돌아다녔는데, 마차에서 쓴 글들도 많습니다. 마차 안에서 꾸벅꾸벅 졸다가 뭔가 반짝 생각나면 종이에 끄적여 놓는 거죠. 이런 글들이 많습니다. 또 흥미로운 것은 라이프니츠 사유의 상당 부분이 편지에 남아 있다는 사실입니다. 원래 외교관의 주요 업무 중 하나가 편지 쓰는 거잖아요? 그래서 이 사람은 당대의 유럽 지식인들과 무수히 서신 왕래를 했는데, 그 편지들이 단순한 안부 편지가 아니라 그의 핵심적인 사상들을 담고 있는 것이죠. 이 편지들을 유심히 읽어 볼 필요가 있습니다.[16]

---

15) 동역학에 관련해서는 다음을 보라. *Leibniz et la dynamique*, par Pierre Costabel, Hermann, 1960. 물리학에 관련해서는 다음을 보라. *Œuvres concernant la Physique*, par Jean Peyroux, Blanchard, 1985. 무한소미분에 관련해서는 다음을 보라. *La naissance du calcul différentiel*, par Marc Parmentier, préface par Michel Serres, Vrin, 1989. *The Early Mathematical Manuscripts of Leibniz*, trans. J. M. Child, Cosimo Classics, 2008.

16) 대표적인 서신 모음집들로는 다음을 보라. *Philosophical Papers and Letters*, trans. & ed. L. E. Loemker, Reidel, 1969. *Nouvelles lettres et opuscules inédits de Leibniz*, par Louis Alexandre Foucher de Careil, Hildesheim, 1971. *Correspondance Leibniz-Clarke, présentée d'après les manuscrits originaux de Bibliothèques de Hanovre et de Londres*, par A. Robinet, PUF, 1957. *L'être et la raison avec Trente-cinq lettres de Leibniz au R. P. des Bosses*, traduites du latin et annotées par Christianne Frémont, Vrin, 1981. *Discours de métaphysique et Correspondance avec Arnauld*, par George Le Roy, Vrin, 1988. 라이프니츠와 클라크 사이에 오간 편지들에 대한 논의로는 다음을 보라. 『라이프니츠와 클라크의 편지』, 배선복 옮김, 철학과현실사, 2005.

그리고 또 하나 어려운 점은 이 사람의 생각 자체가 끝없이 바뀌었다는 사실입니다. 물론 사람의 생각이란 원래 바뀌기 마련이지만, 라이프니츠의 경우는 대단히 복잡하죠. 니시다 기타로처럼 평생에 걸쳐 자신의 철학적 입장을 바꾸어 갑니다. '시스템 빌더'가 아니었던 이 사람은 이론가라기보다는 실험가예요. 끝없는 개념적 실험의 연속이죠. 미셸 푸코와 비슷합니다. 그래서 정리가 잘 안 돼요. 어느 시기를 잡느냐에 따라, 더 중요하게는 어떤 관점에서 접근하느냐에 따라(논리학적 관점, 신학적 관점, 수학적 관점, 형이상학적 관점, 법률적 관점, 자연철학적 관점 등등 라이프니츠에게 접근하는 숱한 관점들이 있습니다) 그 사유 내용이 달라집니다. 우리는 이 강의에서 특히 '카오스모스의 과학', '하이테크 시대의 모나드'라는 관점에서 접근하려고 합니다.

1부 라이프니츠의 세계

1강_ 복수성

§3. 데카르트의 'res extensa'

이제 본격적인 이야기로 들어가 봅시다. 우리가 이번 시간에 이야기할 핵심적인 내용은 '기계론'이라는 것이 무엇이고 라이프니츠는 그기계론을 어떻게 논박했는가, 그리고 그러한 논박이 우리에게 던져주는 의의와 문제점은 과연 무엇이냐 하는 것입니다.

지금까지 인류가 전개한 다양한 세계관이 있거니와, 서양의 경우자연에 관련해서 가장 선명하게 대립하는 두 입장은 역시 아리스토텔레스와 데카르트의 세계관이 아닐까 싶습니다. 아리스토텔레스의 목적론적 세계관과 데카르트의 기계론적 세계관, 이 두 세계관 사이의차이가 가장 기본적인 차이죠. 그리고 이 차이는 자연철학의 테두리를 넘어 거대한 문명사적 함축을 담고 있습니다. 이 두 세계관이 상박相搏하면서 근대 이후의 자연철학이 전개되었는데, 그 과정에서 기계론은 기계론대로 목적론은 목적론대로 점차 세련되게 다듬어졌습니다. 서로 대립해 가면서 상생相生의 관계를 이루었다고 하겠습니다. 따라서 '기계론' 그리고 '목적론'이라는 말을 쓸 때에는 항상 그 용어가 자연철학의 어느 단계를 가리키는지를 명시해야 합니다. 그러지 않으면 논의가 혼란스럽게 됩니다.[1]

　　그런데 데카르트의 기계론이 등장한 이후, 처음으로 이 두 자연철학 사이의 대결의식을 염두에 두면서 포괄적인 사유를 추구했던 인물이 바로 라이프니츠입니다. 라이프니츠는 데카르트를 비롯해 당대의 과학자들이 이룩한 성과들을 받아들이면서도, 아리스토텔레스를 부정하기보다는 그런 성과들을 다시 아리스토텔레스적 틀과 융합시킴으로써 전통과 현대의 종합을 꾀한 것이죠. 이렇게 생겨난 종합적 세계관은 오늘날의 철학(베르그송, 화이트헤드, 들뢰즈 등)이나 자연과학(프락탈 이론, 급변론, 복잡계 이론 등) 나아가 과학기술(사이보그, 가상세계, 디지털 등)과 친화성의 끈을 담고 있으며, 다른 한편으로는 동북아의 철학 전통과도 여러모로 소통 가능한 측면들을 가지고 있습니다(라이프니츠 자신이 역학과 성리학에 대한 글을 남기고 있죠). 라이프니츠의 매력은 철학, 과학, 기술, 동북아 사상 등 광범위한 분야들과 흥미롭게 연계된다는 점에 있습니다. 이번 학기 강의는 이런 친화성의 끈들을 몇 가지 갈래로 나누어서 하나씩 검토해 볼 것입니다. 우선은 라이프니츠의 자연철학 자체에 대해 논해 봅시다.

---

1) '생기론'(vitalism) 같은 말도 마찬가지이다. 이 말이 어느 시대의, 누구의, 어떤 맥락에서의 생기론을 가리키는지를 분명히 하지 않은 채 단적으로 부정하는 언사를 종종 보는데, 위의 사항들을 정확히 명시하면서 성실하게 논박해야 할 것이다.

자, 우선 데카르트 이야기를 먼저 해봅시다. 우리가 어떤 담론에 대해 논할 때 가장 기본적인 것들 중 하나가 바로 '대상'이죠. 우선 그 담론이 다루고 있는 대상이 무엇인가를 봐야 해요. 만일 병이라는 것이 존재하지 않는다면 의학이라는 담론이 있을 이유가 없죠. '존재 이유'가 없습니다. 또, 이 세상에 언어라는 것이 존재하지 않는다면 언어학이라는 담론이 있을 이유가 없는 것이죠. 지금 우리의 주된 논의 대상이 물리학인데, 그렇다면 물리학의 가장 기본적인 대상은 무엇일까요? 물론 물질입니다. 물질이 없다면 물리학이 있을 이유가 없죠. 그래서 우선 데카르트가 물질을 어떻게 규정했는가, 이것이 우리 논의의 출발점이 되어야 하겠죠.

여러분들이 아마 상식적으로 알고 있겠지만, 데카르트에서의 물질적 실체는 'res extensa'입니다. 데카르트의 사고는 극단적인 면이 있는데, 그에게 실체는 인간의 영혼(생각하는 나) 즉 'res cogitans'와 신, 그리고 이 두 가지를 뺀 모든 것을 포괄하는 'res extensa', 이렇게 세 가지입니다. 벌써 환원주의적인 냄새가 물씬 풍기죠? 인간의 영혼과 신 이외의 모든 것을 'res extensa' 한 가지로 처리한 점에 이미 데카르트 사유의 특징이 드러나 있습니다.

그러면 'res extensa'란 무엇인가? 그것은 물질로 채워진 공간 조각들이에요. 물질로 꽉 채워진 공간의 각종 부분들. 'extensa'라는 말은 '연장'延長을 말합니다. 그러니까 이 말을 영어로 번역하면 'extended thing'이라 할 수 있습니다('res cogitans'는 'thinking thing'이고요). 다른 말로 해서 'matter-space'라고도 할 수 있습니다(이때의 'space'는 전체 공간의 한 조각을 말합니다). 또, 'matterextension'으로도 표현 가능할 듯합니다. 이 'res extensa'가 신과 영혼을 제외한 모든 물질적 실체들의 본질입니다. 그러니까 다양한 실체들의 각종 질質들은 모두 부차적인 것이고, 이 물질-연장만이 본질인 것입니다.

지금의 맥락에서 두 가지에 주목할 필요가 있습니다. 우선 데카르트에게 있어 물질이 없는 공간은 없다는 것입니다. 다시 말해, 물질이 없는 텅 빈 공간이 먼저 있고 거기에 물질이 채워지는 것이 아닙니다(그런 식의 생각은 뉴턴의 생각이죠). 물질이 없는 공간이란 수학에서나 존재하는 상상의 산물, 추상물일 뿐이라는 거죠. 실제 존재하는 것은 물질로 차 있는 공간, 거꾸로 말해 공간 속에 퍼져 있는 물질입니다. 그러니까 '물질'과 '공간'은 개념적 추상물일 뿐입니다. 실재하는 것은 물질-공간이죠. 따라서 진공은 존재하지 않습니다. 이 점을 둘러싸고서 피에르 가상디와의 유명한 논쟁이 벌어지죠. 고대에 (허공을 이야기하는) 데모크리토스주의와 (우주를 'plenum'으로 보는) 플라톤주의 사이의 대립이 벌어졌는데, 이 대립의 근대적 판본이라고 할 수 있습니다.

이런 차이에 따라서 운동에 대한 설명 방식도 달라집니다. 만약 진공이 존재한다면 운동을 설명하기가 그다지 어렵지 않아요. 원자들이 진공 안에서 움직인다고 생각하면 됩니다. 그러나 우주가 꽉 차 있는 경우는 다릅니다. 운동을 설명하기가 간단하지가 않죠. 그럴 적에 나올 수 있는 전형적인 운동 이론이 '선회旋回 이론'이에요. 우주 전체가 빙빙 돈다는 것이죠. 우주는 꽉 차 있는데, 그 꽉 찬 우주가 선회한다는 것이죠. 이런 생각은 엠페도클레스에서 유래합니다. 'plenum'에서도 운동이 가능하다는 이야기죠. 꽉 찬 어항 속에서 물고기가 헤엄치는 것을 상상하면 됩니다. 데카르트의 경우에는 특히 '선회'라는 운동 방식이 특징적입니다.

이제 인식론적 측면에서 말해 봅시다. 데카르트에 따른다면, 우리가 사물에서 확인하는 색깔이라든가 촉감, 향기,…… 이런 것들은 다 주관적인 것 ──일상적 용법에서의 '개인적인'/'자의적인' 것과 구분해야 합니다── 입니다. 그 사물이 실제 가지고 있는 것이 아니라 주관과의 관계 속에서 생겨나는 것이죠. 실제 이 사물이 객관적으로 가지고 있는 것은 'res extensa'뿐입니다. 이것은 'res extensa'가 물질적 실체의 본질이라는 뜻이죠(『철학의 원리』, II, §4). 그래서 데카르트는 제1 성질과 제2 성질을 구분합니다. 맛, 촉감, 향기, 색, 소리 같은 것들은 제2 성질들입니다. 이런 것들은 사물과 인간의 접촉을 통해서 생기는 것, 그러니까 인식 주체에 기인하는 것이지만, 'res extensa'(그리고 이것의 운동)만은 실제 이 사물의 객관적 본질이라는 것입니다. 『성찰』에서 밀랍의 예를 들죠? 밀랍에 불을 가까이 대면 다른 모든 성질들은 변하지만, 밀랍의 물질-공간 자체는 변하지 않는다는 겁니다.

그러니까 인식론적으로 자연스럽게 어떤 결론이 따라 나옵니까? 우리의 감각을 통해서 인식되는 것들은 부차적인 것들이고, 공간적으로 파악되는 것들(크기, 모양, 위치)만이 일차적인 것들이라는 것이죠. 그런데 이 크기, 모양, 위치(의 이동)를 무엇을 가지고서 파악할 수 있을까요? 바로 기하학 아니겠어요? 기하학이란 공간적 크기, 모양을 다루는 것이고, 거기에 'res extensa'의 물질성과 위치 이동을 부가하면 물리학이 나오는 것이죠. 그래서 영혼과 신을 제외한 우주의 모든 것들은 결국 기하학으로 파악 가능하다는 뜻이 됩니다. 말하자면 '범汎기하학화'pan-geometrization라고 말할 수 있겠죠. 이런 생각이 바로 '기계론'mécanisme의 기초가 됩니다.

자연을 바라보는 눈에서의 이러한 변화는 자연철학을 넘어 인류 역사에서의 거대한 변화죠. 이런 세계관이 나오기 전까지 거의 모든 세계관은 우리의 경험 속에 드러나는 현상들을 존중하는 세계관이었습니다. 물론 17세기 이전에도 기계론의 전신이라고 할 수 있는 사상들이 많았죠. 또 플라톤의 경우에서 볼 수 있듯이, 감각세계를 부차적인 것으로 격하하는 사상들도 많았습니다. 그러나 감각세계가 부차적인 것이고 사물의 본질은 기하학적이라는 생각이 과학적 구체성을 띠게 되고 사회적 영향력을 강하게 행사하기 시작한 것은 이때부터입니다. 이 사상이 18세기를 거쳐 구체화되어 마침내 19세기에는 실제 서구인들의 물질문명 자체가 바뀌고, 그 연장선상에서 제국주의가 성립하고, 그 제국주의에 우리 전통이 송두리째 날아가고, 우리가 여전히 이런 흐름 속에서 살고 있다는 것을 생각하면, 서구 근대 과학의 본질을 이해하는 것이 왜 중요한지 실감이 날 겁니다.

데카르트의 생각은 플라톤으로부터 큰 영향을 받고 있는데, 이 점을 잠깐 살펴봅시다. 데카르트의 'res extensa'는 플라톤의 'chôra'(또는 'hypodochê') 개념에 뿌리를 두고 있어요. 플라톤은 '가지적인' 차원(우리의 순수 이성적 인식 즉 'noêsis'를 통해서만 인식 가능한 차원)과 '감성적인' 차원(우리의 감각작용 즉 'aisthêsis'를 통해 지각하는 차원)을 나눕니다. 그런데 코라는 이 사이에 존재하는 제3의 차원이죠. 이것은 파괴되지 않는다는 점에서 감각적인 차원과 다르지만, 투과 가능하다는 점에서 가지적인 차원과도 다릅니다. 이 코라가 뭘까요? 바로 물질-공간입니다. 이 물질-공간은 데카르트의 말마따나 감각적인 것이 아니죠. 그렇지만 형상形相도 아니에요. 형상들은 자기동일적인 존재이기 때문에 타자를 받아들이지 않습니다. 그렇지만 코라는 타자를 받아들이죠(방금 '투과 가능하다'고 했죠? 물론 코라가 투과 가능한 것이지 코라 안에 자리를 잡은 물체가 투과 가능한 것은 아닙니다). 지금 이 책상을 치우고 다른 책상을 여기에 놓을 수 있지 않습니까? 그래서 플라톤은 익살스러운 표현을 하는데, 이 차원은 순수 이성을 통해 알 수 있는 것도 아니고 감각으로 확인할 수 있는 것도 아니기 때문에, "사생아적 추론을 통해서만"(logismô tini nothô) 알 수 있다는 것이죠(『티마이오스』, 52b). 이 코라가 'res extensa' 개념의 전신이라고 할 수 있습니다.

이 코라=터에서 흙, 불, 공기, 물이라는 네 원소가 성립합니다. 그런데 플라톤은 이 4원소를 네 가지 기하학적 입자(각각 정육면체, 정사면체, 정팔면체, 정이십면체)로서 파악하죠(그리고 이것들 전체가 형성하는 우주는 정십이면체로 봅니다). 현대 자연과학에서와 마찬가지로 플라톤은 물질 입자를 기하학적 입자와 동일시하고 있습니다. 그래서 아리스토텔레스는 『자연철학』 3권에서 플라톤이 질적인 것들을 파생적인 것들로 본 점을 비판하기도 합니다. 하지만 코라가 공간이 아니라 물질-공간이라는 점을 상기한다면, 이런 동일시를 이해할 수 있습니다. 이런 물질-공간의 조각들로서의 흙-입자, 불-입자, 공기-입자, 물-입자라는 생각이 'res extensa'의 전신을 이룹니다. 데카르트는 아리스토텔레스의 질적 과학을 거부하면서 플라톤적 과학으로 돌아간 것이죠. 물론 액면 그대로의 회귀는 아니고, 플라톤과 데카르트 사이에도 적지 않은 차이가 존재합니다.

우주는 이 입자들로 꽉 차 있습니다. 진공이 없는 것이죠. 그렇다면 운동이 어떻게 발생할까요? 앞에서 어항의 예를 들었죠? 결국 'plenum' 이론에서 운동이란 '자리바꿈' 개념으로 귀착합니다. 위치 이동이 운동의 가능 근거죠. 그런데 일정한 부분에서는 그렇다고 해도 우주 전체의 운동은 과연 어떤 모양새를 띨까요? 어항이 우주 전체라고 생각해 봐요. 어느 특정한 부분에서만 자리바꿈이 일어나는 일이 가능하겠어요? 결국 자리바꿈이 연달아 일어날 수밖에 없습니다. 그래서 이런 세계관에서 우주의 가장 자연스러운 운동은 선회 운동이에요. 우주 전체를 보면 빙빙 돈다는 것이죠. 아까 말했듯이 데카르트 역시 이 이론을 택하죠. 흔히 'vortex theory'라고 합니다.

데카르트는 물질적 실체에서 형상 개념을 제거합니다. 그래서 기계론이죠. 이 점에서는 플라톤과 대조됩니다. 그렇지만 물질-공간 개념, 우주의 기하학적 탐구, 선회 이론 등에서는 플라톤을 따릅니다. 그런데 플라톤을 그대로 받아들일 경우 문제가 하나 생깁니다. 정육면체, 정사면체, 정팔면체, 정이십면체를 가지고서는 '타일 깔기'가 성립하지 않는다는 점이에요.[2] 네 가지 모양을 가진 입체 타일을 가지고서, 그것들을 절대 깨지 않고서 어떤 방을 완전하게 채우는 경우를 생각하면 되겠죠? 우주가 꽉 차 있다고 했고 궁극 입자가 이 네 가지라

---

2) 다음을 보라. Pierre Duhem, *Le système du monde*, 1913~1959, nouveau tirage par Hermann, vol. I, pp. 36~42.

고 했으니까, 이것들을 가지고서 우주를 완전하게 깔 수가 있어야겠죠. 그런데 그게 안 된다는 겁니다. 그래서 데카르트는 물질-공간을 네 가지 입자로 파악하는 것을 포기합니다. 무수한 방식의 물질-공간 입자들이 존재하는 겁니다. 그러니까 'res extensa'는 일정하지 않은 indéfini 방식으로 존재하는 겁니다. 무한한 infini 형태의 'res extensa'가 존재하는 거죠. 이 'indéfini'(indefinite)와 'infini'(infinite)라는 단어를 기억해 두세요.[3]

§4. 아리스토텔레스와 데카르트

이제 라이프니츠의 기계론 비판을 살펴보기 전에, 우선 데카르트와 아리스토텔레스를 비교해 볼 필요가 있습니다. 두 사람의 결정적인 차이는 무엇인가? 바로 데카르트가 형상 개념을 거부한다는 점이죠. 자연철학에 국한할 경우, 기계론은 물질-공간만으로 우주의 모든 것을 설명하려고 하지만 아리스토텔레스는 질료와 형상으로 설명하려고 한다는 점입니다. 아리스토텔레스에게 토끼를 '설명한다'는 것은 토끼의 'aitia' 즉 4원인을 구하는 것이고, 이때 특히 형상이 결정적인 역할을 합니다. 토끼의 형상/본질이 먼저 존재하고 그 형상이 질료에 구현됨으로써 현실의 토끼가 성립하는 것이죠. 마치 설계도가 먼저 있고

---

3) 데카르트는 『철학의 원리』, I, §27에서 'indéfini'라는 용어를 쓰는 것은 'infini'라는 말은 신을 위해서만 쓰기 위해서라고 밝히고 있다. 사물들에게서도 'infini'를 발견할 수 있지만, 그것은 사물 자체의 본성에서 발견되는 것이 아니라 우리 인식의 한계에서 발견되는 것임을 지적한 것이다.

그 설계도에 따라 물질을 배치함으로써 집이 생기는 것과 같습니다. 그래서 '구현'이라는 개념이 중요하죠. 구현embodiment이란 비-물질적 존재인 형상이 시간, 공간, 물질이라는 현실적인 바탕 속에서 실존하게exist 되는 것을 말합니다. 형상이 시간, 공간, 물질이라는 구체적인[具] 터전에 현실적으로 나타나게[顯] 되는 것이죠. 그러나 데카르트는 이 형상 개념을 거부합니다. 토끼의 형상 같은 것은 없습니다. 다만 물질-공간으로서의 'res extensa'가 있을 뿐이고, 토끼는 이 입자들의 집합체일 뿐이죠. 아리스토텔레스에게 질료는 부차적인 원인이지만 데카르트에게 물질-공간은 일차적인, 아니 유일한 원리인 것이죠.

아리스토텔레스의 형상 개념과 플라톤의 형상=이데아 개념은 몇 가지 차이가 있는데, 잘 알려진 초월성/내재성에서의 차이 외에 핵심적인 또 하나의 차이는 시간 문제에 있습니다. 플라톤의 이데아가 시간을 초월하는 존재라면 아리스토텔레스의 형상은 시간을 머금고 있는 존재죠. 토끼가 다른 방식으로가 아니고 왜 꼭 저렇게 존재하느냐? 이 물음에 대한 대답이 형상입니다. 그런데 아리스토텔레스에서 토끼의 형상은 토끼가 발생 단계를 거쳐 생장하고, 긴 귀를 가지게 되고, 먹이를 얻고, 교미해서 새끼를 낳고,…… 하는 등의 모든 과정을 한꺼번에 응축하고 있는 개념입니다. 그러니까 시간이라는 요인이 들어 있는 본질이라고 할 수 있겠죠. 물론 그 과정 모두가 형상/본질에 속하는 것이 아닙니다. 어떤 토끼의 발가락이 갈라졌다든가, 이빨 하나가 유난히 길다든지, 귀 하나가 구부러져 있다든지 하는 것들은 그 토끼의 질료에서 유래하는 우연적인 것이지 반드시 '토끼'의 본질에 속하는 것은 아니죠. 그래서 한 토끼의 과정 전체는 형상의 본질적인 측면과 질료의 우연적인(현대적인 의미에서의 우연과는 의미가 다소 다릅니다만, 시간 관계상 여기에서는 접어 둡시다) 측면이 결합된 것입니다.

아리스토텔레스의 세계는 질적인 세계입니다. 모든 각각의 개체는 그 개체가 속하는 종種의 형상을 통해서 규정됩니다('eidos'라는 말 자체가 일상어에서 종을 뜻했습니다). 그래서 수많은 종들이 존재하는 그만큼의 형상들/본질들이 존재하는 것이죠. 아리스토텔레스는 여타의 환원주의적 사상가들과는 달리 세계의 다채로움, 복수성을 그 자체로서 인정하는 사상가입니다. 그래서 이 세계는 한마디로 질적인 다자多者들의 세계라고 할 수 있는 것이죠.

그렇기 때문에 아리스토텔레스는 자연을 수학적으로 연구하는 것을 비판합니다. 실제 세계는 질적 풍요로움의 세계인데, 그 질적인 세계로부터 여러 가지 질들을 사상해내고 공간적 테두리만 뽑아내었을 때 수학적 대상이 되는 것이죠(『형이상학』, XIII, 1076b). 그러니까 아리스토텔레스에게 수학적 존재란 하나의 추상물이에요. 'res extensa'를 사물의 본질로 본 데카르트하고는 완전히 반대입니다.

그래서 아리스토텔레스의 자연 탐구에서 추상공간은 별 의미가 없습니다. 우리 현대인들에게 익숙한 그런 추상공간은 사유의 추상물에 불과한 것이고, 진짜 존재하는 것은 장소(topos)죠. 공간과 장소는 다릅니다. 공간적 위치란 질들을 뺀 추상적 위치이지만, 장소는 질들을 그대로 둔 상황에서의 위치인 것입니다. 아리스토텔레스에 따르면, 모든 사물들이 자기의 장소를 가지고 있어요. 불은 위가 자기의 '자연적 장소'이기 때문에 위로 올라가고, 흙은 맨 아래로 내려갑니다. 흙 바로 위가 물이고 그 위가 공기죠. 돌멩이가 '왜' 아래로 떨어지느냐? 돌멩이의 자연적 장소가 아래이기 때문에 자기 자리를 찾아가는 겁니다.

그렇기 때문에 아리스토텔레스의 세계관은 위계적으로 목적론적이에요. 모든 사물에게는 자기 자리가 있고, 그 자리는 곧 그 사물의 본질이 무엇이냐에 따라 결정되죠. 그리고 어떤 존재든 그 존재가 그 존재'답다'는 것은 바로 그 존재가 자신의 본질/자리에 따라 산다는 것, 자신의 잠재성을 가장 잘 현실화한다는 것을 뜻하게 됩니다. 성리학에서도 분分이라는 말을 많이 쓰죠. "너의 분수分殊를 알라"고 할 때('殊'는 바로 한 존재가 전체로부터 갈라져 나온 방식을 뜻하죠), 이 '분수'라는 개념은 성리학적인 개념입니다. 목적론적이고 위계적인 세계관의 특징을 잘 드러내는 말이죠. 서구 중세에 가면 기독교적 세계관을 아리스토텔레스적 도식에 갖다 맞추죠? 맨 위에 신이 있고, 그 아래에 천사가 있습니다. 천사들 사이에도 등급이 있죠. 그래서 마지막에는 천민이 있고, 또 그 아래에는 동물, 식물, 무생물, 이렇게 나아갑니다. 모든 것이 수직으로 배열되죠. 이 위계가 흔들리기 시작하는 것이 근대성의 도래입니다.

결국 아리스토텔레스의 형상은 질료 이상의 원리로서 작용해 개체를 성립시키고, 시간에 의미 있는 역할을 부여해 세계에 역동성을 도입하며, 세계를 질적인 다多로 파악할 수 있게 해주는 원리입니다. 학문을 한다는 것은 결국 이 형상을 파악하는 것이죠. 그러나 데카르트는 이 형상 개념을 거부합니다. 그래서 아리스토텔레스의 세계가 질적 다의 세계라고 한다면 데카르트의 세계는 등질적等質的=homogeneous인 세계이고, 아리스토텔레스의 세계가 살아 있는 생명체들·종들에 의미를 두는 세계라면 데카르트의 세계는 물질-공간만이 존재하는 핏기 없는 세계입니다. 말하자면 탈색脫色된 세계죠.

이런 성격을 잘 드러내는 원리가 바로 관성inertia의 원리입니다. 근대 물리학의 성격을 잘 드러내는 원리죠. 관성의 법칙이 뭡니까? 물체는 외부에서 어떤 힘이 가해지기 전에는 자기가 하고 있던 운동을 계속한다는 것이죠. 데카르트는 『철학의 원리』, II, §37에서 이 원리를 "자연의 제1 법칙"이라고 명기하고 있습니다. 정지해 있던 물체는 바깥에서 힘이 가해져야 움직이고, 마찬가지로 움직이던 물체는 바깥에서 힘이 가해져야 멈춥니다. 물체 내부의 힘, 원인은 없습니다. 간단히 말하면 모든 물체는 기계들인 것이죠. 그래서 그 자체로서만 본다면 죽어 있는 세계라는 것입니다. 이런 식의 세계관에서는 필연적으로 물체 바깥의 운동인이 요청됩니다. 그래서 신이 등장합니다. 세계는 기계이고 그 기계를 움직이는 것이 신이죠. 그리고 인간만은 영혼을 가지고 있기 때문에, 영혼을 가진 기계, 말하자면 (데카르트 자신이 이런 조잡한 이미지를 쓴 것은 아니지만) 조종사가 타고 있는 기계 같은 것이 됩니다.

그래서 17세기 사상가들은 우주를 하나의 시계에 비유하곤 했습니다. 또, 사물의 운동을 당구치는 것에 비유하곤 했습니다. 우주가 하나의 거대한 기계라면, 우리는 그것을 오로지 크기와 모양과 위치 이동, 이 세 가지만을 가지고서 설명할 수 있습니다. 'res extensa'의 크기, 모양, 그리고 공간적 위치 이동만을 가지고 우주의 모든 현상을 설명할 수 있다는 것이죠. 아리스토텔레스에서 운동(kinêsis)은 질의 변화, 양의 증감, 위치 이동 이 세 가지를 다 포함합니다. 그런데 데카르트에 오면 다른 운동들(질적 변화, 양의 증감)은 다 제거되고 위치 이동(phora)만이 특권적 위치를 부여받습니다. 그러니까 물리학은 이제 크기, 모양, 위치 이동만을 필요로 합니다. 이것이 바로 '기계론'이죠.

Q 데카르트의 세계관은 이중적인 것 같습니다. 기계론을 펼치면서도 신의 존재를 인정하는, 어찌 보면 상당히 비겁한 모습인 것 같은데요.

A 반드시 그렇지는 않습니다. 물질세계에 관련해 기계론을 펼친다고 해서 신의 존재를 부정할 이유는 없어요. 오히려 기계론을 택하면 신의 개념은 필연적으로 요청되는 것이죠. 별도의 운동인이 반드시 존재해야 하기 때문입니다. 문제가 있다면 영혼과 물질의 이분법이 가능한가, 신이 존재하는가 등의 문제겠지요.

　사회적인 맥락에서 이야기한다면, 그렇게 볼 수도 있겠죠. 17세기 서구 철학이 그런 이중성을 띠고 있는 것은 사실입니다. 스피노자 등의 희귀한 경우를 제외한다면, 대부분의 17세기 철학자들은 기독교적인 신앙과 자신들의 사상을 어떻게든 타협시키려 합니다. 그 과정에서 기묘한 논리들이 속출하기도 하죠. 또 한 인간으로서 평가할 때, 저항적인 지식인도 있긴 했지만 자신의 학문과 신앙 사이에서 모순된 태도를 취한 사람들도 많았습니다. 흔히 갈릴레오가 "그래도 지구는 돈다"고 말한 것을 저항적 지식인의 상징으로서 들죠? 그런데 이 말이 별 근거가 없는 것일뿐더러, 갈릴레오는 한평생 어떻게 하면 교회의 눈밖에 나지 않을 수 있을까 전전긍긍한 사람이죠. 또, 뉴턴이 쓴 저작들의 상당수가 변신론 저작들입니다. 인간적으로도 좀 저열한 사람이었다고 하죠. 데카르트의 『성찰』을 읽어 보면 성직자들의 비위를 맞추려고 애를 쓰고 있죠. 17세기 철학에 이런 모순이 있다는 것은 사실입니다. 하지만 이것은 우리가 이미 몇백 년의 세월이 지난 후에 그 상황에 전혀 무관한 편안한 입장에서 관찰하고 있기 때문이겠죠. 누구든 시대를 한꺼번에 뛰어넘을 수는 없습니다.

Q 근대 과학이 수학 때문에 가능했다고 한다면, 그런 전복적인 사유가 나올 수 있었던 것은 무엇 때문이었을까요?

A 상당히 복잡한 문제입니다. 외적인 영향과 내적인 맥락이 있었다고 할 수 있습니다. 외적으로 보면, 일단 당대가 새로운 세계로 활짝 열리는 시대, 대단히 역동적이고 활발한 시대였다는 점을 들 수 있습니다. 신대륙이 발견되고 예술, 종교 등에서도 변화가 일어나고, 정치, 경제 등에서도 격변이 일어납니다. 이런 과정에서 지적 세계 역시 흐름이 바뀌고 (역의 방향에서는, 당대의 지적 흐름에서의 변화가 이런 거대한 변화의 한 추동력이 되었고), 이런 과정에서 전통적인 의미에서의 지식인들 즉 논리적-개념적 분석과 신학적-형이상학적 사변에 능했던 지식인들로부터 사물을 실제 조작하고 실험해 보고,…… 하는 지식인들로의 이행이 이루어졌다고 할 수 있습니다.

그리고 이런 전반적인 배경에서 좁은 의미에서의 근대 과학, 근대 자연철학에서의 변화도 추동되었다고 할 수 있습니다. 스콜라철학으로부터 플라톤, 아르키메데스, 에우클레이데스(유클리드),…… 같은 고대 철학자들로의 회귀가 있었던 겁니다. 이런 회귀와 당대의 상황이 결합되어, 특히 14세기에 운동을 수학적으로 파악하려는 다양한 시도들이 등장하게 됩니다.[4] 흔히 근대 과학을 17세기에 갑자기 혁명적으로 나타난 것처럼 묘사하곤 하는데, 이는 사실이 아닙니다. 14세기에 이미 상당히 정교한 수준으로 수학적 운동 파악이 전개되었고, 17세기에 그 열매를 맺은 것입니다. 그 사이의 르네상스 시대가 바로 방금 말한 변화들이 일어난 시대고요.

Q 데카르트가 말하는 운동 원인으로서의 신과 아리스토텔레스가 말하는 '부동의 원동자'로서의 신은 별 차이가 없는 것 같은데요.

A 몇 가지 차이가 있습니다. 우선 데카르트의 신은 초월적 신이에요. 이 세계 바깥에서 이 세계를 창조했고 지금도 세계를 완전히 지배하는 그런 신이죠. 그래서 신과 이 세계 사이에는 피조물과 창조자라는 넘을 수 없는 선이 있는 거죠. 반면 아리스토텔레스의 신은 세계와 연속적이에요. 아리스토텔레스의 세계가 위계적인 세계라고 말했습니다만, 그 위계의 최고 위에 있는 것이 신이죠. 이 점에서 유대-기독교의 신과는 다릅니다.

그리스 문헌을 보면 '신'이라는 명사보다도 '신적인'이라는 형용사를 많이 써요. 『일리아스』에서 아킬레우스와 아가멤논이 격돌하게 되고, 마침내 아킬레우스는 칼을 빼서 아가멤논을 죽이려 합니다. 이때 아테네 신이 내려와 아킬레우스를 진정시키는 장면이 나옵니다. 이때 아킬레우스가 '신적인'이라는 형용어를 부여받죠. 여기에서의 '신적인'은 물론 아테네의 개입이라는 뉘앙스를 띠지만(『일리아스』에서는 인간의 중요한 행위들이 그들의 주체성으로부터가 아니라 신들에 의해서 이루어지는 것으로 이해되죠), 현대적 관점에서 보면 참는 행위는 곧 신적인 행

---

4) 다음을 보라. Maurice Clavelin, *La philosophie naturelle de Galilée*, Colin, 1968.

위라는 뜻도 됩니다. 사실 참는다는 것은 인간에게만 가능하죠. 인간만이 자신의 욕망과 본능을 넘어서서 인내할 수 있습니다. 그래서 인내는 인간의 위대한 가능성입니다. 아테네 신의 만류라는 신화적 구도를 접어 둔다면, 참는다는 행위야말로 인간을 신적인 존재로 만들어 주는 행위인 겁니다. "A가 B적이다"라고 말할 때, A와 B는 연속적이라는 존재론적 뉘앙스가 들어갑니다.

그리고 또 하나 중요한 것은 아리스토텔레스의 신은 우주의 목적이 그리로 향해서 가는 존재, 사물들을 그리로 끌어당기는 존재, 한마디로 목적론적 철학에서의 신입니다. 반면 데카르트의 신은 세계를 움직이는 존재, 세계를 미는 존재, 한마디로 기계론적 철학에서의 신입니다. 데카르트의 신은 서구 문화가 헤브라이즘을 받아들인 이후에 형성된 신 개념입니다. 방금 말했습니다만, 서구의 17세기는 과학에서는 거대한 혁명을 이룬 시기였지만, 사회 및 종교에서는 중세를 크게 벗어나지 못한 시대였습니다. 그런 배경이 있죠.

Q 뉴턴의 『프린키피아』를 보면 이론의 전개 방식이 현대적인 기호들에 의한 것이 아니던데요. 그때는 아직 수학적 기호들이 통일되지 않았습니까?

A 흔히 근세 물리학을 가능하게 한 것이 무한소미분이고, 라이프니츠와 뉴턴이 그 창시자라고 말합니다. 그래서 『프린키피아』가 당연히 미적분의 언어를 사용해서 서술되어 있겠지 하고 생각하기 쉽죠. 하지만 원본을 보면 온통 기하학적 그림들, 에우클레이데스 기하학을 사용한 그림들로 가득 차 있습니다. 여러분들이 고등학교 때 '구분구적법'區分求積法이라는 것 배웠죠? 그런 논의들이 많이 등장하죠. 뉴턴은 무한소미분

을 발명했지만 그것을 실제 물리학에 본격적으로 사용하지는 않았어요. 18세기를 거쳐 19세기 정도가 되어야지 과학 저작들에서 우리에게 익숙한 과학 기호들이 사용됩니다.

우리가 배우는 기초 미적분학을 체계화한 사람은 라이프니츠예요. 여러분들이 고등학교 미적분 시간에 처음 배우는 기호들 있죠? 그런 것들이 바로 라이프니츠가 발명한 겁니다(적분 기호들은 좀 뒤에 나옵니다). 물론 지금 표기법과 몇 가지 차이가 있습니다만. 라이프니츠는 무한소미분을 대수적 방식으로 체계화하죠. 물론 라이프니츠의 물리학 저작들도 이 기호들을 적극적으로 사용하고 있지는 않습니다.

나중에 다시 논하겠지만, 이 문제는 추상화의 문제와도 관련됩니다. 19세기 이후 서구 과학은 점차 추상화됩니다. 얼마나 추상화되었는가가 얼마나 '지적인가'의 척도가 됩니다. 철학 역시 같은 길을 걸어가죠. 시각을 비롯한 감각에 호소하는 것은 좀 저급한 담론으로 취급됩니다. 그러면서 기하학도 점차 대수학화됩니다. 현대 기하학 책에는 그림이 거의 나오지 않죠. 그러나 18세기까지만 해도 이런 경향이 뚜렷하지는 않습니다. '가시성'visibility이 여전히 중시되었죠. 이 문제는 회화의 역사와도 밀접한 관련이 있습니다. 이 문제는 뒤에 다시 논하게 됩니다.

§5. 기계론 논박

그러면 라이프니츠가 기계론을 어떤 식으로 논박하는지를 봅시다. 데카르트의 경우에는 물질적 실체는 곧 물질-공간 즉 'res extensa'라고 했죠? 그런데 라이프니츠가 보기에 'res extensa'는 실체가 될 수 없고 단지 실체의 속성일 뿐입니다. 그러니까 한 실체가 가진 여러 속성들 중 하나가 물질적 '외연'인 것이죠. 데카르트의 경우 토끼라는 한 존재는 그것을 구성하고 있는 물질-공간들의 크기와 모양 그리고 그 것들의 위치 이동만 가지고 설명될 수 있습니다. 그러나 라이프니츠의 경우 토끼라는 개체는 그 물질-공간들로 환원될 수 없는 것이며, 그 자체로서 하나의 실체입니다. 물질-공간은 그 실체가 가지는 속성인 것이죠. 이것이 가장 기본적인 차이입니다.

라이프니츠의 생각을 살펴보면, 플라톤/아리스토텔레스 관계가 데카르트/라이프니츠 관계로 재현되고 있다는 것을 알 수 있죠? 라이프니츠의 입장은 곧 수학적 존재가 현실적 존재보다 더 '실재'일 수는 없다는 생각이죠. 결국 'res extensa'란 한 존재로부터 다른 모든 측면들을 배제한 채 기하학으로 포착 가능한 측면만을 추상해낸 것이죠. 그래서 문제는 한 존재를 기하학적 존재로 환원시킬 수 있는가, 다른 측면들은 부차적이고 주관적인 것인가 하는 데에 있습니다. 이 점에 관련해 라이프니츠는 환원주의를 거부합니다. 라이프니츠는 세계가 근본적으로 다양한 존재들로 가득 차 있다고 봅니다. 세계를 채우고 있는 질적으로 다른 무수한 존재들을 기하학으로 환원시키는 것은 그릇된 것이죠.

그래서 한 사물의 연장이 그 사물의 모든 것을 규정할 수는 없다고 생각합니다. 똑같은 물질-공간으로 이루어져 있되 질적으로 다른 두 사물이 있다면, 똑같은 물질-공간으로 되어 있다는 그 사실만으로 그 두 개의 사물은 같은 사물이라는 결론을 내릴 수가 있느냐? 그럴수는 없다는 것이죠. 세계는 결코 양적인 규정만으로 설명 가능한 것이 아닙니다. 질적인 차이들을 그 자체로서 받아들이는 것이 필요하죠. 그래서 라이프니츠에게 세계는 한마디로 질적인 다多입니다. 물론 데카르트는 당신이 말하는 '질적인 것'도 결국 양적인 것으로 환원된다고 말하겠죠. 그렇다면 실제 그런가? 질적인 규정은 양적인 규정으로 다 환원되는가 하는 것이 문제입니다. 이 문제를 우리는 뒤에서 다시 다룰 겁니다.

지금의 맥락에서 볼 때, 데카르트와 라이프니츠에게서 또 하나의 근본 차이를 읽어낼 수 있습니다. 데카르트는 대안alternative의 사유를 구사하고 있고, 라이프니츠는 정도degree의 사유를 구사하고 있습니다. 대안의 사유와 정도의 사유는 다르죠. 대안의 사유는 '이다/아니다'의 사유예요. 데카르트의 『성찰』을 읽어 보면 진짜를 찾기 위해 가짜를 하나하나 버리죠. 진짜 믿을 만한 게 뭐냐? 이렇게 물음을 던져 놓고서 이것도 아니다, 이것도 아니다,…… 하고 계속 버립니다. 진짜가 아닌 것은 다 버립니다. 물론 데카르트가 논의를 진행하는 순서가 정도를 반영하고 있긴 합니다. 가장 감각적인sensible 것으로부터 가장 가지적인intelligible 것으로 점차 진행하죠? 그러나 데카르트가 결국 도달한 것은 믿을 수 없는 것과 믿을 수 있는 것 두 가지죠. 이 점에서 대안의 사유라고 할 수 있습니다.

이것은 데카르트의 이원론을 살펴보면 단적으로 드러납니다. 데카르트에게는 100% 영혼과 100% 물질-공간이 있는 것이지, 그 밖의 다른 존재는 없죠. 인간의 영혼과 신 이외의 모든 것이 물질-공간입니다. 그래서 인간은 두 절대적 타자가 공존하는 기묘한 존재가 되어 버리죠. 기계론적 세계관이 남긴 최대의 아포리아[難題]입니다. 그래서 데카르트에게는 생물학과 물리학의 구분이 없어요. 인간과학도 없습니다. 오로지 기계론이 있을 뿐이죠. 이런 신념은 일부 학자들에게 지금까지도 내려오고 있습니다. DNA 이중나선 구조를 발견해 유명해진 왓슨은 "최종적인 분석 결과 존재하는 것은 오로지 원자들뿐이다. 유일한 과학은 물리학뿐이며 생물학, 심리학, 경제학 등 다른 학문은 모두 사회사업의 하나로 전락할 것"이라고 말합니다. 생물학자로서는 뛰어난 사람이지만, 인식론적으로는 좀 어처구니가 없는 사람이라 하겠습니다. 이런 식의 생각은 데카르트가 제시했고 지금까지도 일부에서 계속 내려오고 있는 생각이기도 하지만, 철학적으로는 극히 단순하고 거친 사고라 하겠습니다.

그러나 라이프니츠의 사유는 정도의 사유예요. 100% 순수한 영혼과 100% 순수한 물질이 존재하는 것이 아니라, 이 세상에 있는 모든 존재들이 다 물질과 영혼을 같이 가지고 있는 것입니다. 그런데 얼마나 더 고급한 영혼, 더 완전한 영혼을 가지고 있느냐만 다른 것이죠. 이 점에 관련해 좀 애매한 구석이 있습니다. 어떤 맥락에서는 생명체, 그것도 동물에게서만 영혼을 인정합니다. 그러나 어떤 대목에서는 보편적으로 영혼의 존재를 인정하는 것 같기도 해요. 어쨌든 라이프니츠의 경우 저급한 존재로부터 고급한 존재까지(그 기준이 무엇인가는 나중에 논합니다) 위계가 있는 것이죠. 우주 전체가 거대한 정도程度의 체계로 되어 있습니다.

그래서 데카르트적 의미에서의 통일과학과 라이프니츠적 의미에서의 통일과학은 다릅니다. 데카르트에게 통일과학이란 바로 모든 과학을 기계론으로 환원시키는 것을 의미하지만, 라이프니츠의 경우는 각종 담론들을 그 자체로서 인정하고 그것들을 어떻게 정리해서 통일적으로 위계화시키느냐의 문제이죠. 일반화해서 말하면, 데카르트는 의미 있는 것과 의미 없는 것을 날카롭게 나누는 사람이고 라이프니츠는 어떻게 수많은 다른 의미가 있는가를 보여 주는 사람이죠. 우리는 라이프니츠의 길을 따라야 합니다. 이 세상에 존재하는 모든 것, 모든 담론들이 다 나름의 의미를 띠고 있는 거죠. 이전에 말했던 '긍정의 철학'(『사건의 철학』, 12강)을 이런 맥락에서 다시 음미해 볼 필요가 있습니다. 배제하고 울타리 치는 사유가 아니라 포용하고 가로지르는 사유를 해야 합니다.

자, 그런데 여기서 좀 복잡한 문제로 들어갑니다. 무슨 문제냐 하면 바로 무한 분할의 문제입니다. 라이프니츠는 데카르트를 비판하면서 만일 물질-공간이 실체라고 한다면 그것은 무한 분할 가능하지 않느냐고 묻습니다. 그렇겠죠. 물질-공간이면 무한 분할이 가능하잖아요? 그런데 실체란 'substantia'라는 말 그대로 변화의 와중에 존속하는 것인데, 무한 분할 가능한 것이 어떻게 실체인가 하는 물음이 제기됩니다. 그런데 공간적으로 외연을 가진 것은 분할 가능합니다. 물론 여기에서 분할 가능은 기술적 가능성이 아니라 원칙적 가능성이죠. 이론상 분할 가능합니다. 크기가 있는 것은 당연히 분할 가능한 겁니다.

그런데 여기에서 아주 미묘한 문제가 생깁니다. 데카르트 자신이 원자론을 똑같은 방식으로 비판했다는 점이죠. 데카르트 자신이 원자론을 가리켜 원자란 무한 분할 가능하다, 원자가 공간을 차지하고 있는 이상 설사 그것이 아무리 작다 하더라도 분할할 수 있지 않느냐 하고 비판했던 것이죠. 그러니까 라이프니츠는 데카르트가 원자론을 비판한 것과 똑같은 비판을 데카르트 자신에게 가하고 있는 것이죠. 그러니까 상황이 좀 묘합니다.

그렇다면 데카르트는 연장이 있는 존재의 무한 분할 가능성을 인정했을까? 데카르트의 생각이 잘 드러나 있는 부분을 봅시다. 『철학의 원리』를 보면 이런 말이 나옵니다.

…… 그 부분들이 아무리 작을지라도, 그 부분들은 필연적으로 연장을 가진다. 따라서 우리는 사유 안에서 그것들 중 어느 것이든 둘 또는 그 이상의 부분으로 나눌 수 있고, ……(강조는 인용자)

…… si quae sint, necessario debeant esse extensae, quantumvis parvae fingantur, possumus adhuc unamquamque ex ipsis in duas aut plures minores cogitatione dividere, ……[5]

그리고 이런 말도 나옵니다.

…… 물질의 어떤 부분들이 무한히 또는 일정하지 않게, 아니면 엄청난 수의 부분들로 분할되는 것이어서……(강조는 인용자)

…… divisionem quarundam particularum materiae in infinitum, sive indefinitam, atque in tot partes, ……[6]

---

5) René Descartes, *Principiorum philosophiae*, pars secunda, XX, in *Œuvres de Descartes*, éd. par Charles Adam et Paul Tannery, Paris, 1897~1914, t. VIII.
6) René Descartes, *Principiorum philosophiae*, pars secunda, XXXIV.

"그 부분들이 아무리 작을지라도" 그 부분들은 필연적으로 연장을 가집니다. 아무리 작을지라도 공간을 차지하고 있는 이상은 연장을 가지겠죠? 따라서 "우리는 사유 안에서 나눌 수 있다"는 것은 위에서 제가 '원칙상' 분할 가능하다고 했던 점이죠. 그 다음 인용문에서는 물질의 어떤 부분들이 "무한히 또는 일정하지 않게, 아니면 엄청난 수의 부분들로" 분할된다는 말이 나오죠? 이 표현을 잘 음미해 볼 필요가 있어요. 데카르트가 여기에서 '무한'infini, 일정하지-않음indéfini, 엄청난 수innombrable를 구분하고 있지 않죠? 엄밀히 말하면 세 가지가 다 다르죠. 무한은 크기에 따라 계속 미시적으로 나눌 수 있다는 것이고, 비-일정함은 나누어지는 방식이 일정히지 않다는 깃을 말하죠. 그리고 엄밀히 말해 무한과 엄청나게 큰 수 또한 서로 다릅니다. 각각 'infinite', 'indefinite', 'unlimited'에 해당합니다.

어쨌든 데카르트의 생각은 이렇습니다. 이 세상에 어떤 것이든 연장을 가지고 있는 한 원칙적으로 분할 가능하다는 겁니다. 그런데 원자론은 더 이상 분할할 수 없는 존재를 설정한다는 점에서 잘못되었다는 이야기죠. 모든 물질-공간은 무한 분할 가능합니다. 그렇지만 현실적으로 존재하는 모든 사물이 무한히 나뉘어 있는 것은 아니죠. 모든 사물들은 다양한 방식으로 분절되어 있어요. 이것이 '일정하지 않게'라는 뜻이죠. 그러니까 정확히 말하면 "무한히" 나뉜다는 것은 원칙상 그렇다는 것이고(원자론 논박의 근거죠?), "일정하지 않게" 나뉜다는 것은 현실적으로 그렇게 나뉘어 있다는 뜻입니다. 그러니까 현실적으로 일정하지 않게 분할되어 있는 사물들이 가능적으로는 무한 분할되는 것이죠. "엄청난 수의 부분들로"는 전자보다 후자에 가깝습니다만, 'indefinite'가 딱히 어떤 한 방식으로 고정시킬 수 없다는 뉘앙스를 띤다면, 'unlimited'는 그 어디에선가 딱히 끊을 수가 없다는 뉘앙스를 띠죠. 미묘한 차이입니다만, 어쨌든 핵심은 '원칙상' 무한 분할 가능하다는 것과 '현실적으로'는 비-일정한 방식으로 분할되어 있다는 사실입니다.

그런데 라이프니츠의 논지는 무한하게건 비-일정하게건 분할 가능한 것은 실체가 아니라는 겁니다. 실체는 어디까지나 분할 불가능해야 합니다. 그러니까 실체는 곧 개체여야 합니다. 'in-dividu'라는 말 자체가 나뉘지 않는다는 뜻을 함축하죠. 한 개체를 분할하면 더 이상 그 개체가 아닌 겁니다. 그러니까 같은 원자론 논박이어도 데카르트와 라이프니츠는 맥락이 다릅니다. 라이프니츠는 데카르트의 이 비판은 옳다는 겁니다. 원자든 물질-공간이든 무한 분할 가능한 것이죠. 그런데 라이프니츠가 말하려는 것은 실체는 바로 공간적인 외연을 통해서 규정되어서는 안 된다는 점입니다. 원자든 물질-공간이든 실체를 공간적 외연에 입각해 정의하고 있죠. 그래서 라이프니츠는 데카르트와 원자론을 같이 비판하는 것이죠.

이런 식의 생각 속에는 어떤 일정한 신념이 깔려 있습니다. 라이프니츠는 1687년 4월 30일 아르노에게 보낸 편지에서 재미있는 말을 하죠. "진정 하나의 존재가 아닌 것은 결코 하나의 존재가 아니다." 얼핏 동어반복 같은데 엄밀히 말하면 동어반복이 아니죠. 왜냐하면 강조를 달리해서 읽으면 "진정 하나의 존재가 아닌 것은 결코 하나의 존재가 아니다"가 되기 때문입니다. 어떤 것이 정말 존재한다고 말할 수 있으려면 그것은 하나여야 한다는 말입니다. 역으로 말해서, 어떤 것이 진정 하나라면 그것은 반드시 존재해야 한다는 것입니다. 간단히 말해 실재성réalité과 통일성/일자성unité을 동일시하는 겁니다. 달리 말하면 서로가 서로의 조건이 되는 것이죠. 데카르트는 무한 분할을 인정하고 원자론은 무한 분할을 인정하지 않습니다. 그러나 라이프니츠는 데카르트의 말대로 원자 또한 분할 가능하다고 봅니다. 문제는 도대체 분할 가능한 것이 실체가 될 수 있느냐는 것이죠. 그래서 라이프니츠는 물질-공간과 원자를 동시에 비판하는 겁니다. 그런데 여기에서 원자론이 말하는 '분할 불가능한 것'과 라이프니츠가 말하는 '분할 불가능한 것'은 도대체 어떻게 다를까요?

여러분들이 그리스어 'atoma'기 라틴어에서는 두 개로 갈라져 번역되었다는 사실을 안다면 사태가 어느 정도 선명해질 겁니다. 그리스어 'atoma'가 라틴어에서는 'atomus'와 'individuum'으로 분화되어 번역되죠. 마치 서구어 'engineer'가 우리말로 '엔지니어'와 '기사'로 분화되어 번역된 것과 유사합니다. '엔지니어'는 발음 그대로 번역('음역')된 말이고 '기사'는 완전히 한글로 '번역'된 말이죠. 그러면서 두 말이 뉘앙스를 크게 달리하게 됩니다. 'atomus'와 'individuum'도 마찬가지입니다. 그래서 '나눌 수 없다'는 뜻은 그대로 보존되면서, 'atomus'는 물리적 원자를 뜻하게 되고 'individuum'은 개체를 뜻하게 됩니다. 원자론은 'atomus'를, 라이프니츠는 'individuum'을 이어받게 됩니다.

원자는 크기, 모양, 위치 이동이라는 세 가지 규정성만을 띠지만 개체는 내적인 질적 동일성을 갖춘 존재입니다. 데카르트가 원자론을 비판하지만, 사실 진공의 존재 문제와 무한 분할 문제를 빼면 같은 유형의 사유죠. 라이프니츠는 이 두 사유를 동시에 비판하는 겁니다. 그래서 라이프니츠는 환원주의자가 아니라 다원주의자이며(그럼에도 학문의 통일적 위계화는 포기하지 않습니다), 그의 사유는 기계론이 아니라 질의 과학인 것이죠.

여기에 좀 덧붙인다면, 라이프니츠가 데카르트를 비판하는 논리 중에서 잘못된 것이 있습니다. 라이프니츠는 만일 물질이 무한 분할 가능한 것이라면, 그래서 물질이 끊임없이 분할된다면, 결국 수학적 점까지 가지 않겠느냐고 합니다. 그러면 결국 물질이 소멸하지 않겠느냐는 말을 합니다. 그러나 이것은 틀린 논증입니다. 영zero과 무한소는 다른 거예요. 외연을 자르고 또 자르고 해봅시다. 그 외연은 무한히 작아지고 있는 것이지 수학적 점(제로)이 되는 것은 아니죠. 무한 분할 가설이 물질의 소멸에 다다르게 된다는 생각은 잘못입니다.

또, 라이프니츠는 『형이상학 논구』에서 데카르트주의자들이 수학적 점으로부터 출발해 물질을 구성했다고 비판합니다. 그러나 이것도 정당한 비판은 아니죠. 수학적 점이라는 것은 외연이 없는 존재 즉 위치만 있고 크기가 없는 존재인데, 그것으로부터 출발해 어떻게 물질-공간을 구성할 수 있겠어요. 이것도 정확한 비판은 아닙니다. 그러니까 실체 물음에 관련해서의 차이와 무관하게, 라이프니츠와 데카르트는 모두 영과 무한소를 구분하지 못하고 있는 것이죠. 이것은 무한소미분이 발명된 초창기라서 그렇습니다. 이런 문제들이 보다 분명해지려면 극한limit 개념에 기반한 무한론이 성립해야 합니다. 사실 라이프니츠 자신이 그 선두 주자이죠.

§6. 논박의 성과와 아포리아의 등장

그러면 라이프니츠가 한 작업의 성과를 한번 짚어 봅시다. 데카르트의 세계는 비유적으로 말해 표백된 세계입니다. 모든 것이 투명하고 추상적인 기하학으로 환원되는 세계죠. 이에 반해 라이프니츠는 개체성, 질적 다양성을 복구시켰다고 할 수 있습니다. 어찌 보면 17세기 이래 서구 학문의 역사는 계속 이런 과정을 반복합니다. 과학자들이 세계를 표백시키면 예술가들은 그 표백된 세계를 비판하고 생동감 있는 세계를 어떻게든 다시 복구시키려고 하죠. 철학자들은 이 양극 사이에 다양하게 분포해 존재론적 전쟁을 벌이곤 했습니다. 데카르트와 라이프니츠의 대립 이후에는 다시 18~19세기에 유물론과 낭만주의가 대립하고, 19~20세기에도 여전히 기계론, 유물론, 실증주의,…… 등과 현상학, 베르그송주의, 실존주의,…… 등이 대립하죠(물론 이는 거시적인 이분법일 뿐이고, 실제 상황은 훨씬 복잡했다고 해야겠죠).

지금도 이런 대립이 존재합니다. 예컨대 인간의 모든 행위를 뇌의 움직임을 가지고 설명하려는 입장이나 사회 현상들을 생물학적 원리로 모두 소급해 설명하려는 사회생물학 같은 담론이 있습니다. 그러나 이런 환원주의를 논박하는 입장도 있죠. 사실 내가 이번 강의에서 시도하는 작업도 환원주의를 비판하기 위한 것입니다. 이전의 강의들(『사건의 철학』)에서는 주로 의미를 통해서 환원주의를 극복하고자 했습니다. 자연으로부터, 의미라는 지평을 그냥 건너뛰어, 인간으로 그대로 이어지는 담론은 조잡한 유물론입니다. 사건은 자연과 문화의 접면에서 생기한다는 점을 강조했고, 그 면面을 정확히 이해해야 자연과 문화를 이어서 세계에 대한 종합적인 이해에 도달한다는 점을 논했습니다. 그리고 지금의 강의는, 이전 강의가 주로 이 면——객관적 선험——에 초점을 맞추었다면, 그 면 너머와 또 이편까지를 포괄해서 다루고 있는 것입니다. 자연, 문화, 그 사이의 면, 또 그 외에 세계의 여러 측면들을 특정한 어떤 부분으로 조잡하게 환원하기보다는 다원적이면서도 입체적으로(다자들이 함께 형성하는 입체로서의 총체성에 주목해) 이해하고자 하는 것이 우리의 목표입니다. 이를 위해서 우선 이런 문제의식이 탄생한 지점인 데카르트 vs. 라이프니츠의 국면을 다루고 있는 것이죠.

자, 그런데 데카르트와 라이프니츠의 대립 이래 서구 담론사가 이런 대립을 반복했다고 해서 그것이 무의미한 반복은 아닙니다. 시계불알이 왔다 갔다 하는 반복은 아니죠. 그래서 우리는 '상승 변증법'이라는 개념을 사용할 필요가 있어요. 이것은 두 대립자가 하나로 통합되는 변증법이 아닙니다. 두 개가 자체로서 존립하되 서로간의 갈등을 통해서 서로를 발전시켜 주는 그런 관계입니다. 억지스러운 통합도 아니고 그렇다고 고독한 분열도 아닙니다. 서로 대립하지만 그 대립을 통해서 서로가 발전해 가는 그런 관계가 상승 변증법의 관계죠. 그래서 오늘날의 기계론은 옛날의 기계론이 아니고, 또 오늘날의 탈-기계론적 사유들도 예전의 그것들이 아닙니다. 늘 대립해 왔지만 그런 대립을 통해서 기계론은 기계론대로 형이상학은 형이상학대로 계속 발전해 온 것이죠. 그러니까 오늘날 의미 있는 형이상학이 제시되려면 그것은 반드시 과학의 역사를 매개한 형이상학이어야 하는 겁니다. 그것이 바로 우리 강의 첫머리에서 언급한 '과학사의 외삽으로서의 형이상학'인 것이죠.

데카르트와 라이프니츠의 대립은 바로 이러한 과정의 최초의 예입니다. 17세기에 처음으로 근대 과학이 성립했고, 또 처음으로 그 근대 과학에 대한 비판이 성립했던 것이죠(그 비판을 통해 고대와 근대를 잇는 끈이 마련됩니다). 그후의 역사는 이 최초의 대립으로부터 이어져 나오는 것이죠. 데카르트와 라이프니츠의 관계를 살펴보는 것이 왜 중요한가를 이해할 수 있을 것입니다.

여기에서 하나의 아포리아가 등장합니다. 라이프니츠가 아리스토텔레스를 부활시키려 하다 보니까 그 역시 아리스토텔레스가 부딪쳤던 아포리아에 마주칩니다. 이 아포리아는 곧 진정한 실체는 개체인가 개체의 영혼/형상인가라는 문제죠. 아리스토텔레스도 이 문제에 대해 상당히 고심한 흔적이 보입니다. 결국 제1 실체는 개체이고 제2 실체는 형상이라는 타협적인 견해로 기울죠. 일차적인 의미에서의 실체는 개체이지만, 그 개체는 신체와 영혼의 복합체이고 더 분석해 보면 영혼이 진정한 실체라는 생각이죠. 라이프니츠도 아리스토텔레스가 걸어간 길과 거의 유사한 길을 걸어갑니다.

이 문제는 몸과 마음의 관계라는 묵직한 문제를 함축하고 있죠. 철저한 유물론적 입장을 취한다면, 영혼이라는 실체는 존재하지 않습니다. 영원한 형상 같은 것은 없죠. 영혼/형상은 물질이 일정하게 조직된 결과, 표면효과일 뿐이죠. 그러나 이런 입장은 무리가 있으며 최근의 과학적 성과에 비추어 봐도 설득력이 크지 않습니다. 아주 단순한 예를 들어, 누군가의 말 한마디가 한 사람을 희열에 젖게 하기도 하고 분노에 차게 하기도 하죠? 물리적으로는 단지 음파의 움직임이 있었을 뿐이죠. 그런데 어떻게 그렇게 큰 변화가 일어날까요? 조잡한 유물론으로는 설명되지 않습니다. 그러나 역으로 영혼/형상이 물질 없이 존재하는 경우를 상상할 수 있을까요? 이 문제 역시 난해한 문제죠. 우리가 이전에 논했던 사건의 존재론, 잠재성 개념 등이 이 문제에 일정한 빛을 던져 줍니다. 여기에서는 일단 문제 제기를 해놓읍시다.

Q 데카르트는 인간의 몸과 영혼을 나누면서 몸이 외연(물질-공간) 이상의 의미가 없는 것으로 보았다고 하셨습니다. 그러나 라이프니츠의 경우는 어떤 하나의 실체가 분할 가능하다면 그것은 더 이상 실체가 아닌 것으로 보았다고 하셨는데요. 그렇다면 라이프니츠 입장에서는 몸이란 더 이상 분할할 수 없는 존재인가요?

A 한 개체가 살아 있을 때와 죽었을 때가 좀 다릅니다. 한 개체가 살아 있을 때 그것은 자체로서 하나의 실체입니다. 따라서 그의 몸은 단지 'res extensa'인 것이 아닙니다. 그것은 지금 우리가 보는 그대로의 질적 다多이며 활동하는 존재이며 개체입니다. 때문에 데카르트에서의 몸이 조종사[영혼]가 타고 있는 일종의 기계에 불과하다면(물론 데카르트 자신은 이런 식의 이미지를 거부했지만), 라이프니츠에서의 몸은 영혼이 그 안에 구현되어 있는(따라서 몸과 영혼은 '하나'가 되는 것이죠) 존재입니다. 그래서 단순한 물질-공간이 아닌 것이죠.

그러나 라이프니츠는 점차 몸보다 영혼을 실체로 보게 되는데, 이것은 죽음을 고려했을 때 더욱 그렇습니다. 죽으면 몸은 해체되죠. 그렇다면 몸을 궁극의 실체로 보기에는 무리가 있습니다. 해체될 수 있는 것은 실체가 아니니까요. 그렇다면 영혼만이 실체가 될 수 있겠죠. 몸은 해체되어도 영혼은 남습니다. 영혼에는 외연이 없지만 그것은 극히 작은 물질 조각에 실려 보존됩니다. 그렇게 떠돌아다니다가 일정한 조건이 마련되면 몸을 얻어 다시 개체로서 부활하게 됩니다. 천년, 만년의 세월을 땅속에 묻혀 있다가 어느 순간 다시 싹을 틔우는 씨앗들을 생각하면 되겠네요. 그러니까 개체를 개체로 만들어 주는 것이 바로 영혼입니다. 이 맥락에서 영혼은 또한 힘이기도 하죠. 이 생각에는 전성설前成說의 배경이 깔려 있는데 3강에서 논하게 될 것입니다. 그러니까 여기 [책상]에 어쩌면 제갈량의 영혼이 묻어 있을지도 모릅니다.

어찌 보면 대단히 사변적인 생각 같지만 사실 현대적인 생각에 더 가까워요. 지금은 어떤 사람의 조그만 흔적(머리카락 등)만 있어도 그 사람의 유전자 구조를 파악하죠? 2003년에 게놈 프로젝트가 완성된다고 하던데, 그렇게 되면 이런 파악이 더 쉬워지고 완전해지겠죠. 어쩌면 이미 죽은 인간을 언제라도 복제해낼 수 있는 시대가 올지도 모릅니다. 물론 이때 게놈이 영혼을 싣고 있다고 볼 수 있는가? 게놈 자체가 영혼은 아닌가? 복제가 윤리적으로 옳은가? 복제에 연관되는 정치경제적 문제는 무엇인가? 등등 존재론적인 또 윤리학적인 수많은 문제들이 남아 있습니다. 어쨌든 라이프니츠의 생각은 그후에 그야말로 "말도 안 되는" 황당한 사변으로 치부되었지만 오늘날에 이르러서는 오히려 현대성의 많은 부분들을 선취하고 있다는 점을 주목할 필요가 있습니다.

또 하나 중요한 것은 데카르트의 경우 인간의 영혼만이 영혼인 데 반해, 라이프니츠의 경우 모든 존재가 다 각자의 영혼을 가진다는 사실입니다(물론 앞에서 말했듯이, 생명체에게만 영혼을 인정하는 것 같기도 합니다). 어쨌든 이것이 데카르트와 라이프니츠의 커다란 차이점입니다. 그러니까 데카르트의 경우 인간의 영혼과 그 밖의 모든 물질-공간이 구분된다면, 라이프니츠의 경우 수많은 종류의(라이프니츠의 형이상학에 입각하면 모든 개체가 각각 별도의 영혼을 가집니다) 영혼들 및 그것들에 결부된 몸들이 존재하는 것이죠. 이것이 데카르트의 이원론과 라이프니츠의 다원론의 차이입니다.

Q 라이프니츠가 말하는 영혼은 우리가 흔히 말하는 영혼과 좀 다른 것 같은데요?

A 그런 생각이 들 겁니다. 지금 우리에게 영혼이란 사물과는 전혀 다른 무엇이죠? 저 사람은 '맑은 영혼'을 가지고 있다든가, "우리의 영혼을 울리는 소리"와 같이 말하죠. 그러니까 지금 우리에게 영혼이란 물질은 물론 아니고 '사물' 또한 아니죠. 이것을 철학사적으로 말하면, 우리는 이미 근대 주체철학을 배경으로 한 영혼, 정신, 마음, 의식, 주체,…… 개념을 가지고 있다고 할 수 있어요. 그러니까 현대인들의 감각으로 볼 때에는 라이프니츠의 영혼은 좀 낯설게 느껴지죠. 그러니까 '물화'物化된 영혼이라고 할까요? 물론 영혼과 물체가 구분되지만, 결국 둘 모두 '실체'죠. 고전적인 의미에서의 실체입니다. 데카르트에게서도 'res extensa'와 'res cogitans'는 결국 모두 'res'이죠. 흔히 'extensa'와 'cogitans'의 대립을 말하지만, 사실 더 중요한 것은 둘 모두 'res'라는 사실입니다. 그런데 우리는 이미 이런 실체론을 벗어난, 칸트 이래의 주체철학의 세례를 받은 사람들이죠. 그래서 영혼이라는 것을 자연철학적으로 논하는 것 자체가 낯설게 느껴지는 겁니다. 라이프니츠의 영혼은 어찌 보면 우리의 전통에서 말하는 영혼과 비슷하죠. '혼백'魂魄과 유사한 면이 있습니다. '영혼'靈魂이라는 번역어 자체가 이런 이해를 전제하고 있습니다.

결국 라이프니츠의 영혼 개념은 현대의 반성철학(현상학 등)이나 문학이 논하는 섬세한 내면성으로서의 영혼이 아니죠. 형이상학적/자연철학적인 실체로서의 영혼입니다. 그래서 이런 영혼론으로 현상학, 문학, 정신분석학 등이 논하는 보다 미묘하고 섬세한 내면성을 파악하기에는 역부족입니다. 그러나 역으로 말한다면 라이프니츠의 영혼론은 칸트 이후 탈-자연화된, 탈-사물화된, 탈-우주화된 우리 사유를 다시 자연, 사물, 우주,…… 등에 연계시켜 준다고도 할 수 있어요. 그러니까 전근대적인 사유의 특징이 자연과 인간을 연속적으로 보고 거대한 형이상학을 추구한 데 있다면, 근대 이후 사유의 특징은 인간과 자연을 날카롭게 나누고 전혀 다른 논법, 언어로 이들을 파악한 데 있습니다. 최근의 사유 경향은 어떤 의미에서는 고대적 스타일로 다시 돌아가는 것이라고도 할 수 있어요. 물론 조잡한 유물론이나 자연주의, 심지어 환원주의로 가면 곤란합니다.

영혼(/정신/마음)에 대한 우리의 이해는 (그리스 철학이나 동북아의 기氣의 철학을 비롯한) 고대의 종합적 사유들(고대의 사유들은 우리가 늘 그리로 돌아가 봐야 할 근원입니다), (칸트 이래의) 근대의 주체철학들(최근에 근대 주체철학들에 대한 비판이 주류가 되었지만, 이 철학들이 이룩한 인간에 대한 섬세한 이해는 반드시 우리 사유에 포함되어야 합니다), 그리고 최근에 눈부시게 발달한 현대의 생명과학(우리 사유의 현대적 근간은 생명과학입니다)을 포용하는 사유가 되어야 할 것입니다. 지금은 이런 사유의 실마리로서 라이프니츠를 논하고 있습니다.

2강_ 힘/에네르기

§7. 데카르트의 운동 개념

지난 시간 마지막에 개체를 개체로 만들어 주는 것은 그 개체가 어떤 내부적인 힘을 가지고 있기 때문이라는 말을 했습니다. 라이프니츠가 이런 맥락에서 도입한 힘 개념은 담론사적으로 매우 중요한 의미를 띠게 되죠. 데카르트에게서 증발되었던 힘 개념이 라이프니츠에 의해 복원되면서 기계론 극복의 한 단초가 마련되기 때문입니다(지금은 논할 수 없지만, 이 복원은 사실 스피노자에 의해 이루어졌습니다). 힘은 라틴어의 'vis' 또는 'potentia'에 해당합니다. 현대어에서는 영어/프랑스어 'force'와 독일어 'Kraft'가 있고, 또 영어의 'power', 프랑스어의 'puissance', 독일어의 'Macht'가 있는데, 뒤에서 이야기하겠지만 전자는 뉴턴적 뉘앙스에서의 힘이고 후자는 라이프니츠적 뉘앙스에서의 힘입니다. 기계론 이후 힘 개념의 복원이 이 두 갈래로 이루어졌고, 이후의 자연과학사 및 철학사에서도 'force/Kraft'와 'power/

puissance/Macht'는 매우 미묘한 변화들을 겪으면서 오늘에 이르렀습니다. 가장 핵심적인 개념-뿌리들 중 하나이죠. 어쨌든 이런 개념들을 통해서 기하학적·공간적 움직임만 있지 힘/에네르기가 없었던 데카르트의 세계가 다시 생기生氣를 띠게 됩니다.

라이프니츠가 힘 개념을 도입하게 되는 중요한 맥락들 중 하나는 운동의 상대성 때문입니다. 아리스토텔레스의 운동 개념이 근대적인 운동 개념으로 대체되면서 운동 개념이 포괄하는 의미가 축소됩니다. 그러면서 운동의 상대성 문제가 발생하죠. 라이프니츠는 운동의 상대성을 비판하면서 아리스토텔레스 운동론을 다시 복원시킵니다. 자, 우선 아리스토텔레스의 운동 개념을 봅시다.

아리스토텔레스가 생각하는 운동 개념은 근대 과학이 생각한 운동 개념보다 훨씬 다양한 의미를 함축합니다. 아리스토텔레스에게 가장 넓은 범주는 변화(metabolê=changement)죠. 변화에서 실체의 탄생(genesis=genèse)/소멸(phthora=extinction)과 운동(kinêsis=mouvement)이 구분됩니다. 생명/소멸은 실체에서의 변화이고 운동은 실체가 보존되는 한에서의 변화입니다. 이 두 종류의 변화가 대별됩니다. 그리고 운동에도 세 가지가 있습니다. 하나는 질적 변화(alloiôsis=altération)죠. 색깔이 달라진다거나, 뜨거운 것에서 차가운 것으로 변한다거나, 또 맛이 있다가 없어진다거나 하는 질적 변화가 있습니다. 다음으로는 양의 증감(auxêsis/phthisis=augmentaion/diminution)이 있습니다. 사람의 수가 늘어난다거나 건물의 높이가 줄어든다거나 하는 경우들이죠. 마지막으로는 위치 이동(phora=translation)이 있습니다. 돌멩이가 위에서 아래로 떨어진다거나 하는 경우들이죠. 그래서 아리스토텔레스의 운동 개념은 다양한 운동들을 포괄하는 다채로운 운동론이죠.

여기에서는 아리스토텔레스의 운동 개념을 자체로서 길게 다루지는 못합니다만,[1] 우선 아리스토텔레스에서 운동이란 기본적으로 가능태로부터 현실태로의 이행이라는 점을 이해해야 합니다. 모든 존재는 가능태이고 가능태는 시간의 흐름에 따라 현실태로 화합니다. '현실태'로 번역되는 'energeia'는 'en-erge-ia'로 풀 수 있는데, 이때의 'ergon'은 '활동'을 뜻합니다(훗날 'Energie'가 이 말로부터 생겨나죠). 이것은 바로 한 존재가 자신의 형상을 온전하게 얻어 가는 과정입니다. 그리고 이 과정이 완성되면 그 존재는 '완성태'entelecheia에 도달합니다. 이 말은 'en-tele-eche-ia'로 풀 수 있는데, '목적'telos에 도달했다는 뜻이죠. 그래서 아리스토텔레스의 운동 개념은 질적이고 목적론적입니다. 기본적으로 생명체에 주안점을 두고 있는 자연철학이죠. 그래서 근대가 도래했을 때 아리스토텔레스 철학이 물리학에서 처음으로 무너지기 시작한 겁니다.

근대의 기계론적 세계관이 가져온 가장 큰 변화들 중 하나는 바로 운동의 개념을 위치 이동으로 환원시킨 것입니다. 모든 형태의 변화, 운동은 결국 입자들의 위치 이동(영어의 'motion'에 해당합니다)의 결과라는 것이죠. 이것이 근대 기계론의 기본 입장입니다. 그리고 이렇게 환원시킬 때에만 모든 운동은 수학적으로 파악 가능하게 됩니

---

1) 다음을 보라. Auguste Mansion, *Introduction à la Physique Aristotélicienne*, Vrin, 1913.

다. 이런 환원이 근대 학문의 패러다임으로 자리 잡은 '수학적 물리학'의 존재론적 바탕이죠. 매우 거대한 변화라고 할 수 있고, 또 이후의 문명사를 이해하는 데에도 핵심적인 사항입니다. 그러니까 뜨겁다/차갑다 같은 경우도 질적인 변화가 아니라 입자들의 운동이 빚어내는 결과로서 파악됩니다. 예를 들어 어떤 밀폐된 계가 뜨겁다는 것은 그 안에 들어 있는 수많은 입자들이 빨리 움직여서 표면을 세게 때리는 것으로 이해됩니다. 반대로 입자들의 운동이 늘어져서 표면의 벽을 때리는 힘이 약해지면 열이 식는 것이죠. 이런 환원주의적 설명의 성격은 맛의 경우에 보다 선명하게 드러납니다. 어떤 음식물의 맛이 신 것은 그 음식물의 입자들의 모양이 날카롭고 그래서 그 입자들이 우리 혀를 콕콕 찌르기 때문입니다. 데카르트는 각 맛에 여러 기하학적 도형들을 배당해서 설명을 하죠. 이렇게 모든 것을 공간화·수학화하는 것이 근대 과학의 특성입니다.

데카르트가 『철학의 원리들』에서 운동을 어떻게 규정하는지 살펴봅시다.

운동이란 한 장소에서 다른 장소로의 이동이며, 이 밖의 다른 어떤 종류의 운동도 상상할 수 없다.

Motus ⋯⋯ scilicet localis, neque enim ullus alius sub cogitationem meam cadit; ⋯⋯[2]

---

2) Descartes, *Principiorum philosophiae*, pars secunda.

[운동이란] 물질의 일부분 또는 물체가 그것과 직접적으로 맞닿아 있
으면 또 정지해 있다고 여겨지는 물체들의 이웃으로부터 다른 물체
들의 이웃으로 옮겨 감이다.

translationem unius partis materiae, sive unius corporis, ex
vicinia eorum corporum, quae illud immediate contingunt &
tanquam quiescentia spectantur, in viciniam aliorum.[3]

우선 첫번째 문장이 아리스토텔레스의 세계관과 결정적으로 다
른 근대의 기계론적 세계관을 분명하게 드러내죠? 그리고 두번째
문장에서 "물질의 일부분 또는 물체가"라는 대목이 나오는데, 여기
서 '또는'을 '즉'으로 읽으면 됩니다. 물질의 일부분이 물체이죠. 'res
extensa'를 떠올리면 됩니다. 그런데 "그것과 직접적으로 맞닿아 있
으며 또 정지해 있다고 여겨지는"이라는 표현에서 '여겨지는'이라는
말의 뉘앙스가 참 미묘합니다. 이 문제는 조금 있다가 이야기하고, "물
체들의 이웃으로부터 다른 물체들의 이웃으로 옮겨 감"이라는 말에
서 다시 확인할 수 있듯이 모든 운동은 결국 물체와 물체 사이의 이웃
관계가 변화하는 것입니다. 위치가 여러 가지로 바뀌는 거죠.

그래서 앞에서(§3) 지적한 몇 가지 특징이 나오는 겁니다. 데카르
트의 경우 우주가 꽉 차 있으니까 빈 공간에서 원자가 움직이는 것이
아니라 물체들이 끊임없이 위치를 바꾸는 것이죠. 그러다 보니까 선
회 운동이 가장 자연스러운 운동이라는 결론이 나옵니다. 여기에 또

---

3) Descartes, *Principiorum philosophiae*, pars secunda.

하나 덧붙여야 할 것은 모든 운동은 접촉에 의해서만 일어날 수 있다는 사실입니다. 물체가 움직이려면 다른 물체와 어떤 식으로든 접촉해야 합니다. 무협지의 세계가 아닌 한 떨어진 거리에서의 작용-action at a distance이란 불가능하죠(사실은 무협지도 氣의 연속성을 전제하고 있습니다). 그래서 기계론의 입장에서 보면 뉴턴의 만유인력 같은 것은 인정하기 어려운 생각입니다. 서로 떨어져 있는 물체들이 힘을 가한다는 것은 참 이해하기 힘든 생각이죠. 그래서 이런 생각에 'occult'라는 수식어가 붙습니다. '신비로운', '기묘한', '이해하기 힘든' 등을 뜻하죠.

넛붙여 말하면, 우리는 흔히 서구 근대 자연과학의 위대한 업적의 한 예로 '만유인력'을 들죠? 그래서 뉴턴이 사과 떨어지는 것을 보고서 만유인력을 발견했다느니 하잖아요? 사실 이 에피소드 자체가 근거도 없는 이야기일뿐더러, 만유인력은 당대의 많은 사람들로부터 비난받았던 신비주의적 가설입니다. 뉴턴이 만유인력이라는 가설을 생각한 것은 과학적 실험이나 추론을 통해서가 아니라 그 자신이 당대 유행하던 신비주의에 심취해 있었기 때문입니다. 케플러도 마찬가지고요(데카르트가 이야기한 '접촉에 의한 운동' 개념이 합리적인 개념입니다). 그래서 만유인력이라는 개념은 근대 자연과학의 업적이기는 커녕 당대의 가장 신비주의적이고 연금술적인 개념인 것입니다(나중에 아인슈타인이 이 내용을 정정하게 됩니다). 우리가 자연과학에 대해 가지고 있는 생각이나 허술한 교양과학서들이 말하는 내용에는 학문 사적으로 부정확한 이야기들이 상당히 많습니다. 자연과학을 철학에 연관해서가 아니라 기술/마술, 대중문화, 종교,…… 등과 연결해서 이야기할 경우 참 엉뚱한 것들이 많죠.

잠깐 다른 이야기를 했는데, 데카르트 운동론에서 또 하나 핵심적으로 중요한 것은 운동의 상대성입니다. 그런데 바로 라이프니츠는 이 부분을 날카롭게 공격해 들어가죠. 상대성 원리에 따르면(갈릴레오가 이 원리를 구체적으로 파악했습니다), 어떤 물체가 움직이고 있는지 정지하고 있는지 절대적으로는 말할 수 없습니다. 중학교 학생들이 물리학적인 상대성 원리를 배운 다음 그러잖아요? 내가 물구나무를 서면 바로 지구를 들고 있는 거라고요. 아까 제시했던 데카르트의 문장에서 "여겨지는"이라는 말에 주목할 필요가 있다고 했죠? 이 말의 뉘앙스는 정지해 있는지 운동하고 있는지 절대적인 의미에서는 말할 수 없다는 것입니다. 데카르트는 운동의 상대성을 전제하고 말하는 것입니다. 『철학의 원리』(§30)에 다음 예가 나옵니다.

A와 B가 서로에 관련해서 예컨대 1m 움직였을 때, 여기에 모순이 생긴다는 것이죠. 왜 그럴까요? A와 B가 원래 이렇게 있었는데(그림 1/a), 그 다음에는 A와 B가 1m 떨어지게 되었다고 생각해 봅시다(1/b). 이 경우 A가 본래 자리에서 이리로 간 것인지(α) B가 그와 반대 방향으로 간 것인지(β) 말할 수가 없다는 것이죠(1/c). 지구와 상대적으로 볼 때에도 모순이 생깁니다(1/d). 이 경우 지구가 A와 상대적으로 볼 때는 이쪽으로 움직인 것이지만(α), B와 상대적으로 보면 여기 반대 방향으로(β) 움직인 것이 되기 때문이죠. 만일 A와 B의 운동을 동시에 긍정하면 지구는 동시에 두 반대 방향으로 움직인 것이 되어 모순에 빠지게 됩니다. 그래서 운동의 상대성을 피할 길이 없게 되는 것이죠.

〈그림 1〉 운동의 상대성

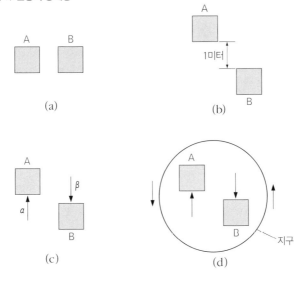

(a) (b) (c) (d)

그럼 이 문제를 어떻게 해결해야 하는가? 그래서 데카르트가 도입한 것이 '데카르트 좌표계'입니다. 여러분들은 아마 '카르테지언 좌표'로 배웠을 거예요. 중학교 수학 시간에 배웠죠? 그런데 '카르테지언'이라는 말은 '데카르트의'라는 말입니다. 데카르트라는 이름은 'Des Cartes'가 'Descartes'가 된 것입니다. 여기에서 'des'는 잔 다르크의 'de', 레오나르도 다 빈치의 'da', 아브라함 벤 데라에서의 'ben'에 해당합니다. 우리말의 '의'를 뜻하죠. 이 말들 뒤에 오는 말은 대개 그 집안이나 마을입니다. 그런데 사람 이름을 소유격으로 만들 때에는 '의'를 빼고 뒤의 말만 사용합니다. 그래서 'Descartes'의 소유격은 'cartesian'이 되는 것이죠. 그러니까 굳이 '카르테지언 좌표'라 할 필요는 없고 그냥 '데카르트 좌표'라고 하면 되겠죠.

말이 나왔으니까 갈릴레오에 대해서도 알아 놓으세요. 'Galileo Galilei'인데 왜 이 사람은 갈릴레이라 하지 않고 갈릴레오라 할까요? 마르크스라고 하지 카를이라 하지 않고, 푸코라고 하지 미셸이라고 하지 않는데, 왜 갈릴레이가 아니라 갈릴레오인가? 르네상스 시대에 이탈리아 사람들 중 유명한 사람들은 성이 아니라 이름으로 불렸어요. 단테, 미켈란젤로, 라파엘로, 레오나르도도 모두 이 사람들의 성이 아니라 이름입니다. 그래서 갈릴레이가 아니라 갈릴레오로 부릅니다. 이런 전통이 지금까지 내려온 것이죠. 참고로 말하면 갈릴레이는 갈릴레오의 복수형이죠. 그러니까 갈릴레오 갈릴레이라는 이름은 바로 '갈릴레오들 중의 갈릴레오'라는 뜻입니다. 이렇게 한 집안의 성 자체를 이름으로 씁니다. 성은 복수이고 이름은 단수인 것이죠. 그런데 이렇게 자기 집안의 성의 단수형을 이름으로 쓸 수 있는 것은 그 집안의 장자에 한합니다. 차남이나 딸들은 특별한 경우가 아닌 한 불가능하죠. 그래서 이탈리아 인들 중 이런 식의 이름을 쓰는 사람이 있으면 "아하! 저 집안의 장남이군" 하고 생각해도 좋습니다.

자, 여담이 길어져 버렸는데 다시 우리 이야기로 돌아옵시다. 데카르트는 운동의 상대성을 극복하기 위해서 '좌표계'coordinates라는 것을 도입하고 이 생각은 근대 과학의 기본적인 토대가 됩니다. 지금도 우리가 배우는 물리학, 경제학 교과서들에는 좌표가 가득 그려져 있죠? 데카르트는 x축과 y축을 도입해 좌표계를 설정합니다.[4] 지금은 변수의 수에 따라 얼마든지 더 많은 좌표들을 설정하죠. 그리고 이 변수들의 수가 그 계의 '차원'이 됩니다. 그러니까 '4차원'은 무슨 신비한 것이 아니라 단지 변수가 4개인 그런 계를 뜻할 뿐입니다. 어쨌든 데카르트가 도입한 좌표계의 개념은 이후에 과학사에 심대한 영향력을 행사하게 됩니다. 그러나 이 문제가 운동의 상대성 문제를 완전히 해결해 주지는 않아요. 왜일까요? 좌표계를 어떻게 잡느냐 자체는 결국 상대적이기 때문 아닙니까? 바로 그렇습니다. 결국 원점原點을 어디로 잡느냐와 두 축을 어떻게 설정하느냐의 문제인데, 이는 결국 자의적일 수밖에 없기 때문입니다. 물론 특정 맥락에서는 자의적이지 않을 수 있습니다. 태양계를 연구할 때라면 태양을 원점으로 잡는 것이 자연스러운 것이죠. 그러나 궁극적으로 어떤 좌표가 우주의 절대적 좌표인가를 말하기는 힘듭니다. 궁극적으로 보면 운동은 상대적인 것이 되죠. 뉴턴이 절대 시간, 절대 공간 개념을 세시하는 것은 바로 이런 맥락에서입니다.

§8. 시간, 공간, 힘 : 뉴턴과 라이프니츠

뉴턴이 실시했던 실험들 중에 '양동이 실험'이라는 것이 있어요. 줄에 양동이를 매달아 돌리면 좌표계를 어디로 잡든지 간에 구심력의 중심은 일정하다는 것이죠. 그러니까 이 경우는 좌표계가 상대적이지 않다는 것입니다. 뉴턴은 운동의 절대성을 정초하기 위해서 절대 공간,

---

4) 여기에서 '축들'은 곧 통약 불가능한 것들(incommensurables)을 가리킨다. 예컨대 시간과 공간은 통약 불가능하며, 두 요소를 함께 논하기 위해서는 둘을 축을 달리해서 배치해야 한다(통약 불가능하기에 두 축은 반드시 직각을 이루어야 한다). 오늘날에는 너무도 익숙한 기법이지만, 학문의 역사에서 매우 중요한 국면을 이루는 생각이다. 플라톤의 『정치가』에서 도입된 이 기법은 데카르트에 의해 근대적인 형태를 갖추게 된다.

절대 시간을 제시합니다. 예컨대 뉴턴은 절대 공간을 "외부를 가지지 않는 무한 공간이며 부동의 자기동일적인 공간"으로 정의합니다. 절대 공간은 외부를 가지지 않는 공간이니까 무한 공간이죠. 유한하다는 것은 어떤 극한이 있다는 것이고 바깥이 있다는 것입니다. 또, 절대 시간·공간 자체가 움직이면 곤란하죠. 절대 시공간은 고정되어 있고 그 안에서 사물들이 움직여야지 절대 시공간이 움직이면 준거-틀이 되지 못합니다. 그래서 절대 시공간은 무한 시공간이고 또 자기동일적인 시공간이죠. 그리고 이 절대 시간, 절대 공간은 우리의 감각에는 결코 포착되지 않습니다.

이 문제를 두고서 뉴턴과 라이프니츠, 더 정확히는 뉴턴의 대변자인 클라크와 라이프니츠는 여러 차례에 걸쳐 논쟁을 벌입니다.[5] 뉴턴과 라이프니츠는 누가 미적분을 먼저 발명했느냐를 두고서도 감정적인 싸움을 벌이죠. 당시 사람들은 주로 서신으로 논쟁을 했습니다. 우리의 경우도 이황과 기대승의 서신 논쟁이 유명하죠? 지금으로 말하면 채팅이죠. 지금은 전자 메일이 있으니까 서신으로 논쟁하기가 한결 편해졌죠.

그건 그렇고 뉴턴의 생각을 조금만 더 살펴봅시다. 뉴턴에게서는 모든 운동이 위치 이동으로 환원되기 때문에 운동하는 사물이 무엇이냐는 중요하지 않습니다. 그 사물의 질적 규정성은 문제가 되지 않죠. 두 개의 별이 있다면, 각 별들의 각종 질적인 규정들은 물리학적 고려의 대상이 되지 않습니다. 물론 당대로서는 기술적으로도 어려웠겠습니다만, 어쨌든 다만 두 가지만 고려의 대상이 됩니다. 하나는 그 별이 어디에 있느냐, 즉 위치가 문제입니다. 그러니까 하나의 사물을 하나의 점으로 환원시키는 것이죠. 그런데 그 점이 어쨌든 수학적 점은 아니죠. 물리적 실체이지 수학적 점은 아닙니다. 그래서 물리학자에게 관심 있는 측면만큼은 그 점에 부여해야 하겠죠. 그것이 곧 질량입니다. 물리학적으로는 질량만이 문제가 되는 것이죠. 데카르트의 'res extensa'가 뉴턴의 'mass'로 대체됩니다. 물리학사에서 중요한 국면이죠. 그래서 나온 흥미로운 개념이 '질점'質點=mass-point이라는 개념입니다. 하나의 물체에서 다른 모든 측면들은 다 사상하고 물리학적으로 고려 대상이 되는 측면만 생각하면 위치와 질량입니다. 그래서 하나의 물체를 "일정한 질량을 가진 점"으로 생각하는 것이죠. 그렇다면 여러 물체로 구성된 역학계力學系는 무엇이 될까요? 바로 여러 질점들로 구성되는 기하학적 체계로 환원됩니다. 다만 질량이 고려 대상이 되는 기하 체계죠. 이렇게 해서 '수학적 물리학'이 발달하게 됩니다. 지난 시간에 근대 기계론적 세계관[6]은 이 세상을 표백시켰다고 했는데, 그 말이 실감이 나시죠?

이런 존재론적 토대 위에서 뉴턴 역학이 전개됩니다. 그 중 기본적인 것이 여러분들이 다 배웠을 세 법칙이죠?[7] 사실 관성의 법칙과 작용–반작용의 법칙은 데카르트, 갈릴레오 등등에 의해 이미 확

5) 다음을 보라. *The Leibniz-Clarke Correspondence*, by H. G. Alexander, Manchester Univ. Press, 1956. 한글본으로는 앞에서도 언급한 다음 책이 있다. 『라이프니츠와 클라크의 편지』, 배선복 옮김, 철학과현실사, 2005.

6) '기계론' 개념을 아주 좁게 사용할 경우 그것은 데카르트의 체계를 가리킨다. 이 경우 뉴턴은 오히려 힘 개념을 통해서 기계론을 극복한 인물로 평가된다. '기계론'이라는 말이 어느 국면에서 사용되고 있는지에 세심한 주의가 필요하다.

7) 다음을 보라. 萩原明男, 『ニュートン』, 講談社, 1982, 231~242頁.

립되어 있었고, 뉴턴의 핵심적인 공헌은 제2 법칙에 있죠. 제1 법칙은 '관성의 법칙'인데 '관성'inertia이란 물체가 바깥에서 힘이 가해지기 전에는 이전의 운동을 계속하려는 경향을 뜻합니다. 그러니까 물체의 운동 원인은 늘 바깥에 있는 것이고, 그런 점에서 근대 기계론의 세계는 죽은 세계입니다. 말 그대로 기계죠. 바깥에서 전원을 넣어주거나 어떤 운동 원인이 움직이게 하기 전에는 스스로 움직이지 않고, 또 움직이고 있었을 경우 멈추지 않습니다. 내부에서 자발적으로 spontaneously 움직인다/정지한다는 개념이 없는 것이죠. 물론 이 때문에 무-생명체와 생명체가 명확히 구분된다고도 할 수 있겠지만, 거꾸로 이들 사이의 차이를 부정할 경우 세계 전체가 그야말로 완벽하게 기계가 되는 것입니다. 따라서 기계론에 생명체들을 포함시키느냐 아니냐 또한 중요한 문제로서 대두됩니다. 어쨌든 이런 세계에서는 한 사물의 운동에서의 변화는 오로지 외부 원인에 의해서만 일어나며, 세계 전체로 봐서도 그 운동의 근원은 세계 바깥에 있어야 합니다. 라이프니츠가 극복하려 했던 세계가 바로 이런 세계죠.

뉴턴이 다루는 세계도 분명 죽어 있는 세계가 아니라 힘을 내포하고 있는 세계입니다. 그래서 뉴턴은 라이프니츠와 더불어 물리학에 힘을 도입한 대표적인 인물로 평가됩니다. 그런데 이 힘의 성격을 분명히 볼 필요가 있습니다. 나중에 라이프니츠의 힘 개념과 비교하는 것이 핵심입니다. 다들 아시겠지만, 뉴턴의 힘은 질량에 가속도를 곱한 것이죠: $f = m \cdot \dfrac{d^2x}{dt^2}$. 이 공식을 유심히 볼 필요가 있습니다. 수학적인 공식을 얻었을 경우 그것을 적절하게 해석하는 것이 중요하죠. 이 공식에서 힘 개념은 전적으로 외적인 방식으로 이해됩니다. 이 공식이 성립하려면 엄밀히 말해 질량, 위치, 시간만이 필요합니다. 가속도는 속도의 도함수이고, 속도는 거리의 도함수입니다. 그래서 결국 가속도, 속도는 시간과 거리로 환원되죠. 질량, 위치, 시간으로 모든 것이 결정됩니다. 이것이 뉴턴의 힘 개념이죠. 전적으로 외적으로 규정되는 힘 개념입니다.

뉴턴의 이런 자연관은 그후 큰 성공을 거둡니다. 적어도 역학계를 수학적으로 파악하고 물체의 운동을 예측하는 데에는 절대적인 성공을 거두죠. 그래서 근대 자연과학의 대명사로 자리 잡습니다. 이 때문에 이런 사유를 모든 영역에 무차별적으로 적용하려는 경향마저 나타니게 됩니다. 나아가 19세기 후반 정도가 되면 이제 고전 역학적 자연관은 대중의 관심사가 되기까지 합니다. 반면 이런 흐름에 대항해서 뉴턴적 세계를 비판하려는 경향들도 다수 나타납니다. 19세기의 낭만주의, 19~20세기 전환기에 등장했던 베르그송, 후설, 제임스, 니시다 기타로 등과 같은 철학자들, 20세기 중반의 실존주의를 비롯해 다양한 사조들이 근대 자연과학의 표백된 세계관을 비판하고 생명, 정신, 주체, 문화, 역사,…… 등의 의미를 새롭게 파악하고자 합니다. 그리고 이런 대결이 오늘날에까지 이어져 왔고, 이제는 양자가 상당히 세련된 수준까지 동반 상승했다고 볼 수 있어요. 오늘날에는 단순한 형태의 기계론도 또 단순한 형태의 반反기계론도 이미 극복된 고도의 논의 수준에 도달했다고 볼 수 있습니다.

자, 그런데 바로 이런 흐름에서의 최초의 인물, 다시 말해서 근대 기계론에 대해 최초의 체계적인 비판을 가했던 인물이 바로 라이프니츠입니다. 말하자면 기계론 비판의 원형이라고 할 수 있죠. 우선 이야기해야 할 것은 뉴턴과 라이프니츠가 힘 개념을 도입함으로써 물리학에 공헌했지만, 이 둘이 말하는 힘이라는 것이 사실 다르다는 사실입니다. 뉴턴은 힘 개념을 순수하게 물리학적으로 또 외재적으로 정의합니다. 그에 반해서 라이프니츠의 힘 개념은 형이상학적 의미를 담고 있고 또 사물 내부에 존재하는 그 사물의 실체예요. 이 점에서 상당히 다르죠. 라이프니츠가 말하는 힘 개념 안에는 여러 의미가 복합적으로 들어 있습니다. 그러나 가장 핵심적인 의미는 지금의 '에네르기'에 해당한다고 볼 수 있어요. 우리의 기氣에 가깝습니다. 또, 라이프니츠의 힘 개념 안에는 오늘날의 역능potentia 개념도 들어 있습니다. 또 힘을 뜻하기 위해 'vis' 외에도 'virtus'라는 말도 썼는데, 이 말은 덕德을 뜻한다기보다는 어떤 사물이 내부에 지니고 있는 갖가지의 잠재력을 가리키는 말입니다. 요컨대 한 사물에 내재해 있으며 그 사물의 실체를 구성하는 에네르기인 것이죠.

뉴턴과 라이프니츠를 유심히 보면 개별 과학자와 형이상학자 사이에 용어 사용에 있어서의 차이가 보입니다. 형이상학자는 세계를 종합적으로 보는 것을 제일의 과제로 삼습니다. 가능하면 세계의 모든 요소들을 고려해서 그것들을 포괄할 수 있는 일반적인 개념을 사용하죠. 그렇기 때문에 형이상학자들이 사용하는 어휘들은 대부분 다의적입니다. 이에 비해서 개별 과학자들은 이 다의적인 용어의 어떤 측면을 각 전공에 맞추어 축소시키고 정교화시킵니다. 아까 '운동' 이야기를 하면서도 아리스토텔레스의 포괄적인 운동 개념과 근대 물리학의 운동 개념이 어떻게 다른가가 잘 나타났었죠? 형이상학자들은 우주라든가 생명에 대한 이해에다가 역사, 인간, 의미, 가치,…… 등을 통합해서 종합하려 하지만, 개별 과학자들(지금의 경우에는 물리학자들)은 다른 측면들을 모두 빼고 각 전공에 관심사에 맞는 부분만을 문제로 삼으며 그 부분만을 위한 개념들을 사용합니다. 개별 과학자들은 각 분야에서 정교하지만 부분적입니다. 형이상학자들은 종합적이지만 특정 부분들에서는 당연히 (그 각 부분들을 다루는) 개별 과학들보다 허술합니다.

바로 그렇기 때문에 형이상학(오늘날의 철학)의 역할과 개별 과학들(오늘날의 자연과학들과 사회과학들)이 서로의 성격을 잘 이해하고 좋은 관계를 가질 필요가 있습니다. 형이상학이 개별 과학들을 포용하지 못한 채 사변을 일삼는다면, 그것은 본래 의미에서의 형이상학이 아니라 그 자체 하나의 개별적인/부분적인 담론일 뿐이게 되죠. 반면 개별 과학이 개별 과학으로서의 정교함을 추구하는 대신 자체의 내용을 다른 개별 과학들에다가 일방적으로 투사해서 형이상학 노릇을 하려 할 때, 그것은 사이비 철학이 되어버립니다. 예컨대 뉴턴의 물리학에 더해서 생물학, 심리학, 인류학, 경제학, 역사학,…… 등을 통합해서 하나의 형이상학을 구축하는 것과 뉴턴 물리학을 다른 모든 분야들에다가 투영해서 형이상학연然하는 것은 전혀 다른 행위인 것입니다. 후자는 사이비 형이상학에 불과한 것이죠. 최근에 유행하는 사회생물학이니 하는 식의 담론들이 그 전형적인 예입니다. 형이상학은 그것이 진정 형이상학이려면 인문·사회·자연과학을 포용하는 성격을 띠어야 합니다. 반면 개별 과학은 그 자신의 범위와 성격에 대해 인식론적 성찰이 있어야 하며, 어설프게 철학연하면 곤란합니다. 철학이 되고 싶으면 우선 개별 과학이라는 자신의 성격을 벗어나야죠. 가장 바람직한 것은 철학에서 출발하되 다른 학문들을 부지런히 포용함으로써 진정한 'meta-physica'를 행하는 경우와 개별 과학에서 출발하되 그 범위를 벗어나 다른 학문들을 포용함으로써 진정한 'meta-physica'로 나아가는 경우입니다. 전자가 'top →down'이되 'down'하면서 계속 'top'을 수정해 나가는 경우라면, 후자는 'down →top'이되 그 과정에서 'top'의 요건을 계속 채워 나가는 경우라 하겠죠. 이렇게 해서 이루어지는 'meta-physica'가 진정한 형이상학인 것입니다.

뉴턴과 라이프니츠의 경우도 사실 전자는 물리학자이고 후자는 형이상학자입니다. 따라서 이들이 직접 비교되는 것은 아니죠. 정말 비교가 되는 것은 뉴턴을 확장한 18세기 자연철학과 라이프니츠의 자연철학/형이상학이라 해야 하겠죠. 이런 비교의 대표적인 경우가 시공간론입니다. 시공간론이야말로 여러 개별 과학들과 형이상학/존재론이 중첩되는 대표적인 분야들 중 하나입니다. 뉴턴(의 대변자인 클라크)과 라이프니츠 사이에서도 바로 이 시공간론을 둘러싼 논쟁이 벌어집니다. 라이프니츠는 뉴턴의 절대 시간, 절대 공간을 집요하게 논박하죠. 라이프니츠의 시공간은 실체에 부대하는 속성입니다. 실체가 있고 시공간이 있습니다. 그러나 뉴턴의 경우는 절대 시공간이 먼저 있고 그 안에서 여러 물체들이 움직이죠. 뉴턴과 라이프니츠는 시공간을 놓고서 전형적인 두 대립적 입장을 보입니다. 뉴턴에게 시공간이라는 것은 일종의 텅 빈 그릇이에요. 그후 그 안에 사물들이 존재하게 되죠. 라이프니츠는 이 생각을 공격합니다.

라이프니츠에게 공간이란 '공존의 질서(/순서)'ordre d'existence입니다. 여러 사물들이 있을 때 그것들의 공존이 빚어내는 어떤 질서입니다. 또, 시간은 '계기繼起의 질서(/순서)'ordre de succession죠. 아침에 일어났다, 밥을 먹었다, 버스를 탔다, 학교에 왔다,…… 이런 식으로 사건들이 이어지는 것이 계기죠. 무엇인가가 연속되는 것, 지속되는 것과는 구분됩니다. 그래서 라이프니츠의 경우 공간이 있고 사물들의 위치가 정해지는 것이 아닙니다. 또, 시간이 있고 사건들의 순서가 결정되는 것이 아니죠. 사물들의 공존의 질서가 공간을 낳는 것이고, 사건들의 계기의 질서가 시간을 낳는 것입니다. 실체가 먼저 있고 시공간은 이차적인 존재입니다. 뉴턴의 경우 구체적인 사물들은 시간, 공간, 물질이라는 삼자로 환원됩니다. 사실 이것이 물리학이라는 담론의 기본 입상이죠. 그러나 라이프니츠의 경우 구체적인 실체들이 근본적인 존재들이고, 시간과 공간은 이것들로부터 파생됩니다. 근본적인 차이죠.

또 하나 중요한 문제는 진공을 둘러싼 문제입니다. 진공을 인정하느냐 인정하지 않느냐 하는 문제는 데모크리토스와 아리스토텔레스의 대립 이래 줄곧 자연철학자들을 괴롭혀 왔습니다. 내가 봐 온 평균적인 물리학 교과서에는 진공이 있다는 입장입니다만, 이 문제가 과학사 전반에 걸쳐 끝없는 반전을 보여 온 문제이기 때문에 앞으로 달라질 수도 있습니다.[8] 뉴턴은 진공을 인정합니다. 사실 당연하죠. 절대 공간, 절대 시간이 먼저 전제되고 물체가 논의되기 때문에, 완벽한 타일 깔기를 전제하지 않는 한 진공 개념이 긍정됩니다. 그러나 라이

---

8) 최근에는 '반(反)물질' 개념 등이 일반화되면서 오히려 진공이란 존재하지 않는다는 입장이 정론이 된 것으로 보인다.

프니츠의 경우 진공이란 인정하기 힘듭니다. 왜 그럴까요?

이 문제는 어렵게 생각할 필요가 없습니다. 왜냐하면 그 자체로서 증명해야 할 문제라기보다는 라이프니츠 존재론으로부터 자연스럽게 연역될 수 있는 문제니까요. 진공이란 사물이 없는 공간 아닙니까? 그런데 라이프니츠에게 사물이 없는 공간은 있을 수 없죠. 공간이란 물체의 속성인데, 진공은 물체가 없는 공간입니다. 그러니까 진공이 있을 리가 없죠. 물체 없이는 공간도 없으니까요. 라이프니츠에게는 '진공'이라는 개념 그 자체가 좀 기이한 개념입니다. 결국 라이프니츠는 진공 문제를 물리학적으로 해결한 것은 아니죠. 사실 그의 철학 체계에서는 그런 문제가 제기될 이유가 별로 없습니다. A를 전제하는 사람에게는 B를 설명해야 하지만, B를 전제하는 사람에게는 오히려 A야말로 설명해야 할 대상입니다. 이런 경우를 학문의 역사/세계에서 숱하게 볼 수 있죠. 뉴턴과 라이프니츠는 시공간 개념을 달리하기 때문에, 각각의 학문적 화두 자체가 달랐다고 할 수 있습니다.

그 다음, 또 하나의 중요한 비판은 일종의 신학적 비판입니다. 라이프니츠에 따르면, 만일 절대 시간, 절대 공간이 존재한다면 신이 세계를 창조할 때 왜 지금 이런 방향으로 만들었겠느냐 하는 것입니다. 모든 일에는 이유가 있을 터인데, 더구나 지금 논의되고 있는 존재는 신인데, 어떻게 아무 이유가 없을 수 있겠는가? 신이 아무 이유 없이 지구를 꼭 (지금 우리가 알고 있는) 이런 방향으로 돌게 만들었겠느냐는 것이죠. 거꾸로 돌게 만들 수도 있었을 텐데, 그렇게 하지 않은 이유가 무엇인가라는 말입니다. 오늘날에는 학문이 다양하게 쪼개져 있어 각 학문은 그 학문에 고유한 문제들을 다룹니다. 그러니까 이 비판은 물리학적 문제(꼭 물리학적 문제만은 아니겠지만)를 신학적 방식으로 해결하려 했다는 점에서, 현대 학문에서는 받아들이기 힘든 방식이죠. 그러나 거꾸로 말하면, 고전들에는 이렇게 (현대적 관점에서 볼때) 엉뚱한 부분들이 많아서 오히려 흥미로운 면도 있습니다.

그런데 만약 절대 시간이나 절대 공간을 전제하지 않는다면 이런 문제가 발생하지 않습니다. 신이 이 방향으로 만들었건 저 방향으로 만들었건 구분할 방법이 없으니까요. 어떤 두 사물을 구분할 방법이 전혀 없을 때 우리는 그것들을 같은 것들로 취급할 수밖에 없습니다. 아니 그럴 때 '두' 사물이 있다는 것 자체를 확인할 길이 없겠죠. 그러나 절대 시간, 절대 공간이 존재한다면 문제는 다릅니다. 절대 시공간 안에서는 방향이 구분될 터이고, 그러면 아까 제기한 물음은 피할 길 없는 것이죠. 그래서 라이프니츠는 절대 시공간을 상정할 경우 우리는 해결 불가능한 문제에 봉착하거나 신이 이유 없이 특정한 방향을 택했다는 부조리한 결론을 내려야 한다고 봅니다.

라이프니츠의 이상의 논의들에는 두 가지 중요한 원리가 암암리에 전제되고 있습니다. 그 하나는 "모든 일에는 이유가 있다"는 것이죠. 라이프니츠는 철저한 합리주의자입니다. 말하자면 초超합리주의자이죠. 근원적인 차원에서는 우연, 불확실성, 우발성이란 없습니다. 모든 일에는 이유가 있죠. 이것을 '충족이유율'充足理由律=principle of sufficient reason이라고 부릅니다. 라이프니츠의 말을 직접 들어 봅시다.

모든 이성적 추론 방법의 기본적인 원리는 적어도 전능한 관점에서 볼 때 이유 없이 존재하거나 일어나는 것, 왜 그렇지 않지 않고 그런

지 또 왜 다른 것이 아니라 바로 이런 것인지를 댈 수 없는 것은 존재
하지 않는다는 것이다. 요컨대 모든 일에는 그 이유가 주어질 수 있다.

Principium omnis ratiocinationis primarium est, nihil esse aut
fieri, quin ratio reddi possit, saltem ab omniscio, cur sit potius
quam non sit, ⟨aut⟩ cur sic potius qual aliter; paucis, *omnium
rationem reddi posse.*[9]

그러니까 여러분들이 지금 왜 다른 곳에 있지 않고 이 강의실 안
에 있는지, 왜 전두환이나 노태우가 사형당하기는커녕 아직까지 돈도
안 내고 있는지, 왜 올 가을에는 날씨가 영 시원찮은지 다 이유가 있
다는 겁니다. 우주에서 일어나는 모든 일에는 다 이유가 있다는 것이
죠. 라이프니츠의 세계는 우발성contingency이 존재하지 않는 세계입
니다.

또 하나는 어떤 두 개의 사물이 다르다고 말할 수 있으려면 우리
가 그 두 사물에서 어떤 다른 점을 식별해낼 수 있어야 한다는 겁니다.
이것을 '식별 불능자들 동일성identity of indiscernibles의 원리'라고 부
르죠. 두 사람이 똑같다는 것은 그 둘을 식별할 수 없을 때 성립하죠.
라이프니츠의 말을 들어 봅시다.

나아가 각각의 모나드는 서로 달라야 한다. 왜냐하면 자연 안에는 서
로 완벽하게 같은, 그리고 내속하는 차이를 또는 내속하는 속성에 기

---

9) Leibniz, *Opuscules et fragments inédits de Leibniz*, Phil., IV, 3, c, 13~14.

반하는 차이를 포함하지 않는 두 사물은 존재하지 않기 때문이다.

Il faut même que chaque Monade soit différente de chaque nature. Car il n'y a jamais dans la nature deux êtres qui soient parfaitement l'un comme l'autre, et où il ne soit possible de trouver une différence interne, ou fondée sur une dénomination intrinsèque.[10]

설명이 필요한 인용이에요. 여러 가지 복잡한 문제들이 도사리고 있는 원리입니다. 지금은 자연철학에 초점을 맞추어 논하고 있으니까, 자세한 이야기는 라이프니츠의 형이상학을 논하는 기회에 하도록 하죠.[11] 어쨌든 라이프니츠는 충족이유율과 식별 불능자들 동일성의 원리를 사용해 뉴턴의 절대 시공간을 논박합니다. 두 사람의 대립을 잘 음미해 볼 필요가 있습니다.

Q 라이프니츠가 진공을 부정하는 것과 베르그송이 무無를 부정하는 것은 어떻게 연관됩니까?

A 상당히 까다로운 질문이네요. 진공의 부정은 자연철학적 맥락이고 무의 부정은 존재론적 맥락이기 때문에 같은 지평에 놓고 논하기가 쉽지 않습니다. 그러나 두 문제는 분명 밀접한 관련이 있습니다. 잘 지적해 주셨어요.

---

10) Leibniz, *Monadologie*, §9.
11) 본 저작의 3부에서 논한다.

베르그송의 무론無論에 대해서는 다른 곳에서도 논한 바 있습니다만,[12] 여기에서 다시 간단하게 핵심만 요약해 봅시다. 베르그송은 절대적 무를 부정합니다. 상대적 무만이 있다는 것이죠. 상대적 무는 '부재'不在죠. 그리고 부재란 부정의 논리를 함축하고, 부정의 논리는 인간의 주관을 함축합니다. 베르그송은 『창조적 진화』, 4장 도입부에서 무 개념과 부정 개념을 분석하면서 이 개념들이 객관적인 사태를 가리키기보다는 인간의 기대, 기다림, 아쉬움, 욕망 등을 함축하고 있음을 빼어나게 논증합니다. 예컨대 철수가 친구들과 맥주를 마시다가 화장실에 갔습니다. 그가 돌아왔을 때 여러 맥주들이 테이블에 나와 있었습니다 (그 중 칼스버그는 없었습니다). 칼스버그를 좋아하는 철수는 테이블을 보고서 칼스버그가 "없다"고 말하겠죠? 그런데 칼스버그가 "없다"는 그 무의 판단은 사실상 지금 철수 앞에 놓인 맥주들이 칼스버그가 "아니다"라는 부정의 판단입니다. 무에 관한 존재론적 판단은 부정에 관한 인식론적 판단이라는 것이죠. 그런데 베르그송은 이 판단이 객관적 판단이 아님을 지적합니다. 실제 존재하는 것은 칼스버그'가 아닌' 다른 맥주들입니다. 철수는 칼스버그에 대한 자신의 주관적인 기대, 아쉬움, 욕망 등을 투영해 칼스버그의 타자들에 대한 긍정 판단을 칼스버그의 존재에 대한 부정 판단으로 바꾸어 놓은 것입니다.

그래서 베르그송의 테제를 한마디로 하면 무는 존재하지 않는다, 그것은 주관적인 무엇이라는 겁니다. 이른바 "무의 인간화"라고 할 수 있

---

12) 이정우, 『객관적 선험철학 시론』(저작집 1권, 그린비, 2011), 1부 「보론」 및 『신족과 거인족의 투쟁』(한길사, 2008), 2부 4장을 참조.

겠죠. 베르그송은 절대적 무와 상대적 무, 상대적 무(부재)와 부정, 부정과 인간 의식의 특성을 연결시켜 논의하고 있습니다. 그리고 그런 논의를 통해서 결국 무는 타자일 뿐이라는 논리에 도달하죠(플라톤의『소피스트』에 연결됩니다). 이 문제는 더 파고 들어가면 현실과 가능, 동일성과 차이 등과도 밀접한 관련을 가집니다. 여기에서는 일단 베르그송이 도달한 결론만 말한다면 그것은 결국 '존재의 충만성'이라고 할 수 있어요. 그런데 무의 한 경우가 진공 아니겠어요? 존재론적 개념은 여러 개별 분야들 각각에서 그 버전을 가집니다만(예컨대 앞에서 들었던 운동이라는 존재론적 개념은 물리학 버전의 운동, 사회학 버전의 운동, 스포츠과학 비전의 운동 등등을 가집니다), '무'라는 존재론적 개념의 물리학적 버전이 바로 진공인 것이죠. 결국 무를 인간적인/주관적인 무엇으로 파악하는 베르그송에게 객관적 무의 한 버전으로서의 진공도 부정된다고 할 수 있습니다. 베르그송이 이 문제를 직접 상론詳論한 바는 없습니다만.

자, 이제 뉴턴과 라이프니츠가 생각하는 힘, 운동, 시공간을 정리해 봅시다. 라이프니츠가 생각하기에 결국 운동이란 그것의 준거점이라고 할 수 있는 실체에 관련해 발생한다는 겁니다. 다시 말해, 운동의 주체가 존재한다는 것이죠. 운동의 주체, 내적 규정성을 제외하고 모든 것을 외적으로, 기계적으로 설명할 수는 없다는 생각입니다. 그리고 자연철학적 맥락에서는 이 주체, 실체가 바로 힘입니다. 모든 운동은 결국 어떤 힘을 상관자로 해서 일어나는 것이죠. 어떤 물체가 날아갈 경우, 기계론적 사유에서는 그 물체의 내적인 힘은 빼고 그것이 날아가면서 공간에 남긴 자취만 문제 삼죠. 외적이고 공간적인 규정성만 다룹니다. 베르그송이 제논의 역설에 관련해 말했듯이 (힘을 내포하는) 지속을 빼고 그 공간적 궤적만 다루는 것이죠. 그러나 라이프니츠는 모든 사물은 그 안에 힘을 내장하고 있고 운동은 그 힘에서 연원한다고 보는 것입니다. 일반적인 맥락에서 말한다면, 라이프니츠에게서 모든 사물들은 어떤 형태로든 영혼을 내포하고 있습니다. 힘이란 결국 영혼에서 나오는 것이죠. 물론 돌멩이의 경우는 그 극한적인(영혼이 0으로 수렴하는) 경우겠지만 말입니다. 이에 비해 뉴턴은 힘을 다루되 어디까지나 역학적으로만 다룹니다. 물체 자체에 관련해서는 단하나, 즉 질량만을 문제 삼습니다. 그래서 뉴턴의 힘과 라이프니츠의 힘은 다른 것이죠. 라이프니츠가 다루는 것은 단순한 역학적 힘이 아니라 모든 사물에 내재하고 있는 힘입니다. 이것은 형이상학적으로는 영혼에 관련되고, 자연철학에 국한한다 해도 역학적 힘이 아니라 훗날의 '에네르기'에 관련되는 것입니다.[13]

마지막으로 하나 지적할 것은 우리가 1강에서 개체individuum 이야기를 했고 이번 강의에서는 힘에 대해 이야기했는데, 이제 이 두 이

---

13) "우리는 논리학적이고 기하학적인 공리들만을 사용해서는 [넓은 의미의] 물체들에 관련된 모든 진리를 이끌어낼 수 없다. …… 우리는 형이상학적인 어떤 것을, 즉 (순수하게 수학적이며 상상작용에 따르는 것을 넘어서) 오직 영혼을 통해서만 지각할 수 있는 무엇을 인정해야 한다. 그리고 우리는 물질적 질량[일정한 질량을 가진 물체]에 어떤 상위의, 그리고 형상적(形相的)인 원리를 보완해야 한다. 이 원리가 오로지 힘들의 개념을 통해서만 설명된다는 것을 기억하는 한, 그것을 형상이라 부르든, 현실태라 부르든, 아니면 힘이라 부르든 상관없다."(Leibniz, *Specimen Dynamicum*, I, §11. English translation in *Leibniz : Philosophical Essays*, trans. Roger Ariew and Daniel Garber, Indianapolis: Hackett, 1989)

야기를 이어서 생각해 보세요. 한 사물의 내부에 힘이 없다면, 그 사물은 데카르트가 말하는 'res extensa'가 됩니다. 순수 기하학적 물질-공간이 되죠. 그런데 그 경우 무엇이 가능합니까? 무한 분할이 가능하죠? 그래서 결국 분할 불가능한 실체로서의 개체가 성립하려면 힘/영혼이 있어야 한다는 결론이 나옵니다. 한 실체를 실체로서 응집해 주고 있는 어떤 힘이 바로 그것을 개체로 만들어 주는 것이죠. 그래서 라이프니츠의 세계는 환원주의적 세계가 아니라 다양한 'in-dividuum'의 세계이고, 또 힘이 빠진 기하학적 세계가 아니라 힘(에네르기 나아가 영혼)으로 가득 찬 생기 넘치는 세계라 할 수 있습니다.

§9. mv에서 mv^2으로

힘에 관한 이야기를 한 단계 더 진전시켜 봅시다. 이제 말씀드릴 것은 곧 "이 우주에서 보존되는 것은 과연 무엇인가?"라는 물음을 둘러싼 이야기입니다. 이런 생각을 흔히 '보존 원리'라고 하죠. '질량 불변의 법칙'이니 '에네르기 보존의 법칙'이니 하는 말들 들어 보셨죠? 고대 그리스 사람들은 "ex nihilo nihil fit"라는 말을 했습니다. 무로부터는 아무것도 생겨나지 않는다는 말입니다. 존재하는 것이 다른 것으로 변할 수는 있어도 존재에서 완전한 무로 가거나 무에서 갑자기 존재로 넘어가는 것은 불가능하다는 생각입니다. 우주 전체에 관련해서의 동일률이라고도 할 수 있겠죠. 보존 원리는 이 존재론적 원리의 자연과학적 구체화라고 할 수 있습니다.

데카르트에서의 보존 법칙은 곧 운동량 보존 법칙이에요. 운동량은 mv로 정의됩니다. 오늘날의 정의와 같죠. 그러나 엄밀히 말하면 다릅니다. 데카르트에서 m은 'res extensa'를 말합니다. 지금의 질량이 아니죠. 또, v는 지금의 속도가 아니라 속력입니다. 벡터량이 아니라 스칼라량이죠. 그래서 지금의 운동량 개념과는 상당히 다릅니다. 어쨌든 데카르트의 공헌은, 오늘날의 개념과 다르고 또 (오늘날의 관점에서 보면) 수식적-실험적으로도 부정확했지만, 운동량이라는 개념을 정의하고 그 보존의 법칙을 세웠다는 점에 있습니다. 그러나 라이프니츠는 이 생각을 여러 가지로 비판하고 진정 보존되는 것은 mv^2이라고 말합니다. 공식 자체는 하위헌스에서 유래하죠. mv와 mv^2, 얼핏 보기에는 지수 하나의 차이인데 과연 뭐가 다를까요. 사실 여기에는 중대한 차이가 있습니다. 라이프니츠는 이 mv^2을 '살아 있는 힘'vis viva이라고 부릅니다. 오늘날로 말하면 바로 '운동 에너지'죠. 그런데 죽어 있는 힘도 있어요. 짐작하시겠지만 그것은 '위치 에너지'죠. 돌멩이가 공중에 멈춰 있을 때(실제 그런 일은 물론 없겠지만) 그 힘은 죽어 있습니다. 더 정확히 말하면 잠복해 있죠. 그러다가 떨어지면 살아 있는 에너지로 전환되죠. 살아 있든 죽어 있든 우주에서 보존되는 것은 이 힘입니다. 데카르트가 말한 운동량과는 존재론적 성격 자체가 다른 것이죠. 라이프니츠에게서 보존되는 것은 바로 이 에너지들의 총합입니다. 현대식으로 말하면 "운동 에너지와 위치 에너지의 총합은 일정하다"가 되겠죠. 라이프니츠에게서 보존되는 것은 '외연적 속력'이라는 외적인 양이 아니라 물체들 안에 내재하는 힘입니다. 그 힘이 살아 있다가 죽기도 하고 죽어 있다가 살아나기도 하지만, 궁극적으로는 보존된다는 겁니다. 라이프니츠의 이 생각이 훗날 에네르기 보존 법칙이 되죠.

『형이상학 논구』, §17에는 mv와 mv^2의 차이를 선명하게 드러내는 좋은 예가 나옵니다. 이 논증을 제가 다음과 같이 정리해 봤습니다.

1. 운동 중에 있는 물체는 '살아 있는 힘'을 가진다.(핵심 전제)

2. 원인과 결과는 같다. 따라서 이 힘은 보존된다.(보존 법칙)

3. d의 높이에서 떨어진 물체는 d의 높이만큼 올라간다.(←2)

4. 자유낙하시 거리는 속력의 제곱에 비례한다.(갈릴레오)

5. 1 : 4의 무게를 가지는 두 물체가 있을 때, 4배 되는 물체를 $\frac{1}{4}$ 되는 물체의 $\frac{1}{4}$의 높이로 들어올리면, 이들은 같은 양의 살아 있는 힘을 가진다.(←3)

6. 이들을 떨어뜨릴 경우, 무게가 작은 것의 속력이 큰 것의 두 배이다.(←4)

7. 따라서 '운동량'에 입각해 생각하면, 무게가 작은 것의 운동량이 2이며 큰 것의 운동량이 4이다.(←데카르트)

8. 이 수치가 달리 나타난다. 따라서 mv와 mv^2은 다르며, 보존되는 것은 mv^2이다.

자, 봅시다. 1은 라이프니츠의 기본 가설이죠. 모든 물체는 운동하고 있을 때 살아 있는 힘을 가진다는 것이 핵심 전제입니다. 그 다음 "원인과 결과는 같다"는 것은 근본적인 존재론적 원리죠. 베르그송의 입장을 취하지 않는 한[14] 모든 과학의 기본 원리입니다. 그래서 힘은 보존됩니다. 그러니까 d의 높이에서 떨어진 물체는, 그것이 거꾸로 올

〈그림 2〉 원인과 결과의 동일성

라갈 수 있다고 가정하면, 그 에네르기로 역시 d의 높이만큼 올라가겠죠. A에서는 죽어 있는 힘이 최대이고 B에서는 살아 있는 힘이 최대입니다. 위로 올라갔을 경우도 마찬가지입니다.

4는 갈릴레오가 확립한 유명한 자유낙하의 법칙이죠. 낙하 거리는 시간의 제곱에 비례합니다($s = \frac{1}{2}gt^2$). 여기에 $v = \frac{s}{t}$라는 공식(v는 속력)을 대입하면 $s = \frac{1}{2}gt^2$이 됩니다. 자, 그런데 무게가 1 : 4인 두 물체를 거리가 4 : 1이 되도록 배치하면 같은 양의 에네르기를 가지겠죠. 3에서 물체의 에네르기가 거리에 따라 그대로 보존된다고 했습니다. 그리고 m의 경우 질량으로 보든 외연으로 보든 데카르트와 라이프니츠가 공통으로 인정하는 경우니까 문제가 안 됩니다. 결국 무게가 1 : 4이고 거리가 4 : 1이니까 두 물체는 같은 에네르기를 가지겠죠.

그런데 이 둘을 떨어뜨릴 경우에, 무게가 작은 것의 속력(v_1)과 큰 것의 속력(v_2)은 어떻게 되겠습니까? $s = \frac{1}{2}gv^2$에 대입하면 다음과 같이 되겠죠. 비율만 따지면 되니까 편의상 $\frac{1}{2}g$는 빼고 생각합시다. 그

---

14) 다음 중요한 논문을 보라. Henri Bergson, "Le possible et le réel", *Œuvres*, PUF, 1959, pp. 1331~1345.

〈그림 3〉 질량×속도의 제곱은 일정하다

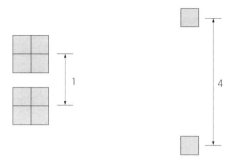

러면 $4=v_1^2$과 $1=v_2^2$에서 v_1의 속력이 v_2의 속력의 두 배가 된다는 것을 알 수 있습니다. 그래서 데카르트의 운농량을 가지고 생각하면 $p_1=m\cdot2$, $p_2=4m\cdot1$로부터 서로의 운동량이 다르게 나타난다는 것을 알 수 있습니다. 그래서 운동량 보존이 성립하지 않게 되는 것이죠.

그러나 $m\cdot2^2$과 $4m\cdot1$로 하면 일치합니다. 그래서 정말 보존되는 것은 mv가 아니고 mv^2인 것이죠. 열쇠는 v가 아니라 v^2이라는 점에 있습니다. 그리고 이 수치상의 차이는 단순한 것이 아니라, 바로 매우 심대한 존재론적 차이를 함축하고 있는 것입니다. 그래서 라이프니츠는 이 증명 이후에 이렇게 말합니다.

이 힘은 크기, 모양, 위치 이동과는 다른 무엇이다. 그리고 이로부터 우리는 한 물체의 의미 전체는 현대인들이 생각하듯이 그것의 연장과 변화[위치 이동]만 가지고 파악할 수 있는 것이 아니라는 것을 알 수 있다.

여기에서 '현대인들'이란 'les modernes'를 말하고, 이 말은 당시 파리에 모여 있던 일군의 신흥 과학자들을 가리킵니다. 그 중에서도 특히 데카르트주의자들을 가리키죠. 라이프니츠는 힘/에네르기의 개념을 도입함으로써 이들이 제기한 기계론적 사유를 극복하려고 했던 것입니다. 우리는 이 에네르기 개념을 기氣로 바꾸어 전통 사상의 개념들을 새로운 방식으로 음미해 볼 수도 있을 것입니다.

§10. 네 종류의 힘

마지막으로 한 가지 더 이야기할 것이 있습니다. 지금까지는 그냥 힘이라고만 말했는데, 사실 라이프니츠는 힘을 네 종류로 나눕니다. 이 내용도 상당히 중요하죠. 왜냐하면 힘의 다양화가 바로 자연철학과 형이상학을 묶어 주는 끈 역할을 하기 때문이에요.

이렇게 생각해 봅시다. A라는 존재와 B라는 존재가 서로 고립되어 있을 때, 그것들을 서로 구분되면서도 하나가 되게 통합하는 방식이 뭐가 있을까요? 만일 그 둘을 C로 통합해 버리면 둘 사이의 차이가 없어지죠. 그건 안 됩니다. 이런 방법이 있죠. 둘을 모두 C라고 부르되 A를 C_1이라 부르고 B를 C_2라고 부르는 겁니다. 라이프니츠는 형이상학적 힘과 자연철학적 힘을 통합시키면서 이 방법을 씁니다. 라이프니츠에게서 힘은 자연철학과 형이상학의 매개고리 역할을 합니다. 그래서 중요하죠. 라이프니츠의 이런 스타일도 우리가 배워야 할 점입니다. 다자를 어느 하나로 아예 통합해 버리는 것도 아니고 또 그 다자의 어느 하나에 특권을 부여하고 나머지는 부정하는 것도 아니고, 또 그것들을 무책임하게 고립된 채 놔두는 것도 아닙니다. 그것들을 하나이자 동시에 여럿으로서 통합하는 것이죠. 근원적으로는 하나이지만 그 위에서 서로 변별시켜 주는 것입니다.[15]

라이프니츠의 과제는 당시의 기계론적 세계관과 아리스토텔레스의 형이상학을 통합하는 것이었다고 했죠? 그 매개 개념이 힘입니다. 즉, 형이상학적 힘과 자연철학적 힘을 구분함으로써 서로를 잇죠. 라이프니츠는 형이상학적 힘을 본래적 힘이라 부르고 자연철학적 힘을 파생적 힘이라 부릅니다. 나아가 라이프니츠는 또한 능동적 힘과 수동적 힘을 구분합니다. 그래서 네 쌍의 조합이 가능하죠. 알기 쉽게 말해, 본래적-파생적 쌍은 형이상학적 힘과 자연철학적 힘 사이의 구분이고 능동적-수동적 쌍은 형상의 힘과 질료의 힘 사이의 구분입니다.

일차적-능동적 힘은 형이상학적 힘이고, 또 영혼·형상·완성태와 동일시되는 힘입니다. 모든 사물에 내재해 있는 근본적인 에네르기죠. 라이프니츠 사유의 가장 특징적인 면이 드러나는 개념입니다. 그런데 라이프니츠는 이 힘을 영혼, 형상, 완성태와 동일시합니다. 좀 묘하죠. 힘이라는 범주와 형상이라는 범주, 얼핏 일치가 잘 안 되죠. 그러나 라이프니츠는 이 둘을 동일시합니다. 물론 모호한 점도 있어요. 라이프니츠가 어떤 맥락에서 보면 영혼을 보편적인 것으로 보는 것

---

15) 근세의 철학자인 라이프니츠는 여전히 다자를 통합하는 일자를 하나의 거대한 동일성으로서 실체화시키고 있지만, 현대적 맥락에서는 일자의 이 동일성을 거두고서 생각해야 할 것이다. 다자들을 통합해 가되 일자는 그 통합의 결과로서 이해되어야 하며(경험주의), 또 통합의 과정을 통해서 일자에 대한 이해 자체가 계속 개선되어 나가야 할 것이다(비결정론, 비실체주의).

〈표 1〉 네 종류의 힘

본래적_능동적 힘	본래적-수동적 힘
파생적-능동적 힘	파생적-수동적 힘

같고, 어떨 때는 생명체, 그것도 동물에게서만 영혼을 인정하는 것 같기도 해요. 라이프니츠의 철학 전체의 성격에 비추어 생각해 보면 전자가 맞겠지만, 실질적으로는 후자라고 할 수 있습니다. 어쨌든 라이프니츠는 영혼, 형상, 완성태 같은 개념들을 다시 살리면서도 이 개념들을 본래적-능동적 힘과 동일시함으로써 보다 역동적인 세계로 나아갑니다.

반면에 본래적-수동적 힘은 한 실체의 질료가 지니고 있는 힘입니다. 이 힘은 구체적으로 말하면 투과 불가능성과 저항의 속성을 가진 힘입니다. 그래서 '수동적' 힘인 것이죠. 우리가 물체 안으로 무엇인가를 집어넣을 수 없는 것은 그것이 투과 불가능성의 성격을 띠기 때문이죠. 또, 모든 물체는 외부의 힘이 가해졌을 때 그 힘에 저항합니다. 이 힘이 바로 그 실체의 질료가 띠고 있는 힘이죠. 우리 인간으로 말할 때 우리 마음의 힘이 본래적-능동적 힘이라면, 우리 몸의 힘은 본래적-수동적 힘입니다.

다음으로 파생적 힘은 물리적 맥락에서의 힘입니다. 실체 자체의 형상과 질료의 힘이 아니라 그 실체의 물리적 운동에 관련되는 힘입니다. 우선 파생적-능동적 힘은 한 실체가 물리적 존재인 한에서 띠는 힘인데 두 종류로 나뉩니다. 즉, 살아 있는 힘과 죽어 있는 힘이죠. 죽어 있는 힘은 말하자면 "잠들어 있는" 힘입니다. 지금으로 말하면 위치 에네르기죠. 살아 있는 힘은 운동 에네르기고요. 그러나 이 에네르기들은 실체 자체의 형이상학적인 힘이 아니라 물리적 힘입니다. 그리고 파생적-수동적 힘은 현상적인 차원에서의 투과 불가능성과 저항의 힘입니다. 본래적 힘들이 한 실체 자체 내의 힘이라면, 파생적 힘들은 그 실체가 다른 실체들과 관계 맺고 운동할 때 그 계系에서 파악된 현상적인 힘입니다. 다시 말해, 본래적 힘은 말 그대로 한 실체의 본래적 힘이고 파생적 힘들은 그 실체가 역학계에 편입되어 운동할 때 타자들에 의해 구체적으로 변형되고 재현되는 힘들인 것이죠.

라이프니츠는 이렇게 여러 힘들을 나눔으로써 형이상학과 자연철학, 형상과 질료를 모두 인정하는 포괄적인 사유를 펼칩니다. 부정의 사유가 아니라 긍정의 사유죠. 이것이 또한 우리가 라이프니츠에게 배워야 할 중요한 태도입니다.

우리가 지난번 강의에서 하나의 아포리아를 제시했는데(§6), 여기에서도 또 하나의 아포리아에 부딪칩니다. 그것은 방금 말하는 형상, 영혼, 완성태와 힘(본래적-능동적 힘)의 동일시라는 아포리아죠. 형상, 영혼, 완성태는 어떤 법칙성, 조직화의 원리, 물질과는 다른 별도의 실체인데, 이것과 힘을 동일시할 수 있겠는가. 힘이라는 말은, 물론 라이프니츠의 경우는 에네르기이지만, 어떤 형태로든 물리적 뉘앙스를 띠고 있지 않은가라는 말이죠. 아리스토텔레스의 형상을 힘과 동일시할 수 있는가. 오히려 힘을 'dynamis'와 동일시하는 것은 가능합니다. 한 실체의 가능태란 바로 그 실체가 완성태로 향해 나아갈 수 있도록 해주는 일종의 힘이니까요. 바로 그래서 힘을 다루는 담론이 'dynamique(/dynamics)' 아닙니까? 그런데 라이프니츠는 힘과 영혼,

형상, 완성태를 동일시하고 있습니다. 만일 그렇다면 라이프니츠의 동역학은 차라리 'énergétique(/energetics)'가 되어야겠죠. 'energeia' 가 바로 영혼이니까요. 힘과 영혼, 형상, 완성태의 관계가 명확히 잡히지 않습니다. 이 문제를 해결하려면 라이프니츠의 '자생성'spontanéité 이라든가 '욕동'appétition 같은 개념들을 검토해 봐야 하겠죠.

형상, 영혼, 완성태는 우리 식으로 말하면 리理입니다. 그렇다면 힘/에네르기란 무엇인가? 우리 사유에서는 별도의 힘/에네르기는 없습니다. 힘/에네르기와 물질이 합해서 기氣가 되죠. 기에는 양의 측면과 음의 측면이 있는데, 양의 측면이 바로 힘, 에네르기, 활동성이고 음의 측면이 물질입니다. 그러니까 물질과 별도로 존재하는 힘은 상상하기 어려운 것이죠. 그런데 라이프니츠의 경우는 이런 힘이 존재하고 또 그것이 형상 등과 동일시되고 있는 것입니다. 여기에 개념적인 복잡함이 있죠. 이 문제는 또한 신체와 정신의 문제에 연관됩니다. 앞으로 이 문제를 계속 연구해 봅시다.

3강_ 주름

§11. 현대 사상에서의 주름

오늘은 주름 개념을 가지고서 라이프니츠의 자연철학을 전체적으로 정리해 봅시다. 라이프니츠의 사유에서 핵심적인 부분은 형이상학입니다. 주름 개념도 그의 형이상학이 논의되어야 충분히 해명됩니다. 그러나 형이상학은 다른 기회에 하기로 하고, 여기에서는 일단 자연철학적 맥락에서의 주름 개념을 음미해 보기로 하죠.

　　지난 시간에는 힘, 에네르기에 대해서 논했죠. 라이프니츠가 제시한 힘 개념은 훗날 에네르기Energie 개념으로 변환되어 과학사에 편입됩니다. 이렇게 처음에는 형이상학의 형태로 존재하던 생각이 나중에 측정되고 실험됨으로써 과학사에 편입되는 경우가 있고, 처음에는 과학의 형태로 존재하던 것이 그 의미가 확장되고 철학적 함축이 부여되면서 형이상학화되는 경우도 있습니다. 과학사와 형이상학사는 나란히 가면서 때로는 교차하곤 하죠. 힘 개념 같은 경우가 전형적인 예가 됩니다. 반면 주름의 개념은 아직까지도 사변의 영역에 존재합니다. 어떤 면에서는 영원히 과학화되지 못할지도 모르겠습니다. 그리고 바로 그렇기 때문에 매력적이기도 하죠. 과학화되지 못한다는 것은 베르그송이 지적했듯이 공간화·양화·기호화되지 않는다는 것을 뜻하니까요. 이런 존재는 과학자들에게는 의미가 없겠지만, 형이상학자들이나 예술가들에게는 오히려 매력적인 것으로 다가오죠. 철학자들이나 예술가들에게는 과학적 정확성을 획득한 것은 이미 매력을 상실해버립니다.

물론 주름 개념이 현대 과학에 일정 부분 영감을 주고 있는 것도 사실입니다. 과학화되는 것과 과학에 영감을 주는 것은 전혀 다른 것입니다. 어쨌든 프락탈 이론 등을 통해서 라이프니츠의 주름 개념이 간접적인 형태로 과학적 영감의 원천이 되고 있습니다. 프락탈 이론의 창시자인 만델브로 자신이 스스로를 "라이프니츠마니아"라고 말하죠. 주름 개념은 오늘날 과학과 형이상학의 매듭에 위치해 있습니다.

또, 주름 개념은 미학적인 맥락에서도 커다란 영향력을 행사하고 있어요. 특히 들뢰즈가 『주름』[1]을 펴낸 이후 이 개념에 입각한 독특한 미학들이 많이 나오고 있습니다. 이 책은 라이프니츠를 논하고 있는 책이지만 그 핵심적인 매력 포인트는 미학에 있습니다. 특히 건축 등을 비롯한 현대 예술은 이 주름 개념에서 많은 영감을 받고 있습니다. 이렇게 보면 형이상학과 논리학만이 아니라 자연철학과 미학에 있어서까지도 라이프니츠 사유의 현대성은 참으로 크다고 하겠습니다.

---

1) Gilles Deleuze, *Le Pli : Leibniz et le baroque*, Minuit, 1988.

§12. 탄성의 문제

주름 개념이 탄생하게 된 과학사적 맥락들 중 하나는 탄성彈性의 문제입니다. 물체/입자가 서로 부딪치면 튀어 나가죠. 서로 붙어 버린다면 어떻게 될까요? 태초에 운동이 조금 진행되다가 결국 파르메니데스의 일자 같은 덩어리로 고정되겠죠. 그런데 붙지 않고 튀어 나갑니다. 이렇게 튀어 나갈 수 있게 하는 성질이 탄성이죠. 예컨대 야구공, 축구공 등은 탄성이 좋아야 합니다. 공을 방망이로 쳤는데 방망이에 붙어 버린다든가, 공을 머리로 헤딩했는데 머리에 붙어 버린다든가 하면 야구 경기나 축구 경기가 성립하지 않겠죠. 그래서 탄성이 이 세계를 '역동적인' 곳으로 만들어 준다고 할 수 있습니다.

데카르트의 기계론에서 탄성은 중요한 역할을 합니다. 그래서 데카르트는 일곱 가지 탄성 법칙을 세우기도 하죠.[2] 그런데 탄성 문제는 원자론에서 특히 중요합니다. 왜 그럴까요? 원자론은 진공을 인정하고 원자들이 그 진공 안에서 날아다니는 것으로 상정想定합니다. 그런데 본격적인 운동이 발생하려면 원자들이 충돌해야 하겠죠. 모든 새로운 생성이 원자들의 충돌에서 비롯합니다. 그리고 이때 어떨 때는 결합하지만, 또 어떨 때는 튕겨 나가야 합니다(결합이 되지 않으면 사물들이 만들어지지 않은 것이고, 결합만 일어나면 파르메니데스적 일자로 귀결합니다). 그래서 원자들의 위치 이동, 서로간의 접촉, 그리고 결합 또는 튕겨 나감 등이 역학의 기본 관심사를 형성합니다.

---

2) 다음을 보라. 김영식, 『과학혁명』, 민음사, 1984, 101~105쪽.

원자론의 탄성 설명을 봅시다. 원자라는 것은 더 이상 나뉠 수 없는 존재이기 때문에 부분이 없어요. 부분이 있다면 원칙상 너 나뉠 수 있겠죠(§5). 그렇다면 더 잘게 나뉜 것이 원자가 됩니다. 그러니까 원자란 그 정의상 부분이 없어야 합니다. 그리고 완벽하게 단단해야 합니다. 완벽하게 단단하다는 것은 그 안에 어떤 틈도 없다는 것을 뜻하죠. 틈이 있다면 바로 거기에서 쪼개짐이 일어나니까요. 또, 다른 원자와 충돌할 때 어떤 변형도 발생해서는 안 됩니다. 어떤 내부적인 변형도 외부적인 변형도 없어야 원자죠. 그래서 원자에서의 탄성운동이란 마치 당구공들이 부딪쳐서 서로 튕겨 나가듯이 튕겨 나가는 것 외에는 별다른 방법이 없겠죠. 그래서 원자론에서 탄성이란 결국 물체들의 방향과 속력이 순간적으로 변한다는 것을 함축합니다. 부딪치는 바로 그 순간 원자의 방향과 속력이 변해야 하는 것이죠. 라이프니츠는 이 순간적인 변화를 인정할 수 없다고 봅니다. 라이프니츠의 기본 생각은 모든 운동은 연속적으로 일어나야 한다는 것이죠. 어떻게 한 순간에 방향과 속력이 바뀔 수 있는가라고 묻습니다. 그는 종종 "자연에는 비약이 없다"고 말합니다. 이것이 '연속성의 원리'인데, 원자론은 이 연속성의 원리를 어기고 있다고 해야 하겠죠.

라이프니츠는 탄성 운동과 관련해 원자론과는 전혀 다른 모델을 제시합니다. 라이프니츠는 모든 물체는 그 안에 부분을 가지고 있다고 생각합니다. 여기에서 "모든"에 주목해야 합니다. 이 이야기는 어떤 부분도 그 안에 또 다른 부분을 가지고 있음을 뜻하고, 그래서 모든 사물은 무한한 중첩 구조로 되어 있음을 뜻합니다. 그렇다면 탄성은 왜 발생하는가. 두 물체가 부딪치면 물체의 표면에서 이렇게 변형이

〈그림 4〉 라이프니츠에 의한 탄성 운동 설명

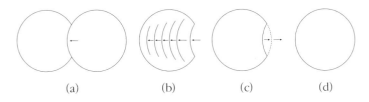

(a)   (b)   (c)   (d)

일어납니다(그림 4/a). 이렇게 일어난 변형은 그 다음 층위에 영향을 미치겠죠. 그리고 그 층위도 또 더 하위 층위에 영향을 미치고요. 그래서 결국 운동이 계속 전파됩니다(그림 4/b). 이렇게 다가가 다음에는 방향이 역전됩니다. 거꾸로 반발력이 생겨 다시 올라오죠(그림 4/c). 그래서 표면까지 올라와서 이번에는 표면의 변형이 복구되는 것입니다(그림 4/d). 그렇게 되면 어떻게 되겠어요? 표면이 복구되면서 표면이 다른 물체를 밀어내겠죠? 다시 말해 안으로 들어갔던 힘이 바깥으로 나오면서 물체가 튕깁니다. 이것이 탄성 운동이죠.

이 설명을 잘 보면 모든 운동은 연속적으로 발생하죠. 이런 식의 운동을 프랑스어로 'progression'이라고 그래요. 'progression'하고 'processus' 그리고 'progrès'는 다르죠. 'processus'는 일반적인 의미에서의 과정입니다. '단계들'이라는 뉘앙스를 담고 있는 의미에서의 과정입니다. 'progrès'라고 하면 사태가 점점 더 좋아진다는 뉘앙스, 그러니까 발전이라는 뉘앙스가 들어가요. 그래서 이 말은 '진보'라고도 번역됩니다. 그러나 'progression'이라는 단어를 쓰면 여기에는 바로 방금 말한 방식의 운동, 조금씩 연속적으로 이어지는 운동을 뜻하는 것이죠(수학에서는 수열/급수를 뜻합니다). 우리말로 하면 '점진적'漸進的 운동이죠. 라이프니츠는 이 점진적 운동 개념으로 탄성 운동을 설명합니다.

이런 라이프니츠의 설명에서 주목할 부분은 모든 사물이 중첩 구조로 되어 있다는 점입니다. 어떤 부분이든 그 안에는 또 다른 부분들이 들어 있다는 생각이죠. 그래서 아주 미시적인 수준으로 내려가면, 이제 더 이상 딱딱한 고체가 아니라 거의 유체와도 같은 그런 성격을 가지는 부분들에까지 내려간다는 이야기입니다. 그리고 중요한 것은 이러한 중첩 구조가 무한하다는 것이죠. 이런 식의 상상이 근대에는 잘 받아들여지지 않았는데, 오히려 현대인들의 눈으로 볼 때에는 어느 정도 상식적인 생각이 되었죠. 그러니까 어떻게든 최종적인 입자를 찾으려는 물리학자들의 노력은 라이프니츠의 눈으로 보면 결코 끝나지 않을 과제입니다. 새로운 기계, 새로운 수학이 발명되면 우리에게 드러나지 않았던 또 다른 층위가 드러날 테니까요.

그리고 핵심적인 것은 모든 운동은 점진적인 운동, 순차적인 운동, 연속적인 운동이라는 점이죠. 그런데 우리가 조심할 것은 '연속성'이라는 말의 상대성입니다. 예컨대 실수의 연속성, 보도블록의 연속성, 가로수의 연속성, 우리 삶의 연속성 등등은 모두 다른 형태의 연속성입니다. 실수의 연속성은 한 수에 바로 이웃하는 수를 찾을 수 없는 연속성이고, 보도블록의 연속성은 마디가 있는 분절의 연속성이고, 가로수의 연속성은 떨어져 있긴 하지만 그 떨어진 거리가 일정하다는 맥락에서의 연속성이고, 우리 삶의 연속성은 계속 변하긴 하지만 기억으로 보존된다는 뜻에서의 연속성이죠. 이렇게 연속성은 맥락에 따라 무수한 형태를 지닙니다. 그러니까 플랑크의 양자量子가 "발견"되었다고 해서 꼭 연속성의 원리가 부정되는 것은 아니죠. 부정되는 것은 실수의 연속성 같은 절대 연속성입니다. 양자 비약은 일정하니까 그것은 또 다른 맥락에서의 연속성이죠. 이렇게 연속성의 개념은 상대적으로 이해되어야 합니다. 어쨌든 연속성의 원리는 라이프니츠 사유의 중핵에 위치합니다.

그런데 잘 생각해 보면 이 설명에 묘한 아포리아가 있죠? 앞에서도(§5) 등장했던 아포리아입니다. 만일 운동이 표면에서 시작해 무한히 중첩되어 있는 층위들로 차례차례 퍼져 나가고 다시 거꾸로 표면으로 올라온다고 한다면, 도대체 그 'progression'은 어디까지 내려갔다가 방향을 바꿀까요? 이 또한 무한의 문제와 연관됩니다. 세논의 패러독스를 연상시킵니다. 데카르트와 라이프니츠를 논할 때 이들이 아직 무한과 아주 큰 것, 무한소와 아주 작은 것을 엄밀히 구분하지 못했다는 말을 했었는데, 아주 큰 것과 아주 작은 것은 어디까지나 양이지만 무한과 무한소는 일종의 개념이라 해야 합니다. 끝없이 커지고 있는 것과 작아지고 있는 것입니다. 베르그송이 자주 말하는 '극한으로의 이행'passage à la limite이라는 개념을 포함하는 것이죠. 이 아포리아를 잘 생각해 볼 필요가 있습니다.

§13. 주름

그런데 처음에는 탄성의 문제로부터 출발했던 이 생각이 더 심원한 발상으로 치닫습니다. 이 발상의 핵심은 이렇죠. 모든 존재는 그 안에 무한히 많은 다른 부분들을 담고 있다. 우리는 이런 생각을 한마디로 압축해 '주름'pli이라고 부를 수 있습니다. 말하자면 사물들은 다 주름 잡혀 있다는 것이죠. 물론 주름이라는 말만 가지고는 막연한 이미지만 그릴 수 있을 뿐인데, 엄밀한 규정은 뒤에 다시 내릴 겁니다. 우선 라이프니츠가 생각하는 주름 구조를 봅시다.

라이프니츠는 "어떤 물체도 탄성을 가지지 않을 만큼 작을 수는 없다"는 말을 하죠. 이 말은 무슨 뜻입니까? 하나의 물체가 아무리 작아도 그 안에는 또 무한한 물체가 있기 때문에 탄성이 존재한다는 뜻이죠. 그러나 라이프니츠는 이 탄성 개념에서 더 나아가 다음과 같이 말합니다. "대리석 덩어리는, 수많은 물고기들을 포함하고 있는 연못의 물이 그렇듯이, 결코 완전히 단일한 개체가 아닙니다. 물과 고기가 모두 얼어 있는 경우라 해도 말입니다."(「아르노에게 보내는 서한」, 1686) 연못은 그 자체로 하나이지만 그 안에는 사실 수많은 물고기들이 헤엄치고 있죠. 물론 그 물고기의 몸 안에도 수많은 존재들이 있습니다. 대리석을 연못에 비유했는데, 물론 대리석은 연못처럼 생명체가 아니니까 얼어 있긴 하죠. 그럼에도 대리석은, 나아가 모든 존재는 그 안에 수많은 존재들을 접고 있다는 뜻입니다. 그러니까 더 이상 중첩되지 않는 사물이 없다는 것이죠. 근대인들에게는 아마 황당함 그 자체처럼 들렸을 것 같습니다만, 오늘날의 우리에게는 오히려 당연한 것으로 다가오는 생각입니다. 라이프니츠는 여러모로 근대를 뛰어넘어 오히려 현대에 매력을 풍기는 철학자인 듯합니다. 물론 '대리석'의 예는 좀 과하게 들립니다만.

그런데 여기에서 우리가 한 가지 짚어 볼 사항이 있습니다. 우리는 1강에서 라이프니츠의 개체성 원리를 논했고, 지금은 주름의 원리를 논하고 있습니다. 그런데 이 두 원리가 얼핏 모순되는 것은 아닌가 생각해 볼 수 있죠. 왜냐하면 개체성이라는 것은 하나하나 딱딱 떨어지는 존재'들'을 말하는 것이고, 주름이라는 것은 어디에서 끊기가 참 어려운 무한한 중첩 구조를 뜻하는 것이니까요. 두 원리가 상충하죠? 예를 들어 사과 상자가 하나 있다고 하면, 상자도 하나이지만 그 안에 들어 있는 사과들도 그 나름대로 하나 아닙니까? 그렇지 않다면 우리가 '사과'라는 이름을 따로 붙일 이유가 없겠죠. 그러나 다시 사과 안에는 또 사과의 분자들이 들어 있습니다. 그런데 이 분자들 하나하나도 우리가 이름을 붙이지는 않지만 분명히 하나죠. 또 분자들 안에는 더 작은 입자들이 있고,…… 그렇게 무한한 중첩 구조로 되어 있어요. 위의 방향으로 생각해도 마찬가지입니다. 그렇다면 그 개체들 하나하나의 개체성과 각각의 내부의 다른 개체성들은 어떤 식으로 양립할 수 있는가. 이런 문제가 나옵니다. 물론 뒤에서 다시 말하겠지만 이 예가 '주름' 개념을 적절하게 시사하는 예는 아닙니다. 하지만 그 이야기는 잠시 접어 두고 일단 이 예를 가지고서 생각해 봅시다.

이 대목에서 라이프니츠의 중요한 원리가 또 하나 나오는데, 그것은 "전체는 부분들의 합이 아니다"라는 원리죠. 그러니까 사과들이 모여서 사과 한 상자가 되지만, 사과 한 상자라는 것은 단순히 사과들의 집합체가 아니라 그 자체가 또 하나의 하나라는 것이죠. 사과 상자란 존재하지 않고 사과들만이 존재할 뿐이라고, 사과 상자란 다만 사과들의 더미일 뿐이라고 말하면 안 됩니다. 사과 한 상자도 또 하나의 개체인 것이죠. 물론 사과 한 상자와 사과들은 단지 외부적인 관계를 맺고 있을 뿐이기에 그다지 적절한 예가 아닐 수 있겠지만, 사과 하나의 그 하위의 하나들을 생각해 보면 더 이해하기 쉬울 것입니다. 요컨대 개체들은 무한히 중첩되어 있습니다. 전체는 부분들의 합이 아니기 때문에, 부분들이 모여 전체를 이룬다 해도 그 전체는 그 부분들의 단순한 합 이상인 또 하나의 개체인 것이죠. 바로 이런 이유 때문에, 라이프니츠에게서 진정한 실체들은 오로지 '하나'일 뿐이라는 개체성 원리와 모든 것들 안에는 늘 무수한 것들이 주름 잡혀 있다는 주름의 원리가 양립할 수 있는 것입니다. 잘 음미해 볼 대목입니다.

이런 라이프니츠의 세계관은 흥미진진한 데가 있습니다. 나는 어떤 철학자의 존재론을 연구하다가 어느 시점에서 하나의 이미지를 떠올리게 될 때가 있습니다. 라이프니츠의 경우는 바로 종이학의 이미지였습니다. 종이를 수십 번 접으면 종이학이 되죠. 그런데 만일 우리가 수십 번이 아니라 수백, 수천, 수만 번,…… 무수히 접어 나갈 경우 그렇게 생긴 종이학이 라이프니츠의 세계가 아닐까 싶습니다. 종이학에서 우리는 꼬리라든가 날개, 부리 등을 구분할 수 있죠. 그러나 서로 구분되는 무한한 부분들을 포함함에도 궁극적으로 종이학은 애초에 하나의 종이였죠. 라이프니츠의 세계는 바로 이런 세계입니다. 그러니까 주름의 개념을 정확하게 말하려면 바로 접힘의 개념을 포함해야 합니다. 앞에서 사과 상자의 예가 적절하지 않을지도 모르겠다고 한 것은 이 예가 접힘의 논리를 적절하게 드러내 주지 못한다는 뜻이었죠. 종이 한 장을 접으면 이 종이는 둘이자 하나입니다. 접힘이란 이렇게 연속의 계기와 불연속의 계기를 동시에 포함합니다(이는 베르그송과 바슐라르를 어떻게 통합할 것인가의 문제에도 시사적입니다). 이런 구조가 접힘의 구조이죠(물론 여기에 다시 시간이라는 핵심 요인을 첨

가해 생각해야 할 것입니다).

　여기에서 한 가지 짚고 넘어갈 것은 어떤 사물이 더 '복잡하다'는 것은 무슨 뜻일까요? 바로 그 사물이 더 많이 접혀 있다는 겁니다. 그러니까 종이비행기보다 종이오리가 더 복잡하고, 종이오리보다 종이학이 보다 더 복잡한 것이죠. 초등학교 학생들이 미술 시간에 색종이 접기 놀이를 하죠? 그때 맨 처음 접는 게 비행기잖아요? 가장 간단하기 때문이죠. 그러나 종이학은 어렵습니다. 상당히 많이 접어야지 종이학이 나오죠. 그래서 어떤 사물이 복잡하다는 것은 더 많이 접혀 있다는 것을 뜻합니다. 이는 달리 말해, 보다 많이 접혀 있다는 것은 곧 보다 많은 특이점들이 존재한다는 것을 뜻한다는 겁니다. 곧 거기에 어떤 접힘, 구부러짐, 꺾어짐,…… 등이 있다는 것이죠(여기에서 특이점들의 시간적 맥락——사건론적 맥락——을 함께 생각할 때 논의는 더욱 복잡해집니다). 접힘/주름의 개념을 특이점의 개념과 연계시켜 이해해 볼 필요가 있습니다. 다음 구절을 음미해 볼 필요가 있습니다.

　　연속체의 분절은 모래알들의 분절로서가 아니라 접혀 있는 종이나 막의 분절로서 이해되어야 한다. 그렇게 크고 작은 무한의 주름들이 존재할 수 있도록. 물체/신체는 결코 [더 이상 접힐 수 없는] 점이나 최소치로 와해될 수 없기에 말이다.

　　…… ac proinde divisio continui non consideranda ut arenae in grana, sed ut chartae vel tunicae in plicas, itaque licet plicae numero infinito, aliae aliis minores fiant, non ideo corpus unquam in puncta seu minima dissolvetur.[3]

그래서 라이프니츠의 세계관을 한마디로 요약한다면, "세계는 무한히 접힌 주름이다"라고 할 수 있습니다. 그리고 각 존재는 이 접힌 주름을 각자에게 부여된 존재론적 위상에 입각해 일정 정도 펼친다고 할 수 있습니다.

§14. 접힘과 펼쳐짐

여기에서 내가 '펼친다'는 표현을 썼는데, 이 펼친다는 것에 대해서 설명해 보겠습니다. 이 펼쳐짐을 '표현'이라고도 할 수 있습니다. 안에 접혀 있던 것들이 바깥으로[表] 나타나는[現] 과정이죠. 그런데 여러분들이 조심할 것은 라이프니츠 역시 표현이라는 말을 쓰고 있다는 사실입니다. 그렇지만 내가 사용하는 표현이라는 말과 라이프니츠의 용어법에는 차이가 있습니다. 라이프니츠의 용어법에는 신학적 요소 및 그에게 특유한 형이상학적 요소가 들어 있는데 그 점들을 일단 접어 두고, 여기에서는 라이프니츠와 독립적으로 펼쳐짐/표현 개념을 정의해 봅시다.

우선 각 사물들의 차이는 어떻게 이해되어야 하는가? 그것은 바로 그것들이 잠재적인 차원에서 얼마나 많은 주름을 내포하고 있느냐 즉 접고 있느냐는 것이고, 현실적인 차원에서는 바로 그 잠재적인 특이점들/주름들을 얼마나 현실화하고 있느냐 즉 펼치느냐 하는 것을 뜻합니다. 이렇게 규정할 수 있습니다. 그래서 달팽이보다 호랑이가 훨

---

3) Leibniz, "Paicidius Philaleti", *Opuscules et fragments inédits*, p. 615.

썬 더 많이 주름 잡혀 있다고 말할 수 있습니다. 왜냐하면 그 안에 달팽이보다 더 많은 특이성들을 내포하고 있기 때문이죠. 이것이 잠재적인 차원입니다. 이것이 한 생명체가 다른 생명체보다 "더 고등하다"는 생각의 존재론적 근거라고 할 수 있습니다(물론 여러 가지로 가치 판단들이 개입해 있는 생각이라고 해야 되겠죠). 그러나 보다 큰 잠재성을 가지고 있어도 그것을 펼치지 못하면 소용없습니다. 특이성들— '사건들'이라 할 수 있습니다—을 현실화해야 하는 것이죠. 사건이란 '무슨 일인가가 일어나는 것'이고, 따라서 특이성들을 펼친다는 것은 순수사건들을 현실적인 사건들로 화하게 만드는 것입니다. 보다 많은 특이성들을 잠재적으로 내포하는 것도 중요하지만, 그것들을 실제 현실화하는 것 또한 중요한 것이죠. 그래서 접힘과 펼쳐짐이 동전의 양면을 이룹니다.

똑같은 잠재적 특이성들을 내포하고 있다고 해서 그것이 똑같은 표현을 전제하는 것은 아닙니다. 다시 말해 같은 정도로 주름-잡혀 있다 해도 그 주름이 펼쳐지는 데에는 정도차가 있다는 것이죠. 이것은 특히 인간에게서 그렇습니다. 인간은 다 같이 잠재적 주름을 가지고 태어납니다만, 그 주름을 펼치는 것은 다 다르죠. 내적인 이유에서든 외적인 이유에서든 큰 차이를 보입니다. 주목할 것은 이 점은 공간적 펼쳐짐에 관련된 것이 아니라 시간적 펼쳐짐에 관련된 것이라는 점입니다. 처음에 종이학을 가지고서 비유했을 때 매우 공간적이었던 논의가 지금은 시간적인 논의로 이행해 있습니다. 그리고 공간적 맥락에서도 물론 그렇겠지만, 특히 시간적 맥락에서 논의할 때 라이프니츠적 결정론을 벗어나는 것이 중요합니다. '펼쳐진다'는 것은 늘 어떤 관계들을 함축하죠. 그저 허공에서 펼쳐지는 것은 아니니까요. 그리고 관계들의 우발성contingency을 통해서 펼쳐짐에는 항상 결정성 determinacy을 벗어나는 측면들이 도래한다는 것이죠. 펼쳐진다는 것은 열림을 뜻합니다. 단순한 열림이 아니라 새로움에로의 열림이죠. 열린다는 것은 타자와 관계함을 뜻하고, 이런 관계함을 통해서 펼쳐짐은 복잡하고 생기적인 것이 됩니다. 안에 들어 있던 것이 밖으로 나온다는 그런 간단한 이미지로 이해할 수 있는 사태가 아니라는 것이죠.[4]

여기에서 접힘/주름 개념을 좀더 명료화해 봅시다. 우선 이해를 쉽게 하기 위해 다음 그림을 한번 봅시다(그림 5).

일상적으로 말하면 이 세 가지가 다 주름-잡혀 있다고 할 수 있죠. 그러나 엄밀하게 말하면 좀 다릅니다. 우선 a와 b·c는 기본적으로 다릅니다. b와 c 각각은 다자多者가 아니라 궁극적으로 하나입니다. 결국 부분들이 모두 연결되어 하나를 이루고 있죠. 그러나 a는 그렇지 않아서 각 부분들이 떨어져 있습니다. 그래서 우리는 '접혀 있다'와 '쟁여져 있다'를 구분할 필요가 있습니다. 프랑스어로 하면 'plié'와 'emboîté'에 해당하죠. 쟁여져 있다는 것은 전체 속에 여러 부분들이 들어 있다는 것을 말하지만, 접혀 있다는 것은 부분들이 모두 이어져 있다는 것을 뜻합니다. 수학적으로 말해 x의 방식이 아니라 dx의 방

---

4) 숨겨져 있던 것이 바깥으로 드러나는 경우에 현실적인 것과 잠재적인 것(latent) 사이에는 정도의 차이만이 존재한다. 즉, 현실적인 것과 잠재적인 것 사이에는 유사성이 성립한다. 매우 복잡하긴 하지만, 라이프니츠의 잠재성은 이런 성격을 벗어나지 못했다. 베르그송과 들뢰즈는 라이프니츠를 이으면서도 이 점을 극복하고자 했고, 현실성과 잠재성(virtualité)의 비-유사성 및 현실화 과정에서의(또 잠재성 차원 자체 내에서의) 비결정성, 창조성을 강조하기에 이른다.

〈그림 5〉 쟁여져 있음과 주름 잡혀 있음

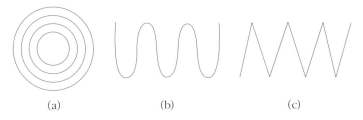

$$(a) \qquad\qquad (b) \qquad\qquad (c)$$

식으로 되어 있다는 것이죠. 주름 개념을 그저 재미있는 은유로 제시하는 데 그치지 않고 앞으로 계속 정교화해 나가려면(사실 영원히 끝나지 않을 과제죠) 우선 이 점을 숙지해 놓아야 합니다.

그리고 b와 c는 또 다릅니다. b는 매끄한 곡선으로서 연속성이 좀더 강조되죠. 반면 c는 끊어지지 않고 이어지지만 불연속의 점들을 가집니다. 앞에서 말했듯이, 연속과 불연속은 상대적이고 사실 b 또한 불연속적인 측면들을 가지고 있죠? 하지만 c의 경우가 보다 분명합니다. 수학적으로 말해, b의 특이점들은 미분 가능하지만, c의 경우는 불가능합니다. b는 '구부러지는' 곡선이고 c는 '꺾어지는' 곡선이죠. 그래서 우선 '끊어짐', '구부러짐', '꺾어짐', 이 세 경우의 차이를 염두에 두어야 합니다. 일단 이미지의 차원에서 구분해 놓고서, 앞으로 개념적-수학적 차원에서 정교화해 나가 봅시다.

Q 앞에서 탄성에 대해 설명하셨는데, 그 설명을 생각하면 오히려 a가 연상되는데요. b, c가 엄밀한 의미에서의 주름이라는 것이 좀 이상합니다.

A 내가 지금 그린 그림은 구상적인 것이 아니라 추상적인 것입니다. 아까 탄성 이야기할 때에는 구체적인 물리학적 예를 든 것이고, 그 물리학적

맥락에서의 주름은 그림의 a처럼 그려도 큰 문제는 없어요. 그러나 쟁여져 있는 것과 주름 잡힌 것을 명확히 구분한다면 a와 b와 c가 구분된다는 것이죠. 이 그림들은 개념적-논리적 그림들이지 실제 물리적 형태들을 그린 것들이 아닙니다.

Q 힘과 주름의 관계는 무엇인가요?

A 특이점들이란 논리적으로만, 비-물체적으로만 존재합니다. 그리고 그 잠재적인 논리적 존재가 물질에 구현될 때 현실적인 사건이 됩니다. 힘이란 그 현실화를 가능하게 하는 것이라고 보면 될 것 같아요. 맥락에 따라서는 '강도'intensity 개념을 쓸 수도 있습니다. 같은 호랑이들이라 해도 달리는 속도가 각각 다르죠. '달리다'라는 특이성은 모든 호랑이들이 공유하지만, 실제 달리는 것은 호랑이들의 신체에서 일어나는 일입니다. 그때 그 형이상학적인 특이성과 물질적인 신체를 매개해 주는 개념이 힘이라고 할 수 있어요. 그래서 힘이란 주름이 펼쳐질 수 있게 해주는 조건이라고 규정할 수 있습니다. 그래서 잠재성이란 결국 특이성들과 힘을 함께 포괄하는 개념으로 봐야 합니다. 그리고 이 두 측면은 상보적이죠. 만일 특이성들이라는 계기가 없다면 힘은 그저 막연한 어떤 것에 불과할 터이고, 반대로 힘이라는 계기가 없다면 특이성들은 오로지 논리적인-구조적인 틀로서만 존재할 테니까요.

그런데 사실 힘 개념의 의의는 이 이상입니다. 예컨대 인간의 경우 원래 '날다'라는 특이성이 없었죠. 그런데 비행기가 발명됨으로써 날 수 있게 된 겁니다. 다시 말해 우리는 특이성들 자체도 생성하는 것으로 이해해야 한다는 것이죠. 특이성들과 힘이 잠재성의 두 측면을 이루는 것으로 이해해야만, 이런 사태가 이해됩니다. 특이성들에는 이미 힘이 함축되어 있고 힘에는 이미 특이성들이 녹아 있는 것입니다. 이 문제 그리고 이와 연관된 여러 문제들(두 측면의 구체적인 결합 방식, 특이성들이 생성해 가는 방식, 특이성들이 개체들에 구체화되는 방식, 무생명체들에서와 생명체들에서의 특이성들의 생성, 이 생성에서의 시간의 문제 등 계속 이어지는 거대한 문제-장)이 주름존재론의 핵이라 할 것입니다.

§15. 전성설과 후성설

라이프니츠로 돌아와서 이번에는 주름 개념과 연관된 좀더 구체적인 문제 하나를 살펴봅시다. 주름이라는 말은 매력적이기도 하지만 모호한 말이기도 합니다. 존재론적으로 매력 있는 개념들이 대개 다면적이고 심층적입니다. 그 의미의 끝이 잘 안 보이죠. 사실 끝이 있다는 생각 자체가 문제가 있기도 하고요. 하나의 존재론적 원리가 수학적으로도, 시적으로도, 실증 과학적으로도, 역사적으로도,…… 얼마든지 다면적이고 심층적인 관련성을 맺을 수 있습니다. '무'無라든가 '시간'이라든가 '가능성'이라든가,…… 전형적인 존재론적 개념들이 모두 그렇죠. 그래서 과학적으로 매력 있는 것과 철학적으로 매력 있는 것은 적지 않게 다릅니다. 과학자들은 똑 떨어지지 않는 존재론적 논의들이 마음에 차지 않을 것이고, 존재론자들은 이미 그 의미가 소진된 개념들이나 함수들 등에는 더 이상 철학적 흥미를 느끼기 힘든 것입니다. 어쨌든 주름 개념(과 앞으로 우리가 논할 갈래 개념, 그리고 울림 개념)도 이렇게 우리가 한평생 정교화해 나가 볼 만한 매력적인 개넘들 중 하나임에 틀림없고, 이제 여기에서는 그 중 하나인 생물학적 맥락을 봅시다. 실제 학문의 역사에서 주름 개념이 실질적인 영향력을 행사해 왔고 구체적인 방식으로 적용되었던 대표적인 분야가 생물학 영역이었습니다.

17세기에는 생물학의 영역에서도 역시 한때는 기계론이 위세를 떨쳤는데, 그러나 데카르트의 기계론은 물리학에서만큼 그렇게 큰 위력을 발휘하지는 못합니다. 사실 데카르트적 기계론은 사반세기도 채 못 되어 소멸해 버리죠. 물질을 설명할 때에는 나름대로 설득력이 있었던 데카르트의 기계론이 생명체를 설명하는 데에는 너무나 조잡하기 짝이 없습니다. 데카르트가 해부학 책도 썼는데, 그걸 보면 대단히 조악해요. 이때 당시는 '조직화' 개념조차 제대로 설정되어 있지 않았습니다. 그저 물질이 좀더 복잡하게 배열된 것 정도를 뜻했죠. 흔히 근대 이전에는 동북아 문명이 서구보다 앞섰다고 하는데, 그 점이 가장 두드러지는 경우가 아마 의학일 겁니다. "근대 철학의 아버지"라고 하는 데카르트의 의학과 전통 한의학 저서들을 보면 그 사유 수준이 비교가 되죠. 서구에서는 자비에 비샤 정도가 되어야 수준 높은 의학이 성립합니다. 그건 그렇고, 요점은 생물학 영역에서는 기계론이 조악한 결과만을 낳았다는 것이죠.

데카르트가 생명체를 어떤 눈으로 바라보았는가는 그가 남긴 다음 말에서 잘 느낄 수 있습니다.

만일 누군가가 동물의 어떤 종(예컨대 인간)의 종자를 그 모든 부분들에 있어 인식한다면, 그는 이 지식만을 가지고 확실한 이성과 수학

을 사용해 그 종자가 후에 도달할 모든 형태와 구조를 연역할 수 있을 것이다.[5)]

여러분, 이 구절을 보니까 누가 생각납니까? 라플라스가 생각나죠? 라플라스는 우주의 일정 시점에서의 초기 조건을 완벽하게 알면 영원에 이르기까지의 우주 운동을 다 예측할 수 있다고 했습니다. 그런데 같은 생각을 200년 전에 데카르트가 한 것입니다. 그런데 사실 진짜로 놀라운 것은 이런 식의 생각이 바로 물리학의 영역이 아니라 생물학의 영역에서 나왔다는 사실이죠. 17세기 당시의 실질적 과학 수준에 비추어 봤을 때 대단한 확신/상상이 아닐 수 없습니다. 사실 데카르트 사유의 체계 자체 내에서 봤을 때는 자연스러운 결론이라고도 할 수 있습니다. 데카르트에게서 영혼과 신을 뺀 모든 것은 다 'res extensa'잖아요? 그러니까 물체와 생명체 사이에 근본적인 차이는 없는 거예요. 토끼는 돌멩이보다 그냥 더 복잡할 뿐이죠. 그렇기 때문에 생명체에 대해서도 완전한 기계론을 주장했던 겁니다. 그러나 당시 여기저기에서 새로운 생물학적 사실들이 발견됨으로써 기계론을 무력화시키죠. 생물학——이 말 자체는 한참 후에 등장합니다만——을 정초할 수 있는 새로운 존재론이 요청됩니다.

생물학에서 특히 중요한 문제는 생식reproduction의 문제입니다. 돌멩이는 돌멩이를 낳지 못하는데, 채송화는 채송화를 낳죠. 이것이 생명체의 가장 두드러진 특징 아닙니까? 라이프니츠 당대에

---

5) Descartes, *Formation de l'animal*, in *Œuvres*, t. XI, p. 277.

생식과 관련해 여러 이론들이 나오거니와, 라이프니츠 자신은 '전성'前成=préformation의 입장을 취했죠. 맥락에 따라서는 '선재'先在=préexistence라는 말도 씁니다. 이 이론은 신학적 거품을 내포하고 있어요. 생물학과 신학이 섞여 있는 것이죠. 이 이론에도 여러 형태가 있는데, 가장 원초적인 방식의 전성설에 따르면 신이 이 세상을 창조했을 때 각 생명체에다가 후대에 그 생명체가 태어나게 할 모든 생명체들을 이미 넣어 놨다는 이야기입니다. 말하자면 이브의 허리에다가 넣어 놨다는 것이죠. 이 생각이 한때 크게 유행했는데, 물론 여러 가지로 논박 받습니다.

그 중 두 가지만 말한다면, 우선 후손들이 쟁여져 있다는 생각이 함축하는 불합리가 있습니다. 이 문제는 생식의 주도권이 어디에 있느냐를 둘러싼 논쟁과 관련되죠. 아기는 여성이 낳지만 그 아기의 씨를 주는 것은 남성이라는 생각이 당시까지 보편적인 인식이었죠. 옛날에는 정자라는 게 발견되지 않았습니다. 그래서 생식의 구체적 메커니즘이 드러나지 않았죠. 그런데 당시 현미경이 발명되면서 비로소 정자가 발견되는데, 처음에는 사람들이 그것이 무엇인지를 몰랐습니다. 이른바 '이론적 환경'(조르주 캉길렘)이 없이 보니까 무엇인지 알수가 없었죠. 그래서 사변적인 형태의 논쟁이 계속 이어집니다. 이 문제에 결정적인 실마리를 제공한 것은 스팔란차니의 실험입니다. 개구리를 가지고서 실험을 했는데, 개구리가 수컷의 정자를 못 받았을 경우 과연 생식이 되는가를 본 것이죠. 그 결과 생식이 성립하지 않는다는 것이 발견되고, 이로써 남성에게 생식의 우선권이 있다는 점이 결정됩니다(지금은 그렇게 보지 않습니다. 난자에게도 중요한 역할이 있어, 결국 남녀가 협력해서 아기를 낳는다는 평범한 사실이 다시 입증됩니다). 이것이 무엇을 증명한 겁니까? 태어날 후손들이 이미 다 여성의 난자 안에 들어 있다가 나중에 나온다는 사실이 부정된 것이죠. 결과적으로 정자에 모든 생명체의 비밀이 있다는 생각이 확립되었는데, 이때에도 처음에는 정자 안에 후손들이 웅크리고 있다는 (요즈음의 감각으로는) 실소를 자아내는 생각이 한때 유행하게 됩니다. 그러니까 결국 후손들이 난자에서 정자로 자리를 옮긴 셈이죠. 그러나 후손들이 중층적으로 쟁여져 있다는 이 생각은 공간적으로 상상해 봐도 또 시간적으로 계산해 봐도 무리임이 명백했고 그래서 이내 퇴출됩니다.

또 하나 흥미로운 것은 '재생'regeneration 개념이죠. 도마뱀은 꼬리를 잡으면 그것을 끊고 도망가버립니다. 그렇지만 꼬리가 다시 나죠. 히드라 등도 마찬가지고요. 그런데 이 현상이 전성설로는 이해가 되지 않죠. 전성설에 의하면 태초에 신이 이 세상에 태어날 모든 생명체들을 다 만들어 놨죠. 그래서 말하자면 생명체의 총합은 일정한 것입니다. 그런데 꼬리가 잘린 도마뱀이 또 꼬리가 난다는 것은 이해하기 힘듭니다. 생명체의 총합이 일정하니까 잘린 꼬리가 다시 난다는 것은 어디에선가 그 다시 난 부분만큼의 꼬리가 소멸했음을 뜻하지 않겠어요? 그래서 이쪽의 도마뱀이 꼬리가 다시 나서 좋아하고 있을 때면, 다른 쪽에 있던 어떤 도마뱀은 "어! 내 꼬리 어디 갔어?" 하고 울상을 지을 것 아닙니까? 이 또한 불합리한 것이죠. 그래서 전성은 결국 '후성'後成=epigenesis에 자리를 내줍니다.

이런 흐름에서 폰 베어라는 사람이 등장합니다. 폰 베어에 이르러 비로소 생식과 발생이 실증적인 수준에서 연구되기 시작하죠.

폰 베어에 따르면, 생명체란 완성된 형태로 미리 존재하는 게 아니라 원래는 아무것도 없는 곳에서 나중에 발전되어 나옵니다. '발생' development이라는 말 자체가 '펼쳐짐'의 뉘앙스를 띠고 있습니다. 때문에 후성설에서 수태된 배아는 처음에는 미분화된undifferentiated 상태이죠. 그러다가 점차 분화되어 태어나게 됩니다. 다시 말해 생명체는 극히 등질적인 상태에서 점차 다질적인 상태로 분화되는 것이죠.

여러분들은 아마 수태된 난자가 계속 접히는 그림을 본 적이 있을 겁니다. 처음에 적도가 생기고, 그후로도 계속 접혀서 주름이 만들어집니다. 우리의 몸이 단순히 여러 기관들이 쟁여진 것이 아니라 어디까지나 주름 잡혀 있는 것이라는 사실을 선명하게 보여 주는 것이 바로 이 그림이죠. 그렇게 계속 접혀서 외배엽, 중배엽, 내배엽이 생기고, 마치 하나의 등질적 종이였던 것이 끝없이 접혀 종이학이 되듯 하나의 생명체가 만들어집니다. 이런 과정이 점차 밝혀지면서 후성설이 정설로 자리 잡게 됩니다.

그렇다면 라이프니츠가 그 대표자인 전성설은 의미를 잃어버렸는가? 이런 물음이 나옵니다. 라이프니츠는 데카르트와 대조적이죠. 데카르트가 유기물을 무기물로 환원시킨다면, 라이프니츠는 무기물을 유기물의 연장선상에서 논의합니다. 물론 라이프니츠의 경우 무기물을 유기물로 환원시키는 것은 아니고, 단지 생물학적인 모델을 통해서 사물을 보는 것이죠. 사실, 푸코가 『말과 사물』에서 잘 보여 준 바 있습니다만, 라이프니츠 시대만 해도 고유한 의미에서의 생물학은 존재하지 않았습니다(그래서 유기물과 무기물의 차이도 분명하게 인식되지 않았죠). 그러나 라이프니츠는 본격적인 수준의 유기체 개념이 등장하기 이전에 이미 유기체를 중심으로 사유했고, 그 사유의 중심에는 주름 개념이 있습니다. 그러나 그가 생각한 주름은 즉물적인 주름은 아니었죠. 즉물적인 전성설 같은 형태의 주름이 아니라 논리학적인 주름——한 개념 안에 다른 개념들이 접혀-있음im-*pli*-cation, 하나의 모나드 안에 그 빈위들이 접혀-있음을 뜻하는 주름——이었고, 상당히 추상적이고 존재론적인 형태의 주름이었다고 보아야 합니다. 그래서 라이프니츠가 말하는 전성에서의 그 앞에-이루어져-있는[前成] 것을 즉물적인 완성물이 아니라 존재론적 의미에서의 설계도로 본다면, 그가 말하는 내용은 오히려 폰 베어 식의 후성에 가깝다고 보아야 합니다. 설계도가 구체화되는 과징 자체는 후성이니까요. 오히려 포인트는 후성설에 입각한다 해도 그러한 후성後成을 이끌고 가는 프로그램 자체는 선재한다는 생각입니다. 이렇게 본다면 라이프니츠의 주름 개념은 후성설 이전의 즉물적인 전성의 개념이 아니라 오히려 그 이후 후성설을 정교화하는 과정에서 나타난 보다 현대적인 개념들에 더 가깝다고 보아야 합니다. 전성설은 물론이고 단순한 형태의 후성설까지도 넘어서는 통찰을 머금고 있다고 보아야 하는 것이죠.

물론 라이프니츠의 논의에는 아직 신학적 측면들이라든가 사변적 측면들도 존재합니다. 다음 구절을 봅시다.

> 살아 있는 물체는 동물의 영혼에 해당하는 두드러진 완성태를 가진다. 그러나 이 살아 있는 물체의 부분들은 다른 생명체들, 즉 식물들과 동물들로 가득 차 있으며, 이 식물들과 동물들 또한 각자의 완성태나 두드러진 영혼들을 가지고 있다.(『모나드론』, §70)

여기에서 "살아 있는 물체" 즉 유기체 안에는 다시 다른 생명체들이 차 있다는 생가은 당시로서는 무척이나 신비한 가설로 보였지만, 사실 세포 개념이라든가 미생물 개념 등을 가지고 있는 현대인의 눈으로 보면 그렇게까지 신비하게 보이지는 않습니다. 그러나 라이프니츠의 표현들을 보면 그가 아직은 즉물적인 형태의 전성설의 흔적을 완전히 털어내지는 못했음을 볼 수 있습니다. 아낙사고라스의 영향을 반영한다고도 볼 수도 있고요.

여기에서 핵심은 '영혼'âme 개념과 '완성태'entéléchie 개념이죠. 생명체란 우발적으로 변해 가는 존재가 아니라 자체 내에 영혼이라는 본질을 내포하고 있고, 그 영혼은 일종의 설계도를 가지고 있다는 것이 라이프니츠의 생각입니다. 이 설계도 즉 완성태라는 개념은 모나드 개념의 생물학적 버전이라고 할 수 있습니다. 라이프니츠에게서 '전성'이라는 개념은 바로 이 완성태 개념으로 이해됩니다. 이 설계도에 따라서 물질이 분화되어 개체가 되는 것이죠. 그런데 여기에 주름 개념이 추가됩니다. 완성태 안에는 다시 다른 완성태들이 들어 있고, 이 완성태들은 그것들 자체 또 다른 완성태들을 포함하는, 무한한 주름으로 되어 있다는 겁니다. 오늘날 우리 몸 안에 (단순한 부분들이 아니라) 그 자체 일종의 완성태를 갖춘 세포들이 무수히 들어 있고, 다시 그 세포들 안에는 그 자체 하나의 우주라고 해도 될 미토콘드리아들 (과 다른 무수한 것들)이 들어 있는 것을 생각해 보면, 라이프니츠가 얼마나 일찍 현대 생물학의 세계를 예감하고 있었는지를 알 수 있습니다. 그 시대에 라이프니츠 외에는 누구도 상상하기 힘들었던 세계를 그는 상상하고 있었던 겁니다. 지금은 "천재"라는 말이 너무 인플레이션이 되어버렸지만, 라이프니츠야말로 인류사 전체를 통틀어 진정한 의미에서의 천재들 중 한 사람이었다고 할 수 있습니다.

§16. 무한히 주름-잡힌 특이점들

그런데 여기에서 이런 물음을 던질 수 있습니다. 수태된 난자가 차곡 차곡 주름 잡혀 하나의 생명체로서 탄생하는 과정이 주름 개념을 잘 보여 주거니와, 그러한 현상적 차원을 넘어 도대체 어떻게 그렇게 정 교한 주름이 잡힐 수 있을까라는 물음을 제기할 수 있는 것이죠. 상당 히 어려운 문제입니다.

그저 무형의 덩어리에 불과했던 난자가 무수히 접혀서 이 놀라운 생명체인 개체가 된다는 사실을 어떻게 설명해야 하는가? 그냥 '사실' 이다, '우연'이다 하는 식의 설명은 우리를 만족시키지 못합니다. 그 래서 우리는 그런 경험적 사실 이전에 그 무엇인가가 있다고 생각해 야 합니다. '그 무엇'이 충분히 설명되려면 수많은 실증적인 탐구들이 있어야겠지만, 여기에서는 존재론적인 방향성만 잡아 봅시다. 앞에서 말했듯이, 이 무엇을 이미 형성된 무엇으로 보는 전성설은 이미 파기되 었습니다. 그래서 우리는 이 무엇을 난자가 그렇게 형성될 수 있도록 해 주는 무엇으로 볼 필요가 있습니다. 그런데 '형성된' 것은 이미 신체를 가진 어떤 것이 되었음을 뜻하는 반면, 형성될 '수 있도록' 해주는 무 엇은 물질적인 무엇이 아니라 탈-물질적인 무엇이라는 생각을 할 수 있습니다.

이 '무엇'에 대한 현대 과학의 한 답변은 '프로그램'입니다. 현대 생명과학에서는 물질과 에네르기라는 물리적 개념 외에 정보 개념이 핵심으로서 작동하고 있습니다. 다시 말해 물질이 조직되기 이전에 그 조직화의 조리條理가 먼저 있다는 겁니다. 아리스토텔레스의 형상 개념의 현대적 버전이라고도 할 수 있겠죠. 무수한 세포들 중에는 생식을 담당하는 생식세포가 있고, 세포는 유전자 등으로 구성되어 있고, 유전자는 핵산 등으로 구성되어 있고, 핵산은 일정한 프로그램을 수행하는 물질입니다. 그렇다면 궁극적인 것은 바로 그 프로그램이겠죠. 이 프로그램이 바로 현대적 의미에서의 생'명'命인 것이죠.

그런데 이 프로그램이 작동하는 방식은 계열적입니다. DNA는 네 가지 염기로 구성되는데, 구아닌, 시토신, 티민, 아데닌입니다. 이 네 가지가 계열적으로 조직됩니다. 예컨대 ATA, CCG, ATT, GCG,…… 이런 식이죠. 그런데 여기에서 우리가 이전에 이야기한 적이 있는 논리가 다시 등장합니다. 그것은 곧 무의미한 요소들의 계열화로부터 의미가 솟아오르는 과정이죠. 그 자체로서는 무의미한 요소들이 계열화되어 일정한 생물학적 의미=정보를 형성합니다. 이 명령을 RNA가 수행하고, 그것을 DNA가 잇고, 다시 단백질이 그 명령을 수행하죠. 이렇게 해서 생명계에서는 끊임없이 새로운 조립과 해체가 발생합니다.[6] 그리고 이렇게 작동된 프로그램이 만들어낸 생명체는 미시세계에서 작동했던 의미와는 또 전혀 다른 의미를 띠게 됩니다(유전형과 표현형의 차이죠). 미시세계에서 개를 만들어내는 명령/의미체계

---

6) 프랑수아 자콥은 이를 '레고 놀이'에 비유한다. 다음을 보라. 자콥, 『파리, 생쥐, 그리고 인간』, 이정희 옮김, 궁리, 1999.

와 거시세계에서 우리가 뽀삐, 멍멍이, 발발이,…… 에게서 읽어내는 의미는 전혀 다른 의미이죠. 어떻게 이런 의미의 단절이 생길까요? 이 문제는 앞으로 계속 이야기해 나갑시다.

현대 과학은 기계론에 입각해 있다고 말들 합니다. 하지만 더 중요한 것은 어떤 기계론이냐는 것이죠. 어떤 사람들은 한 사상이 "기계론"이기 때문에 뭔가 잘못된 것처럼 말합니다. 또, 어떤 사람들은 "생기론"이라는 말을 무조건 부정적으로 사용합니다. 다른 말들도 그렇습니다만, 어떤 사상이란 역사 속에서 계속 변화해 온 것이고, 또 앞으로도 변화해 갈 것이라는 점을 염두에 두고서 이해해야 합니다. 그래서 항상 '기계론'이라면 도대체 어떤 기계론인지를, 생기론이라면 도대체 어떤 생기론인지를 분명히 하고서 이해해야 하는 것입니다. 다른 말들, 예컨대 '상대주의'라든가 '사회주의'라든가 '실재론'이라든가 하는 식의 말들은 더더욱 그렇죠. 어떤 시대의, 누구/어떤 사람들의 '~론'/'~주의'인지를 분명히 하고서 논해야 하는 것입니다. 오늘날의 기계론은 우리가 1강에서 이야기했던 고전적인 기계론과는 딴판인 기계론입니다. 오늘날 유전자는 단지 크기, 모양, 위치 이동만으로 규정되는 물질-공간 쪼가리가 아닙니다. 그것은 물질만이 아니라 에네르기, 더 나아가 정보를 담고 있는 존재죠. 물질과 에네르기를 하나로 본다면, 결국 유전자는 물질-에네르기와 정보로 구성됩니다. 그런데 정보를 그 자체로 떼어 놓고 본다면, 그것은 물질이 아니라 탈물질적인 무엇이지요. 컴퓨터로 말하면 기계 자체(하드웨어)가 아니라 소프트웨어인 것이죠. 그래서 오늘날 '기계론'이라는 말을 써도 이것은 데카르트식의 것과는 판이하게 다른 기계론인 겁니다.

생명의 세계를 파들어 가면 앞으로도 매우 새롭고 복잡한 개념들을 창조해내야 할지도 모릅니다. 하지만 현재로서는 '정보' 개념이 핵심입니다. 그렇다면 정보란 무엇일까요? 흔히 정보는 '원자'가 아니라 '비트'로 되어 있다고 합니다(이 점에서 하드웨어의 문제가 아니라 소프트웨어의 문제죠). 우리 맥락에서 말하면, DNA를 구성하는 물질들 자체가 아니라 그것들이 조직되는 방식, 그것들의 특정한 조합 방식이 '뜻하는 바'이죠. 정보는 일종의 코드입니다(구조주의와 생물학이 공히 '코드'라는 말을 쓰는 것은 우연이 아니죠). 정보는 염기들을 계열화시키고 그 계열화된 염기들이 다시 무수히 착종하게 만드는 '명령'이죠. 구조주의에서 '~소'素들을 이야기하거니와, 이 소들이 계열을 이루고 그 계열들이 장을 형성함으로써 문화의 선험적 조건이 됩니다. 프로그램 개념은 이 구조/장의 개념과 통합니다. 그래서 컴퓨터공학, 분자생물학, 구조주의 인간과학은 그 성격에 있어 상당히 통한다고 볼 수 있습니다. 그래서 최근에는 '생명기호학'이라는 분야도 발달하고 있고(생명의 통사론과 의미론을 연구하는 분야죠), 또 구조주의 생물학도 발달하고 있습니다.[7]

자, 이제 이야기를 형이상학의 지평으로 옮겨 우리 사유의 언어로 새롭게 해명해 봅시다. 프로그램, 정보, 명령이란 무엇일까요? 나는 이것들을 '사건'으로 해석합니다. 흔히 언어적으로는 '전언'傳言으로 해석하지만, 나는 그것을 존재론적인 맥락에서 잠재적 사건으로 파악

---

7) 전자의 예로는 다음을 보라. 日本記号学会 編, 『生命の記号論』, 東海大学出版会, 1994. 후자의 예로는 다음을 보라. 池田清彦, 『構造主義生物学とは何か』, 海鳴社, 1988.

합니다. 각각의 전언은 예컨대 "ATP를 A라는 장소로 옮겨라", "탄수화물 A를 태워라", "곱슬머리를 만들어낼 수 있는 물질을 합성하라" 등등을 뜻합니다. 그런데 이 전언 하나하나는 결국 앞으로 발생할 잠재적 사건들이죠. 그래서 우리는 생'명'을 잠재적 사건들의 총체라고 정의할 수 있습니다.[8] 생명체 안에는 바로 이렇게 잠재적 사건들의 총체가 접혀 있고, 각 생명체는 그 사건들을 하나하나 펼치는 것이죠. 요컨대 생명체란 물질-에네르기와 정보의 집합체이지만, 더 심층적으로는 조직화의 원리들(=명령들)이 무한히 주름 잡혀 있고 그렇게 주름 잡혀 있던 잠재적 사건들이 펼쳐지면서 신체를 통해서 현실화되는 존재라고 할 수 있습니다.

이 생각을 라이프니츠의 언어로 옮긴다면 어떻게 될까요? 한 개체 안에 들어 있는, 그 개체가 실현하는 잠재적 사건들의 총체, 그것이 무엇입니까? 바로 그 개체의 '완전개념'notion이죠. 모나드는 바로 이 완전개념을 통해 이해됩니다. 이 완전개념의 생물학적 맥락이 바로 지금 이야기한 프로그램/명령이라고 할 수 있는 것입니다. 물질은 바로 이 프로그램(=완성태)에 따라 조직됩니다. 그리고 물질과 완성태 사이에 무엇이 있다고 했습니까? 바로 힘/에네르기가 있다고 했죠? 그래서 유전자가 물질이자 에네르기이자 정보라고 했던 이야기가 라이프니츠의 사유체계로 번역될 수 있는 것입니다. 물질들을 구조적으

---

8) 베르그송적 입장에 따른다면, 이 총체는 고정된 총체가 아니라고 보아야 한다. 다시 말해 이전에는 전혀 존재하지 않았던 잠재적 사건=특이성이 탄생할 수 있고, 때문에 이때의 총체는 그 자체 변해 가는 총체라 해야 한다.

로 파악했을 때에는 형상, 완성태, 프로그램, 정보, 명령, 완전개념 등이 되지만, 그것들을 그렇게 움직이게 하는 존재에 초점을 맞추면 힘/에네르기가 되죠. 물론 앞에서도 언급했듯이, 라이프니츠 식의 결정론은 극복되어야 합니다. 형상, 완성태, 프로그램, 정보, 명령, 완전개념 등이 결정되어 있다는 생각은 거부해야겠죠. 그리고 바로 그렇기 때문에 물질-에네르기는 프로그램의 명령만 기다리는 수동적 존재인 것도 아닙니다. 오히려 그 안에서 무수한 특이성들이 생겨날 수 있는 원천이라고 생각해야죠. 모나드를 물질-에네르기에 내재화시켜야 할 뿐만 아니라, 그것에 (근원적 의미에서의) 생성도 부여해야 하는 것이죠.

또, 이 내용을 전통 철학의 언어로도 바꿔 말할 수 있습니다. 물질이나 에네르기인 존재를 기氣로 볼 수 있고, 이 기를 조직하는 형상, 정보, 완전개념을 리理로 볼 수 있습니다. 기는 한편으로 물질이면서도 동시에 끊임없이 일정하게 조직되기를 원하는 일정한 힘이기도 합니다. 그리고 이 기를 일정하게 조직화하는 정보, 명령이 바로 리이죠. 그래서 리는 순수사건들, 특이성들의 집합체입니다. 즉, 논리적인 주름이죠. 이 특이성 하나하나는 일종의 지도리와도 같습니다. 주름 이야기 할 때 '꺾어짐'에 대해 말했는데, 바로 이 꺾어지는 지점을 지도리라고 보면 되겠죠. 그래서 하나의 특이성이 실현된다는 것은 바로 문을 여는 것과도 같습니다. 잠재적 차원에서 현실적 차원으로 지평 관통을 하는 것이죠. 리를 태극이라고 볼 때, 태극이란 바로 무수한 순수사건들 즉 특이점들의 총체인 것입니다. 그러니까 당연히 "무극이태극"無極而太極이겠죠. 그러나 리는 기에 구현됨으로써만 의미를 가집니다.

그런데 기는 물질이자 동시에 에네르기죠. 그래서 여기에서 리의 합리성·법칙성과 기의 비합리성·운동성이 부딪칩니다. 물론 여기에서도 역시 리의 선험성을 전제하고 기를 그것에 복속시키기보다는, 기의 포괄성을 전제로 해서 리를 기에 내포된 특이성들로 보는 것이 좋습니다. 또, 기의 무한한 힘 속에서 새로운 특이성들이 탄생하는 것으로 봐야 하고요.[9]

Q 라이프니츠의 힘 개념이 정확히 잡히지 않는데요.

A 힘 개념은 자연철학과 형이상학을 이어 주는 개념입니다. 2강에서도 언급했듯이, 라이프니츠는 힘과 영혼을 동일시합니다. 그런네 이렇게 이야기할 경우 다소 혼란스럽죠? 영혼이라고 하면 물질과는 다른 형이상학적 존재로 이해되고, 힘이라고 하면 어떤 물리적 운동이 연상되니까요. 이 대목을 분명히 이해하려면 지난번에 도식했듯이(2강, §10) 라이프니츠에게 네 가지 힘이 있다는 사실을 잘 음미해 보아야 합니다. 그 중에서 본래적-능동적 힘이 영혼과 동일시됩니다. 그렇다면 나머지 세 힘은 물리적인 성격의 힘이 되겠죠. 그래서 힘 개념은 물리적 차원과 형이상학적 차원을 포괄해 주는 개념이 됩니다. 라이프니츠의 이런 힘=영혼 개념은 또한 완성태 개념이기도 합니다. 라이프니츠는 영혼을 완성태와 동일시하고 또 '실체적 형상', 본래적-능동적 힘과도 동일시

---

9) 도(道) 개념도 이런 맥락에서 새롭게 파악할 수 있다. 잠재적 특이성들이 하나하나 실현되어 나가는 과정, 존재의 문이 열려 가는 과정, 사건들이 계열화되고 물질/신체에게서 현실화되는 과정, 이 하나하나의 과정을 도(道)라고 부를 수 있다. 우주에서의 접힘과 펼쳐짐[翕闢]의 과정 전체가 도인 것이다.

합니다. 이 점에서 그의 영혼 개념은 플라톤적 형상보다는 아리스토텔레스적 형상에 더 가깝습니다. 아리스토텔레스의 형상은 플라톤의 그것과 달리 시간 범주와 힘 범주를 포괄하는 개념입니다. 물론 아리스토텔레스 역시 전통 철학의 테두리 내에서 움직이는데, '완성태' 개념은 이런 한계를 담고 있습니다. 기본적으로 '설계도'라는 이미지에 사로잡혀 있죠. 라이프니츠의 완성태 개념은 아리스토텔레스의 그것에서 많이 벗어나 있지만, 기본적으로는 그 연장선상에 있다고 보아야 합니다.

우리 논의가 함축하는 가장 중요한 점은 현실과 실재를 가르는 선을 지워버리는 데 있습니다. 우리가 보는 감성적 언표들이나 다양한 담론들이 발견해내는 상이한 실재들은 모두 이 세계의 상이한 층위들, 상이한 주름들, 상이한 얼굴들일 뿐입니다. 그렇기 때문에 우리가 보는 현실 또한 세계의 어느 한 단면, 한 차원일 뿐입니다. 과학을 비롯한 다양한 담론들이 발견해내는 실재의 그림자가 아닙니다. 실재 탐구란 종이학의 보이지 않는 속을 밝혀내는 작업이죠. 그렇다고 종이학의 표면이 그 속보다 존재론적으로 하위에 놓이는 것은 아닙니다. 모든 측면들이 결국 처음의 접기 시작했을 때의 종이의 부분들일 뿐인 것이죠. 어느 것이 겉으로 나와 있느냐 아니면 속으로 접혀 있느냐의 차이일 뿐입니다. 요컨대 현실과 실재는 분리되어 있지 않습니다. 실재나 현실이나 모두 주름 잡힌 전체의 단면들일 뿐이며, 단지 우리에게 보이느냐 보이지 않느냐의 차이가 있을 뿐입니다.

2부 카오스모스의 과학
―라이프니츠와 현대 과학

4강_ 복잡성

지난 시간까지 세 번의 강의에서 라이프니츠의 자연철학을 복수성, 힘, 주름 개념을 중심으로 살펴보았고, 이제 이번 강의부터 세 번은 현대 과학, 그 중에서도 프락탈 이론, 급변론(카타스트로프 이론), 그리고 복잡계 이론을 보려고 합니다. 이렇게 라이프니츠와 현대 과학을 이어서 생각해 보려 합니다. 오늘 강의에서는 우선 프락탈 이론을 봅시다.

§1. 부분 속의 전체

프락탈 구조라는 것은 부분 속에 전체가 들어 있는 구조입니다. '들어 있다'라는 말이 부정확할지 모르겠습니다. 부분이 전체를 '반영한다', '반복한다'고 하는 것이 낫겠네요. 그런데 부분이 전체를 반복한다는 생각, 더 나아가 부분 속에 전체가 들어 있다는 생각은 사실 오랜 옛날부터 있었습니다. 예컨대 '대우주와 소우주'라는 개념이 있었죠? "인간은 소우주이다"라는 말은 인간이 우주 전체의 축소판이라는 것, 우주 전체와 이질동형이라는 말입니다. 다른 표현을 쓴다면, 인간과 우주는 유비적이라는 생각이죠. 유비를 뜻하는 'analogy'에서 'logos'는 일차적으로 비례를 뜻합니다. 수학에서의 닮은꼴에 해당합니다. 또, 이런 기하학적 유비에서 더 나아가 우주와 인간은 질적으로도 유비적이라는 생각도 발견됩니다. 이런 생각은 특히 르네상스 시대에 많이 유포되었죠.[1]

이것을 동북아 식으로 표현하면 "一卽多 多卽一" 즉 하나가 곧 여럿이요 여럿이 곧 하나라는 생각으로 표현됩니다. 달리 표현하면, "一中多 多中一" 즉 하나 안에 여럿이 있고 여럿 안에 또 하나가 있다고도 할 수 있습니다. 앞의 말이 전체와 부분들의 동일성을 말하고자 한다면, 뒤의 말은 전체와 부분의 상호 내속內屬, 입체적 중층관계를 말하고 있습니다. 이런 식의 통찰은 불교에서도 나타나는데, 화엄사상을 대변하는 말로 "一微塵中含十方 …… 一念卽是無量劫"이라는 말이 있습니다. 티끌 속에 우주가 있고 찰나 속에 영원이 있다는 생각이죠. 이 생각 역시 부분 속의 전체라는 역설적 구조를 말하고 있습니다. 동서를 막론하고 이런 생각은 자주 제시되어 왔죠.

우리는 이런 식의 생각들을 얼마든지 열거할 수 있습니다. '근대성'이라는 것은 어떤 면에서 보면 바로 세계에 대한 이런 식의 이해를 깨면서 등장했다고도 볼 수 있어요. 흔히 데카르트를 '근대 철학의 아버지'라고 부르는데, 그 이유에는 물론 여러 가지가 있습니다. 그런데 그 중 하나는 데카르트가 바로 이런 식의 형이상학을 대나무 쪼개듯

---

1) 다음을 보라. 미셸 푸코, 『말과 사물』, 이광래 옮김, 민음사, 1986, 2장.

이 논박했다는 점이죠. 유사성을 통한 존재의 증식을 동일성과 차이의 체계로 대체한 점, 사물을 '분석하는' 논리적인 방식들의 제시, 또 앞에서 언급한 기계론적 사유 등에서 데카르트의 특징이 잘 드러납니다. 이런 근대적 사유 앞에서 "一中多 多中一" 같은 생각은 흐리멍덩하고 황당한 사유의 전형적인 예가 되는 것이죠.

내가 라이프니츠를 중시하는 이유들 중 하나가 바로 라이프니츠야말로 부분 속의 전체라는 이 생각을 처음으로 일정한 '담론화의 높이'에서 명료화한 사람이기 때문입니다. 더구나 그런 작업이 다름 아닌 근대성의 형성기 한가운데에서 이루어졌다는 점에서 더욱 인상 깊습니다. 당대인들에게 라이프니츠는 전前근대적인 인물로 보였지만, 우리에게 매력 있게 다가오는 라이프니츠는 오히려 후後근대적인 라이프니츠인 것입니다. 부분 속의 전체라는 주제는 여러 가지 존재론적 함축을 띠는 흥미로운 주제죠. 우선 이 주제는 우리가 지난 시간에 논했던 주름 개념과 연관됩니다. 주름 개념은 여러 가지 맥락에서 해석될 수 있지만, 지금의 맥락에서는 부분 속에 전체가 접혀-있는 구조를 뜻할 수 있습니다. 이는 곧 '복잡성'의 개념과 연계됩니다. '단순하다'는 것은 더 이상 나눌 수 없다, 부분을 가지지 않는다는 것을 뜻합니다. 존재론적인 의미에서의 순수함, 즉 타자와 완전한 불연속을 이룸을 뜻합니다. 절대적 의미에서의 하나인 것이죠. 그 반대가 복잡한 것입니다. 더 나눌 수 있는 것, 부분들을 가지는 것, 타자를 내포하는 것, 상대적으로만 하나인 것이 복잡한 것이죠. 이것을 다른 말로 하면 특이점이 많다는 것입니다. 그래서 이것은 '접혀 있다'는 개념과도 통합니다. 이 점에서 주름 개념과 복잡성 개념은 통하죠. 재미있는 것은 프랑스어 'complexité' 자체가 'pli'를 포함하고 있다는 점입니다. 'Le pli'가 바로 주름이죠. 'Implication'과 'explication'이 이 점을 특히 잘 보여 줍니다. 'Implication'은 주름을 접고 있는 것을 뜻하고, 'explication'은 주름을 펴고 있는 것을 뜻하죠.

나아가 이 주제는 무한의 문제와도 관련됩니다. 난해한 문제죠. 라이프니츠는 자신이 평생을 붙들고서 씨름한 문제가 '일자성'unité, '연속성', '자유' 등이라고 하면서, 이런 어려운 문제들의 뿌리는 결국 '무한'의 문제라고 합니다('일자성'이라는 번역어는 우리말 어감으로는 좀 낯선 느낌이 들지만, 지금 맥락에서는 '통일성'이나 '단위'보다 적절한 번역어입니다). 형이상학적 사유를 한다는 것은 결국 이 무한의 문제에 부딪친다는 것을 뜻한다고도 할 수 있습니다. 모든 부분들이 전체를 내포한다면 수많은 전체들이 있다는 뜻인데, 그러면 그 하나하나의 전체를 어떻게 전체라 할 수 있는가? 전체가 무한이라면 유한한 부분이 어떻게 무한한 전체를 내포하는가? 등등의 많은 아포리아들이 도사리고 있습니다. 오늘 강의에서는 이런 형이상학적 문제들까지는 가지 않고, 주로 자연철학적 차원에서의 무한을 다룰 것입니다. 요컨대 부분 속의 전체라는 주제는 주름, 복잡성의 개념, 무한의 개념 등과 복잡하게 얽혀 있습니다.

§2. 프락탈 구조

프락탈 기하학이라는 분야는 브누아 만델브로라는 수학자에 의해 창안되었습니다. 프락탈fractal이라는 말은 라틴어 'fractus'에서 온 말이죠. 이 말은 조각 또는 파편을 뜻합니다. 수학에서 분수를 'fraction'이라고 하죠. 이 말도 같은 어원을 가집니다. 프락탈이 왜 이런 의미들과 관련 맺는지는 나중에 자연스럽게 밝혀집니다. 만델브로는 1975년에 『프락탈 대상들』[2]이라는 책을 쓰죠. 이 책이 프락탈 이론의 본격적인 출발점을 형성합니다. 그러나 만델브로는 당시 프랑스 수학계의 주류인 부르바키학파와 대립했고, 그래서 프랑스를 떠나 미국으로 건너갑니다. 미국에서 1977년에 영어로 간행된 책이 『자연의 프락탈 기하학』[3]이죠. 이 두 권의 책이 프락탈 이론을 이해하는 데 기본적인 자료입니다. 그리고 만델브로가 프락탈을 발견하게 된 경위에 관한 대담이 있습니다.[4]

자, 그럼 프락탈 구조란 어떤 구조인가? 그것은 방금 말한 부분 속의 전체를 보여 주는 구조를 뜻합니다. 그러나 프락탈 이론은 우선은 어디까지나 기하학이고, 전통적인 부분-속의-전체 개념이 함축하는 질적인 역설 구조까지는 함축하지 않습니다. 그러니까 프락탈 이론이 우리의 형이상학으로 가는 길목에 있다는 것이지, 그 자체가 형이상학인 것은 아니죠. 그래서 '부분 속의 전체'라는 규정보다는 '부분과 전체의 상사성'이라는 규정이 더 적절하리라 봅니다. 프락탈 도형들 중 가장 기초적이고 또 늘 인용되곤 하는 도형이 '코흐의 눈송이'입니

---

2) Benoît Mandelbrot, *Les objets fractals: forme, hasard et dimension*, Flammarion, 1973.

3) Mandelbrot, *The Fractal Geometry of Nature*, Freeman, 1982.

4) Entretien avec Mandelbrot, "Comment j'ai découvert les fractales", *La Recherche*, n° 175, mars 1986, pp. 420~422.

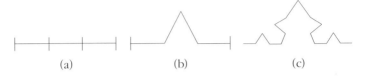

(a)   (b)   (c)

다. 자, 이 도형을 한번 그려 봅시다(그림 1).

일정한 선분이 이렇게 있을 때(a), 일단 이것을 세 개로 나눕니다. 다음에 중간의 선분 위에 정삼각형을 만듭니다(b). 다음에는 여기에 있는 네 개의 변을 처음의 선분으로 생각하고, 다시 똑같은 과정을 반복합니다(c). 이런 과정을 무한히 반복하는 것이죠. 이렇게 할 경우 각각의 부분들이 전체의 모양을 무한히 복잡하게 합니다. 도형의 어떤 층위를 잡아도 다른 층위들과의 상사성이 나타나죠. 이런 식의 도형이 프랙탈 도형입니다. 지금 내가 알기 쉽게 그리기 위해서 한 변만을 가지고 그렸는데, 삼각형을 가지고서 시작하면 어떻게 될까요? 삼각형의 각 세 변에 대해서 같은 조작을 하면 되겠죠. 그런 조작을 여러 차례 하면 바로 다음과 같은 그림이 됩니다(그림 2).

이런 조작을 무한히 계속할 수 있을 것이고, 그렇게 되면 전체와 부분의 상사성이 무한히 증폭하겠죠? 이렇게 그린 도형을 '코흐의 눈송이'라고 합니다. 그러니까 프랙탈 도형의 특징은 결과적으로는 무한히 복잡한 도형이 나오지만, 만드는 메커니즘은 매우 간단하다는 겁니다. 다시 말해, 매번 새로운 조작을 해야 하는 것이 아니라 한 가지 방식의 조작을 무한히 반복해서 얻는 도형인 것이죠.

이 사실은 한 가지 중요한 점을 함축합니다. 간단한 조작을 하되

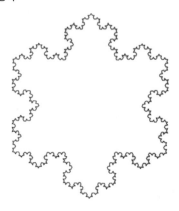

대신 무한히 해야 할 때, 우리는 바로 컴퓨터를 사용하지 않습니까? 한마디로 프락탈 이론은 컴퓨터 시대의 기하학이에요. 컴퓨터가 없다면 이 무한에 이르는 도형을 무슨 수로 그리겠습니까? 컴퓨터가 없다면 교수가 학생들에게 "자, 코흐의 눈송이를 백번 주름 잡힌 수준으로 그려 봅시다" 하고 한 시간 내내 그리겠죠. 그럼 다 그리면 종이 칩니다. 그러니까 프락탈 기하학이라는 것은 무한한 연산을 사람 대신 해 줄 수 있는 기계가 있다는 것을 전제로 해서 나온 거예요. 현미경이 발명되었기 때문에 미생물학이 성립했듯이, 컴퓨터가 나왔기 때문에 프락탈 이론이 가능했던 겁니다. 조작 방식은 간단한데 무수히 반복해야 할 때 컴퓨터가 위력을 발휘하는 것이죠. 오늘 이야기하는 프락탈 이론도 그렇고 또 다음 주와 그 다음 주에 이야기할 급변론, 복잡계 이론도 그렇고, 모두 컴퓨터가 발명되었기 때문에 가능했던 담론들입니다. 컴퓨터가 없었더라면 이 이론들이 전제하는 극히 방대한 데이터 처리나 기하학적 도형들은 실현 불가능했을 겁니다.

말이 나왔으니까 한번 짚어 볼 문제는 발생적 맥락에서 과학과 기술의 우선순위입니다. 우리는 흔히 과학이 먼저 발달하고 그것이 기술에 응용된다고 보죠. 그런데 꼭 그렇지는 않아요. 그런 경우도 많지만 거꾸로인 경우도 많습니다. 예컨대 피아노 조율이 발달해서 음향학이 생기고, 증기 기관을 다루다 보니까 열역학이 탄생하고, 또 컴퓨터를 다루는 과정에서 정보 이론이 발달한 것이죠. 그래서 과학과 기술의 관계는 그렇게 간단하지 않습니다. 사실 오늘날에는 과학이든 기술이든 자본이나 법적 규정을 전제하지 않으면 이해하기 힘듭니다. 또, 과학 내재적 발달과 과학 외적인 배경에 힘입은 발달의 경우도 어느 한편이 우선한다고 단정하기 힘듭니다. 흔히 순수 인식론자들과 마르크스주의자, 지식사회학자들이 이런 문제를 가지고 논쟁하는데, 과학과 기술의 실제 역사를 자세히 들여다보면 쉽게 일반화하기 힘든 경우가 많습니다. 항상, 논리를 만들어 역사에 뒤집어씌우기보다는 역사를 면밀하게 보면서 논리를 구성해야 하는 것이죠.

코흐의 눈송이 외에도 프락탈 도형은 많습니다.[5] 예컨대 시에르핀스키의 개스킷Sierpinski gasket이라는 것이 있어요. 삼각형이 이렇게 있으면(그림 3/a), 각 변의 중간을 나누어 이렇게 가운데만 떠내는 겁니다(3/b). 그리고 이런 과정을 계속해 나갑니다(3/c). 개스킷처럼 생겼기 때문에 시에르핀스키 개스킷이라고 부릅니다. 이 밖에도 수많은

---

5) 만델브로의 저작들 외에도 다음 책들에 많은 예들이 나와 있다. 야마구치 마사야, 『카오스와 프랙털』, 한명수 옮김, 전파과학사, 1993. 팀 위그너 외, 『프랙털의 세계』, 박채규 옮김, 김영사, 1996. 김용국·김용운, 『프랙탈과 카오스의 세계』, 우성, 1998.

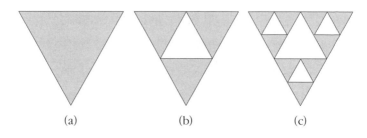

(a)   (b)   (c)

프락탈 도형들이 있습니다.

그런데 중요한 것은 프락탈 도형에 관한 이야기가 수학적 맥락에만 그치는 것이 아니라는 사실입니다. 이 내용이 수학적 차원에만 그친다면 흥미가 반감될 것입니다. 하지만 놀라운 것은 우리가 살고 있는 이 세상 자체가 수많은 형태의 프락탈 구조를 드러낸다는 점이죠. 가장 간단한 예로 나무를 생각하면 돼요. 수직선을 그은 다음, 이 $\frac{1}{3}$과 $\frac{2}{3}$ 되는 지점에서 일정한 각도로 다시 선을 긋습니다(그림 4-1/a). 그리고 이런 과정을 계속해 보세요. 세 번만 해도 벌써 나무 모양이 제법 잡히죠?(4-1/c) 나무만이 아니라 무수히 많은 사물들이 프락탈 구조를 하고 있습니다. 폐도 전형적인 예이죠(그림 4-2). 이 폐의 예는 '주름 잡힌다'는 말을 실감 나게 보여 주고 있습니다. 물론 이런 경우들이 완벽하게 기하학적이라고 보기는 힘듭니다. 문화에는 완벽하게 기하학적인 것들이 많지만, 자연에는 드물죠. 그러나 기본 뼈대만 추린다면 분명 프락탈 구조는 자연 곳곳에서 발견됩니다. 이 점이 흥미로운 점이죠.

그리고 정말 흥미로운 점은 은하계의 구조 자체가 프락탈 구조라

<그림 4-1> 나무의 프락탈 구조

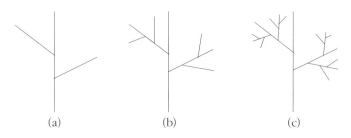

(a)   (b)   (c)

<그림 4-2> 폐의 프락탈 구조

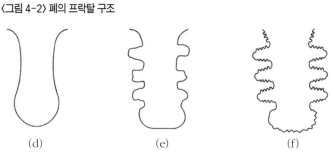

(d)   (e)   (f)

는 생각입니다. 물론 아직은 별들의 분포를 완벽하게 연구하는 데는 한계가 있기 때문에, 하나의 가설이라고 해야 하겠죠. 그러나 지금 상당히 진척되고 있는 가설입니다. 만일 이 가설이 어느 정도 확정되면, 적어도 기하학적 차원에서는 '대우주와 소우주'라는 전통적인 생각이 매우 구체적인 형태로 확립되는 것이죠. 흥미진진한 주제입니다.

자, 그런데 가끔 프락탈 구조가 아닌 것을 프락탈 구조로 오인하는 경우도 있습니다. 이 경우 조심해야 하는데, 이런 경우를 생각해 봅시다. 이등변 직각 삼각형을 엎어 놓았다고 생각해 보세요(그림 5/a). 그리고 두 이등변을 양분해 두 개의 이등변 삼각형을 만듭니다(5/b).

〈그림 5〉 프락탈 구조가 아닌 상사성

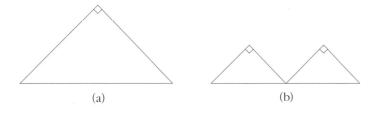

(a)   (b)

이 조작을 계속해 나갈 수 있겠죠? 이럴 때 이것이 과연 프락탈 도형
일까요? 전혀 아니죠. 왜 그럴까요? 이 경우에는 주름의 개념이 포함
되지 않기 때문입니다. 프락탈 도형의 두드러진 특징은 끝없이 주름 잡
혀 나간다는 점에 있습니다. 그것은 〈그림 5〉에서의 둘레와 코흐의 눈
송이에서의 둘레를 비교해 보면 금방 이해가 갑니다. 코흐의 눈송이
들에서는 둘레가 계속 늘어나죠. 무한히 늘어납니다. 바로 주름 잡히
기 때문이죠. 하지만 〈그림 5〉의 경우는 전혀 아니죠. 그냥 똑같은 둘
레를 일정하게 나누어 놓았을 뿐이에요. 시에르핀스키 개스킷을 봐도
잘 나타나죠? 내부가 계속 주름 잡혀 나가기 때문에 전체 둘레는 계속
증가합니다. 여러분, 우리 몸을 생각해 보세요. 우리 몸의 부피는 일정
하죠. 그렇지만 우리 몸의 표면적(내부까지 다 생각해서)은 헤아릴 수
없을 정도로 큽니다. 3강에서 이야기했던 폰 베어 모델을 생각해 보
세요. 작은 알이 무수히 접히고 또 접혀서 이렇게 복잡한 인간이 되죠.
그것은 단순히 크기가 공간적으로 커진 것이 아니라 일정한 크기 내
에서 한정 없이 주름 잡혔기 때문이죠. 이렇게 연관시켜 생각해 보면,
3강에서 논한 주름 개념과 지금 논하고 있는 프락탈 개념의 관계가 더
분명해질 겁니다.

§3. 일반화된 차원

자, 프락탈에 대해서는 이 정도로 하고 다음으로는 프락탈 차원에 대해 논해 봅시다. 프락탈 이론이 가져온 중요한 한 변화는 차원의 개념을 일반화했다는 점입니다. 우리가 지금까지 알고 있던 차원 개념을 크게 바꾸는 '프락탈 차원' 개념을 도입했다는 점이죠.

우선 코흐의 눈송이를 예로 들어 말한다면, 이 도형의 프락탈 차원은 $\frac{\log4}{\log3}$입니다. 그런데 $\frac{\log4}{\log3}$ 는 정수가 아니죠. 이 점에서 기존의 차원 개념에 익숙해 있는 우리에게는 기묘하게 느껴집니다. 정수의 차원이 아니라 분수의 차원이 나온다는 점입니다. 아까 우리가 'fractus'라는 라틴어에 분수의 뜻도 있다고 했죠? 이 경우는 마치 1.37원 같은 경우와 같아요. 1원은 있고 2원은 있어도 1.37원은 없죠. 그런데 바로 1.37원 같은 존재를 말하는 겁니다. 예컨대 코흐의 눈송이의 프락탈 차원은 약 1.2618차원이 되는 겁니다. 그러니까 프락탈 차원에는 딱 떨어지지 않는 무리수까지 등장합니다. 끝이 없는 무리수가 '차원'이 될 수 있다는 것, 참 낯선 생각이죠? 그러면 이 프락탈 차원은 어떻게 해서 구한 것인가? 그림을 보면서 이야기해 봅시다(그림 6).

프락탈 차원을 구할 때 $\frac{\log A}{\log B}$에서 A, B에 무엇이 들어가는지를 생각해 봅시다. 바로 B에는 도형의 확대율이 들어가고 A에는 반복률이 들어갑니다. 왜 코흐 눈송이의 프락탈 차원이 $\frac{\log4}{\log3}$인가? 이 도형의 확대율이 3이고 반복률이 4이기 때문입니다. 그림에서 보면 알 수 있듯이, a의 경우 확대율(OB : DO)도 3이고 반복률($\frac{CD}{AB}$)도 3입니다. 그러나 b의 경우는 다르죠? 확대율(OB : OG)은 3이지만 반복률($\frac{CG}{AB}$)

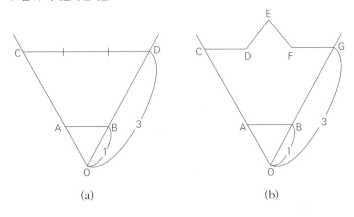

〈그림 6〉 확대율과 반복률

(a) (b)

은 4입니다. 결국 $\dfrac{\log(\text{반복률})}{\log(\text{확대율})}$ 은 $\dfrac{\log 4}{\log 3}$ 인 것입니다. 그래서 코흐 눈송이의 프락탈 차원이 약 1.2618이 되는 것입니다.

그러면 이제 이렇게 나온 수치의 의미가 과연 무엇인가를 생각해 봐야죠. 과학적 작업에서 중요한 것들 중 하나가 연산을 통해서 나온 수학적 결과를 해석하는 일입니다. 즉, 수학적 차원과 현실의 차원을 잇는 작업이죠. 이것은 추상적 차원에서 구체적 차원으로 내려오는 과정입니다. 예컨대 고대 문명을 보면 3을 숭상하는 경우가 있죠. 이 때 이 3을 해석해야 합니다. 예컨대 '천지인'天地人으로 해석할 수도 있고, 양기와 음기 그리고 충기沖氣로 해석할 수도 있습니다. 자연과학에서도 수학적 연산의 결과를 해석하는 것이 중요합니다.

지금의 맥락에서는 차원이 1, 2, 3으로 정확히 떨어지는 경우를 볼 필요가 있습니다. 우리에게 이미 친숙해 있는 이런 경우와 프락탈 차원의 경우를 비교해 보면 후자의 의미가 분명해지겠죠. 앞의 예에서 프락탈 도형이 아닌 a의 경우, 확대율도 3이고 반복률도 3이죠. 그래서 이 경우의 프락탈 차원은 $\frac{\log 3}{\log 3}$이 됩니다. 그래서 1차원이 되는 것이죠. 그래서 우리는 이런 것을 알 수 있습니다. 우리가 아는 차원들을 구하는 방식과 프락탈 차원을 구하는 방식이 다른 것이 아니며, 단지 우리가 아는 차원들은 분모와 분자가 같기 때문에 결국 1, 2, 3 같은 정수가 될 뿐이라는 사실입니다.[6] 결국 정수 차원들은 $\frac{\log 3^1}{\log 3}$, $\frac{\log 3^2}{\log 3}$, $\frac{\log 3^3}{\log 3}$처럼 되어 결과적으로 1, 2, 3으로 떨어지게 된 것이죠. 다시 말해, 프락탈 차원과 다른 종류의 차원들이 아니라 단지 $\frac{\log x^a}{\log x} = \frac{a \log x}{\log x}$가 되어 정수 a로 떨어질 뿐인 것입니다. 프락탈 도형의 경우 이런 소거가 성립하지 않기 때문에 정수가 나오지 못하죠. 앞에서 이야기했던 '주름' 개념을 지금의 연산 과정과 연결시켜 보면 그 의미가 보다 선명해지죠?

이 과정은 과학에서의 '발전' 개념과도 연관됩니다. 우리가 지금까지 익숙하게 보아 온 1, 2, 3차원은 사실 보다 일반적인 수많은 차원들 중 특수한 경우들이라는 것이죠. 우리는 지금까지 1, 2, 3차원만 있다고, 즉 차원이란 불연속적으로만 존재한다고 생각해 왔죠. 그러나 차원은 연속적인 방식으로 존재하고 따라서 무한한 것입니다. 다만 그 무한한 차원들 중 특수한 경우들이 우리가 알고 있던 차원들인 것이죠. 그러니까 사실은 프락탈 차원이 '이상한' 차원이 아니라 오히려

---

6) 2차원의 경우, 한 변을 세 배로 확대했을 때 반복률은 9가 되고, 프락탈 차원은 $\frac{\log 9}{\log 3}$가 되고 결국 2차원이 된다. 3차원의 경우 정육면체를 같은 방식으로 계산하면 $\frac{\log 27}{\log 3}$이 되어 결국 3이 된다.

1, 2, 3차원이 독특한 차원들이라 해야 할 것입니다. 발견의 과정으로 보면, 우리는 특수한 경우들을 먼저 알고 있다가 나중에 일반적 지평을 발견하게 됩니다. 그러나 설명의 과정으로 보면, 그 반대의 순서가 되겠죠. 나중에야 우리는 "아! 우리가 알고 있던 x가 일반적 전체에서 바로 이런 특수한 경우들이었군!" 하고 알게 되는 것입니다.

이런 과정은 과학사에서 종종 나타나는 과정이죠. 전통적으로 에우클레이데스(유클리드) 기하학은 절대적이고 유일한 기하학으로 간주되었지만, 19세기 후반 이래 우리는 이 기하학이 가능한 수많은 기하학들 중 한 경우(곡률이 0인 경우)라는 것을 알고 있습니다. 또 통계 역학의 특수한 경우가 열역학이고, 상대성 이론의 특수한 경우가 뉴턴 역학인 것입니다. 반대로 말하면, 통계역학은 열역학을 일반화했고 상대성 이론은 뉴턴 역학을 일반화했다고 할 수 있습니다. 이런 과정을 거쳤을 때, 우리는 그 과학이 '발전했다'고 말할 수 있는 것입니다. 바슐라르는 이런 과정을 '포괄'enveloppement이라는 개념으로 규정합니다. 뒤의 이론이 앞의 이론을 포괄한다는 것이죠. 역으로 말해, 앞의 이론이 뒤의 이론의 한 '경우'case가 되는 것이죠. 바슐라르는 한 편으로 과학사에서의 불연속과 다多를 강조한 철학자죠. 과학사 연구에서 처음으로 과학사의 불연속과 과학에서의 다원론을 체계적으로 강조한 인물입니다. 그렇지만 바슐라르는 과학사에서의 발전을 부정하지는 않아요. 과학사에서의 불연속을 강조하면서도 또한 발전을 강조하죠. 즉, '인식론적 단절'을 강조하면서도 수학적 차원에서의 포괄을 강조합니다. 통계역학과 열역학은 인식론적으로 전혀 다른 바탕에 놓여 있습니다. 열역학은 현상론적 인식론에 입각해 있고, 통계역학은 그때 당시로서는 "형이상학"이라고 배척당했던 입자 가설에 입각해 있습니다(볼츠만의 수난 이야기는 유명하죠). 그러나 기체 입자가 무한히 많다고 가정할 때(n → ∞) 기체방정식으로부터 열역학의 방정식이 연역됩니다. 상대성 이론과 뉴턴 이론 사이의 관계도 마찬가지입니다. 수학적으로는 포괄관계를 형성하지만, 그 밑에 깔려 있는 시공간 개념은 전혀 다르죠. 그래서 뒤의 이론이 앞의 이론의 모든 부분을 포괄하는 경우는 거의 없습니다. 사회과학의 경우에는 더 그렇죠. 마르크스는 역사 속에서 프롤레타리아라는 타자를 읽어냈지만 푸코는 더 나아가 어린아이, 광인, 병자, 동성애자, 범죄자, 여성, 흑인, 비서구인들,…… 같은 '타자들'을 읽어냈다는 점에서 푸코가 마르크스를 일반화했다고 할 수 있지만, 그렇다고 푸코가 마르크스를 '포괄'한다고 말하기는 무리가 따릅니다. 푸코에게는 마르크스에게서와 같은 정치한 자본주의 해부가 존재하지 않죠. 단적인 포괄은 쉽지 않고 그래서 과학이 '발전했다'는 말도 매우 조심스럽게 사용해야 하는 것입니다.

한 가지 조심할 것은 일반화하는 것과 변수화하는 것을 혼동하면 곤란합니다. 예컨대 정수들을 x로 일반화한다고 할 때, 이 x에는 경우에 따라 배타적으로 어느 하나의 정수가 들어간다는 것을 뜻합니다. 예컨대 x에는 1도 2도 들어갈 수 있지만 1과 2가 동시에 들어갈 수는 없죠. 그럴 경우에는 (x, y)라는 형식을 써야 합니다. 그러니까 1이 정수의 한 경우라는 말과 x의 한 경우라는 말은 전혀 다른 의미이죠. 이 점을 혼동하면 곤란합니다. x에는 1'이나 아니면' 다른 수가 들어가지만, 정수에는 1'과 그리고' 다른 수들이 들어가는 것이죠. 그래서 일반화와 변수화는 다른 개념입니다.

지금까지 이야기한 프랙탈 차원의 의미를 이미지로서 잘 보여 주는 예기 있죠. 여러분들은 아마 에스히르(에셔)의 그림들을 많이 보셨을 겁니다. 상당히 수학적인 또는 존재론적인 그림들이죠.[7] 그림마다 일정한 의미를 담고 있는데, 프랙탈 이론과 딱 들어맞는 그림도 있습니다. 도마뱀(인지 악어인지 모르겠습니다만)이 이렇게 3차원 동물로 있다가 종이에 들어가면 납작한 그림 도마뱀이 되죠(그림 7). 그런데 그 사이에 걸쳐 있는 도마뱀도 있습니다. 그러니까 걸쳐 있는 도마뱀의 차원은 2.x의 차원이 되겠죠. 의미심장한 그림입니다.

자, 지금까지의 이야기를 이제 우리의 관심과 언어에 맞추어 해석해 봅시다. 코흐 눈송이의 차원이 약 1.2618이 나온다는 것의 의미가 무엇인가? 이 숫자는 1과 2 사이에 놓여 있습니다. 그러니까 코흐 눈송이의 프랙탈 차원은 1차원과 2차원 사이에 놓여 있다고 할 수 있어요. 그러니까 다시 〈그림 6〉을 보면 결국 a의 경우 확대율과 반복률이 같다는 것은 주름이 잡혀 있지 않다는 것을 말하는 것입니다. 그런데 b의 경우 확대율보다 반복률이 크다는 것은 결국 주름-잡혀 있다는 것을 말하는 것이죠. 더 주름 잡힌 프랙탈 도형일수록 수치가 크게 나옵니다. 그리고 2차원이 주름 잡힐 경우 2와 3 사이의 프랙탈 차원이 나오겠죠. 그리고 보면 1차원이 완벽하게 주름잡힌 경우가 2차원은 아닐까요? 그리고 2차원이 완벽하게 주름잡힌 경우가 3차원은 아닐

---

7) 수학과의 연관성에 대해서는 다음을 보라. 엘리 마오, 『무한, 그리고 그 너머』, 전대호 옮김, 사이언스북스, 1997. 다음도 보라. 더글러스 호프스태터, 『괴델, 에셔, 바흐』, 박여성 옮김, 까치, 1999.

까요? 또 아인슈타인이 말하는 '휘어진' 공간은 흔히 생각하는 것 같은 4차원이 아니라(4차원이란 단지 시간이라는 좌표를 덧붙이는 것 이상의 의미가 없습니다) $3..x$차원이 아닐까요? 여러 가지 생각할 거리를 많이 제공해 주는 내용입니다. 또 지금까지 주로 접힘만 이야기했는데 펼쳐짐은 어떻게 연관될까요? 이런 많은 과제들이 우리 앞에 남아 있습니다.

이런 탐구들은 앞으로 조금씩 해나가기로 하고, 여기에서는 일단 프락탈 이론의 수학사적, 인식론적, 존재론적 의미를 하나씩 짚어 봅시다.

§4. 실재와 현실 사이

서구 문명과 비서구 문명의 핵심적인 차이는 무엇인가? 이것도 상당히 의미 있는 물음입니다. 우리의 현재 삶을 이해하는 데에도 중요한 물음이죠. 물론 서구와 비-서구라는 이분법에 의문을 제기할 수도 있습니다. 그러나 근대 이후의 세계사는 분명 이런 구도로 진행되어 왔습니다. 그래서 이 물음은 계속 탐구할수록 점차 복잡해지겠지만, 처음에는 거칠게 시작해도 좋을 물음입니다. 적어도 자연의 인식이라는 점에 초점을 맞춘다면, 우리는 이 물음에 대해서 에우클레이데스 기하학이야말로 핵심적이라고 답할 수 있습니다.

에우클레이데스 기하학이 바로 서구 정신을 나타내는 핵심적인 징표라고 할 수 있습니다. 여러분들은 「몇어찌」(幾何)라는 글을 아는지 모르겠습니다. 중학교 때인지 고등학교 때인지 가물가물하지만, 국어 교과서에서 읽은 기억이 있습니다. 지금 우리 맥락에서 한번 음미해 볼 만한 글이죠. 여기에서 주인공이 "엇각은 같다"는 수학 정리 때문에 큰 깨달음을 얻는 이야기가 나오죠? 주인공은 막대기 두 개를 교차시켜 연결해 엇각을 줄였다 넓혔다 하면 되지 않겠느냐고 하죠. 그러나 수학 교사는 에우클레이데스 기하학을 사용해서 말끔하게 이 정리를 증명해 줍니다. 그래서 주인공이 충격을 받는 장면이 나옵니다. 이것은 서구적 사유와 비-서구적 사유의 차이를 극명하게 드러내 주는 예입니다.

그리스 민족은 보편적이고 필연적인 연역체계를 구축할 줄 알았던 유일한 민족입니다. 바로 그 체계가 에우클레이데스 기하학(과 아리스토텔레스 논리학)이죠. 서구 문명의 뿌리는 바로 이 기하학에 있습니다. 대부분의 문명은 사물에 대한 인식을 「몇어찌」의 주인공처럼 합니다. 레비-스트로스는 이것을 '브리콜라주'라고 부르죠. 우리말로 하면 주먹구구식이라고 할까요? '주먹구구'라는 표현은 좀 심하지만, 대부분의 문명은 어떤 문제가 닥치면 가능한 한 실용적이고 간단한 해결책으로 만족합니다. 이것은 우리 동북아 문명을 보면 잘 드러나죠. 동북아 문명은 한편으로 불교, 도교, 성리학이 있고 다른 한편으로 한의학, 풍수, 역법 등의 기술이 있습니다. 요새 식으로 말하면 형이상학과 기술만 있고 그 사이에 과학이 없습니다. 근대 이전에 실용적인 기술로 말하자면 중국(과 이슬람)을 따라갈 문명이 없고, 동시에 직관적인 성격의 형이상학이나 시문詩文 들에서도 최고의 경지를 보여 주죠. 그런데 그 사이가 없습니다. 대부분의 문명이 그렇습니다. 오직 그리스에서만 '과학'이라고 부를 수 있는 사유체계가 성립하죠. 보편적이고 필연적인 논증체계가 성립합니다.

이 지점에서 플라톤에서의 수학과 철학의 관계를 생각해 봅시다. 플라톤의 사유에서 수학은 감성적 차원과 형상적 차원의 중간에 있는 차원입니다. 에우클레이데스 기하학은 감성적 차원과 운동을 떨쳐버리고 순수 도형들의 보편적이고 필연적인 관계를 구성합니다. 그래서 수학은 감성적 차원 저편으로 이데아를 향해 나아가는 길목에 존재하는 것이죠. 이렇게 플라톤에게서 수학은 감성적 세계로부터 멀어지는 과정 가운데 놓이는 징검다리입니다. 그래서 플라톤은 수학적 논증을 위해서 기구를 사용하는 것에 대해 분노를 표하죠. 수학적 논증은 오로지 눈금 없는 자와 컴퍼스만으로 이루어져야만 했던 겁니다. 그래서 유명한 세 가지 작도 불능 문제가 나오게 되죠? 요컨대 수학은 순수하고 투명한 세계로 나아가는 징검다리로서 이해됩니다.

그런데 17세기에 오면 수학에 대한 새로운 태도가 형성됩니다. 이제 수학은 운동과 감성의 세계로부터 어떻게 벗어날까를 생각하는 것이 아니라, 오히려 어떻게 운동을 제대로 포착할 수 있을까를 생각하죠(물론 그 전에도, 예컨대 고대의 아르키메데스라든가 14세기의 옥스퍼드 · 파리의 자연철학자들에 의해 이런 시도들이 있었습니다). 이제 수학적 도형은 영원 속에 하나의 본질로서, 그 자체로서per se 주어지는 것이 아니라, 시간 속에서 또 좌표 내에서 그려집니다. 주어지는 것이 아니라 형성되는 것이죠. 그래서 그리스에서는 정형적이고 완성된 도형들만이 다루어졌지만, 이 시대에 이르러서는 무한히 많은 임의의 도형들 그리고 시간 속에서 형성되는 도형들이 다루어집니다. 플라톤의 수학과 반대죠. 그러니까 수학은 운동성을 떨어버리고 형상의 세계로 가는 것이 아니라, 오히려 이편으로 와서 생생한 운동성을 어떻게 재현할까를 고민합니다. 무한소미분infinitesimal calculus이 이를 가능하게 해주었죠. 물체의 운동이 이론상 완벽하게 파악되고, '순간 도함수' 개념을 통해서 일정 시점에서의 속도와 가속도가 예측됩니다.

에우클레이데스 기하학과 무한소미분은 수학에 관한 매우 상이한 두 태도를 대변합니다. 에우클레이데스 기하학이 순수하고 투명하고 보편적이고 필연적인 도형의 세계, 형상의 세계를 추구한다면, 무한소미분은 끝없이 움직이는 것, 매 순간 변하는 것, 시간 속에서 형성되는 것, '극한으로의 이행'을 함축하는 것을 추구합니다. 에우클레이데스 기하학이 감각적인 우연성, 가변성, 불투명성으로부터 가능하면 멀어지려 한다면, 무한소미분 이후의 수학은 감각적인 것의 이런 역동성을 어떻게든 더 잘 포착하려고 합니다. 상당히 다른 태도죠. 그런데 바로 이런 식의 대립이 현대에 이르러 부르바키학파와 만델브로 사이에서 다시 재연되기에 이릅니다.

부르바키학파에 대해서는 들어 보셨죠? 일군의 수학자들인데 니콜라 부르바키라는 어떤 장군의 이름을 가지고서 한 사람인 것처럼 활동하는 학파죠.[8] 이 학파의 축출 방법이 유명합니다. 실험 대상이 된 사람에게 어떤 무의미한 문제를 내서 그 사람이 그 무의미함을 간파하지 못하고 대답하려 애쓰면 축출하는 겁니다. 부르바키학파가 주구한 것은 완벽한 연역체계, 절대적으로 투명하고 순수하고 간명한 수학적 개념들, 필연적인 논리적 논증입니다. 불투명한 그 어떤 것도 수학의 왕국에서 다 추방해야 한다는 거죠. 그래서 부르바키의 수학은 구조주의적이고 형식주의적입니다. 투명함에 대한 참을 수 없는 열망이죠. 서양의 '합리주의'라는 것이 말하자면 절대적 투명함에 대한 갈망입니다.

그런데 만델브로라든가 다음 시간에 이야기할 르네 톰 같은 사람들은 이런 부르바키학파의 생각에 정면으로 도전합니다. 만델브로는 간명함에 대한 부르바키학파의 집착을 꼬집습니다. 세계가 복잡하

---

8) 그래서 2009년에 나온 부르바키학파 소개서(Amir D. Aczel, *Nicholas Bourbaki*, JC Lattès)에는 "존재한 적이 없는 한 수학 천재의 이야기/역사"(histoire d'un génie mathématiques qui n'a jamais existé)라는 부제가 붙어 있다. 2002년의 소개서인 『부르바키』(Maurice Mashaal, *Bourbaki*, Belin)의 부제는 "수학자들의 비밀회합"(une société secrète de mathématiciens)이다.

면 복잡한 그대로 볼 것을, 세계를 있는 그대로 볼 것을 강조합니다. 튀어나온 부분은 잘라내고 들어간 부분은 메우고 솟아오른 부분은 다지고,…… 해서 어떻게든 형식적 틀에 맞추려는 부르바키적 시도를 비판합니다. 만델브로는 "복잡성을 그 자체로서 이해해야 한다"는 점을 강조함으로써, 이 세계의 다양성, 복잡성, 우연성, 역동성 등을 자꾸 순수하고 간명하고 투명한 그 무엇으로 "환원하려 들지 말라"고 말하고 있는 것이죠. 이 점에서 만델브로는 라이프니츠와 통합니다. 우리가 1강에서 복수성을 이야기했죠? 수학적 맥락은 아니지만, 라이프니츠는 한 편지에서 "극히 작은 입자까지도 무한의 다양한 창조물들로 가득 찬 세계로 간주해야 합니다"라고 썼습니다. 사실 이전 강의에서도 말했지만 만델브로는 스스로를 "라이프니츠마니아"라고 말합니다. 라이프니츠에게 경도된 인물들이 많습니다만, 만델브로도 바로 그 전형적인 경우죠. 라이프니츠가 17세기 한가운데에서 외쳤던 반反환원주의를 만델브로도 외치고 있는 것입니다.[9]

이 문제는 봄과 앎의 문제와도 관련됩니다. 다시 말해 시각화의 문제죠. 현대 이전의 서구 철학은 가시적인 것과 가지적인 것을 나누곤 했습니다. 그리고 가시적인 것을 부정하거나 아니면 가지적인 것으로 흡수하려고 했죠. 플라톤, 데카르트처럼 아예 부정적으로 취급하거나(그렇다고 이들에게 가시적인 것이 중요한 역할을 하지 않는 것은 아닙니다. 다만 궁극적으로는 역시 극복의 대상이죠), 아리스토텔레스,

---

9) 다음에 실린 논문들을 보라. *Penser les mathématiques*, Séminaire de philosophie et mathématiques de l'Ecole normale supérieure, Seuil, 1982.

칸트처럼 흡수시키려 합니다(그러나 이 두 인물에게서 가지적인 것의 위상은 다르죠). 눈으로 볼 수 있는 것, 시각적인 것은 저급한 인식론적 위상을 부여받습니다. 그러나 만델브로는 "보는 것, 그것이 바로 아는 것이다"Voir, c'est savoir라는 말을 합니다. 세계의 울퉁불퉁함을 개념의 매끈함으로 환원시키지 말고 있는 그대로 "보라!"는 것이죠. 지금 시각을 가지고 말했습니다만, 다른 감각들의 경우도 마찬가지입니다.

부르바키적인 작업이 수학을 고도로 순수화하고 논리화하는 작업이라면, 만델브로의 작업은 수학을 우리가 눈으로 보는 현실에 가까이 가져오려는 작업이죠. 그래서 부르바키적인 수학은 순수하게 "수학적인 마인드"를 가지고 있는 사람들이 좋아한다면, 만델브로의 수학은 디자인을 비롯해 다양한 현실적 담론들과 친밀한 관계를 맺으면서 발전하고 있습니다. 물론 둘 다 필요합니다. 어느 한쪽을 매도할 필요는 없죠.

§5. 인식론적 회귀

지금까지 수학사적 맥락에서 이야기했는데, 논의의 지평을 좀 넓혀서 일반적인 인식론적 맥락에서 이야기해 봅시다.

플라톤이 감성의 세계와 이성의 세계를 나누었다는 것을 잘 알고 있을 겁니다. 그리고 그 두 세계 사이에 수학의 세계가 있죠. 그렇다면 이 두 세계의 관계는 무엇인가? 바로 우리가 감각으로 확인하는 이 세계는 형상이 질료에 구현된 세계죠('형상'과 '질료'라는 표현은 플라톤의 것이기보다는 아리스토텔레스의 것입니다만). 플라톤, 아리스토텔레스,

토마스 아퀴나스 등등 그리스적-히브리적 세계관을 대변하는 사람들에게서 이 '其顯'이라는 말만큼 중요한 것을 없다는 이야기를 했었죠? 구체적인 이 세계가 있기 전에 그 세계의 형상이, '말씀'이 있었던 것이죠. 이런 식의 사유가 전형적인 초월적 사유입니다. 라이프니츠도 이 점에서는 마찬가지죠. 모나드라는 설계도가 먼저 있고 그후에 그것을 구현한 개체가 등장하니까요.

그런데 1강에서도 잠깐 언급했지만(§3), 엄밀히 말해 플라톤에게서는 감성적 차원과 그 감성적 차원의 '터'가 되는 코라가 구분됩니다. 변화, 현상 자체와 그 터가 분명히 구분되는 것이죠. 형상은 이 코라에 구현됩니다. 그런데 이 코라는 코라 나름대로의 성격이 있습니다. 그래서 우주는 형상과 코라의 타협을 통해서 형성되지, 형상이 일방적으로 코라를 지배하는 것은 아닙니다.[10] 이것을 현대 과학적 맥락에서 말하면, 형상을 법칙으로 그리고 코라를 물질로 바꿔 생각하면 되겠죠. 물질은 법칙의 지배를 받지만, 완벽하게 질서화되지 않는 측면이 항상 존재해요. 늘 어떤 떨림, 오차, 변형 등이 존재하죠. 탄소의 원자가를 12로 보지만, 이것은 평균치를 말하는 것이지 실제 이 세상에 원자가가 완벽하게 12인 탄소는 거의 존재하지 않습니다. 12 주위에서 미묘한 떨림이 있는 것이죠. 하이젠베르크도 플라톤의 이 생각에서 영감을 받아 '불확정성의 원리'를 제시했다고 하죠?

그래서 우리가 보는 현실은 가변적이고 불안정한 측면을 늘 담고

---

10) 본격적인 논의로는 다음을 보라. 박홍규, 『희랍 철학 논고』(민음사, 1995/2007), 158~177쪽 및 『형이상학 강의 1』(민음사, 1995/2007), 248~299쪽.

있는 것이죠. 이로부터 서구 학문을 오랫동안 지배해 온 관념이 자리를 잡습니다. 그것은 변하지 않는 것, 법칙적인 것이 더 뛰어난 학문의 대상이 될 수 있고, 가변적인 것, 잘 질서화/법칙화되지 않는 것일수록 더 열등한 학문의 대상이 될 수 있다는 생각입니다. 이런 생각이 어느새 그 대상 자체의 가치로까지 확장되죠. 그래서 이런 생각에 입각해 학문의 위계가 짜입니다. 맨 위에는 형이상학이 오죠. 수학만 해도 '형태'라는 가시성을 다루지만 형이상학은 오로지 개념 자체를 다루는 것이니까요. 그 다음에 수학이 옵니다. 수학은 물질성 자체를 벗어난 담론이니까 형이상학 다음에 옵니다. 그 다음에 잘 법칙화되는 것, 예컨대 천문학·역학 등이 오고, 그 다음에 생물학이 옵니다. 인간이나 사회를 다루는 담론들은 '경험적인' 담론으로 간주됩니다. 맨 아래에 역사가 오죠. 이런 생각은 이미 플라톤에 의해 마련되며 19세기 콩트의 학문 분류에도 거의 그대로 이어집니다. 현대의 학자들 중에는 아직도 이런 구도를 취하고 있는 사람들이 적지 않습니다.

그런데 이런 식의 생각은 시간 문제와도 밀접한 관련을 가집니다. '법칙적'이라는 것은 달리 말하면 시간의 지배를 받지 않는다는 것이죠. 불규칙하다는 것은 시간의 지배를 받는다는 것입니다. 그러니까 시간의 지배를 덜 받는 대상을 다룰수록 더 뛰어난 과학으로 간주됩니다. 그리고 이 문제는 예측과 관련되죠. 더 규칙적이라는 것은 보다 더 예측 가능하다는 것을 뜻합니다. 그렇기 때문에 예측이 더 잘 되는 대상일수록 더 잘 과학화되는 것이죠. 근대의 과학들 중에서 천문학이 제일 먼저 성립한 것은 천문 현상이 그만큼 규칙적이기 때문입니다. 가장 불규칙한 것은 인간들의 삶이죠. 바로 역사입니다. 그래서 역사는 가장 저급한 과학이 되거나 아예 과학의 범주에서 제외됩니다.

　나아가 이 문제는 눈의 문제, 봄의 문제와도 관련됩니다. 법칙적이라는 것, 시간의 지배를 받지 않는다는 것은 무엇을 뜻할까요? 그것은 바로 우리가 그 현상을 안 봐도 알 수 있다는 것입니다. 그렇겠죠? 우리는 어떤 혜성이 언제 지구 근처에 오리라는 것을 안 봐도 압니다. 그만큼 그 현상이 규칙적이기 때문이죠. 즉, 시간의 지배를 받지 않기 때문이죠. 그러나 불규칙적인 것, 덜 과학화된 것일수록 그 현상이 어떻게 변할지는 눈으로 봐야 알 수 있는 것이죠. 바로 여기에서 과학사를 지배해 온 하나의 고정관념이 생기는데, 그것은 바로 눈을 더 필요로 하는 담론일수록 더 저급한 담론이라는 생각이죠. 눈을 쓰지 않고 이성만으로 예측할 수 있는 담론일수록 고급한 담론이고요. 이런 식의 생각이 뿌리 깊게 박혀 있습니다. 메이에르송이 지적했듯이, 파르메니데스 이래 이런 생각은 줄기차게 내려옵니다. 과학의 목표는 '이상화'idealization, '합리화'rationalization, '동일화'identification에 있다는 것이죠.[11]

　요컨대 과학의 이상은 현상적으로 나타나는 질적 다多를 과학 법칙의 일一로 환원시키는 것입니다. 과학적 작업의 밑바탕에는 환원에의 욕망이 자리 잡고 있는 것이죠. 그렇다 보니까 현실을 이론에 갖다 맞춰 버리는 일이 빈번히 일어납니다. 그래서 클로드 베르나르가 유명한 말을 하죠. "자연에 맞추기 위해 이론을 바꿔야지, 이론에 맞추기 위해 자연을 바꾸지는 말라." 이론을 우리가 살고 있는 복잡다단한

---

11) 다음을 보라. Émile Meyerson, *Identité et réalité*, Vrin, 1908.

이 세계에 더 잘 맞게 고쳐 나가야지, 거꾸로 이론을 세운 다음에 현상들을 거기에 억지로 구겨 넣으면 곤란하다는 말이죠. 이 생각은 과학사의 흐름에서 상당히 의미심장한 이정표입니다. 예컨대 철학사를 보면 19세기에 '과학 비판'이라는 담론이 성행합니다. 과학과 현실의 관계가 다채롭게 논의되죠. 이런 흐름의 정점에 서 있는 베르그송은 실재란 "절대적인 질적 풍요로움"이라고 말합니다. 그런데 과학은 이 질적인 풍요로움을 사상해 버리고 그 추상적 뼈대만을 잡아낸다는 것이죠. 후설, 제임스, 니시다 기타로 등등도 유사한 비판을 전개합니다. 베르그송은 이런 맥락에서 특히 'attention'이라는 말을 써요. '주목'이라고 번역할 수 있는데, 사실 뉘앙스가 더 강하죠. 합리주의는 눈에 보이는 것들, 귀에 들리는 것들 등등을 합리적 틀로 다 환원시키곤 했다는 겁니다. 우리의 경험을 합리적 틀의 한 '경우'로서 환원시킨다는 것이죠. 하지만 베르그송은 "보라!"고 말합니다.

　과학적 사고는 어린아이 눈썹 같은 초승달, 구미호의 미묘한 웃음 같은 그믐달, 낮에 나온 외로운 반달, 대지를 환히 비추는 보름달 등 모든 경우들을 결국 반지름 $x$km, 무게 $x$kg의 돌덩어리로 환원시켜버린다는 것이죠. 그러나 베르그송은 우리에게 드러나는, 우리에게 나타나는 그 다채롭고 변화무쌍한 현상들을 그것들 자체로서 "보라"고 말합니다. 하다못해 우리가 아무 생각 없이 늘 앉는 의자도 잘 보면 적지 않은 질적 풍요로움과 다채로운 변화를 담고 있습니다. 이렇게 잘 보면, 보이지 않던 것이, 우리의 거친 일상사와 언어 구조, 지각 구조, 이해타산 속에서 묻혀버린 것, 우리의 눈길에 들어오지 못하고 은폐되어 있던 것이 탈-은폐의 밝은 빛 아래에 드러난다는 것입니다. 그래서 베르그송은 외칩니다. "Attention à la vie!" 삶을, 이 세계 자체를 응시하라. 더 정확히는 삶, 세계를 "살라"는 것이죠. 거친 개념이나 공식, 그래프로 환원시키지 말고 몸 전체로, 영혼 전체로 세계를 살라는 것입니다.[12]

바슐라르는 이 대목에서 베르그송과 첨예하게 대립합니다. 바슐라르는 우리의 지각이란 흐리멍덩하고 주관적인 것이라고 말합니다. 정말 '인식'에 도달하려면 바로 이 차원에서 불연속적인 도약(인식론적 도약)을 이루어, 이 차원을 가능하게 하는 보다 합리적이고 심층적인 차원을 발견해야 한다는 것이죠. 그는 여기까지는 결국 감성과 이성의 전통적인 대립을 반복하고 있습니다. 그러나 바슐라르는 당대의 과학(특히 양자역학)에 대한 분석, 그리고 실험과 이론의 역동적인 상호 관계에 보다 섬세한 분석을 가함으로써 현대적인 형태의 합리주의를 창조해내죠.[13] 그래서 베르그송과 바슐라르의 대립은 서구 인식론의 갖가지 문제가 충돌하는 매우 중요한 국면이라고 할 수 있습니다. 여기에서 이 문제를 상세히 다룰 수는 없습니다. 지금까지 이야기한 봄과 앎, 눈과 이성의 관계를 일단 음미해 보시기 바랍니다.

이런 논의를 우리가 예전에 논한 바 있는 사건의 존재론과 연결시켜서 생각해 볼 수도 있죠. 과학에서의 사건이란 결국 함수의 한 경우에 불과해요. 우리가 옷 입는 것, 밥 먹는 것, 집 짓는 것, 이야기를 꾸

---

12) 그러나 베르그송을 현상적인 질적 다양성과 역동성을 찬양하는 낭만주의자로만 해석하는 것은 일면적이다. 베르그송에게서 더 핵심적인 것은 미시세계에서의 질적 다양성과 역동성이며 거시세계에서의 이것들은 그 자연스러운 결과라 해야 할 것이다.

13) 다음을 보라. 바슐라르, 『현대 물리학의 합리주의적 활동』, 정계섭 옮김, 민음사, 1998.

미는 것 등등은 레비-스트로스 식으로 말하면 그가 발견한 '구조'의 경우들에 불과한 것이죠. 개별적인 것들은 그저 법칙적인 것, 보편적인 것의 예화例化=exemplification라고 할 수 있습니다. 그렇기 때문에 과학적 사유는 사건을 사건으로서 보지 않습니다. 그러나 사건은 순수 솟아오름입니다. 지금 이 방의 분위기, 먼지나 파리의 운동, 미묘한 불빛, 내 음성의 뉘앙스, 여러분들의 얼굴 표정,…… 이 모든 것들이 다 솟아오르는 것들입니다. 이 강의 자체가 하나의 사건이고요. 그것은 결코 완전히 기호화될 수 없는 사건들 자체죠. 그러나 만일 누군가가 오늘의 강의를 기록한다면 그저 "1999년 몇 월 몇 일 이정우가 어디에서 강의를 했다. 누구누구가 들었다" 하는 식으로 기록하겠죠. 물론 이경우는 작은 사건이니까 기록되지도 않겠지만, 설사 기록한다고 해도 그 기록이 과연 지금의 이 사건을 얼마나 재현하겠습니까?

그래서 우리가 '역사'로 알고 있는 것들이 사실 허망한 것들일지도 모릅니다. 역사에서 두 층위를 구분해야 하겠죠. 하나는 기호화된 층위이고 다른 하나는 기호화되지 못한 층위, 타임머신을 타고 그 현장에 가서 그 분위기에 '처處해' 보지 않고서는 알 수 없는 층위가 있는 것이죠. 우리는 문서화된 기록들과 고고학적 유물들 등을 가지고 역사를 재구성하지만, 역사의 현장 자체를 다시 경험할 수는 없는 것입니다. 그래서 겉으로 드러나고 타인들에 의해 해석되는 사건이 있고, 생생한 사건 자체가 있다는 것이죠. 생생한 사건이란 결국 내가 말하는 '감성적 언표들'입니다.[14] 감성적 언표들의 차원에까지 내려가야지 정

---

14) 이정우, 『객관적 선험철학 시론』(저작집 1권, 그린비, 2011), 2부, 3장.

말 생생한 사건을 다시 겪을 수 있는 것이죠. 그러나 그것은 불가능합니다. 결국 우리가 보는 세상, 우리가 알고 있다고 생각하는 사실들은 따지고 보면 누군가가 기록해 놓은 '정보'일 뿐입니다. 결국 추상적인 것이죠. 그러고 보면 현존presence이란 참 소중한 것이죠. 지금 이렇게 감성적 언표들로, 분위기로 겪을 수 있는 이 현존의 장, 이것은 다시는 반복될 수 없는 것이죠. 다만 순수 사건만이 반복됩니다. 앞에서 말한 'attention'이라는 베르그송의 개념을 다시 한번 음미해 보게 되죠?

그런데 우리는 역설적으로 표현해서 일종의 과학적 착각scientific illusion을 가지고 있어요. 세포를 잘 설명하면 인간의 몸을 다 알 수 있고, 분자 구조를 완전히 파악하면 세포를 다 알 수 있고, 원자를 완전히 파악하면 분자를 다 알 수 있고,…… 하는 생각이 그것이죠. 이렇게 물리적으로 한 차원 더 미세한 것을 인식하면 그보다 거시적인 차원은 자연히 인식된다는 생각입니다. 이것이야말로 착각이죠. 예컨대 세포를 인식했다고 해서 우리 몸이 표현하는 이 다채로운 현실을 이해하는 것은 아닙니다(물론 당연히 큰 도움은 되겠죠). 이 표현의 현실/차원은 이미 의미의 장에 들어온 이미지들이고, 세포 인식은 물질 자체에 대한 앎일 뿐이죠. 서로 층위가 다른 겁니다. 그렇다고 관계없다는 것은 물론 아닙니다. 당연히 모두 연관되어 있죠. 그러나 각 차원을 인식하기 위해 동원하는 개념들, 기호들, 장치들, 인식론적 입장들 등이 모두 다른 겁니다. 보다 미시적인 차원을 인식하면 그보다 거시적인 차원은 자연스럽게 인식 가능하다는 생각, 이것이야말로 바로 과학적 착각인 겁니다. 논의를 개체 차원 위로 잡아 진행해도 마찬가지입니다.

학문의 위계도 마찬가지죠. 보다 더 연역적인 것, 더 간단한 원리로 구성된 것, 더 추상적인 것, 보다 양화 가능한 것, 더 법칙적인 것, 더 등질적인 것을 다루는 담론이 보다 고차적인 담론이라는 생각, 연역이 잘 안 되는 것, 복잡한 것, 구체적이고 양화되지 않은 것, 불규칙한 것, 다질적인 것을 다루는 담론은 보다 잡스러운 담론이라는 생각, 아직도 이런 낡아빠진 인식론을 가진 사람들이 많아요. 이제 이런 근대 과학적 착각은 버려야 합니다. 이런 식의 생각 안에는 매끈함에 대한 욕망이 숨어 있습니다. 복잡하고 울퉁불퉁한 것을 어떻게든 매끈하게 정리하고 환원시키고 싶은 욕망이죠. 형식적 정합성에 집착하는 사람들에게 이런 욕망이 잘 나타나죠. 우리 삶이 울퉁불퉁하면 바로 그 울퉁불퉁함을 제대로 파악하는 것이 '정확한' 것입니다. 그 울퉁불퉁함을 매끈하게 환원시키는 것이 '정확한' 것이 아니에요. '정확하다'는 것에 대해 상당히 편벽하게 생각하는 사람들이 많습니다. 형식적 매끈함은 오히려 사물들에 대한 주관의 폭력일 경우가 많습니다. 현실이 잡스러우면 잡스러운 그대로, 애매모호하면 애매모호한 그대로 '정확히' 파악해야 하는 것이죠.

지금까지 우리가 한 이야기의 맥락에서 만델브로의 이야기를 다시 음미해 볼 수 있습니다. 앞에서 "Voir, c'est savoir"라는 말을 했지만, 결국 만델브로는 현세계, 이 복잡한 세계를 '정확하게' 볼 것을 요구하고 있는 겁니다. 그러나 만델브로의 작업은 어디까지나 수학을 통해서 이루어지고 있죠. 그런 한에서 현실과 완벽하게 합치하지는 않습니다. 우리 현실은 수학에 완벽하게 합치하지는 않으니까요. 그렇지만 만델브로에 이르러 수학이 어떻게든 이편으로, 즉 현세계로 오려고 하게 된 것은 분명합니다. 현실의 울퉁불퉁함을 수학으로 다듬으려 하는 것이 아니라, 수학을 현실에 맞게 울퉁불퉁하게 만들려는 작업인 것이죠.

우리는 현대 사유에서 나타나는 이러한 경향을 인식론적 회귀 epistemological return라고 부를 수 있을 것입니다. 바슐라르에 대립해 나는 이 말로 삶의 세계, 현상세계의 독자적인 존재론적 위상을 강조하려는 겁니다. 과학, 철학, 예술, 이 세 가지 담론은 현세계로부터 멀어져 실재를 찾고자 합니다. 그러나 오로지 그렇게 멀어져 가기만 할때, 각 담론 자체 내에서는 실재에 더 가까이 갈지 몰라도 바로 그 사이에 현실은 끝없이 분열되는 것이죠. 20세기를 보면 과학도 눈부시게 발달하고, 철학과 예술도 새로운 경지들을 열어 나갔지만, 그 뛰어난 성과들이 과연 우리 현실을 풍요롭고 행복하게 해준 것일까요? 그렇게 많은 문화적 발달을 이루었는데, 현대인들은 왜 이렇게 많은 고통을 안고 살아가야 하는 것입니까? 인식론적 도약을 통해 실재에로 접근하는 운동과 거꾸로 인식론적 회귀를 통해 현실에 복귀하는 운동——플라톤이 말했던 '상승운동'anabasis과 '하강운동'katabasis이 순환적으로 이어져야 하는 것입니다. 그러나 인식론적 회귀는 더 이상 인식론적 문제만은 아니죠. 그것은 윤리학적이고 정치철학적인 문제이기도 합니다.

§6. 복잡성의 존재론

이제 우리 논의의 지평을 존재론적 맥락으로 옮겨 봅시다. 복잡성을 복잡성 자체로서 받아들였다는 것은 서구 사유를 오랫동안 지배해 온

'간명성'의 신화를 거부하는 것입니다. 간명함을 추구하는 것은 원에 대한 아리스토텔레스의 집착, '분석'을 통해 단순성을 찾으려 했던 데카르트 등에게서 극명하게 드러납니다. 넓은 의미에서의 환원주의죠.

그러나 원에 대한 서구인들의 집착은 케플러가 타원 궤도를 발견함으로써 수정됩니다. 타원은 원보다 복잡하죠. 그렇기 때문에 타원 궤도의 발견은 얼핏 생각하는 것 이상으로 서구 담론사에서 의미심장한 역할을 합니다. 심미적 감수성의 맥락에서도 적지 않은 영향을 미치죠. 현대 인식론의 맥락에서 보면 바슐라르의 작업이 중요합니다. 바슐라르는 근대 내내 서구 과학을 지배해 온 간명성의 원리를 공격하죠? 그래서 복잡성의 인식론을 제시합니다. 인식론의 역사에서 매우 중대한 국면입니다. 그런데 존재론적 맥락에서 보면 프락탈 이론은 더욱 큰 의미를 띱니다. 프락탈 이론은 단순한 것을 발견하려는 노력 자체를 좌절시킵니다. 전체를 반복하는 부분들이 끝없이 계속되니까요.

물론 잘 생각해 보면, 프락탈 이론이 결코 간명함을 파기해 버린 것은 아닙니다. 프락탈 구조를 가능하게 하는 원리 자체는 간명하니까요. 앞에서 코흐의 눈송이를 그렸습니다만 그 원리 자체는 간명하죠? 표면적인 복잡성 아래에는 원리의 간명함이 있는 겁니다. 그래서 간명함 자체가 파기된 것은 아니에요. 간명함이 정말 파기되는 것은 우리가 프락탈 이론을 형이상학적 차원으로 외삽外揷했을 때입니다. 여기에서 형이상학적 차원이란 프락탈 구조를 기하학적 맥락에 국한시키는 것이 아니라 질적인 차원으로 확장시키는 것을 말합니다. 이런 생각의 극단적인 표현이 라이프니츠가 데 보스에게 보낸 편지에 나타납니다. "어떤 원자도 무한한 종류를 포함하는 세계라고 할 수 있을 것이며, 세계들 안에는 다시 세계들이 무한히 존재할 것입니다."

그런데 여기에서 우리의 논의 수준을 자연철학에서 존재론으로 이행시켜 봅시다. 그럴 경우 '복잡하다'는 것은 무엇을 의미할까요? 이런 맥락에서 복잡하다는 것은 단지 가시적인 복잡성이나 물리적인 복잡함이 아니라 보다 많은 특이성들을 내포한다는 뜻입니다. 개보다 사람이 더 복잡하다는 것은 사람이 표현할 수 있는 특이성들을 더 많이 가지고 있다는 뜻이죠. 그만큼 존재론적으로 더 많이 주름-잡혀 있다는 뜻입니다. 고등한 생명체일수록 더 많이 주름-잡혀 있는 겁니다. 그것은 또한 이 현세계에서 열고 만나고 드러낼 수 있는 경우들을 그만큼 더 많이 가지고 있다는 뜻이죠. 이런 의미에서의 복잡성은 존재론적 복잡성입니다. 이 개념은 현대 철학의 주요 주제이죠.

복잡성의 존재론적 의미는 이렇게 매우 흥미롭고 또 중요한 문제입니다. 지금은 다소 간략하게 논의했습니다만, 이는 어차피 5, 6강으로 논의가 계속 이어지기 때문입니다. 그러니까 '복잡성의 존재론'은 지금까지 4강에서 논한 내용만이 아니라 이하 5, 6강에서 논의할 내용까지 모두 포괄하는 개념이라 할 수 있습니다.

5강_ 형태발생

§7. 르네 톰과 급변론

지금 우리가 하고 있는 작업은 현대 과학에서 세 가지 개념을 잡아내는 것입니다. 하나는 복잡성이고 다른 하나는 형태변이죠. 마지막 하나는 카오스모스입니다. 현대 과학에서 라이프니츠적 영감을 담고 있는 과학들을 하나씩 보면서 그 존재론적 의미를 음미하고 있는 것입니다. 오늘 이야기할 것은 형태발생에 관한 것입니다.

형태발생을 뜻하는 'morphogenesis'라는 말은 헬라어 'morphê'와 'genesis'가 합쳐진 말입니다. 'morphê'라는 말은 형태를 뜻하죠. 현대어로 번역한다면 아마 'figure'라는 말이 가장 가까운 말일 듯합니다. 형태 또는 형상形狀이라고 할 수 있습니다. 이 개념이 더 추상화되고 형이상화되면 바로 'idea'라든가 'eidos'가 됩니다. 우리가 사물들의 규정성들 중에서 가장 먼저 파악하는 것이 형태입니다. 그리고 더 추상적 수준으로 올라가 포착된 그 사물의 가장 심층적인 규정성이 바로 그것의 본질, '이데아'/'에이도스'인 것이죠. 이 말들이 원래는 'morphê'와 거의 같은 말이었어요. 나중에 철학 개념으로 자리 잡으면서 조금씩 추상화되죠.[1]

'Morphogenesis'라고 하면 형태의 탄생, 발생이라는 뜻입니다. 탄생, 발생이 조금씩 연이어 일어날 경우 변이variation라고 할 수 있죠 (거꾸로 말해, 변이 과정에서 특히 큰/불연속적인 변이를 탄생/발생이라 할 수 있습니다). 꽃이 피는 것, 비가 눈으로 변하는 것, 어린아이가 어른으로 되는 것, 올챙이가 개구리가 되는 것, 이 모든 것이 바로 형태발생이죠. 자연을 이해하는 데 이 형태발생의 개념은 필수적입니다. 지난 시간에는 복잡성 개념을 봤는데, 이번 시간에는 이 형태발생이라는 개념에 대해 생각해 봅시다.

지난 강의에서는 복잡성이라는 개념, 주름이라는 개념을 이해하기 위해 특히 프락탈 이론을 다루었습니다. 형태발생 개념을 다루는 오늘 강의에서는 급변론(카타스트로프 이론)을 주제로 삼아 논의를 전개하고자 합니다. 역사상 형태발생을 연구한 담론은 많지만, 현 시점에서 볼 때 가장 매력적으로 다가오는 이론은 급변론急變論인 듯합니다. '카타스트로프'라는 말은 헬라어 'katastrophê'라는 말에서 나왔습니다. '파국'이라는 뜻인데, 그렇게 번역하면 좀 심각한 의미가 되고 여기에서는 변이의 과정에서 나타나는 '급변', 불연속적 변화 정도의

---

1) 그리스 철학의 주요 개념들이 변천해 온 과정을 알기 위해서는 다음 책이 매우 유용하다. F. E. Peters, *Greek Philosophical Terms: A Historical Lexicon*, New York University Press, 1967.

의미로 보면 됩니다. 우리가 앞에서(3강, §14) 말한 '꺾어짐'을 생각하면 됩니다. 급변론은 수학적인 불연속을 다루며, 이것은 이 분야가 위상학 발전의 연장선상에 있음을 암시합니다.[2] 이 급변론이 체계화된 것은 르네 톰에 의해서입니다. 톰은 내가 이전에 다른 책이나 강의에서 자주 인용했던 사람이죠? 고대 사상에서 에우클레이데스와 플라톤의 관계, 근대 사상에서의 무한소미분과 라이프니츠의 관계, 그리고 우리 시대에서의 르네 톰과 현대 철학, 이렇게 수학사와 철학사는 나란히 가죠. 이런 흐름에 있어 톰은 중요한 기여를 했다고 할 수 있습니다.

르네 톰이 1972년에 출간한 『구조적 안정성과 형태발생』[3]이라는 책이 있습니다. 급변론은 이 책에서 본격적인 형태를 갖춥니다. 톰은 급변론을 수학적으로 전개했을 뿐만 아니라, 특히 결정적인 것은 그것을 생물학에 적용했다는 것입니다. 실제 이 책을 보면 수학적인 부분보다 생물학적인 부분이 오히려 더 많습니다. 그리고 톰은 자신의 작업에 철학적인 성격을 부여하는 데에도 상당한 공을 들이고 있습니다. 톰을 전문적인 수준에서의 철학자라고 하기에는 좀 무리가 있지만, 그의 작업이 철학사에서 대단히 중요한 위상을 가지는 것이 사실

---

2) 푸앵카레의 연구가 선구를 이루며 'singularité' 개념이 핵심적인 역할을 한다. 이후 알베르 로트만, 질베르 시몽동, 다시 톰슨 등의 연구가 이어지며, 르네 톰, 질 들뢰즈 등에 의해 계승된다. 관련 문헌들로 다음을 보라. 마누엘 데란다, 『강도의 과학과 잠재성의 철학』, 김영범·이정우 옮김, 그린비, 2009. Lawrence Sklar, *Space, Time, and Space-Time*, Berkeley: University of California Press, 1977. June Barrow-Green, *Poincaré and the Three Body Problem*, American Mathematical Society, 1997.

3) René Thom, *Stabilité structurelle et morphogénèse*, InterEditions, 1972.

입니다. 왜냐하면 그의 작업은 바로 현대 철학 일반이 그토록 난타했던 형상철학의 부활을 선포하는 저작이기 때문이죠. 플라톤과 아리스토텔레스의 존재론을 부활시키고 있다는 점에서 중요한 인물입니다. 어쨌든 이 책은 수학, 생물학, 철학이 환상적으로 어울리고 있는 독창적인 책입니다. 르네 톰은 특히 근대 과학의 탄생 이후 홀대받았던 아리스토텔레스의 철학을 부활시키기 위해 많은 노력을 기울이는데, 그런 노력이 결실을 본 저작이 1988년에 나온 『기호물리학 서설』[4]이죠. 또 이 사람에게는 몇 권의 논문집이 있는데 그 중에서 대표적인 것이 1990년에 편집되어 나온 『로고스를 위한 변론』[5]이라는 책이죠. 제목 자체를 유심히 볼 필요가 있습니다. '로고스'라는 말도 그렇고 '아폴로지'(그리스어의 '아폴로기아')라는 말도 플라톤적 분위기를 물씬 풍기죠?

르네 톰 외에 급변론에서 중요한 사람으로 지만이라는 인물이 있습니다. 지만이 톰을 이어서 급변론을 발전시키죠. 그런데 톰과 지만은 기질상 상당히 다릅니다. 어찌 보면 사변적이고 독창적인 프랑스 학자와 경험적이고 실용적인 영국 학자의 기질을 그대로 드러내고 있어요. 톰의 작업이 상당히 이론적이고 철학적이라면, 지만은 주로 급변론을 다양한 실제 현상들에 응용한 사람입니다. 급변론을 실제 우리가 경험하는 갖가지 현상들에 응용해서 '모형화'한 인물이죠. 지만이 1977년에 쓴 『급변론』[6]이라는 책에 그 풍부한 예들이 나와 있습니

---

4) René Thom, *Esquisse d'une sémiophysique*, InterEditions, 1988.
5) René Thom, *Apologie du logos*, Hachette, 1990.

다. 아울러 장 프티토의 작업 또한 흥미롭습니다. 프티토는 급변론을 언어학에 적용해 구조주의 언어학, 정태적인 언어학을 벗어나는 독창적인 언어학을 전개합니다. 『의미의 형태발생』[7]이라는 저작에서 이런 작업을 전개하고 있죠. 프티토는 또 이 저작에서 급변론에 철학사적 위상을 부여하는 데 상당한 지면을 할애하고 있습니다. 철학사적 연관성을 중시하는 사람들에게는 매우 중요한 저작입니다.

르네 톰의 이론에 대해서는 여러 해설서나 연구서가 나와 있는데, 꼭 읽어 볼 만한 책으로는 '세리시 콜로키움'의 르네 톰 특집호입니다. 'Colloque de Cerisy'는 세리시라는 곳에서 정기적으로 열리는 콜로키움이죠. 그 결과가 몇 년 후에는 책으로 나오고 있습니다. 프랑스에서 상당히 비중 있는 콜로키움입니다. 다루는 주제들이 매우 흥미진진해요. 특히 일반적인 철학 콜로키움과 달리 자연과학적인 내용이 많이 다루어지는 콜로키움입니다. 여기에서 1982년에 다룬 주제가 르네 톰이었고, 그 결과는 '로고스와 급변론'이라는 제목의 책으로 나왔습니다.[8] 여기에 중요한 논문이 많이 실려 있습니다. 한국에서는 아직까지 르네 톰과 급변론에 대한 연구가 그다지 진행되지 않았는데, 번역된 대담집이 하나 있습니다. 원제는 '포물선과 카타스트로프'인데 편의상 제목을 바꿔서 『카타스트로프의 과학과 철학』[9]이라는

---

6) E. C. Zeeman, *Catastrophe Theory*, Addison-Wesley, 1977.

7) Jean Petitot-Cocorda, *Morphogénèse du sens*, I, PUF, 1985.

8) *Logos et Théorie des Catastrophes*, Actes du colloque international de 1982 sous la direction de J. Petitot, Genève, Patiño, 1988.

9) 르네 톰, 『카타스트로프의 과학과 철학』, 이정우 옮김, 솔, 1995.

책으로 나와 있습니다. 그리고 박대현 교수가 쓴『급변론』, 김용운 교수가 쓴『카타스트로피 이론 입문』이 있습니다.

지난번에 이야기한 프락탈 이론은 그 뼈대가 비교적 간단합니다. 응용은 매우 풍요롭고 다양하지만 이론 자체는 간명합니다. 그래서 지난 시간에 이론적 핵심은 거의 다 말한 겁니다. 그러나 오늘 말씀드릴 급변론 이야기는 그렇지 못합니다. 이 이론은 매우 방대하고 다채로운 이론이에요. 그래서 오늘 한 번에 이 이론의 전모를 이야기하는 것은 불가능합니다. 가장 기본적인 이야기만 해야 할 것 같아요. 자, 그럼 본론으로 들어가 봅시다.

§8. 형태발생

급변론은 일차적으로 형태를 탐구하는 담론입니다. 사실 형태의 탐구는 인간이 가진 독특한 능력들 중 하나입니다. 지각 능력이 있는 동물들에게 사물은 특별한 경우가 아닌 한 일단 어떤 개별화된 덩어리로서 들어오죠. 그런데 지각 능력이 고도화될수록 이 덩어리에서 여러 가지 질적 차이들을 변별해낼 수 있는 능력을 갖추게 됩니다. 이 차이들 하나하나를 '성질들'이라고 부르죠. 그런데 인간이 다른 동물들에 비해 특히 독자적으로 보유하고 있는 능력은 사물의 공간적 형태를 추상해낼 수 있는 능력입니다. 인간만이 이런 고도의 추상화 능력을 가지죠. 인간은 사물들을 현존 자체의 차원에서만 지각하는 것이 아닙니다. 사물들의 공간적 속성들을 별도의 공간, 즉 논리공간, 사유공간 속으로 옮겨 표상합니다. 그렇게 표상해 놓고서 그것을 이리저리 조작해 보기도 하죠. 그러한 조작을 통해서 새로운 형태들을 생각해내고 또 그것들을 물질세계에 구현하기도 하죠. 인간이 이룩한 고도의 문명이란 사실 이 추상화 능력에서 유래했다고 해도 과언이 아닙니다. 이렇게 공간을 추상해서 조작하는 능력은 기하학에서 가장 고도의 형태를 띠며, 기하학의 응용을 통해 기술문명이 발달해 왔습니다. 이렇게 보면 형태 파악 능력이 인류 역사에 얼마나 큰 영향을 끼쳤는지를 알 수 있습니다.

형태의 파악에서 가장 단순한 방식은 바로 사물의 윤곽을 추상해내는 능력이죠. 어떤 인식 주체가 한 개체를 인식할 때, 그 주체는 이미 추상작용을 하고 있다고 해야 합니다. 'Morphê'라는 말의 가장 원초적인 의미가 다름 아닌 윤곽shape, 가시적인 모양이죠. 이렇게 단순한 의미에서 출발한 형태라는 말은 맥락에 따라 점차 고도화됩니다. 예컨대 '관계'도 매우 고차적인 형태, 추상적 형태죠. 그래서 우리는 한 집단의 '조직'을 나무 모양으로 그리잖아요? 더 나아가 여러 변수들이 시간에 따라 변화하는 양태까지도 형태로서 포착합니다. 다름 아닌 경제학 등에서 많이 사용하는 '그래프'가 그렇죠. 또, 현대 사상에서 늘 말하는 '구조'라는 것이 무엇입니까? 다름 아닌 고도로 추상적인 차원에서의 형태죠. 예컨대 집의 가시적인 형태가 아니라 한 문화 안에서 집들이 구축되는, 눈에 보이지 않는 어떤 법칙성이죠. 그런데 이 법칙성을 공간적으로 파악할 때 '구조'가 됩니다.

이렇게 윤곽이라는 가장 기본적인 의미에서의 형태로부터 현대 과학이 사용하는 매우 추상적인 형태에 이르기까지, 형태는 다양한 맥락에서 인간 지능을 구현하고 있습니다. 급변론도 넓게 보면 이런 범주에 들어갑니다. 급변론은 고도로 추상화된 의미에서의 기하학 또는 형태학morphology인 것이죠. 그런데 주목할 점은 급변론은 형태'발생'을 연구하는 담론이라는 점입니다. 형태의 탐구란 공간적인 작업인데, 형태발생은 시간이라는 요소가 들어가죠. 형태를 탐구하되 하나의 정적인 형태에 주목하는 것이 아니라 형태들이 변이/발생되어 가는 과정에 초점을 맞추는 것입니다. 다시 말해, 형태들이 계속적으로 변해 가는 추이를 다루는 것이죠.

형태 하나하나의 변화를 '변환'이라고 부를 수 있습니다. 관련되어 쓰이는 말들이 여럿 있죠. 'Transformation'이라는 말 자체가 'form'의 변화를 뜻하죠. 형태를 구조로 보면 변환은 구조의 바뀜을 뜻합니다. 예컨대 미셸 푸코의 『말과 사물』은 바로 서구 문화에서의 '에피스테메의 변환'을 다룬 책이죠. 변환이라는 말은 변화라는 말보다 형태의 바뀜이라는 뉘앙스를 더 정확하게 함축합니다. 이 밖에 'transition'이라는 말이 있는데, 이것은 '전이'轉移로 번역되며 연속적 이행의 뉘앙스를 띱니다(그러나 'phase transition' 같은 표현에서 볼 수 있듯이 불연속적 뉘앙스를 띠기도 합니다). 또 'mutation'이라는 말이 있는데, 이 말은 생물학적 맥락에서의 '돌연변이'입니다. 'Morphogenesis'는 'genesis'가 탄생 또는 발생이니까 '형태발생'이됩니다. 보다 연속적으로 또는 계속적으로 발생해 가는 과정을 뜻할때는 '형태변이'로 번역할 수도 있습니다.

이 '형태발생'의 가장 실감나는 예는 생명체의 발생에서 볼 수 있어요. 처음에는 밋밋한 알에 불과했던 것이 수태가 되면 조금씩 형태변이를 시작하죠. 그래서 나중에 하나의 완성된 생명체로 변합니다.

이 과정보다 더 형태변이/형태발생을 실감나게 보여 주는 것이 어디에 있겠어요? 새로운 형태들이 계속 태어나고 또 소멸합니다. 알이 번데기가 되고 개구리가 되는 과정, 그리고 난자가 수태되어 한 인간이 태어나는 과정, 이 발생의 과정이야말로 형태발생의 가장 인상 깊은 예라고 할 수 있습니다. 조금 있다가 이야기하겠지만, 급변론이 가장 인상 깊게 적용된 분야가 바로 이 발생학이었던 것은 이렇게 보면 당연한 것이라고 하겠습니다.

이 대목에서 벌써 여러분들이 형태발생과 주름의 관련성을 느낄 수 있을 것입니다. 지금까지 층위, 단면, 접힌 면, 측면, 얼굴 등과 같은 표현을 썼습니다만, 주름은 다양한 층위들을 함축합니다. 그런데 주름의 각 층위는 일정한 형태를 가집니다. 종이학에서 부리, 날개, 내장, 다리 등등은 모두 각자의 형태를 가지겠죠. 생명체의 발생 과정은 주름이 계속 잡히면서 이 층위들이 계속 증폭되는 과정입니다. 그리고 그 하나하나의 층위들이 각각의 구조를 가지는 것이죠. 이런 면에서 발생 과정은 문자 그대로 형태변이/형태발생의 과정인 것이죠. 주름이 펼쳐진다는 것은 형태들이 계속적으로 변이해 가는 것을 뜻합니다. 한 존재가 '복잡하다'는 것은 하나의 형태만이 아니라 여러 형태들을 내포한다는 뜻이죠. 이렇게 3, 4, 5강의 이야기를 이어서 생각해 보시기 바랍니다.

이제 형태발생을 좀더 구체적으로 규정해 봅시다. 급변론이 탐구하는 '형태'란 수많은 맥락의 형태들 중에서 어떤 형태일까요? 우리는 '형태'라는 말을 극히 높은 추상도抽象度를 가지고서 생각해야 합니다. 그것은 곧 어떤 계(맥락에 따라 대상, 장, 공간 등)에 불연속의 점들이 분포되어 있는 구조/모양새를 말하는 겁니다. 여기에서 불연속이란 완전히 끊어지는 경우도 물론 있지만, 대개 구부러지거나 꺾어지는 경우를 말하죠(아예 끊어지면 사실 다른 장, 다른 계에 관한 이야기가 되어버립니다). 조금 있다가 이야기하겠지만, 여러분들은 아마 금방 '특이점/특이성' 생각이 날 겁니다. 예전의 강의에서(『사건의 철학』), 이 맥락에서의 'singularity'는 단일성이 아니라 특이성이라고 했죠? 칸트와 헤겔, 키에르케고어 등에 관련되는 개념이 아니라 푸앵카레, 로트만, 시몽동, 들뢰즈 등과 관련되는 개념입니다. 급변론이란 바로 어떤 계의 특이성 분포를 연구하는 담론이라고 할 수 있는 것이죠. 그러니까 어떤 계의 상태를 일일이 추적할 수 없거나 추적할 필요가 없을 때, 그 계의 불연속 점들만 포착하는 기법입니다. 그런 점에서 질적 연구라고 할 수 있습니다.

자, 이야기를 구체화하기 위해서 하나의 예를 들어 봅시다(그림 8). 이 예는 지만이 제공한 것입니다.[10] 우선 여기에(O) 못을 하나 박고, 여기에도(R) 하나 박습니다. 그리고 O와 Q 사이를 고정시킵니다. Q와 R은 고무줄로 연결합니다. 이렇게 해서 빙빙 돌릴 수 있게 만들고, 그 끝에서는(P) 자유롭게 움직일 수 있도록 합니다. 이렇게 만들고 이제 OQ 축을 빙빙 돌립니다. 그러면 끝점 P는 어떤 형태를 그릴까요? Q가 맨 위에 있을 때 P는 A에 있겠죠? 그리고 Q가 내려감에 따라 P는 이렇게(AD) 움직입니다. Q가 가장 오른쪽에 오면 D에서 P가 갑

---

10) 간단한 설명으로는 다음을 보라. Peter T. Saunders, *Introduction to Catastrophe Theory*, Cambridge University Press, 1980.

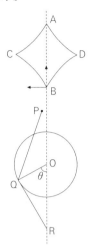

자기 꺾어집니다. 그리고 B로 향하죠. 이런 과정이 계속됩니다. 그래서 그림이 결국 이렇게 되죠.

　자, 만일 우리가 급변론이 아니라 근대 이후에 과학을 주도해 온 방법, 즉 해석적解析的 방법을 써서 이 계를 서술한다면 어떻게 되겠습니까? 우선 이 계를 서술하는 데 필요한 '상태 변수들'을 정합니다. 예컨대 고무줄 길이, 고무줄의 탄성, 못의 강도, 각 고정점 사이의 길이 등등 수많은 상태 변수들이 필요합니다. 실제 구체적인 대상들을 다룰 경우 상태 변수가 수십 개가 될 수도 있죠. 그 다음에 시간에 따른 이 변수들 사이의 함수관계를 구합니다. 이 관계들을 여러 미분방정식으로 표현하죠. 또, 초기 조건을 구해서 상수들을 고정시킵니다. 그렇게 연립방정식 체계를 만드는 것이죠. 이것이 전형적인 해석적 방법입니다.

그런데 급변론은 이런 상태 변수들을 가지고 작업하는 것이 아닙니다. 그 수많은 미분방정식들을 구할 수도 없고 또 구할 필요도 없는 경우, 우리는 이 계의 질적인 특성만을 포착하기 위해서 그 불연속 점들에만 관심을 둘 수가 있는 것이죠. 아주 단순한 예를 들면, 서울의 지하철 구조를 파악하는 경우를 들 수 있습니다. 그러니까 전철의 재료, 색깔, 정류장 사이의 길이 등등 상태 변수들을 작성한다면 수십, 수백의 미분방정식을 세워야 하겠죠. 그러나 우리가 지하철에서 갈아타는 지점, 그러니까 노선들이 교차하는 지점들만 포착하고자 한다면 그럴 필요가 없죠. 다른 요소는 다 빼고 오로지 한 노선이 어디에서 다른 노선들과 교차하는가만 포착하면 됩니다. 이 예가 급변론에 적합한 예는 아니지만, 어쨌든 급변론이란 상태 변수들을 접어 놓고 그 대상의 불연속 점들의 분포 형태만 파악하는 담론이라는 것이 중요합니다.

지금 우리가 예로 든 계는 몇 개의 불연속 점을 포함하고 있습니까? 4개죠. 그런데 여러분, 이 불연속 점들을 결정하는 변수는 과연 무엇일까요? 유심히 보시면 그 변수는 딱 하나밖에 없어요. 바로 각 θ입니다. 바로 이 θ 같은 변수를 '통제 변수'control variable라고 합니다. 이 통제 변수 θ에 의해 4개의 불연속 점이 생기는 겁니다. 그래서 급변론에서는 이 통제 변수를 파악하는 것이 상당히 중요합니다. 이 통제 변수에 의해 생기는 불연속 점들의 분포를 바로 '형태'라고 하는 것이죠. 그래서 급변론은 이 형태, 구조, 즉 특이점들의 별자리를 연구하는 담론인 것입니다.

이 통제 변수의 수는 대개 매우 적습니다. 상태 변수는 대단히 많지만 통제 변수는 얼마 되지 않습니다. 그리고 통제 변수가 4를 넘지 않을 때, 일곱 가지 유형의 급변만이 존재합니다. 이 일곱 가지 유형의 카타스트로프들을 '기초 카타스트로프들'이라 부르죠. 르네 톰이 이 일곱 가지 유형의 기초 카타스트로프들을 확립했습니다. 이것은 푸앵카레의 업적을 발전시킨 것이죠. 이렇게 급변론은 통제 변수, 급변점들 또는 특이성들, 형태/별자리, 그리고 별자리의 변이를 연구합니다.

이 급변론을 사상사적인 맥락에 위치 짓는다면 무엇이 될까요? 르네 톰 자신이 말한 대로 구조주의에 포함시킬 수 있을 겁니다. 더 정확히 말해 후기구조주의라 할 수 있겠죠. '형태'를 '구조'로 본다면, 바로 형태들이 계속 변이되어 간다는 것은 시간 속에서 구조들이 계속 변이되어 가는 것이죠. 그래서 프티토는 '역동적 구조주의'라는 말을 합니다. 우리가 후기구조주의를 이야기하면서 특이성 이론이라든가 선험적 위상학 등에 관해 종종 이야기했는데, 바로 이 부분에 결정적 공헌을 해준 것이 급변론이라고 할 수 있습니다(『사건의 철학』, 1부, 5강). 데콩브는 구조주의의 수학적 배경이 부르바키학파라고 했는데,[11] 내가 보기에 구조주의에 걸맞은 수학은 오히려 급변론입니다. 구조주의를 인간과학에 국한시켜 보는 것은 너무 좁은 시각입니다. 구조주의 사유는 생물학과도 연관되며, 또 수학과도 밀접한 관련을 가지기 때문이죠.[12]

물론 조심할 것은 구조주의의 맥락이 여러 가지이며 또 시간의

---

11) Vincent Descombes, *Le Même et l'autre*, Minuit, 1979.
12) 구조주의 생물학에 대해서는 다음을 보라. 이케다 기요히코, 『굿바이 다윈?: 신다윈주의 비판적으로 읽기』, 박성관 옮김, 그린비, 2008.

흐름에 따라 상당히 많은 변모를 겪어 왔다는 사실입니다. 언어학이나 인류학 같은 인간과학에서 말하는 초기의 구조주의, 그것이 정신분석학, 정치경제학 등으로 확산되면서 보다 유연해진 형태의 구조주의, 사상사 일반에 편입되면서 크게 확대되고 나아가 대중화되기까지한 구조주의, 또 알튀세르·푸코·부르디외 등에게서 보이는 후기구조주의, 또 수학이나 생물학 같은 학문들까지 포함시킨 '통일과학'으로서의 구조주의, 초기의 구조주의에서 현저하게 벗어나 그 흔적만을 남기고 있는 탈구조주의 등등, 매우 많은 맥락에서의 구조주의'적 사유'가 있는 것이죠. 그래서 급변론을 후기구조주의로 보는 것은 어느정도 느슨한 의미에서 그렇다고 해야 할 겁니다.

§9. 급변론의 기본 개념들

자, 이제 급변론을 구성하고 있는 몇몇 핵심적인 개념들을 잡아내 봅시다. 우선 처음에 이야기할 기본 개념은 '구조적 안정성'입니다. 르네톰의 책 제목이 '구조적 안정성과 형태발생'이라는 점만 봐도 이 개념이 기본적임을 짐작할 수 있습니다.

구조적 안정성stabilité structurelle이라는 것을 상식적으로 생각하면 큰 변화 없이 존속하는 질서를 뜻합니다. 그러니까 지금 우리 하나하나가 구조적 안정성들이죠. 구조적으로 불안정하다면 지금 우리가이렇게 안정된 계를 형성하지 않겠죠. 제 머리가 갑자기 커진다든가다리가 세 개가 된다든가, 이 교실이 갑자기 동그랗게 변한다든가, 이분필이 갑자기 길어진다든가 하면 좀 혼란스럽겠죠. 우리가 사는 이 세상은 형태들의 안정성에 기반해 있고, 그런 한에서 '우주'인 것이죠. 과학은 기본적으로 이 구조적 안정성을 전제하고 또 선호합니다. 시몽동이라든가 들뢰즈 같은 사람들은 이런 구조적 안정성이 숨기고 있는 포텐셜, 즉 그 안정성이 사실은 정적인 안정성이 아니라 준-안정적 méta-stable 상태이며, 포텐셜이 작동하면 안정성이 깨진다고 봅니다. 우리가 보는 현실성은 바로 이런 잠재성의 한 국면일 뿐인 것이죠. 이 문제는 현대 사유에서 매우 흥미롭고 중요한 대목입니다. 이들에 비해 르네 톰의 접근법은 어떤 의미에서는 보다 더 구조주의적입니다. 수학적이죠.

예컨대 점 A 주변이 구조적으로 안정적이라는 것은 점 A의 주위에 충분히 작은 영역을 잡았을 때 그 안에 급변점(또는 특이점)이 존재하지 않는다는 의미죠. 또, 구조적으로 안정적이지 않다는 것은 그 반대입니다. 좀더 확장해서 말하면 한 계 안에 두 개의 급변점이 있다는 것은 그 계 안에서 두 번의 큰 변화가 발생한다는 것을 뜻합니다. 그래서 구조적 안정성을 보다 일반적으로 말하면 한 계의 급변점들의 분포가 일정하게 유지되는 경우를 뜻합니다. 예컨대 지하철의 경우 각 정거장의 길이가 변하고 전철의 운행 속도가 달라지는 등 변화가 일어나도, 각 교차점이나 구부러지는 점 등이 일정하게 유지되면 그 지하철 전체의 '구조'는 안정되어 있다고 볼 수 있는 것이죠.

자, 이제 이 이야기를 수학적 맥락에서 다시 구성해 봅시다. n개의 매개변수를 가진 함수군을 생각해 보세요. 다른 말로 하면 n차원 공간에 분포되어 있는 점들이죠. 점 p에 대응하는 함수를 f(p)라고 합시다. 이 경우 f(p) 주변에 임의의 점을 잡았을 때, 그 점에 해당하는

〈그림 9〉 $f(x) = x^2$ 과 $f(x) = x^2 - x$

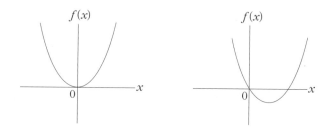

함수가 $f(\mathrm{p})$ 와 같은 형태를 가진다면 $f(\mathrm{p})$ 는 구조적으로 안정적인 것입니다. 다른 말로 하면, $f(\mathrm{p})$ 가 일정한 함수군을 대표하는 함수가 될 수 있는 것이죠. 이렇게 주변을 안정시키는 점/함수가 있는가 하면, 어떤 점/함수 주변에서는 급변이 발생합니다. 이런 급변을 '분기=갈라짐'bifurcation이라고 하죠. 그리고 그 갈라지는 지점을 '급변점'이라고 부릅니다. 한 계의 구조란 결국 이 급변점이 어떻게 분포되어 있는가를 말합니다.

예를 들어 봅시다. x^2 과 $x^2 - x$, 이 두 함수를 생각해 봅시다. 이럴 경우 함수 $x^2 - x$ 는 x^2 의 작은 변이라고 할 수 있습니다. 이것은 공간적으로 말하면 $f(x) = x^2$ 의 가까운 주변이라는 뜻이죠. 이럴 경우 급변이 일어나는가 봅시다. 두 함수의 그림을 그리면 이렇게 되겠죠?(그림 9) 이럴 경우 분명 양적으로는 서로 다르다는 것이 나타납니다. 그러나 구조적으로는 어떻습니까? 특이점의 분포가 같죠? 그렇기 때문에 $f(x) = x^2$ 은 구조적으로 안정적인 것입니다.

그런데 이번에는 x^3 과 $x^3 + ux$ 를 생각해 봅시다. u 가 예컨대 −1 인 경우 어떻게 될까요? $f(x) = x(x+1)(x-1)$ 이 되겠죠. 그림을 그리

<그림 10> $f(x) = x^3$과 $f(x) = x^3 + ux$

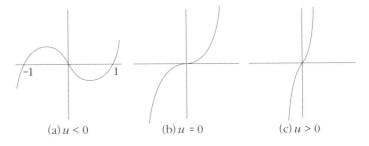

(a) $u < 0$ (b) $u = 0$ (c) $u > 0$

면 이렇게 됩니다(그림 10/a). 특이점의 분포가 달라지죠? 그런데 0일 경우는 $f(x) = x^3$이 됩니다(그림 10/b). 그리고 u가 1인 경우는 또 다르죠. 이 경우에는 $f(x) = x^3 + x$가 되고 그림이 또 달라집니다(그림 10/c). 이때는 특이점이 없어 그냥 올라가 버리죠? 이것은 무엇을 말하는가 하면, 통제변수 u가 어떻게 변화하느냐에 따라 이 함수의 구조가 불안 정하게 변한다는 것을 뜻합니다. 즉, 구조적으로 불안정한 것이죠. 이 경우 이 함수를 공간에 투사할 경우, 급변점이 발생하는 것입니다.

한 가지 조심할 것은, 내가 지금 그린 그림에서의 가시적인 특이 점과 n차원 공간의 점들로 간주되는 함수들에서의 갈라짐은 다르다는 점이죠. 함수들 하나하나를 점들로 간주했을 때, 그 점들이 그리는 갈라짐은 그냥 한 함수에서의 우리 눈에 보이는 갈라짐에 비해 메타 차원에 있는 겁니다. 이것을 혼동하면 안 됩니다. 그리고 구부러지는 경우와 꺾어지는 경우의 차이도 편의상 생략했어요.

구조적 안정성과 분기에 대해 이야기했는데, 이번에는 '펼침' déploiement에 관해 봅시다. 예컨대 x^4가 구조적으로 안정적인가를 살펴보기 위해서 $x^4 + x^3$을 보면 두 식의 그림이 이렇게 되죠(그림 11의 a,

〈그림 11〉 $f(x) = x^4$과 $x^4 + x^3$, $x^4 - x^2$, $x^4 + x$

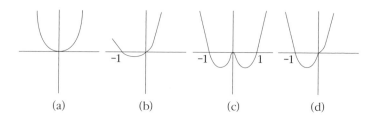

(a)　　　　　(b)　　　　　(c)　　　　　(d)

b). 그리고 $x^4 - x^2$의 경우는 이렇게 됩니다(그림 11/c). 또 $x^4 + x$의 경우는 이렇게 됩니다(그림 11/d). 그래서 각 경우가 다르게 나타납니다. 그러나 $x^4 + x^2 + x$의 경우, x의 첨가는 영향을 미치지 않습니다. 결론적으로 x^4는 구조적으로 불안정하죠. 이 함수와 가까운 함수들이 그로부터 분기되기/갈라지기 때문입니다. 그러나 $x^4 + x^2 + x$는 구조적으로 안정적인 겁니다. 이것은 곧 불안정한 함수인 x^4에 두 항을 더하면 안정적인 함수로 변한다는 겁니다.

이럴 경우 $f(x) = x^4 + ux^2 + vx$를 특이성 $f(x) = x^4$의 '펼침'이라고 부릅니다. 그런데 만일 우리가 x^4를 $x^4 + ux^2 + vx$로 펼칠 경우 관련되는 매개변수가 최소가 되죠. 이런 경우를 '보편적 펼침'이라고 부릅니다. 급변론에서 이 보편적 펼침 개념이 상당히 중요한 역할을 하죠. 결국 펼침이란 불안정한 함수를 안정된 함수로 바꾸는 기법입니다. 불안정하게 날카로이 솟은 언덕을 다져서 평평하게 만드는 것이라고 할까요? 비유가 적절한지 모르겠습니다. 아니면 어떤 씨앗에서 꽃이 피게 만드는 것과도 같은 것이죠. 양적이고 정적인 담론으로만 이해되어 오던 기존 수학에서는 느낄 수 없었던 독특한 맛이 있습니다. 르네 톰은 이 보편적 전개를 이용해서 일곱 개의 기초 급변들을 이끌어냅니다. 이것이 급변론의 토대를 단단히 해주었죠. 이것들에는 시각화했을 때의 그 모양에 따라 이름들이 붙어 있어요. 예컨대 공차원(특이성으로 제시된 함수 바로 뒤에 붙는 항의 지수)이 4 이하일 경우, 다음 네 가지 기초 급변이 나옵니다.

특이성	공차원	이름	보편적 전개
x^3	1	주름	$x^3 + ux$
x^4	2	구김살	$x^4 + ux^2 + vx$
x^5	3	제비 꼬리	$x^5 + ux^3 + vx^2 + wx$
x^6	4	나비	$x^6 + tx^4 + ux^3 + vx^2 + wx$

르네 톰은 일곱 가지 기초 급변을 다양하게 발전시켜 '일반 형태학'morphologie générale을 전개하고, 그 수학적 도구를 사용해 생물학을 비롯한 다양한 영역으로 논의를 넓힙니다. 사실 매우 복잡하고 방대한 내용인데, 여기에서는 살짝 맛만 봤습니다.[13] 지금 이야기한 '형태의 불안정성', '분기/갈라짐', '펼침' 같은 개념들에서 급변론이 우리가 평소 알고 있는 수학과는 달리 매우 생동감 있고 질적인 수학이라는 점만은 느끼셨을 겁니다. 아주 매력적인 분야죠.

이제 응용으로 넘어가려 하는데, 그 전에 개념적으로 명료화할 부분이 있습니다. 이전에 논한 바 있는 특이성 이론과 지금의 급변론의 관계입니다. 『사건의 철학』(1부, 5강)에서 논했던 특이성 개념은 르네 톰을 염두에 둔 논의이기는 했지만, 그 직접적 적용이 아니라 다소 느슨한 원용援用이라고 해야 합니다. 그래서 특이점, 변곡점, 급변점, 단절점 등을 구분할 필요가 있죠. 우선 특이점은 푸앵카레, 로트만, 시몽동, 톰, 들뢰즈 등등에 의해 다듬어져 온 개념으로서, 보통점과 구분되는 점을 가리킵니다. 상당히 넓은 개념으로서, (어떤 형태로든) 매듭을 이루는 점이라고 보면 좋을 듯합니다. 이에 비해 변곡점은 자연과학(과 사회과학)에서 주로 사용하는 말로서 구부러지는 점이라고 보면 됩니다. 수학적으로 말하면 미분 계수가 0인 점이죠. 그리고 급변점은 이런 변곡점들 중에서 특히 강렬하게 꺾어지는 점이라고 할 수 있습니다. 수학적으로 말하면 미분이 불가능한 점입니다. 그리고 단절점(정확히 말하면 단절점'들'이라 해야 하겠죠)은 끊어지는 점입니다. 네 경우가 비슷하면서도 맥락이 조금씩 다릅니다. 일단 가장 일반적이고 존재론적인 특이점/특이성 개념을 사용하고, 필요할 경우 변곡점, 급변점, 단절점 등을 사용할 것입니다.

---

13) 르네 톰의 이런 작업 ── 보다 일반적으로 표현해 '특이성 이론' ── 은 리만과 푸앵카레에게서 연원한다. 푸앵카레는 비선형 미분방정식들에 대한 질적 이론을 개발했고, 방정식들을 행성들의 운동(의 안정성 여부)에 적용한다. 이 과정에서 특이점들(singular points)의 중요성을 이해하게 되었고, 특히 특이점의 다음 네 유형을 변별해내기에 이른다: 초점, 말안장, 그물코(노드), 중심. (이 과정에 대해서는 Morris Kline, *Mathematical Thought from Ancient to Modern Times*, 3 vols., Oxford University Press, 1990, p. 721 이하를 보라.) 르네 톰은 『구조적 안정성과 형태발생』의 5장에서 7개의 위상학적 불연속성(topological discontinuities) ── 주름, 구김살, 제비 꼬리, 나비 외에도 세 종류의 '배꼽'까지 포함해 ── 을 분석하고 있다. 푸앵카레와 톰 사이에 로트만과 시몽동이 특이성 이론을 전개했으며, 들뢰즈는 그의 특이성 이론에서 톰의 연구를 반영하고 있다. 이런 연관성을 이해하기 위해서는 다음 책들에 실린 논문들을 참조하는 것이 좋다. *Virtual Mathematics: the logic of difference*, ed. Simon Duffy, Clinamen Press, 2006. *Deleuze's Philosophical Lineage*, eds. Graham Jones and Jon Roffe, Edinburgh University Press, 2009.

§10. 생명체의 기하학

르네 톰이 『구조적 안정성과 형태발생』에서 심혈을 기울여 논하고 있는 부분은 생물학입니다. 급변론을 사용해서 생명체의 형태학 또는 생명체의 기하학이라고 부를 만한 작업을 시도하고 있죠. 참으로 독창적인 작업입니다. 생물학이라고 하면 분자생물학으로 대변되는 미시 생물학과 진화론으로 대변되는 거시 생물학으로 양분되는데, 톰의 작업은 그 어느 곳에도 속하지 않는 독특한 작업이었습니다. 생명체의 형태를 기하학적으로 연구하는 작업이었으니까요.

　　그렇지만 어느 담론이든 선구자는 있는 법입니다. 르네 톰의 작업이 전적으로 처음이었던 것은 아니에요. 생명체의 기하학을 시도한 선구적 인물이 다시 톰슨입니다. 다시 톰슨이 펴낸 『성장과 형태』라는 책이 바로 생명체의 기하학을 다룬 효시적인 저작이죠. 초판은 1917년에 나왔는데, 책이 워낙 방대해서 1961년에는 축약본이 나옵니다.[14] 이 책에 훗날 이론 생물학에 반드시 등장하는 여러 개념들과 그림들이 모두 들어 있습니다. 아주 흥미진진한 책이죠. 서술의 수준이나 수학적 정확성, 그리고 인상 깊은 이미지들로 구성된, 자연과학서의 역사에서 가장 빼어난 저작들 중 하나로 손꼽힐 만한 명저입니다. 이 책이 인상 깊은 것은 '형태'라는 것이 그저 어떤 이미지나 효과 차원에서가 아니라 생명의 근저로 접근해 들어가는 열쇠임을 보여 주고 있는 점에 있습니다. 형태가 함축하는 의미를 생명체들의 근본 구조와

---

14) D'Arcy Thompson, *On Growth and From*, Cambridge University Press, 1961.

진화의 핵심 과정으로까지 연결시켜 설명해 주고 있다는 점이죠.[15]

르네 톰은 다시 톰슨을 잇되 급변론을 사용해서 생명체의 형태론을 더욱 발전시킵니다. 그는 특히 급변론을 발생학에 적용시킵니다. 사실 무형의 알이 점차 주름 잡혀 갖가지 형태들을 거쳐 마침내 완성태에 도달하는 발생 과정만큼 형태론적으로 흥미로운 현상이 어디에 있겠어요. 아리스토텔레스로부터 들뢰즈에 이르는 많은 철학자들이 이 현상에 매료되었습니다('dynamis', 'potentia', 'virtualité' 등의 개념들이 이 현상과 연계되어 있죠). 톰은 1961년 독일 본의 자연사박물관에서 개구리알의 주름을 나타내는 석고 모델을 보았다고 합니다. 거기에서 그는 강한 인상을 받아 급변론과 발생학을 결합시킬 생각을 했다고 하죠. 따지고 보면 새로운 과학은 늘 기존에 질서가 없다고 생각했던 현상에서 어떤 질서를 직감했을 때 탄생하죠. 그리고 그 질서가 측정되고 함수화되면서 하나의 과학이 성립합니다. 그래서 급변론이 가장 인상 깊게 전개되는 부분은 바로 좁은 의미에서의 '형태발생' 즉 발생학적 형태발생의 영역에서인 것이죠. 하나의 예로서 이 그림들을 봅시다(그림 12).[16]

이 그림들에서 볼 수 있듯이, 생명체들의 기하학은 그것들을 심은 좌표들을 변형시켜deform 봄으로써 그 관련성이 드러납니다. 그림

---

15) 가장 기본적인 것들 중 하나로, 톰슨은 생명체에서의 형태와 힘의 관계를 빼어나게 해명해 주고 있다. 얼핏 대조적으로 보이는 형태의 문제와 힘의 문제를 함께 엮어서 설명해 주고 있는 것이다. "한 대상의 형태는 '힘들의 다이어그램'이다(the form of an object is a 'diagram of forces')."(p. 11)

16) D'Arcy Thompson, *On Growth and Form*, pp. 299~300.

〈그림 12〉 다양한 방식의 좌표(co-ordinate) 변환

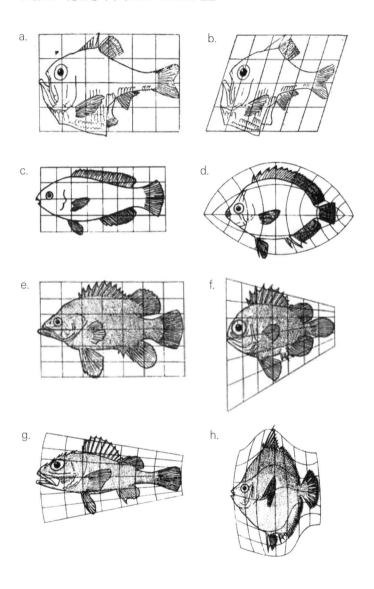

a와 b는 두 물고기가 데카르트 좌표와 사각斜角 좌표(그림의 경우 70°)의 관계를 통해서 서로 연계되어 있음을 보여 주고 있습니다. c와 d의 경우는 데카르트 좌표와 동축同軸 좌표의 관세를 반영하는 물고기들을, 그리고 e~h의 물고기들은 데카르트 좌표, 삼각 좌표, 복사輻射 좌표 사이의 변형을 반영하는 물고기들을 보여 주고 있습니다. 물고기들이 기하학적으로 어떤 연관성을 맺고 있는가가 인상 깊게 드러나고 있죠. 지금 이 경우는 생명체의 표면적인 형태만을 다루고 있지만, 심층으로 내려가 위상학적 탐구를 할 경우 매우 복잡한 연관성이 발견됩니다. 이런 식으로 생명체의 기하학을 상세하게 파헤치고 그 심층적인 의미를 파헤친 것이 바로 다시 톰슨의 공헌입니다. 이때만 해도 컴퓨터가 없었는데, 지금은 컴퓨터로 훨씬 수월하게 작업할 수 있죠.

르네 톰은 다시 톰슨이 직관적인 방식으로 수행한 이 작업을 급변론을 사용해 보다 이론적이고 추상적인 수준으로 발전시킵니다. 예컨대 앞에서 본 주름, 구김살, 제비꼬리, 나비 같은 급변들을 생명체의 위상 구조 파악에 적용하고 있죠. 우리가 변형을 더욱 미세하게/연속적으로 행할 경우 '미분적 변이'differential variation라 부를 수 있을 변이를 행해 볼 수 있겠죠? 그러다가 어떤 급변점을 만나게 되면 위상학적으로 상이한 형태를 만나게 되는 것입니다. 이 과정은 수학적으로 말하면 근대적인 무한소미분(나아가 해석학)과 현대적인 위상수학이 결합되어 있는 이론이라고 할 수 있습니다. 이렇게 탐구할 경우 톰슨의 형태학을 더욱 정교화할 수 있고, 바로 이런 과정으로 나아간 인물이 르네 톰인 것입니다. 그러나 르네 톰의 이론은 아직 생물학자들 사이에 퍼져 나가고 있는 것 같지는 않습니다. 오늘날 생물학이라는 담론은 철저하게 실험에 의해 지배되고 있습니다. 톰의 이론은 아직까지도 다분히 이단적인, 아니면 적어도 상당히 낯선 이론이죠. 그러나 상당히 매력적인 작업입니다.[17]

또, 같은 종에 속하는 개체들이 서로 다른 크기, 생김새를 띠고 있으면서도 결국 같은 형태를 띠는 것은 왜 그럴까요?[18] 수태한 사람의 난자가 여러 상황을 무릅쓰고 결국 인간으로 화하는 구조적 안정성은 어디에서 유래하는 것일까요? 그것은 결국 같은 종에 속하는 개체들이 서로 위상학적으로 동형이기 때문입니다(이런 입장을 취할 때, '개체군'에 자리를 내주었던 '종' 개념이 다시 목소리를 내기 시작합니다).

---

17) 근래에 톰슨과 톰의 작업을 잇는 작업들이 많이 나오고 있다. 다음을 보라. Jaap A. Kaandrop, *Fractal Modelling: Growth and Form in Biology*, Springer-Verlag Telos, 1994. J. C. McLachlan, *On Growth and Form: Spatio-temporal Pattern Formation in Biology*, eds. M. A. J. Chaplain & G. D. Singh, Wiley, 1999. Philip Beesley and Sarah Bonnemaison(ed.), *On Growth and Form: Organic Architecture & Beyond*, Tuns Press, 2008.

18) 사실 이런 문제의식 자체가 구조주의적인 문제의식이다. 종이 아니라 '개체군'(population)을 사유하는 사람들이 볼 때는 종이란 하나의 추상물에 불과하며, 사유해야 할 것은 개체군의 통계학이기 때문이다. 급변론이 일종의 '후기구조주의'적 성격을 띠는 것을 이런 맥락에서 음미해 볼 수 있다. 이케다 기요히코는 구조주의적 발상에 입각해(일례로서 다음 구절을 들 수 있다. "DNA 레벨에서 다양한 변이가 일어난다 해도 기능이나 형질을 변화시킬 수 있는 변이는 시스템과 협조하는 극히 일부만이 [부모가 될 수 있는 형태로] 살아남을 수 있고, 그 나머지 대부분의 DNA 변이는 아예 생존을 허용받지 못하고 만다. 그런 점에서 볼 때 DNA의 변이 자체는 우연일지 모르지만, 그 중에 어떤 DNA의 변이가 살아남느냐는 우연이 아니다. 변이 개체가 부모가 될 수 있느냐 없느냐는 실로 시스템에 구속되어 있기 때문이다." 『굿바이 다윈?』, 158~159쪽), 미분적 변이들이 사실상 구조/시스템에 지배를 받는다는 점을 강조한다. 이는 철저한 생성/우발성을 강조하면서 '창조적 절화'(involution créatrice)를 주장하는 들뢰즈/가타리 등의 생명철학과 대조된다.

생물학사를 공부한 사람들은 '조직화의 도안plan'이라는 말을 아실 겁니다. 19세기에 이 도안 개념이 개발되었는데, 급변론은 바로 이 도안 개념을 위상학적으로 정교화하고 있는 것이죠. 19세기 이래 다루어져온 생명체의 조리條理를 위상학적으로 파악한 것이 르네 톰의 공헌입니다. 이 위상학적 구조란 방금도 말했지만 'diffeomorphism' 즉 생명체의 구조를 연속적으로/미분적으로 변이시켜 볼 때 나타나는 변형들과 그 과정에서 나타나는 특이점들, 즉 급변점들로 구성됩니다. 이 점들을 파악함으로써 생명체들의 'plan'을 탐구할 수 있고, 표면적인 형질들을 넘어 심층적인 구조적 통일성을 밝혀낼 수 있는 것입니다.

또 하나 언급할 만한 생각은 생명체들 사이의 '유비'analogy에 관한 이론입니다. 이것은 상이한 종들의 위상 구조가 넓은 안목에서는 통합될 수 있다는 생각입니다. 다양한 생명체들의 기본 도안이 사실은 상당한 유사성을 띠고 있고, 극단적으로 말하면 모든 생명체가 어떤 '원형'의 변형들일 수도 있다는 생각이죠. 이런 식의 생각은 대표적으로 19세기 초에 활동했던 조프루아 생-틸레르가 제시한 생각입니다. 그러나 퀴비에와의 논쟁을 통해서 비판받죠. 그런데 급변론은 이 유비 이론에 새로운 빛을 던집니다. 아까 조직화의 도안에서 도안 개념을 급변론을 통해 정교화한다는 이야기를 했는데, 바로 이 도안들이 수학적인 차원에서 보다 보편적인 형식으로 통합될 수 있다는 이야기죠. 결국 생명체의 기하학이란 생명체들의 특이성을 파악하는 담론인데, 그 특이성들의 구조가 어떤 원구조로부터 조금씩 발전된 형태라는 것이 증명된다면 적어도 형태학적인 차원에서 유비 이론이 다시 성립하는 것입니다. 아까 보여 드렸던 톰슨의 그림들도 이 점을 시사합니다만, 이 위상학적 동형성topological isomorphism에 입각한 새로운 형태의 본질주의와 니체-베르그송 이래의 철저한 생성존재론 사이의 대결은 현대 과학/존재론의 가장 흥미로운 대결 ── 신족과 거인족의 투쟁 ──이라 하지 않을 수가 없습니다.

§11. 형상철학의 부활

이제 형상철학의 철학사적 맥락을 짚어 봅시다. 우선 연속과 불연속의 문제가 중요합니다. 근대 과학의 대표적인 수학적 양식은 해석학analysis이죠. 해석학을 사용한 사물 분석이 근대 과학의 전형을 형성합니다. 우선 연구의 대상을 잡습니다. 일단 연구하려 하는 하나의 계system를 구획하는 것에서 출발합니다. 그 다음 그 계를 구성하는 주요 변수들/변항들을 파악합니다. 예컨대 열역학에서는 어떤 계를 서술하기 위해 부피, 압력, 온도 등을 중시하죠. 각 과학들은 각자의 관심사에 따라 변수들을 상정합니다. 똑같은 하나의 방 안에 있는 사람들의 경우라 해도 어떤 과학이냐에 따라 포착하는 변수가 다릅니다. 사회학자라면 방 안 사람들의 사회적 계급에 주목할 것이요, 의사라면 사람들이 걸린 병들에 주목할 것이요, 정치학자라면 각 사람들이 여당 성향인가 야당 성향인가에 주목할 것입니다. 그러니까 과학은 객관성에서 출발하는 것이 아닙니다. 오히려 주관적인 관심에서 출발하죠. 대상의 획정, 변수의 수립은 각 개별 과학들의 관심에 따르는 것입니다. 각각의 과학은 존재하는 전체를 특정한 계로 그리고 특정한 변수들로 추상해내는 작업에서 출발하는 것입니다.

두번째 과정은 바로 이 변수들을 측정하는 작업입니다. 그 측정의 결과를 '데이터'라고 하죠. 각 과학은 각자가 포착한 변수에 입각해 데이터를 추적합니다. 수학 같은 형식적 과학formal science이나 철학 같은 선험적 과학transcendental science이 아닌 개별 과학들 즉 '실증적 과학들'positive sciences은 반드시 데이터에 입각해야 합니다. 데이터의 충실성이 확보되어야 진정한 실증 과학이죠. 그러나 데이터를 모아놓았다고 그것이 '과학'은 아닙니다. 과학의 핵은 이론에 있지요. 그리고 이 데이터의 수립에서는 기술적 장치들(실험 기구들)이 중요한 역할을 합니다. 세번째 단계는 바로 그 데이터들을 이론의 틀로 해석해야 합니다. 특히 그것들에서 어떤 수학적 연관관계를 읽어내는 것이 핵심이죠. 즉, '함수관계'를 파악해야 합니다. 그리고 그렇게 수립된 함수관계를 대개 미분방정식으로 표현하죠(물론 텐서방정식이라든가 다른 수학적 형식들도 사용합니다). 고도의 과학 서적들은 미분방정식들로 가득 차 있죠.

과학적 작업에서는 종종 시각적 장치가 동원되는데, 대표적인 것이 그래프이죠. 대수적으로 포착한 것을 기하적으로/시각적으로 공간화하는 장치가 그래프입니다. 때로 세번째와 네번째의 순서가 바뀌기도 합니다. 우선 데이터를 그래프로 찍어 놓고서 그 그림을 바탕으로 함수를 만들기도 하죠. 다섯번째로는 이 함수/그래프를 해석解釋합니다. 예컨대 $\frac{dx}{dt} = -3$은 무엇을 '뜻하는지'를 해석합니다interpret. 이것은 "시간에 따른 변수 x의 변화 추이는 1:3의 비율로 가파르게 감소한다"는 것이죠. 또, 2차 도함수는 1차 도함수 자체의 증가/감소를 뜻합니다. 여러 변수들이 있을 때, t를 매개 변수로 해서 그것들 사이의 관계를 수립하죠(왜 꼭 t입니까? 모든 변화는 결국 시간에 대한 변화이기 때문이죠). 때로는 미분방정식을 풀어 적분 상수를 구합니다(예컨대 파동방정식을 풀면 네 개의 적분 상수가 나오죠). 그러면 그 적분 상수들을 '해석'합니다. 이런 해석의 과정이 중요합니다. 마지막으로, 이렇게 해석한 수치들과 현실의 관계를 파악합니다. 데이터에서 이론으로 갔지만 이제 다시 이론에서 현실로 내려오는 것이지요. 간단한 예로, 방정식의 해解가 ±3이 나왔을 때 맥락에 따라 +3이나 −3을 선택하죠. 그렇게 해서 수학과 현실을 상응시킵니다.

그런데 계가 복잡하면 복잡할수록 변수들(우리가 앞에서 말한 '상태 변수들')의 수가 많아집니다. 경우에 따라서는 수십, 수백의 변수들이 필요하죠(이 수가 정해져 있는 것은 아닙니다. 그 계를 어디까지 정교하게 파악할 것이냐를 정하기 나름이죠). 이 수많은 변수들에 관해 미분방정식을 세우는 것은 불가능합니다. 이때 필요한 것이 질적 연구죠. 해석학을 통해 그 계를 완벽하게 양적으로 포착하려 하기보다는 그 계의 질적인 성질만을 포착하는 것입니다. 이 질적 방법들 중 하나가 바로 급변론입니다. 급변론은 바로 한 계가 내포하고 있는 특이점들을 잡아냄으로써, 그 계의 모든 세세한 점이 아니라 그 핵심적인 뼈대를 잡아낼 수 있는 것이죠. 근대 과학은 덮어놓고 양적인 것을 우위에 놓는 경향이 있습니다. 그래서 예컨대 캘빈 같은 사람은 "질적인 것은 단지 불완전한bad 양적인 것일 뿐이다"라고 말합니다. 또, 러더퍼드는 "질적인 것은 단지 빈약한poor 양적인 것일 뿐이다"라고 말합니다. 그러나 대상을 양적으로 볼 수도 있고 질적으로 볼 수도 있죠. 맥락에 따라 다를 뿐입니다.

이 문제는 수학에서의 연속성과 불연속성에 관련됩니다. 고대 기하학은 불연속의 기하학이죠. 모든 수학적 도형은 각자의 '본질'을 가지고서 불연속적으로 존재합니다. 원은 원이고 사각형은 사각형이죠. 그러나 근대 기하학은 연속의 기하학이죠. 여러분들이 고등학교 때 배운 '극한'이니 '순간 도함수'니 하는 개념들을 떠올려 보세요. 미적분학 나아가 해석학이란 결국 극한을 다루는 담론이고, 이것은 다른 말로 하면 연속성을 다룬다는 것입니다. 도형은 즉자적으로 주어지는 것이 아니라 하나의 점이 움직여 조금씩 형성되는 것이죠. 이 해석학을 자연에 적용했을 때 베르그송의 말처럼 "어느 지점에서나" 운동을 파악할 수 있는 것입니다. 이런 생각이 우선 가속도 개념에 적용되었고 오늘날의 과학으로 발전한 것이죠. 베르그송의 연속주의는 바로 이런 과학사적 흐름을 외삽한 것입니다.

그러나 현대 사유는 베르그송을 넘어 다시 불연속의 사유를 개척했습니다. 물론 연속과 불연속은 서로 상대적인 개념이기 때문에 하나가 다른 하나를 무화시키진 않습니다. 하나가 무화되면 다른 하나도 의미를 상실하죠. 연속/불연속에 관련되는 수많은 맥락들이 있다고 해야 합니다. 가로수가 늘어서 있을 때, 그 간격의 일정함에 초점을 맞추면 연속적이라 할 수 있고 나무들이 떨어져 있다는 사실에 초점을 맞추면 불연속적인 것이죠. 이렇게 상대적인 개념쌍이라는 것을 염두에 두어야 합니다. 그러나, 현대 프랑스 사상에 초점을 맞추는 한에서, 대체적으로 베르그송에서 그 이후의 사유들로 옮겨 가면서 불연속의 의미를 다시 발굴해냈다고 볼 수 있습니다. 우선 바슐라르가 그랬고, 다음에는 구조주의 사유가 그랬습니다. 또, 아날 학파의 '계열사'가 그렇고, 미셸 푸코의 고고학, 알튀세르의 구조주의적 인과론 등이 다 그렇죠. 한마디로 베르그송적 지속철학에서 보다 합리주의적인 철학으로 선회했다고 할 수 있습니다. 급변론은 바로 이런 흐름에서 이해할 수 있습니다. 그런 점에서 사상사적으로는 후기구조주의에 수학적 기초를 부여한 담론으로 위치 지을 수 있는 것이죠.

보다 넓은 맥락에서 본다면, 급변론은 형상철학의 부활을 가져온 담론이라고 볼 수 있습니다. 현대 철학은 플라톤이 간과했던 시뮬라크르의 차원에 새로운 의미를 부여함으로써 사유의 새로운 영역을 개척했다는 이야기를 한 적이 있습니다. 그러나 시뮬라크르를 긍정하는 것이 과연 반드시 형상을 부정하는 것인가를 생각해 봐야겠죠. 현대 철학은 대체적으로 반플라톤적인 형태를 띠고 있다고 할 수 있습니다. 니체, 베르그송, 하이데거 등이 그렇고, 오늘날의 들뢰즈, 데리다 등도 그렇습니다. 그러나 사태는 간단하지 않습니다. 알랭 바디우나 르네 톰 같은 플라톤주의자들도 있고, 또 들뢰즈의 경우에도 단순히 반플라톤주의자로 보는 것은 무리입니다(그렇다고 바디우가 그랬듯이 플라톤주의자로 보는 것은 더더욱 무리입니다만). 어쨌든 현대 철학의 표면적인 분위기는 반플라톤적이지만, 보다 넓은 시각으로 본다면 여전히 플라톤적 사유들도 많은 것이죠. 사태를 너무 단순화하면 곤란합니다.

근세 과학이 아리스토텔레스의 사원인설에서 형상인과 목적인을 추방했다는 것, 운동인을 중시했다는 것, 그래서 근세 이래의 과학은 미래의 의미가 과거를 '끌어당기는' 측면은 간과하고 오로지 과거가 미래를 '미는' 것만 연구해 왔다는 것, 이런 이야기들은 여러분들이 철학사나 자연과학사 배우면서 익숙하게 들었을 겁니다. 그런데 급변론의 의미를 고대 철학과 연관시킨다면, 한마디로 형상인의 부활이라고 할 수 있습니다. 형태학에서의 '형태'가 고차원적인 형태인 한에서 형상의 개념이 다시 부활하고 있다고 하겠죠. 근대 과학은 사물의 형상/구조에는 많은 주목을 하지 않았습니다. 운동을 해석학적으로 파악하는 데 주력했죠. 그래서 운동을 "어느 시점에서나" 파악할 수 있었고, 때문에 예측을 할 수 있었습니다. 그리고 사물들을 다루는 그런 기법을 이용해서 거대한 기술문명을 건설할 수 있었죠. 하지만 기술문명을 본래적 의미에서의 과학과 동일시하는 것은 곤란합니다. 다만 기술문명이 자본주의 및 대중문화와 결탁해 현대 사회를 장악하고 있는 것뿐입니다. 근대 과학적인 사물 이해를 '진리'와 동일시하는 것은 곤란하죠. 사물을 이해하는 다각도의 관점을 가지는 것이 중요합니다.

형상/구조는 근대 과학적 의미에서의 법칙과 성격을 달리합니다. 형상/구조가 어떤 존재의 공간적 존재 양식을 가리킨다면, 법칙은 그 시간적 존재 양식을 가리킵니다. 법칙을 실증주의적 입장에서 본다면, 콩트와 마흐의 말처럼 우리에게 드러난 '데이터들'의 규칙성(반복되는 성질들)을 가장 경제적으로 서술한 것입니다. 또 합리주의적으로 보면, 현상들을 그 '경우들'로 가지는 그리고 시간을 그 안에 응축하고 있는 탈물질적 존재로 이해됩니다. 어느 경우든 법칙 개념 안에는 인과 개념이 암암리에 함축되어 있습니다. 전항과 후항 사이의 인과관계가 계속 이어지는 모양새죠. 고대 철학으로 말하면 운동인에 무게중심이 있는 겁니다. 바로 이런 서술을 가장 뛰어난 방식으로 실현시켜 준 것이 해석학이죠. 앞에서 근대 과학의 핵심은 해석학에 있다고 한 것은 이런 맥락에서입니다. 반면 형상/구조는 한 대상의 형상인을 탐구하는 것이죠.

그러나 형상과 구조도 다릅니다. 형상철학이 감각적 인식을 넘어서려고 한 것은 물론이지만, 결국 그리스의 형상철학이나 동북아의 성리학 등은 우리의 지각에 나타난 차이들(그러니까 성질들)을 기반으로 한 것이죠. 근대 이전의 대부분의 형이상학 체계들은 이 감각적 성질들을 넘어서려 했지만, 그것들이 그 넘어섬을 위해 구사한 상상력의 원재료가 된 것은 사실 우리 지각에 나타나는 기본 성질들이었습니다. 그래서 형상들의 체계는 일상적인 사물들의 체계를 반영하고 있는 것이죠. 고전적인 사상들이 아무리 단순히 지각된 현실을 넘어서려 해도, 그것들에는 아직 그럴 수 있는 도구들이 없었습니다. 현실의 지각과 일상 언어 그리고 상상력만이 존재했죠. 반면 구조는 이미 인류가 여러 실질적-개념적 장치들을 통해 고도의 추상적인 사유 체계들을 거친 이후에 나온 개념입니다. 그래서 형상과 구조 사이에도 차이가 있게 됩니다.

구조는 사물 하나하나가 아니라 사물들 사이의 관계에 기반하는 사유이고(근대 과학이 이미 '관계'의 사유를 개척했다는 것을 생각하면, 구조는 이런 사유를 일단 거쳐서 형성되었다는 사실을 알 수 있습니다), 고전적인 집합론적 포함관계에 기반하기보다는 장의 논리에 기반한 사유입니다. 그리고 상당히 높은 추상도를 내포하고 있죠. 그런데 이 구조 개념에 시간의 차원을 도입할 경우 논의가 매우 복잡해집니다. 우리가 흔히 (편의상의 표현이지만) '후기구조주의'라 일컫는 사유들은 구조주의에 시간의 차원을 도입하고자 했습니다. 급변론 역시 이런 맥락에서 이해할 수 있죠. 앞에서 보았지만 급변론은 형상철학을 부활시키고자 하지만, 그 형상은 이제 시간 속에서 변형되어 가는 형상입니다. 그리스 철학에서의 형상보다 훨씬 복잡하고 유연한 형상이죠. 복잡하다는 것은 이전의 형상 개념이 담지 못했던 측면들을 담는다는 뜻이고(4강에서 복잡성을 논했습니다만, 이렇게 복잡성 개념은 현대 과학의 주요 장소들에서 계속 출현합니다), 유연하다는 것은 변화, 시간에 더 잘 적용된다는 것이죠. 이 점에서 급변론은 베르그송적 생성 존재론과 구조주의를 이미 거친 이후에 새롭게 탄생한 역동적 형상철학이라고 할 수 있습니다.

6강_카오스모스

§12. 카오스와 코스모스

4강에서는 프락탈 이론을 가지고서 복잡성을 이야기했고, 5강에서는 급변론을 가지고서 형태발생을 이야기했습니다. 4강에서는 주로 형태적인 차원에서의 복잡성을 논했다면, 5강에서는 형상/구조 개념의 복잡화와 더불어 특히 형상의 생성을 논했습니다. 이제 오늘 6강은 복잡계 이론에 초점을 맞추어 '카오스모스'chaosmos에 대해 이야기해 봅시다. 복잡성이 전체와 부분을 둘러싼 논의이고, 형태발생이 연속과 불연속을 둘러싼 논의라면, 카오스모스는 질서와 무질서를 둘러싸고 이루어지는 논의라고 할 수 있습니다.

　오늘 이야기할 내용은 어떤 면에서는 지난 논의들에서 한 이야기들을 모두 종합하고 응축하는 이야기라고도 할 수 있습니다. 1~3강에서 라이프니츠의 자연철학을 논하면서 복수성, 힘/에네르기, 주름을 논했고, 4강에서는 복잡성을, 5강에서는 형태발생을 논했습니다만, 이제 오늘 이야기할 복잡계 이론에는 이런 논의들이 종합적으로 흘러 들어가 있습니다. 이 점에서 복잡계 이론은 라이프니츠적 사유의 통찰들 그리고 현대 과학의 여러 분야들이 녹아 들어가 있는 대표적인 종합적 담론이라고 할 수 있고, 오늘날 가장 활발하게 논의되고 있는 분야이기도 합니다.[1] 그리고 이 분야는 오늘날의 존재론을 대표한다고 할 수 있는 들뢰즈의 존재론과 상당 부분 통합니다. 에우클레이데스 기하학과 플라톤의 철학, 진화론과 베르그송 철학 등등, 과학과 철학이 서로 밀접하게 연관되어 있는 경우가 많은데(과학, 철학, 예술이 성격이 매우 다르지만, 같은 시대를 호흡하는 과정에서 심층적으로 상통하는 경우가 많죠), 복잡계 이론과 들뢰즈의 존재론도 마찬가지죠. 1968년에 출간된 『차이와 반복』은 20세기 후반에 전개된 복잡계 과학의 많은 측면들을 개념적으로 선취하고 있습니다.

'카오스모스'라는 말은 물론 '카오스'라는 말과 '코스모스'라는 말이 합쳐진 것이죠. 현대의 세계관을 함축적으로 담고 있는 말입니다. 카오스와 코스모스는 늘 대립적으로 이해되어 왔죠. 카오스를 두려운 것으로 보고서 코스모스를 추구한 경우도 있고(다수의 세계관이 이런 구도를 취합니다), 오히려 잘 정리된 코스모스를 작위적인 것으로 거부하면서 카오스를 추구한 경우도 있습니다.[2] 그런데 이 둘이 합쳐진 '카오스모스'라는 신조어가 생겼다는 것은 예사롭지 않은 일이죠.

---

1) 오늘날(1990~2000년대) 진행되고 있는 복잡계 이론(Complex Systems Theory)은 1950~60년대에 등장한 사이버네틱스(Cybernetics), 1970년대에 등장한 (5강에서 논의한) 급변론(Catastrophe Theory), 그리고 1980년대에 전개된 카오스 이론(Chaos Theory)을 모두 종합하고 있다(이상 네 가지 이론을 "4C Theory"라 부른다).

이 말에는 현대적인 자연관/사물관의 핵심이 담겨 있다고 할 수 있습니다.

　카오스는 무질서 상태를 가리킵니다. 대부분의 우주 발생설은 처음에 카오스를 상정하죠. 처음에 카오스가 있었고 그후 질서가 탄생해 코스모스가 되었다고 생각합니다. 카오스에 질서가 부여되었다고 보는 생각도 있고(예컨대 무형의 돌에 어떤 형상이 부여되는 경우를 생각해 보면 됩니다. 그리고 이럴 경우, 당연히 조각가가 있겠죠. 이것이 제작적 세계관입니다), 카오스 자체에 질서가 잠재해 있다가 점차 구체화되면서 표현되었다고 보는 생각도 있습니다(이는 외부의 원인을 도입할 필요가 없는, 이른바 '내재적인'immanent 세계관이죠). 많은 경우 코스모스는 카오스를 극복하고서 성립하는 것으로 표상됩니다. 카오스에서 코스모스로 넘어오면서 어둠으로부터 빛으로, 또 비합리적 세계로부터 합리적 이해가 가능한 세계로 넘어왔다는 것이죠. 코스모스라는 말은 '우주'로 번역되는데, '우宇'란 공간차원(질서 지어진 공간)을 말하고, '주宙'란 시간차원(질서 지어진 시간)을 말합니다. 그래서 '우주'라는 말 자체가 단순한 외연적 의미가 아니라 그 안에 질서라는 내포적 의미를 담고 있는 것이죠.

---

2) 『장자』의 유명한 구절이 이런 생각을 보여 준다. "남해의 제(帝)는 숙(儵)이고 북해의 제는 홀(忽)이고 중앙의 제는 혼돈(混沌)이다. 숙과 홀이 때때로 혼돈의 땅에서 함께 만났는데, 혼돈이 그들을 매우 잘 대접하였더니, 숙과 홀이 혼돈의 은덕에 보답하려고 함께 상의하여 이렇게 말했다. '사람들은 모두 일곱 개의 구멍이 있어 보고 듣고 먹고 숨 쉬는데, 이 혼돈만은 없으니, 시험 삼아 구멍을 뚫어 줍시다' 하고는 하루에 한 구멍씩 뚫었더니 칠일 만에 혼돈이 죽어버렸다."(「응제왕」, 『장자』, 안병주·전호근 옮김, 전통문화연구회, 2001.)

자, 그런데 이렇게 서로 대립적인 의미를 띠어 온 두 말이 하나로 합쳐져 '카오스모스'가 되었습니다. 무질서하고 이해 불가능한 카오스와 질서를 함축하는 코스모스가 어떻게 만나 '카오스모스'가 될 수 있는지 한번 봅시다. 우리가 복잡성에 대해 이야기하면서 프락탈 이론을 논했고, 형태발생에 대해 이야기하면서 급변론을 논했는데, 이제 카오스모스에 대해 이야기하면서 복잡계 이론을 살펴봐야겠어요. 그렇지만 우선 카오스 현상을 보기 전에 보다 고전적인 과학의 특성이 어디에 있는가를 보고, 그후 그 특성과 카오스 현상이 어떤 면에서 대립하는가를 보는 것이 좋겠습니다. 앞의 이야기들과 좀 중복되는 감도 있지만, 우선 서구에서 발달한 고전적인 자연과학의 성격을 현재의 맥락에 국한해 살펴봅시다.

§13. 근대 과학과 결정론

우선 환원주의를 들 수 있어요. 고대의 자연철학 이래 고전적인 과학은 기본적으로 환원주의적인 입장을 취합니다. 환원주의란 우리 감각에 나타나는 잡다한 것들, 가변적이고 순간적인 것들, 감각적인 것들을 우리 이성으로만 포착 가능한 것들, 보편적이고 필연적인 것들, 영원하고 절대적인 것들로 환원하는 것이죠. 여기에서 '환원한다'는 것은 강하게 말하자면 감각적인 것의 존재를 아예 부정하는 것이고, 약하게 말하자면 감각적인 것은 가지적인 것의 타락한 모습, 그 외관外觀, 그림자에 불과하다고 보는 것입니다. 이것이 '환원'이라는 말의 의미입니다.

서구의 과학과 형이상학의 이런 시각은 철학이 처음 탄생했을 때의 상황에서 비롯합니다.[3] 여러분들이 철학사를 공부할 때 보셨겠지만, 철학이라는 담론의 탄생 자체가 바로 'archê'를 찾으려는 노력과 더불어 이루어졌습니다. 이런 초기 조건이 그후 담론사를 오랫동안 지배하게 된 것이죠. 모든 것의 근원, 모든 것이 그리로 소급되어 설명되는 원리 같은 것들이 철학자들의 꿈을 지배하게 됩니다. 이런 점에서 동북아 문화와 상당히 다릅니다. 동북아 사유는 불교가 들어와서야 비로소 본격적인 형태의 '형이상학적 사유'를 알게 되죠. 그 전에는 노자와 장자의 사유가 비교적 형이상학의 성격을 띠었다고 할 수 있습니다. 대부분 매우 현실적이고 구체적인 담론들이었죠. 그런 차이는 지금도 지우기 힘든 흔적을 남기고 있지 않나 싶습니다. 이에 비해 감성적 세계를 가지적 세계로 환원시키려는 시도는 서구 과학과 형이상학을 끈질기게 지배합니다.

서구의 과학과 형이상학은 세계의 '제1 동인', '제1 원리'는 무엇인가? 가장 기본적인 질료는 무엇인가? 가장 근원적인 실재, 실체, 본질은 무엇인가? 이런 식의 질문들을 꾸준히 던져 왔죠. 이런 질문들은 결국 가시적인 다多를 비가시적인 일一로 환원시키려는 생각입니다. 그래서 잡다한 이 현상계 아래에서 영원한 것을 찾으려고 했던 것이죠. 서구의 위대한 철학 체계들이나 과학적 성과들은 이 질문에 대한 대표적인 답변들을 내놓았습니다. 이런 꿈이 있었기 때문에 개체, 사건, 이미지가 지배하는 일상과 비교적 단순한 지식들을 넘어 이론

---

3) 이정우, 『세계철학사 1: 지중해세계의 철학』(길, 2011), 1, 2장을 보라.

적인 과학들과 형이상학의 수준에까지 도달할 수 있었습니다. 그러나 이 때문에 역으로 개체, 사건, 이미지, 일상 등을 폄하하게 되는 부작용도 가져왔죠. '실재-리얼리티'의 너무 일방적인 추구는 결국 '현실-리얼리티'를 등한시하게 됩니다.

두번째로 들 수 있는 것은 '분석'입니다. 세상을 합리적으로, 과학적으로 인식한다는 것은 도대체 무엇을 뜻하는가? 여러 가지 답이 있겠지만, 무엇보다도 우선 분석적으로 인식한다는 것을 뜻합니다. 그래서 물리학자는 물질을 분석하고, 경제학자는 경제 현상을 분석하고, 언어학자는 언어를 분석하는 것이죠. '분석한다'는 말은 그리스어 'analyô'에서 나왔습니다. 쉽게 말하면 얽혀 있는 실타래를 푸는 것이죠. 우리에게 복합적인 것, 많은 차이들을 담지하는 것으로 나타나는 사물, 현상을 그것들을 구성하고 있는 보다 단순한 것들로 나누어 풀어내는 것이 분석이죠. 우리가 마주치는 사물들, 현상들은 모두 복합체로서 나타납니다. 그런데 고전적인 과학은 복합체를 어떤 단순한 것들의 합으로 봅니다. 예컨대 소금물은 소금과 물의 합이고, 소금은 나트륨과 염소의 합, 물은 수소와 산소의 합입니다. 이렇게 사물을 계속 분석해 갑니다. 그 마지막에는 가장 '단순한' 것, 타자를 단 하나도 내포하고 있지 않은 것 즉 '순수한' 것, 오로지 '그 자체일 뿐인' 것이 있다는 신념이 깔려 있죠. 그래서 과학은 끝없이 세포 → 분자 → 원자 → 소립자 → …… 이렇게 가장 궁극적으로 단순한 것을 찾아가는 것이죠. 원소니 음소니 신화소니 할 때의 '~소素'라는 말이 바로 과학의 이런 분석적 성격을 잘 나타냅니다.

가장 단순한 것을 찾고 난 다음에 할 일은 이제 거꾸로 이 단순한 것들이 어떻게 결합되었길래 지금 우리가 보고 있는 이 사물, 이 현상으로 나타나게 되었는가를 밝히는 일이죠. 이것은 바로 '종합'의 과정입니다. 이런 생각에는 바로 분자는 원자의 조합/배열이고, 세포는 분자의 조합이라는 식의 생각이 깔려 있습니다. 그래서 자연과학은 형상철학에서처럼 '구현'을 이야기하거나 라이프니츠, 동북아 사유 등에서처럼 '표현'을 이야기하는 것이 아니라 늘 '조합'을 이야기하는 것이죠. 그리고 그 조합을 서술할 수 있게 해주는 언어가 바로 수학입니다. 이렇게 사물을 나누고 붙이는 과정에는 물론 1)이 세계 전체를 일정한 계界, 사물, 현상, 사태 등으로 나눌 수 있고, 또 그렇게 나눈 사물들도 계속 나눌 수 있다는 존재론적 분절/분석에의 신념, 2)그리고 이렇게 가장 매끈하게 나누고 붙일 수 있는 존재는 역시 공간이라는 점에서 근본적으로 공간을 지향하는 성향, 3)전체는 부분들의 합이라는 논리, 4)더 이상 나눌 수 없는 가장 단순한 것이 분명 있을 것이라는 가정, 5)사물들을 오리고 붙이는 것을 즐기는 경향, 6)사물들을 대하는 태도에 있어 '조작'으로 기우는 관심 같은 것들이 깔려 있습니다.

세번째로 말씀 드릴 것은 양화와 함수화입니다. 방금 분석 이야기를 했습니다만, 분석 자체가 '크기'에 관련되죠. 더 큰 것을 더 작은 것으로 나누는 것인데, 여기에서 벌써 양적인 관심사가 지배하고 있습니다. 이와 더불어 앞에서 상태 변수 이야기를 했는데 이 상태 변수들에 들어갈 값들을 측정하는 것이 자연과학의 핵심적인 과정들 중 하나입니다. 측정이야말로 자연과학의 토대죠. 그렇게 측정한 것을 '데이터'라 합니다. 라틴어 'data'는 '주어진 것들'이라는 뜻이죠. 그래서 철학에서는 주로 '소여'所與로, 자연과학에서는 주로 '자료'資料로 번역합니다. 그런데 엄밀히 말하면 그냥 '주어진 것'이 아니죠. 이미 인간의 양적 관심이나 측정 도구를 전제하는 한에서, 이들에게 즉 인식 주체에게 주어진 것입니다. 그런데 이렇게 인식 주체에게 주어지는 것들은 단지 우리의 생래적인 조건들에 입각해서만이 아니라 갖가지 기계적 장치들에 의한 것들도 포함합니다. 그래서 자연과학의 역사는 또한 측정 기계들의 역사이기도 하죠. 또한 동시에 자료들을 서술할 언어도 중요하죠. 같은 기구들을 사용해 얻은 결과라 해도 상이한 기호체계에 따라 상이한 서술 결과가 나올 수 있습니다. 그래서 측정의 단위라든가, 서술에 동원되는 수학적 개념들 또한 중요합니다. 자연과학에 있어 '주어지는 것들'이란 이렇게 단순한 의미에서의 '객관적인' 것이 아니라 객관적인 것과 주관적인 것의 복잡한 얽힘을 통해서 주어지게 됩니다.

그 다음의 과정, 핵심적인 과정은 측정된 양들 사이의 함수관계를 추적하는 것입니다. 변하는 양들 즉 변량變量들 사이의 관계를 추적하는 것이 과학적 작업의 핵심입니다. 그래서 열역학은 부피, 압력, 기온을 측정해 그 자료들 사이의 함수관계를 파악하고, 경제학자들은 수요와 공급 사이의 함수관계를, 의사들은 혈압과 체온과 동공 확대율 사이의 함수관계를 파악하는 것이죠. 예컨대 $f(x, y)$라는 것은 무엇을 뜻합니까? x도 어떤 변화하는 양을 대변하는 변수이고, y도 변수이죠. 이 두 변수 사이에 f라는 함수관계가 성립한다는 의미입니다. 그래서, 에른스트 카시러도 강조했듯이, 근대 과학의 탄생은 곧 함수 개념의 탄생(특히 가속도 개념의 탄생)과 더불어 발생했던 것이죠. 그리고 이 함수를 그래프로 '공간화/가시화'하고, 이 그래프나 함수를 이용해 사물들이나 현상을 '조작'하고, 그런 조작에 따라 미래를 '예측'하는 것이죠. 그리고 현실적으로는, 이런 기법들을 이용해 각종 '문명의 이기들'을 만들어낼 수 있었습니다. 우리가 살고 있는 현대 문명은, 자본주의와 대중문화 그리고 국가권력과 더불어, 이런 식의 사물 이해와 기술문명을 핵심 요소로 포함하고 있습니다.

네번째는 기계론을 들 수 있습니다. 사물을 간단한 모델을 가지고 설명하기 위해서 그 사물을 기계(물론 '이상 기계')로 보는 것입니다. 기계론에 대해서는 데카르트를 논할 때 언급했습니다만, 조심할 것은 기계론에도 여러 형태가 있다는 것입니다. 사실 모든 이론이 다 그렇죠. 기계론, 유물론, 유기체론……… 등 각 이론들이 한때 나타났다가 사라지는 것이 아니라 계속 정교화되기 때문에, 어떤 이론이 어느 시대의, 누구의/어떤 학파의 것을 가리키는지를 분명히 해야 합니다. 예컨대 가끔 책을 읽다 보면 어떤 이론이 생기론"이기 때문에" 틀렸다는 식으로 말하는 경우를 볼 때가 있는데(반대로 어떤 이론이 기계론 "이기 때문에" 무조건 틀렸다는 식으로 이야기하는 사람들도 있습니다), 이는 그릇된 생각이죠. 어느 시대의, 누구의/어떤 학파의 생기론인지를 분명히 해야 합니다(근대 생물학의 형성기에 생기론은 매우 중요한 역할을 했죠). 예컨대 가장 고전적인 기계론인 데카르트 사유 체계에는 힘 개념이 없었지만, 지금의 기계론은 힘 개념을 당연한 것으로 받아들이고 있습니다. 또, 현대 분자생물학도 전형적인 기계론적 사유 체계이지만, 이 기계론은 이미 물질, 에네르기, 정보 세 가지를 동시에 내포하는 기계론이죠. 그래서 어떤 기계론인지가 중요합니다. 어쨌든 근대 과학을 추동한 한 중요한 요소는 기계론적 관점입니다.

그런데 사물을 기계로 파악하고 기계로서 다룬다는 것은 결국 필연적 법칙성을 함축합니다. 기계라고 하는 것은 결정되어 있는 것이죠. 어떤 필연적 법칙, 필연적 원리에 따라 움직이는 것입니다. 완벽한 인과법칙, 완벽한 필연성에 따라서 움직이는 것이 기계죠. 그래서 이제 마지막이자 오늘 강의의 맥락에서 핵심적인 것으로 결정론을 들 수 있습니다. 베르나르가 『실험의학 입문』에서 강조한 바 있듯이, 과학이란 기본적으로 결정론을 전제로 합니다. 과학자의 고투는 결정론적 가정이 없다면 허망한 것이죠. 뭔가 법칙적인 것이 있으리라 생각하기 때문에 탐구하는 것 아니겠어요? 물론 현대에 들어와 비결정론적 세계관이 도래했고, 적어도 근대적인 형태의 결정론은 그 한계를 드러냈습니다. 하지만 그렇다고 과학적 작업이 결정론을 전제하지 않는 것은 아닙니다. 그래서 루이 드 브로이 같은 사람은 '강한 결정론'과 '약한 결정론'을 나누기도 했습니다. 어쨌든 결정론은 과학적 탐구의 대전제입니다.

필연적으로 결정되어 있다는 것은 말을 바꾸면 "안 봐도 안다"는 것이죠. 미래까지 가 보지 않아도 사물이 어떻게 움직일지 안다는 것입니다. 어떤 사물, 현상이 필연적인 인과에 따라 완전히 결정되어 움직인다면, 그 움직임의 법칙을 파악할 경우 그 사물, 현상의 움직임을 훤히 꿸 수 있겠죠. 물론 유한한 인간의 힘으로 초기 조건과 운동 법칙을 완전히 파악하기는 힘들기 때문에 불가능하지만, 원칙적으로는 그렇다는 것이죠. 이러한 근대 동역학의 기획은 특히 라플라스 학파에 의해 추구되었고, 나중에는 모든 동역학 계들을 통합해 하나의 통일적인 방식으로 연산할 수 있게 해주는 함수인 '해밀터니언'의 발견으로 절정에 달하게 됩니다. 안 봐도 안다는 것은 시간이 별다른 역할을 하지 못한다는 것을 뜻하죠. 사태가 이미 결정되어 있다면 시간이 흐르는 것은 다만 그렇게 결정되어 있는 사태들이 한꺼번에 펼쳐지기보다는 순차적으로 펼쳐지게 만드는 요인 이상의 의미는 없습니다. 흔히 근대 과학은 고중세의 형이상학을 극복한 것으로 논의되지만, 또 실제 그런 면들도 있지만, 사실 존재론적으로는 그 연속선상에 있다고 보아야 합니다. 그래서 메이에르송은 과학이라는 담론이 가지는 기본적인 성격이 바로 '시간의 제거'élimination du temps에 있다고 보았습니다. 여전히 파르메니데스의 그림자 아래에 있다는 것이죠.

더 나아가, 만일 시간이 이 우주 진화에 아무런 창조적인 역할을 하지 못한다면, 사실상 우주의 운동이 거꾸로 돌아가도 우주 법칙에는 하등의 영향을 미치지 않는다는 것입니다. 마치 영화 필름을 거꾸로 돌려도 영화 자체는 그대로인 것과 같죠. 베르그송이 과학적 세계 인식을 영화에 비유한 이유가 바로 이 점에 있습니다. 이런 성격을 '가역성'可逆性이라고 하죠. 이를 달리 말하면, 고전 동역학 체계에서 시간을 가리키는 변수를 t로 하든 $-t$로 하든 변화가 없다는 것을 뜻합니다. 이것은 수학적인 맥락에서는 고전 동역학의 방정식들이 우수의 지수(x^2, x^4)로 되어 있다는 것과 관련되죠.[4] 또 하나, 우주의 운동이 이미 접혀 있는 부채를 펼치는 것과도 같다고 할 때 그 펼쳐지는 속도 역시 방정식 체계에 영향을 미치지 않습니다. 우주가 눈 깜빡할 동안

---

4) Hans Reichenbach, *The Direction of Time*, University of California Press, 1956, pp. 30~32.

에 펼쳐진다 해도 마찬가지입니다. 시간이 아무런 역할도 못하는 것이죠.

이로부터 또 하나의 사항이 따라 나오는데, 그것은 바로 예측 가능성이죠. 바로 예측 가능성이 어떤 과학의 정밀도/엄밀함을 측정하는 기준이 됩니다. 그래서 보다 결정론적인 대상을 다루는 과학이 보다 '엄밀한' 과학으로 자리 잡죠. 지금 우리가 '엄밀하다'고 말하는 것에는 이런 전제가 깔려 있는 겁니다. 모든 실증 과학의 모델을 물리학에서 찾는 근대적 성향은 다름 아닌 이런 생각에 뿌리를 두고 있는 것이죠. 가장 규칙적인 대상인 물리적 대상들이 당연히 가장 예측 가능한 대상이기 때문입니다(이런 생각이 바로 환원주의, 기계론과 통한다는 것은 쉽게 알 수 있을 겁니다). 오귀스트 콩트 이래, 이런 전제 아래에서 과학의 위계가 형성됩니다. 하지만 이렇게 위계를 정한다면 물리학 위에는 용한 미아리 점쟁이가 놓이겠네요. 과연 한 담론의 '엄밀함'(이 말이 여러 의미를 가질 수 있다는 것을 생각해야 합니다. 이전 강의[5강, §10]에서 이야기했던 '정확성'의 상이한 의미들을 상기해 보세요)이 그 과학이 가지는 예측의 힘에 근거하는 것일까 하고 물어볼 필요가 있습니다.[5] 그럼에도 예측 가능성과 과학성은 흔히 동일시되고 있습니다.

사실 일반 대중이 '과학'이라는 말에 부여하는 힘은 결국 이 예측 가능성에 있습니다. 대중이 과학적 합리성과 객관성, 수학의 심오함이나 실험의 정밀함에 매료되는 것은 아닙니다. 대중을 지배하는 것

---

5) 다음을 보라. René Thom, *Prédire n'est pas expliquer*, Eshel, 1991.

은 이성이 아니라 감성, 수학이나 개념이 아니라 이미지, 과학이나 철학이 아니라 대중문화죠. 대부분의 사람들이 "과학"이라는 말을 듣고 떠올리는 것은 사실 과학보다는 기술입니다. 설사 과학 자체에 주목한다 해도, 대중에게 '과학'이라는 것이 가지고 있는 이미지에서 결정적인 것은 바로 예측 가능성이죠. 그런데 예측 가능성이란 바로 고대에서부터 사람들이 점복占이라든가 점성술이라든가 부적, 주문, 기도,…… 등을 통해서 추구했던 것입니다. 바로 마법/마술인 것이죠. 대중에게 과학의 이미지는 바로 마법/마술이라고 할 수 있습니다. 황우석 사태가 이 점을 극명하게 보여 줍니다. 그래서 사람들이 미아리 점쟁이를 찾는 심리나 과학을 맹신하는 심리나 사실 비슷한 것입니다. 오늘날 과학이란 바로 미래를 예측하고 또 바꾸고 싶다는 대중의 오랜 바람, 즉 마법/마술로서 받아들여지고 있는 것입니다.

고중세에는 정치가와 군인들이 과학기술에 매료되었는데 이는 물론 과학기술이 무기를 더 잘 만들 수 있게 해주는 등 권력에 직결되었기 때문입니다. 근대에 들어와서는 또한 자본가들도 과학기술에 매료되었는데, 이는 곧 그것을 이용해 자본을 불릴 수 있기 때문이죠. 오늘날의 자본주의 사회에서 인문사회과학은 푸대접을 받고 과학기술이 대접받는 것도 전자는 자본주의를 비판하지만 후자는 자본가들이 돈 버는 것을 도와주기 때문입니다. 그리고 오늘날에는 다시 대중과 대중문화가 그 나름의 이유에서 과학기술에 매료되고 있는 것이죠. 그러나 진정한 과학은 권력과도 자본과도 또 대중문화와도 관련이 없습니다. 과학을 좀더 철학적인 시각에서 볼 필요가 있습니다.

§14. 카오스 현상

20세기 후반에 들어와서 고전적인 과학의 성격을 뒤흔드는 몇 가지 현상들이 발생하는데, 이번 시간에는 그것들 중에서 '카오스 현상'이라고 부를 수 있는 것에 주목해 봅시다.

카오스 현상은 1960년대에 영국의 로렌츠라는 기상학자에 의해 발견됩니다. 로렌츠는 기상학자로서 대기의 움직임을 함수로 포착하려는 시도를 계속하고 있었죠. 그는 물론 근대 과학적인 전제 아래에서 작업했으며, 함수를 사용해서 대기의 움직임을 예측할 수 있을 것이라고 생각했습니다(더 정확히 말하면, 기상현상은 왜 예측이 쉽지 않은가를 밝혀내려 했던 겁니다). 그러던 과정에서 이제 전망 있는 연립 방정식, 상미분방정식 ordinary differential equations을 얻게 됩니다. 그는 이 방정식을 풀어서 대기에 관한 하나의 모델을 만들려고 했던 것이죠. 이 방정식은 다음과 같습니다.

$$\frac{dx}{dt} = -ax + ay$$
$$\frac{dy}{dt} = bx - y - xz$$
$$\frac{dz}{dt} = -cx + xy$$

여기에서 $x(t)$는 대류의 세기, $y(t)$는 오르내리는 두 흐름의 온도 차에 비례하는 함수, $z(t)$는 온도 분포의 차가 모형으로부터 떨어진 정도를 말합니다. 그리고 a는 '프란틀 수'라는 계수인데, 유체의 확산 계수와 열전도 계수의 비입니다. 그리고 b와 c는 용기의 모양이라든가 유체의 성질에 따른 계수들입니다.

　얼핏 상당히 간단한 방정식인 것 같은데 그 해가 쉽게 구해지지 않았습니다. 여러분들도 아마 수학 문제 풀 때 그렇게 한 적이 있을 텐데, 함수가 잘 안 풀릴 때 어떻게 합니까? 차라리 x, y, z에 값들을 일일이 대입해 보죠? 원래는 후자처럼 "무식하게" 하지 않기 위해서 함수를 푸는 것이지만, 잘 안 될 때에는 아예 이렇게 원시적인 방식으로 푸는 것도 한 방법입니다. 그런데 오늘날에 이르러서는 이런 방식이 꼭 그렇게 "무식한" 것만은 아니게 된 것이, 바로 컴퓨터가 등장했기 때문입니다. 간단하지만 엄청난 반복이 필요한 연산을 컴퓨터가 해주기 때문에 수학 문제를 푸는 방식도 달라진 것입니다. 로렌츠도 그렇게 했습니다. 방정식의 해를 그 값들을 일일이 대입함으로써 풀고 그래프까지 그리도록 컴퓨터를 조작한 것이죠. 그런데 수학적 방정식에는 늘 '초기 조건'이 주어져야 합니다. 그래야 이 초기 조건에 상대적으로 특정한 값이 나오는 것이죠. t_1에서의 초기 조건을 정해야지 t_2, t_3 …… 에서의 값을 구할 수 있는 것이죠. 당시 상황에서 로렌츠는 초기 조건을 0.506127로 잡았어요. 그런데 여기에서 우연이 발생합니다. 과학사에서는 때때로 우연이 중요한 발견을 가져다주곤 하죠. 로렌츠가 잠시 외출하면서 계산을 간단하게 하려고 소수점 넷째자리부터 지웠어요(정전이 되었었기 때문에 계산을 다시 해야 했고 그 때문에 넷째자리부터 지웠던 것인데, 바로 이것이 우연한 결과를 가져오게 되죠). 그러니까 0.000127을 지운 거죠. 여러분들이 과학 교과서에서 자주 접하는 문구가 무엇입니까? "작은 오차를 무시한다면,……"이라든가 "사소한 요인들을 무시한다면,……" 같은 문구죠? 과학적 작업은 늘 어떤 이상

〈그림 13〉 로렌츠가 우연히 발견한 그래프

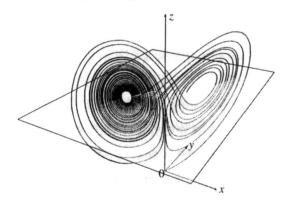

적인 모델을 가지고서 작업합니다. 그래서 로렌츠도 별 다른 생각 없이 0.000127을 지운 것이죠.

그런데 로렌츠가 다시 방에 들어왔을 때 놀라운 사실이 발견됩니다. 난생 처음 보는 그래프가 그려져 있었던 것이죠. 다음과 같은 그래프입니다(그림 13). 여러분들이 카오스 이론을 설명한 책들에서 흔히 발견할 수 있는 그림입니다. 이 그래프의 발견이 카오스 이론의 시작이라고 할 수 있습니다. 그러나 로렌츠가 이 결과를 발표했을 때, 아무도 거기에 주목하지 않았습니다. 그러다가 서서히 흥미를 끌기 시작한 것이죠.

자, 이제 이 현상의 의미가 도대체 무엇인가를 짚어 봅시다. 우선 눈에 띄는 것은 이 현상이 매우 작은 오차(그래서 로렌츠가 무시했던 오차)가 큰 차이를 야기시킴을 보여 준다는 사실이죠. 이런 현상을 '초기 조건에의 민감성'이라고 부릅니다. 고전적인 과학 체계에서는 작은 차이는 작은 결과를 가져오고 큰 차이는 큰 결과를 가져온다는 사실이 당연한 것으로 전제되었습니다. 이는 우리의 상식에도 부합합니다. 그러나 이제 이런 상식적인 전제가 깨지게 되는 것입니다. 이 이야기를 대중적으로 표현한 것이 '나비 효과'입니다. 브라질에서 나비가 날갯짓을 펄럭 했다고 해서 멕시코에서 폭풍이 불겠느냐? 하는 이야기에 관련된 것이죠. 이런 식의 물음은 18세기에 디드로가 제기한 바 있습니다. 그때는 물론 "그럴 리가 없다"는 것을 강조하기 위해서 제기한 물음이죠. 그러나 이제 이 물음에 대해서 "경우에 따라서는 그럴 수도 있다"는 대답이 나오게 된 것이죠. 이렇게 초기 조건에 민감하게 반응하는 현상을 카오스 현상이라 할 수 있습니다. 여러분들은 아마 급변론 생각이 날 겁니다. 급변론이란 바로 갑자기 변하는 현상('카타스트로프 현상')을 연구하는 분야였습니다. 그래서 급변 현상과 카오스 현상은 밀접한 관련성을 가집니다.

또 하나, 핵심적인 것은 자유도degree of freedom의 증폭입니다. 자유도가 무엇인지 아주 쉽게 설명해 볼까요? 어떤 긴 철사가 있는데, 개미 한 마리가 그 철사 위를 지나가고 있다고 생각해 보세요. 이때 개미가 존재할 수 있는, 운동할 수 있는 방식은 그저 선형적으로 기어가는 것뿐입니다. 개미에게 주어진 자유도가 1인 것이죠. 반면에 어떤 사람이 스키장 꼭대기에서 스키를 타고 내려올 때에는 자유도가 2가 됩니다. 그는 오른쪽으로도 갈 수 있고 왼쪽으로도 갈 수 있죠. 하지만 하늘로 올라가거나 땅 밑으로 파내려 갈 수는 없겠죠. 반면 공간을 날아다니는 파리에게는 자유도가 3입니다. 입체적으로 날아다닐 수 있습니다. 자유도가 무엇인지 직관적으로 알 수 있을 겁니다. 좌표로 나타낸다면, 개미의 경우는 $f(x)$이고, 스키 타는 사람은 $f(x, y)$, 파리는

$f(x, y, z)$가 됩니다.

그런데 지금 설명을 편하게 하기 위해서 공간만 이야기한 것이고, 꼭 그렇지만은 않습니다. 예컨대 개미의 경우 습도가 문제될 수도 명도가 문제될 수도 있습니다. 또, 스키 타는 사람의 경우 눈의 두께가 문제될 수도 있고, 바람의 강도가 문제될 수도 있겠죠. 그래서 자유도를 아주 쉽게 생각하면 앞에서 언급한 '상태 변수'를 떠올리면 돼요. 또, 맥락에 따라서는 (넓은 의미에서의) '차원'과도 통합니다. 그러니까 자유도가 높다는 것은 그 사물, 상태를 규정하고 있는 좌표, 차원, 변수 등이 더 많다는 것이죠. 한마디로 더 '복잡하다'(단순히 얽혀 있다는 뜻의 'complicated'가 아니라 좌표, 차원, 변수 등이 많으면서도 또한 일정한 질서 —— 창발적 질서 —— 를 담고 있다는 뜻의 'complex')는 것입니다.

복잡하다는 것은 특이성이 많다는 것으로 이해할 수 있습니다. 다시 말해 그 점에서 '무슨 일인가가 벌어지는' 그런 점들이 많다는 것이죠.[6] 그래서 어떤 존재가 더 많은 특이성을 내포하고 있을 때, 주름으로서 내포하고 있을 때 '복잡하다'고 말할 수 있습니다. 이런 복잡계의 특징이 바로 자유도가 증폭된다는 점입니다. 이것은 곧 처음에는 관련 없던 변수들이 갑작스럽게 관여하게 됨을 뜻하죠. 그렇기 때

---

6) 예컨대 그라스베르거(Grassberger)는 복잡도(degree of complexity)를 "다음 순간을 최적으로 예측하는 데 필요한 정보의 양"을 가지고서 규명하고자 했다. 과거의 데이터를 X^-, 예측 모형을 f, 상태 S를 기술하는 데 필요한 정보량을 $H[S]$라고 하면, 그라스베르거 예측 복잡도(forecast complexity)는 $C = \min_{f \in Z} H[f(X^-)]$로 계산된다(집합 Z는 f의 모집단이다). 미래의 데이터를 X^+라 할 때, C는 $M(X^+$와 X^-의 상호 정보)으로 계산되기도 한다. 특이성이란 이 예측 복잡도가 극히 큰 경우로 이해할 수 있다.

문에 카오스 현상이 발생하는 것입니다. 상태 변수가 증폭할수록 현상은 보다 복잡하고 카오스적으로 변합니다. 급변론과 연계시킨다면, 어느 시점에서 통제 변수가 갑자기 하나 늘어난 것, 잠재해 있다가 작동하기 시작한 것과 통합니다. 그러면 계의 불연속 점들의 분포가 달라질 테고 갑자기 카오스 상태가 도래하는 것이죠. 그래서 카오스 현상에서는 자유도의 증폭이 중요한 관건이 됩니다.

또 하나 언급할 것은 비선형성non-linearity입니다. 선형적이라는 것은 비교적 단순하게는 선적linear이라는 것, 계열을 형성한다는 것이지만, 지금의 맥락에서는 변화를 지배하는 변수들의 차수次數가 1인 경우가 선형성이죠. 예컨대 x와 y 사이에 $y = 2x + 7$의 관계가 있다면, 이 관계는 선형적 관계입니다. 그래프를 그리면 초기 조건이 7이고 기울기가 2인 직선이 되겠죠? 그래프가 직선이라는 것은 x의 변화와 y의 변화가 큰 폭의 차 없이 비례한다는 것을 뜻합니다. 쉽게 설명하면, 독립 변수의 차수가 1인 경우이죠. 그런데 비선형적인 경우는 이런 비례 관계가 성립하지 않는 경우입니다. $y = 2x^2 + y^3 - z$ 같은 식의 함수가 비선형적 관계를 보여 줍니다. 변수들마다 차수가 다르죠? 이렇게 수학적으로 차수가 다른 변항들의 합으로 구성된 계가 복잡계라고 할 수 있습니다. 또, 더 자세히 들어가면 차수가 짝수만으로 되어 있는 경우, 홀수만으로 구성되어 있는 경우, 그리고 섞여 있는 경우가 구분됩니다.

우리의 몸이 자라는 것도 비선형적입니다. 예컨대 나이를 독립 변수로 놓고 키와 몸무게를 종속 변수로 놓을 때, 키와 몸무게는 나이의 차수와 같은 차수를 가지지 않습니다. 쉽게 말해서, 나이가 1살, 2살,

3살,…… 식으로(선형적으로) 늘어 갈 때, 키와 몸무게는 2나 3 등의 차수에 따라 늘어난다는 것이죠(실제 차수는 자연수로 나오지 않습니다만). 특히 키는 나이와 다른 차수로 변해 갑니다. 또 정확히 말한다면, 어느 순간에 훌쩍 커 버리기 때문에 차수 자체가 변해 간다고 해야 합니다. 차수 자체가 시간을 독립 변수로 해서 미분적으로infinitesimally 변해 가기 때문에 복잡합니다. 키의 변화율과 몸무게의 변화율도 비례하지 않죠. 과학사적 예를 든다면, 19세기 전반의 과학은 '열 현상'에 주목하고 새로운 사실을 속속 발견해냈는데 그때 발견된 현상들 중 하나가 비선형성이었습니다. 한 기업가가 생산성을 늘리기 위해 어떤 기계를 하나 더 만들었습니다. 다만 크기를 더 크게 해서 만들었는데, 기계가 두 배로 크면 당연히 생산량도 2배가 될 것이라고 착각한 것이죠. 그 결과, 생산성이 더 커지기는커녕 새로 만든 기계가 고장나 버려 손실을 입었다고 합니다. 이렇게 우리 주변을 돌아보면 선형적 변화보다는 오히려 비선형적 변화가 더 많아요. 에우클레이데스 기하학, 열역학, 뉴턴 역학 등이 나중에 알고 보니 일반적인 경우가 아니라 오히려 (각각 리만 기하학, 통계역학, 상대성 이론의) 특수한 경우였듯이, 선형적 경우들은 사실상 (비선형적 경우들에 비해) 특수한 경우였던 겁니다.

　　카오스 현상이란 다름 아니라 어떤 계를 지배하는 법칙이 비선형적으로 변한다는 것을 말합니다. 비선형 법칙의 예를 든다면, 생명체에서의 '자기촉매작용'이라는 것이 있죠? X 분자를 포함하고 있는 계가 스스로 X를 촉매로서 사용해(정확히 말하면, 효소를 활성화하는 것이죠) 변화해 가는 과정입니다. 이것은 $A + 2X \rightarrow 3X$의 형식을 띱니다.

이때 이 반응을 지배하는 미분방정식은 $\frac{dX}{dt} = kAX^2$이 됩니다. 그러니까 X의 농도 변화율(화학에서는 농도 변화율이 문제가 됩니다. 농도가 핵심적인 상태 변수가 되죠)은 자체 농도의 제곱에 비례하게 되죠. 이것이 비선형 미분방정식입니다.[7] 카오스 현상의 발견과 더불어 이런 비선형 법칙이 초미의 관심사가 됩니다. 앞에서도 말했지만, 마치 리만 기하학이 등장하면서 에우클레이데스적 공간이 가능한 수많은 공간들 중 하나라는 사실을 알게 되었듯이, 기존의 선형적 운동 법칙들은 빙산의 일각이고 무수한 비선형 현상들이 존재한다는 것이 드러난 것이죠. 프락탈 이론, 급변론, 복잡계 이론이 이룩한 공통의 공헌은 바로 이렇게 고전적인 과학이 드러냈던 '세계'는 진짜 세계의 빙산의 일각이라는 점이었죠. 이 점에서 현대 과학은 세계를 바라보는 우리 인식의 지평을 더 활짝 열어젖혔다고 할 수 있습니다.

§15. 이상한 끌개

지금까지는 현상 자체만 이야기했는데, 이제 조금 더 들어가 이론적인 토대를 살펴봅시다. 급변론도 그랬지만 카오스 이론도 방대한 이론입니다. 사실 앞에서도 말했지만, 복잡계 이론은 프락탈 이론이나 급변론을 상당 부분 흡수합니다. 어떤 면에서는 20세기 후반 이루어진 여러 과학적 성과들의 총화라고도 할 수 있죠. 사상사적으로는 들

---

7) 자세한 논의로는 프리고진·스텐저스, 『혼돈으로부터의 질서』(신국조 옮김, 정음사, 1988), 182쪽 이하를 보라.

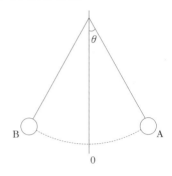

뢰즈 존재론의 과학적 쌍이라고 할 수 있고요. 어쨌든 여기에서는 이 이론의 가장 기본적인 개념들 몇 가지만 소개할 수 있을 것 같습니다. 여러분들이 이번 강의는 세부적인 사항보다는(사실 세부적으로 하면 이 책의 각 절 하나하나를 단행본으로 써야 합니다) 제가 어떻게 커다란 그림을 그리는가, 서로 이질적인 것으로 보이는 이야기들을 어떻게 넓게 기워서 큰 그림을 마련하는가에 초점을 맞추어 들어 주시기 바랍니다.

여러분들이 카오스 현상을 이론적으로 파악하기 위해서 우선 알아야 할 개념은 '끌개'attractor라는 개념입니다. 한문투로 번역한다면 '인자'引者 정도가 되겠죠. 카오스 이론은 '이상한 끌개' 개념을 기초로 합니다. 그래서 어떤 현상이 카오스적이라는 것은 일단 그 현상이 이상한 끌개를 포함하고 있다는 것을 뜻하죠. 우선 끌개라는 개념 자체를 알아봅시다. 예를 들어서, 이런 진자를 생각해 보세요(그림 14). 진자가 왔다갔다 할 때 이 계의 상태를 파악하는 데 핵심적인 변수는 각 θ입니다. 그리고 또 속도가 중요하겠죠? 그런데 속도는 결국 θ의 변화

〈그림 15〉 진자 운동의 국면공간/상태공간

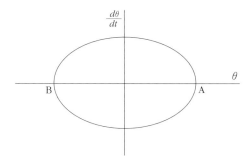

율 즉 $\dfrac{d\theta}{dt}$ 입니다. 그러니까 이 진자를 서술하기 위해서는 θ와 $\dfrac{d\theta}{dt}$ 가 필요한 것이죠.

그런데 하나의 계를 일목요연하게 파악하기 위해서, 핵심적인 변수들 간의 관계를 구합니다. 그렇게 해서 하나의 공간에 투사하죠. 그런 공간을 '국면공간/위상공간'phase space 또는 '상태공간'state space 이라고 합니다. 그림을 그려 봅시다. $\theta = 0$일 때 $\dfrac{d\theta}{dt}$ 는 최대가 되겠죠?(그림 14/A) 그런데 θ가 커질수록 속도는 줄어듭니다. 그리고 θ가 최대가 되면 진자가 일시적으로 정지합니다(14/B). 그러니까 이 점에서 $\dfrac{d\theta}{dt}$ 는 0이 됩니다. 다시 θ가 줄어들면 속도는 증가합니다. 이제 상태공간에 이 과정을 그리면 다음과 같이 됩니다(그림 15). 여기에서 타원의 면적은 무엇이 될까요? 바로 이 계 전체의 에네르기가 되겠죠.

자, 그런데 지금 본 것은 사실 하나의 이상적인 모델입니다. 마찰이 없는 경우를 가정한 것이죠. 우리가 '고전 동역학 체계'라고 부르는 개념 체계가 대체로 이런 이상적인 상황을 그리고 있는 담론입니다. 그때만 해도 열이나 파동, 에네르기 등의 개념들이 형성되지 않았

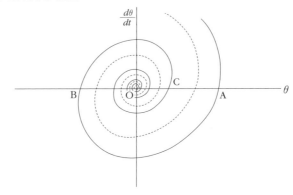

죠. 그러나 물리세계를 정확히 기술하는 데 열, 파동, 에너지 개념 등
은 필수적입니다. 실제 이런 진자가 있을 때 어느 정도 시간이 지나면
진자가 멈추죠? 에너지가 조금씩 흩어진다는 것을 생각하면 당연
합니다. 이렇게 조금씩 흩어지는 구조를 "dissipative structure"라 부
릅니다. '산일'散逸 구조라고 하죠. 자, 그래서 이 산일을 염두에 두고서
실제 진자의 상태공간을 그리면 어떻게 될까요? 다음 그림과 같이 됩
니다(그림 16).

　산일 구조를 염두에 둔다면 진자가 한 번 왔다 갔다 할 때마다 일
시 정지하는 점이 중앙으로 가까이 가겠죠? θ가 제일 클 때, 속도는 제
일 작아서 0이니까 여기(A)가 됩니다. 그리고 내려가서 중앙에서 속도
가 제일 크고 다시 B로 가는데, B에 못 미치는 곳에서 일시 정지할 것
입니다. 그리고 다시 내려오죠. 그래서 A쪽으로 다시 오는데, 이번에
는 중심으로부터 B보다도 더 가까운 곳(C)에서 일시 정지했다가 방향
을 바꾸겠죠. 그러다가 마지막에는 결국 어떻게 될까요? O에서 정지

할 겁니다.

그런데 이런 계의 특징을 유심히 보면 어떤 위치에서 출발한다 해도(〈그림 16〉의 점선 그래프) 결국에는 원점 O로 귀착한다는 사실입니다. 그러니까 마치 한가운데 점이 모든 경우들을 끌어당기는 것 같지 않습니까? 그래서 이 점을 '끌개'라고 하는 겁니다. 아주 일상적인 예를 들어 사발 안에 구슬을 하나 놓고서 사발을 돌립니다. 아마 여러분들도 어릴 때 자주 해봤을 겁니다. 이 경우에도 역시 구슬은 마지막에는 사발의 밑바닥 한가운데로 끌려오죠. 이 점이 이 계의 끌개입니다. 그런데 만약 이 사발에 일정한 에너지를 계속 공급해 일정 속도를 유지한다면, 구슬은 밑바닥에서 일정 정도 높이에서 계속 돌 것입니다. 이 경우 이제 끌개는 하나의 원이 되겠죠. 이렇게 생각해 보면, 끌개 개념은 하나의 동역학 계의 심층적인 구조를 이해하는 데 핵심적인 것임을 알 수 있습니다.

그런데 '이상한 끌개'가 발견되기 전까지 고전적인 과학이 발견했던 끌개에는 세 가지 종류가 있었습니다. 하나는 점이고(위에서 든 진자의 경우), 다른 하나는 원입니다(위에서 든 사발의 경우). 전자는 '점 끌개'point attractor라고 하고, 후자는 '한계순환 끌개'limit cycle attractor라고 합니다. 진자의 경우에도 에너지가 계속 주입되어 마찰을 극복한다면 한계순환 끌개를 보이겠죠. 전자는 동역학적으로는 '정적 평형'의 상태에 해당하고, 후자는 '주기 운동'의 상태에 해당합니다. 마지막의 것은 일명 '도넛 끌개'라는 것인데(토러스 끌개라고도 합니다), 이것은 튜브처럼 생긴 끌개입니다. 그러니까 원 끌개처럼 빙빙 도는데 하나의 선상線上을 도는 것이 아니라, 이렇게 도는 것이죠

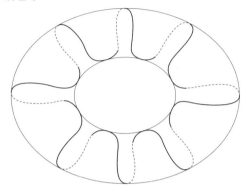

(그림 17). 이 경우는 주기가 진자의 경우처럼 하나가 아니라 여러 주기가 섞여 있는 경우에 성립합니다. 동역학적으로는 '준주기 운동' quasi-periodic motion에 해당하죠. 이상 세 가지가 기존에 알고 있던 끌개들입니다.

　그런데 아까 로렌츠가 와서 보니까 희한한 그림이 있었다고 했죠? 하지만 잘 보면 이것 또한 일종의 끌개에 의해 지배되고 있습니다. 왜 그럴까요? 그래프 전체가 일정한 틀로 계속 귀착하고 있죠? 그러니까 카오스와 완전한 무질서는 다릅니다. 일상어에서의 카오스와 카오스 이론에서의 카오스는 다른 것이죠. 카오스는 복잡한 질서이지 무질서가 아닙니다. 카오스 현상도 끌개에 의해 지배되는데, 다만 그 끌개가 예전에는 못 보던 이상한 끌개였던 것이죠. 이 '이상한 끌개'는 두 가지 특징을 가지고 있습니다. 하나는 방금 이야기한 '초기 조건에의 민감성'이죠. 어떤 초기 조건을 넘어가 버리면 갑자기 이상한 끌개로 가 버린다는 것이죠. 두번째는 매우 흥미진진합니다. 바로 여기에서 프락탈 이론과 카오스 이론이 만나게 되죠. 이상한 끌개를 가만히 들여다봤더니 놀랍게도 그것이 바로 프락탈 구조였다는 겁니다. 이상한 끌개는 이런 두 가지 특성을 가지고 있습니다.

그래서 우리는 여기에서 '카오스'라는 말이 기존의 질서에 상대적으로 사용된 말이라는 사실을 알 수 있습니다. 만일 카오스라는 말을 코스모스와 대비적으로 사용하고 한 계에 급변점이 무수히 많은 경우로 규정한다면,[8] 지금 이 맥락에서 카오스라는 말은 잘 어울리지 않습니다. 그래서 카오스 이론에 등장하는 이상한 끌개를 가진 현상들은 카오스가 아니라 차라리 '카오스모스'라고 불러야 할 것입니다. 그러니까 기존의 질서에서 볼 수 없었던 보다 복잡한 질서이지 무질서인 것은 아니죠.[9] 개념적으로 혼동하지 마시기 바랍니다. 현대 과학은 이렇게 코스모스와 카오스가, 질서와 혼돈이 기묘하게 결합되어 있는 세계를 발견한 겁니다.

Q 무질서와 카오스의 구분을 다시 한번 설명해 주시겠습니까?

A 축구 경기를 예로 들어 볼까요? 만일 축구장에 선수들, 심판들, 관중들,

---

8) 이정우, 『사건의 철학』(저작집 2권, 그린비, 2011), 1부, 5강을 보라.

9) 카오스 현상의 최초의 전형적인 예였던 난류(亂流=turbulence)가 카오스모스의 성격을 잘 보여 준다. 유체의 흐름에 있어 나타나는 난류 현상들(퍼져 나가는 담배연기, 비행기 날개 끝에서의 공기 흐름 등)은 속도나 압력이 불규칙하게 변화하는 카오스를 보여 준다. 그러나 파이겐바움은, (카오스 현상을 보이는) 생태계에서의 개체수 증감을 연구하는 과정에서, 주기 배가(倍加)를 일으키는 매개변수 값이 일정한 등비수열의 형태를 띠고 있음을 발견했고, 그 값이 4.669……라는 점을 밝혀냈다('파이겐바움의 보편상수'). 카오스 속에도 코스모스가 작동하고 있음을 보여 준 실증적인 예이다. 자세한 논의로 프리고진·스텐저스, 『혼돈으로부터의 질서』, 120쪽 이하를 보라.

치어걸들 등등이 나란히 사열하고 있다면 아주 질서 있는 경우가 되겠죠. 그런데 축구 경기가 시작되면 그 질서가 깨집니다. 그런데 가만히 들여다보면, 사실 무질서한 것이 아니라 매우 복잡한 고도의 질서가 이루어지고 있는 겁니다. 축구 선수 22명이 사열해 있으면 질서가 높은 경우가 되겠지만, 경기가 시작되어 그 질서가 깨진 경우도 사실은 단적인 무질서가 아니죠. 골키퍼, 센터, 윙, 수비수 등등이 사실은 경기의 규칙에 따라 나름대로 의미 있게 움직이고 있는 것이죠. 표면상 혼란스럽지만 사실은 고도의 질서가 숨겨져 있는 겁니다. 현대 축구에서 중시되는 '리베로'를 생각해 보면, 질서는 더욱 복잡해지죠. 관중, 심판,…… 등을 고려하면 더욱더 복잡한 카오스모스를 보여 줍니다. 경기를 하다 보면 전체 장場이 점점 카오스가 되어 가지만 그 가운데에서도 또한 매우 고도의/복잡한 질서가 함께 존재하고 있는 것이죠.

그런데 만일 경기가 10분 정도 진행되었을 때 선수들이 미리 약속해서 경기를 방해한다고 생각해 보세요. 수입의 지분 문제를 놓고서 갈등이 벌어져 선수들이 태업을 하기로 약속한 겁니다. 그래서 골키퍼는 골문에 앉아서 잡지를 보고, 센터들은 골문에서 말-타기 놀이를 하고, 수비수들은 모여서 춤을 추는 것이죠. 관중들은 "이거 도대체 뭐야?" 하면서 와글와글하고, 심판들은 "에이, 못해먹겠다" 하면서 호루라기를 내팽개치고, 이런 상황이 온 겁니다. 이런 상황이야말로 바로 무질서죠. 이런 상태는 아예 과학적 탐구의 대상이 되지 않습니다. 물론 선수들이 미리 짜고 하는 행동이라든가, 이런 상황에서 관중들이 대체적으로 드러내는 행동 패턴이라든가 등등, 이런 상황에서조차도 거기에서 일정 정도의 질서를 읽어낼 수는 있겠죠. 결국 앞에서 말했듯이, 질서/무질서 개념은 상대적인 것입니다. 또, 인식 주체의 관점에도 상관적이죠.

어쨌든 카오스모스 상태는 고도의 질서이지 무질서가 아닙니다. 여기에서 '고도의'라는 말은 복잡하다는 뜻이죠. 과학이라는 담론은 그 본성상 질서를 추구합니다. 질서 자체가 발견되지 않는 경우라면 과학자들의 관심을 끌지도 않았겠죠.

§16. 자기조직화

이상한 끌개를 중심으로 카오스 현상의 특성을 알아보았습니다만, 복잡계 이론을 구성하는 요소들은 매우 많습니다. 그런 요소들을 어떻게 정리하는가에 따라 이론의 형태도 조금씩 달라지죠. 여기에서는 복잡계 이론에 있어 가장 종합적이고 결론적인 개념들 중 하나라 할 '자기조직화'self-organization 개념을 가지고서 정리해 볼까 해요.

과학기술의 발달은 전쟁과 밀접한 관련이 있죠. 타인들을 더 많이 죽이기 위해서는 더 잔혹한 무기를 개발해야 하고, 그 과정에서 과학기술이 발달합니다. 과학기술의 발달에는 대개 끔찍한 이면裏面들이 있기 마련이지요. 피라미드, 만리장성 등등 위대한 문화적 금자탑들 아래에는 그것들을 만들기 위해 동원된 민중들의 피땀이 어려 있는 것과 마찬가지 이치입니다. 과학도 예술도 한 꺼풀 벗겨 보면 비극으로 가득 차 있습니다. 역으로 그런 비극들을 딛고서 과학과 예술이 발전하곤 하죠. 인간이란 참으로 모순된 존재, 이율배반적인 존재가 아닐 수 없습니다.

20세기 후반에 이루어진 과학적 발견들, 특히 지금 우리가 논의하고 있는 맥락에서의 발견들의 효시를 이루는 것은 노버트 위너가 1948년에 발표한 『사이버네틱스: 동물과 기계에서의 제어와 통신』[10]이라고 할 수 있을 것입니다. 위너는 폰 노이만이 개척한 컴퓨터——포탄을 피하는 적기를 보다 정확히 쏘아 맞추기 위해서 개발된 계산 장치(최초의 컴퓨터인 ENIAC)——를 이어받아 시스템 이론을 발전시켜 나갔는데, 오늘날 거의 일상어로 사용되고 있는 '되먹임=피드백'feedback 개념도 이 '사이버네틱스(자동조절 이론)'에서 나온 것입니다. 이 사이버네틱스는 그 희랍어 어원('kybernein')이 시사하듯이, '조절'/'통제' 즉 'control'을 함축합니다. 그러나 지금의 경우는 외부에서의 조절이 아니라 자체적인 조절을 뜻하죠. 즉, 하나의 계=시스템이 스스로의 동일성을 조절해 나가는 것입니다. '동일성'이지만 정적인 동일성이 아니라 변화에 열려 있으면서도('열린 계=open system') 그 변화에 적절하게 대처하면서 스스로의 동적인 동일성을 유지해 나가는 계가 바로 'cybernetic system' 즉 자동조절적 계인 것이죠(아주 쉬운 예로서 자동난방 장치를 생각하면 될 듯합니다). 이 사이버네틱스가 '자기조직화' 개념의 초기 형태를 보여 줍니다.[11] 동시대에 애슈비 같은 사람은 사이버네틱스를 신경생리학에 적용해 뇌과학을 발전시

---

10) Nobert Wiener, *Cybernetics: Control and Communication in the Animal and the Machine*, The MIT Press. 위너는 1950년에 『인간의 인간적 이용: 사이버네틱스와 사회』(*The Human Use of Human Beings: Cybernetics and Society*, Da Capo Press)에서 자신의 논지를 발전시켜 나갔다.

11) 사이버네틱스는 사회과학에서의 조직이론이나 학습이론에도 큰 영향을 끼쳤다. 예컨대 다음을 보라. 가레쓰 모르간, 『조직의 8가지 이미지』(박성언·김주엽 옮김, 지샘, 2004), 4장.

컸고, 그 과정에서 '자기조직화'라는 용어를 사용하기에 이릅니다. 피드백을 통해 스스로를 조절해 가는 '열린 계'는 바로 자기조직화의 성격을 보여 준다고 생각했던 겁니다.

그런데 우리가 지난 강의에서 논했던 르네 톰의 급변론은 바로 이 사이버네틱스의 한계를 극복하면서 나온 이론으로 해석할 수도 있습니다. 어떤 면에서 그럴까요? 사이버네틱스는 '시스템'에 열림, 피드백, 조절 개념을 도입함으로써 매우 역동적인 관점을 열었지만, 결국 한 시스템의 동일성의 유지라는 발상에 머물렀기 때문입니다. 그러나 이후의 과학, 특히 생명과학의 발전은 세계를 훨씬 역동적으로 파악해야 할 필요에 부딪쳤던 겁니다.[12] 급변론은 특히 생명적 과정에서의 불연속을 본격적으로 논했다는 의의를 띱니다. 생명계에 있어서의 '파국' 현상들을 그 수학적 심층에서 밝혀낸 것이죠. 바로 이것이 앞에서 논했던 르네 톰의 '카타스트로프 이론'입니다. 하지만 그 대목에서 '형상철학의 부활'을 언급했었듯, 급변론 역시 그후에 전개된 생

---

12) 사이버네틱스는 그후 생명과학의 맥락에서 '오토포이에시스'(autopoiesis) 이론으로 발전했다. 오토포이에시스는 희랍어 말 그대로 '스스로를 만들어 나가는 시스템'의 성격을 뜻한다. 오토포이에시스 이론은 생명체를 고전적인 실체주의/본질주의로부터 해방시켜 그에 걸맞은 역동성과 유연성을 부여하는 데 성공했다(예컨대 마투라나·바렐라, 『인식의 나무』, 최호영 옮김, 자작나무, 1995). 그러나 이 오토포이에시스 이론은 결국 하나의 계(특히 생명체)의 동일성 유지라는 관점에 머묾으로써 생명계의 보다 역동적인 과정(예컨대 들뢰즈/가타리가 말한 '창조적 절화', '기계적 이질생성' 등등. 다음을 보라. 키스 안셀 피어슨, 『싹트는 생명』, 이정우 옮김, 산해, 2005. 펠릭스 가타리, 『카오스모제』, 윤수종 옮김, 동문선, 2003)을 인식하는 데는 실패하고 있다. 이에 따라 초기의 오토포이에시스 이론의 한계를 넘어 자기조직화를 보다 생성론적으로 파악하려는 시도들이 이어지게 된다.

명과학의 눈길로 보면 너무 정태적이었다고 할 수 있습니다. 불연속을 밝혀 주기는 했지만, 불연속과 불연속 사이에서는 여전히 본질주의적-형상철학적 관점을 보여 주고 있으니까요. 1980년대 이래 '카오스 현상들'이 본격적으로 논의되면서, 이제 이런 고전적인 관점의 한계는 눈에 더 잘 보이게 되었습니다.[13]

카오스라는 현상은 이전의 과학에서는 단지 '무질서'로 치부했던 현상이죠. 하지만 오늘날의 복잡계 이론은 카오스와 코스모스, 무질서와 질서를 단순한 대립항들로 보기보다 밀접하게 연관되어 움직이는 것들로 봅니다. 이 점이 사유의 역사에서 이루어진 큰 성과들 중 하나죠. 가장 핵심적인 것은 자기조직화 개념의 변형이죠. 사이버네틱스라든가 급변론은 일단 이미 질서를 부여받은 어떤 계로부터 출발해 논의를 전개합니다. 물론 이 이론들이 하나의 계가 얼마나 역동적으로 움직이는가, 나아가 파국을 겪는가를 잘 보여 주긴 했습니다. 그러나 카오스 이론 그리고 이것의 보다 진전된 형태인 복잡계 이론에서는 '혼돈으로부터의 질서'order out of chaos라는 혁명적인 생각을 기초로 합니다. 철학적으로는 베르그송과 들뢰즈에 연결되어 있습니다.

---

13) 물론 세계를 덮어놓고 과정적, 역동적, 이질적,……으로 보는 것만이 능사는 아니다. 반대 방향에서 본다면, 본질주의적 설명들은 이런 생성과정에서 드러나는 어떤 뼈대들을 보여 주는 데 공헌한다고 보아야 한다. 결국 생성에서 출발하되 동일성들의 '형성'/'발생'을 설명해 주어야 하고, 동일성들에서 출발하되 그 현상적인 생성을 설명해 주어야 한다. 문제는 두 관점에 있어서의 우선순위이다. 철학사적으로 말해, 세계에 대한 인식이란 결국 플라톤과 베르그송이라는 두 축 사이에서 이루어진다고도 볼 수 있다. 과학적 사유란 결국 플라톤적 본질주의와 베르그송적인 생성존재론(우발성의 철학) 사이에서 구체적 인식들을 해명해 나가는 과정이라고 할 수 있다.

다시 말해, '자기조직화'란 단지 기존의 계를 역동적으로 보존한다거나 하나의 계로부터 다른 계로 이행한다거나 하는 것으로 이해되기보다는, 카오스로부터 코스모스가 생성해 나오는 (고전적인 과학의 눈길로 보면) 기이한 과정을 뜻하게 되는 것입니다. 그리고 아직은 사변적인 가설에 불과하지만, 카오스를 무질서가 아니라 무한한 질서로 볼 때, '혼돈으로부터의 질서'란 결국 접혀진 무한 질서로부터 펼쳐진 특정 질서로의 이행으로 이해할 수도 있을 것입니다.

이런 사유의 형성 과정을 좀 빠른 속도로 짚어 봅시다. 우선 논의의 전체적인 그림을 그리는 데 들뢰즈와 가타리가 제시한 '몰적'molaire과 '분자적'moléculaire이라는 개념쌍이 유용합니다.[14] 어떤 대상을 몰적으로 본다는 것은 그것을 '하나'로서, 어떤 동일성identity으로서 보는 것입니다. 반대로 '분자적'으로 본다는 것은 그것의 하위 단위들의 차이생성differentiation에 초점을 맞추어 보는 것입니다. 예컨대 '철수네 가족'을 하나의 단위/동일성으로 보는 것은 몰적으로 보는 것이고, 철수 아버지, 철수 어머니, 철수 각자의 차이생성에 초점을 맞추어 보는 것은 분자적으로 보는 것이죠. 몰이니 분자니 하는 말은 자연과학 용어이지만, 여기에서 핵심은 몰'적'과 분자'적'이라는 개념입니다. 즉, 어떤 한 층위 ── '존재론적 층위'ontological layer ── 에서 고정적으로 이야기되는 몰과 분자가 아니라 몰과 분자 사이의 관계를 일반

---

14) 이 개념쌍은 『천의 고원』에서 등장한 개념쌍이다. 그 이전의 저작들 중에서는 들뢰즈의 『차이와 반복』이 핵심이다. 이 저작이야말로 복잡계 과학의 존재론적 근간을 마련한 저작이라고 할 수 있다. 특히 4장과 5장을 보라.

화시킨 개념입니다.[15] 지금 가족과 가족 성원들의 예를 들었지만, 몰
'적'/'분자'적'의 개념은 존재의 모든 층위들에 대해 이야기할 수 있습
니다. 한 동네로 본다면, 하나의 동네가 몰적인 개념이라면 각각의 가
족들은 분자적 개념이 되겠죠. 반대 방향에서, 한 개인은 몰적 개념이
지만 그를 구성하고 있는 기관들은 분자적 개념입니다(이런 식의 개념
쌍을 '상관적 정도'correlative degree를 이루는 개념쌍이라 할 수 있습니
다. 상관적 정도를 이루는 개념쌍을 실체화해서 이해하면 여러 오해들이
생기곤 합니다).

　　그런데 자기조직화란 분자적 층위의 존재들entities이 어떤 초월적
코드도 없이 일정한 몰적 존재로 화한다는 것을 뜻합니다. 이를 흔히
'창발'emergency이라 부르죠. 예컨대 a, b, c가 분자적으로 운동하고 있
을 때 거기에 어떤 초월적 코드가 부여되면(예컨대 "나란히 설 것") 이
들이 a-b-c로 선형화線形化되겠죠. 그런데 그런 초월적 코드 없이 a
와 b와 c가 상호 작용을 통해서 스스로 어떤 질서를 창출하는 것이 자
기조직화입니다. 고전 철학들의 개념으로 말해, 질료가 형상 없이 스
스로 어떤 형상을 구성하는 것 또는 기氣가 리理 없이 스스로 어떤 리
를 갖추어 가는 것이라 할 수 있겠죠. 그러니까 라이프니츠 식으로 말
한다면, 초월적 신이 모나드들을 구성하는 것이 아니라 빈위들(a, b,

---

15) 이는 '스케일'의 문제라고도 할 수 있다. 하나의 사물이 어떤 스케일에서 보느냐에 따라
　　전혀 다른 존재로 나타난다. 내 앞의 책상은 딱딱하고 무거운 대상이지만, 스케일을 아
　　주 작게 했을 때 물리학자들은 그 안에서 숱한 미립자들이 요동치고 있다고 한다. 내 몸
　　을 그 전체로서 볼 때, 기관들의 스케일에서, 세포들의 스케일에서, …… 볼 때 그 각각
　　의 양태는 판이하다.

c,……가 아니라 $da, db, dc,……$)이 운동하다가 상호 작용함으로써($\frac{db}{da}$, $\frac{dc}{db}$, ……) 그 결과 어떤 A, B, C,…… 등의 모나드들이 생성하는 경우라 할 수 있습니다. 정치철학적 맥락에서는, 위에서 주어진 코드에 따라 대중이 조직되는 것이 아니라 대중들의 움직임이 상호 작용함으로써 어떤 구체적인 사회 질서가 나타나는 경우라 할 수 있겠죠. 이런 존재론적 구도는 복잡계[16] 과학의 사유문법을 이루고 있고, 특히 자기조직화 개념에서 그 성격을 잘 나타냅니다.

자기조직화 개념은 특히 일리야 프리고진에 의해 상세하게 연구되었습니다. 프리고진은 '비평형'non-equilibrium의 조건에서 생명체가 새로운 질서를 만들어 살아가는 현상에 관심을 많이 가졌죠. 생명체란 '자기차이성'difference avec soi을 그 핵심으로 합니다. '자기'의 동일성과 '차이생성'의 흐름이라는 모순된 양극을 조화시키면서 살아가는 존재이죠(그런 조화에 실패하면 죽음을 맞이하게 됩니다). 비평형 상태를 극복하면서 새로운 질서를 만들어 간다는 것은 바로 '자기차이성'을 뜻합니다(프리고진이 베르그송에 깊이 경도되었다는 사실은 잘 알려져 있습니다). 프리고진은 이런 현상의 전형적인 예를 우선은 물리세계에서 찾았습니다. 바로 '베나르 불안정'이라는 현상이죠. 그림이 보여 주듯이(그림 18) 일정한 용기에 얇게 담긴 액체를 낮은 온도로 균

---

16) 복잡계가 적응적인 성격을 띨 때, 즉 생명의 차원이나 사회의 차원에서 적응적인 성격을 보일 때, 이를 '복잡적응계'(complex adaptive system)=CAS라 한다. 물론 이때의 'adaptive'는 다윈적 뉘앙스를 띤다. 오늘날 복잡계 연구에 등장하는 '적응' 개념은 대개 다윈 진화론의 맥락을 띤다. 표면상 '과학적인' 외관을 띠고 있지만 철학적으로 살펴보면 비판적-인문적 맥락이 결여된 이런 논의들의 한계를 잘 보아야 할 것이다.

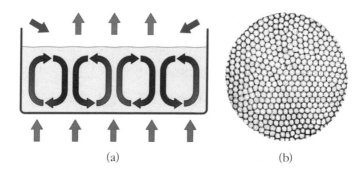

〈그림 18〉 베나르 불안정성

(a)   (b)

일하게 가열할 경우 처음에는 '전도'가 그 다음에는 '대류'가 마지막으로는 (규칙적인 대류 운동을 통해서) '베나르 세포'(b)가 등장하게 됩니다. 그야말로 '혼돈으로부터의 질서'죠. 프리고진은 이 현상을 출발점으로 삼아 '비-평형 통계역학'을 구성하고(이는 엔트로피를 둘러싼 논의에 큰 변화를 가져옵니다), 이를 점차 생물의 영역으로까지 확장해 자기조직화 이론을 만들어냅니다.

　프리고진의 개념들 중에서 특히 '소산 구조'dissipative structure라는 개념이 중요합니다. 베나르 세포의 경우에서처럼 복잡하면서도 질서 잡힌 구조, 즉 분자적 수준에서의 복잡성과 몰적 수준에서의 질서를 함께 보여 주는 구조를 '소산 구조'라 했습니다. 소산 구조란 비-평형 상태에 놓인 열린 계가 초월적 코드 없이 비-선형적 상호 작용을 통해서 일정한 질서로서 존립할 때 성립합니다. 프리고진의 이 생각은 후에 실험을 통해서 설득력을 얻게 됩니다. 여기에는 어떤 주어진 초월적 동일성의 '표상/재현'을 통한 질서 성립이 아니라 '혼돈으로부터의 질서' 성립이 잘 나타납니다. 이 생각은 또 "혼돈의 가장자리"the edge of chaos라는 개념을 통해서도 잘 알려져 있죠. 혼돈의 가장자리란 바로 질서와 무질서의 중간영역을 가리킵니다. 이미 질서가 빠듯하게 들어찬 영역과 아직 질서가 분화되어 나오기 이전의 영역 사이에서 막 특정 질서가 분화되어 나오는 영역을 가리킵니다. 바로 이런 영역에서 창발이 이루어지는 것이죠. 이 영역에서는 임계점들이 분포되어 있고, 이 임계점들이 창발에 핵심 역할을 하죠. 또, 수학적으로는 비-선형 방정식이나 거듭제곱 법칙이 성립하는 영역입니다. 사실 이 대목은 구체적으로 이야기하려면 매우 많은 실험들과 이론들을 논해야 합니다. 시간이 없어 기본적인 존재론적 원리만을 언급해 드렸습니다만, 최근에 복잡계를 다루는 책들이 제법 많이 쏟아져 나와 있으니까 참조하시기 바랍니다.

§17. 다시 찾은 시간

이제 카오스모스의 과학이 함축하는 존재론적 의미가 무엇인지를 음미해 봅시다. 서구 철학사의 출발점이 영원불멸한 것, 자기동일적인 것을 찾는 것이었다는 점은 잘 알려져 있죠. 서구 학문의 핵심을 파악하는 데 가장 기본적인 사실이기 때문에 철학사, 과학사 이야기를 할 때면 늘 이 이야기를 반복하게 됩니다. 오늘은 이 맥락에서 특히 파르메니데스의 이야기를 해봅시다. 왜냐하면 앞에서(6강, §13) 메이에르송이 '시간의 제거'를 논했다는 말을 했는데, 그 결정적인 형태는 엘레아학파, 특히 파르메니데스에게서 유래하기 때문입니다. 파르메니데스가 다(多)와 운동을 부정하고 영원부동의 '일자'를 주장한 것은 잘 아시죠? 파르메니데스의 운동/생성 부정은 서구 존재론에 긴 그림자를 각인했습니다.

문헌학적인 논의보다는 논리적 논의로 접근해 봅시다. 예컨대 "나무가 재가 되었다"고 하는 경우를 생각해 봅시다. 나무가 재가 되었다는 것은 "나무는 이제 없다" 또는 "이것[재]은 나무가 아니다"를 뜻합니다. 그러니까 "A became B"는 달리 말하면 "A became non-A" 또는 "non-B became B"가 됩니다. 그런데 파르메니데스는 'be 동사'의 이중적 용법을 몰랐기 때문에, 여기에서 'non'의 의미는 모두 '없다'가 되어버립니다. 그래서 이 변화는 결국 B의 무가 B의 존재가 된 것이고 거꾸로 말해 A의 존재가 A의 무가 된 것이 되어버립니다. 존재와 무는 절대 모순이기 때문에, 존재에서 무로 또는 무에서 존재로의 이런 도약은 있을 수 없는 일입니다("ex nihilo nihil fit"). 이에 대한 해결책은 물론 '있다'와 '이다'를 구분하는 것입니다. 그래서 "A became B"는 "Ax became Bx"가 됩니다. 그러니까 x가 존재하며, 그 x가 A에서 B로 되는 것이죠. 그래서 "철수가 안색이 창백해졌다"라는 언표가 가능하게 됩니다. 철수의 '있다'와 '밝은 안색'과 '창백한 안색'의 '이다'가 양립할 수 있게 된 것이죠. 이것을 보다 추상화해서 말하면, 한편으로 자기동일적인 '실재'와 다른 한편으로 가변적인 '현상'이 양립하게 된 것입니다. 후기 자연철학자들과 플라톤, 아리스토텔레스를 거치면서 이런 논리가 세련화되죠.

그런데 더 시사적인 것은 고대 형이상학과 근대 과학의 연속성입니다. 여러분들은 대개 고중세와 근대의 대립만을 귀가 아프도록 들어 왔겠지만, 오히려 서구 학문사가 어떤 연속성을 띠는가에 주목할 필요가 있습니다. 서구 근대 과학의 특징들을 이미 논했지만, 이것들을 잘 살펴보면 어김없이 고대적 사유가 생생하게 살아 있음을 확인할 수 있습니다. 구체적인 예를 들어 "$HCl + NaOH \rightarrow NaCl + H_2O$" 같은 화학식은 엘레아적 그림자를 잘 보여 줍니다. 현상적 언어로 서술하면 (화장실에 뿌리는 하얀 가루인) 염산에 양잿물을 섞어 소금물이 나오는 것입니다. 현상에 주목할 경우 이 과정에서 물질들의 냄새, 색깔, 맛, 촉감 등등 모든 것이 변했죠. 현상적 차원에서는 다와 운동이 있습니다. 그러나 실재 차원에서는 어떨까요? 수소 2개, 산소, 나트륨, 염소가 하나인 것은 우변이나 좌변이나 똑같습니다. 실재에는 아무런 변화가 없는 것이죠. 이렇게 과학이란 현상적인 생성이 근저에서 불변의 실재를 발견하고자 합니다. 물론 고대적인 방식과 근대적인 방식에는 적지 않은 차이가 존재하지만, 학문/과학의 개념 그 자체는 플라톤적 존재론이 면면히 내려오고 있다고 볼 수 있습니다.

이런 서구 사유가 19세기 후반에 들어오면 심대한 변화를 겪습니다. 그 중에서도 우리의 맥락에서 특히 중요한 것은 열역학(후에 통계역학으로 발전하죠)과 진화론입니다. 열역학 제2 법칙이 '엔트로피의 법칙'으로 잘 알려져 있습니다. 고전 동역학의 세계는 이상 시계의 세계입니다. 완벽한 법칙성에 따라 움직이는 결정론적인 계(여기에 그 계를 만들어낸 장인-신의 이미지가 투영됩니다), 앞으로도 뒤로도 돌수 있는 가역적인 계, 운동의 속도가 그 법칙에 하등 영향을 미치지 않는 계, 영원하고 자기동일적인 계인 것이죠. 그러나 19세기 중엽에 들어와 카르노로부터 볼츠만에 이르기까지 많은 과학자들에 의해 열역학이 성립합니다. 열역학이 드러낸 세계는 동역학적 세계와 전혀 다르죠. 에네르기가 끊임없이 소진되는 계(없어진다는 것이 아니라 일을 할 수 있는 양질의 에네르기가 그런 능력이 없는 에네르기로 퇴화한다는 것입니다), 때문에 영원하지도 자기동일적이지도 않은 계, 한번 방향을 잡으면 되돌릴 수 없는 불가역적인 계, 일정한 '시간의 화살'을 따라 움직이는 계인 것이죠. 철학적으로 가장 중요한 것은 시간 문제입니다. 고전 동역학의 세계가 시간의 역할이 별로 없는 세계라면, 열역학의 세계는 철저하게 시간에 의해 지배되는 세계입니다. 영원의 세계가 아니라 생성의 세계죠.

진화론은 멀리로는 그리스 이래로 내려온 영원의 철학이 무너지는 데 결정적인 역할을 하고, 가까이로는 고전 시대를 대변하는 '생명의 사다리'(연속적이고 영원한 생명체들의 위계)를 무너뜨려 버립니다. 전혀 새로운 세계관이 도래한 것이죠. 이제 세계는 기나긴 시간 속에서 끝없이 변천을 겪어 온 것으로, 우연과 불연속이 지배하는 것으로, 조화가 아니라 생존투쟁이 지배하는 장으로, 그럼에도 새로운 종이 끝없이 탄생해 온 창조의 장으로 이해됩니다. 섭리와 조화가 아니라 투쟁과 창조가 지배하는 세계가 된 것이죠. 그런데 진화론의 세계는 열역학의 세계와 기이하게 대조됩니다. 열역학적 세계관에서 우주의 모든 개체성, 모든 형상은 결국 와해됩니다. 반대로 진화론은 극히 등질적인 세계로부터 수많은 형상들이 계속 탄생함으로써 다질적인 세계로 가는 과정을 드러내 주고 있습니다. 이 두 세계관을 화해시키면서 베르그송의 존재론이 성립하죠. 또, 프리고진 등의 작업은 엔트로피 법칙을 극복하면서 새로운 질서가 탄생하는 과정을 보여 주었습니다.

현대 사유의 심장부에는 이렇게 '시간' 개념이 들어앉아 있습니다. 흔히 '존재에서 생성으로'라고 표현되죠. '창발을 통한 자기조직화'라는 개념으로 압축되는 복잡계 과학은 주어진 동일성에 의한 대상의 조직화가 아니라 창발을 통한 동일성의 형성을 설명하려고 한다는 점에서 '카오스모스'의 과학을 전형적으로 보여 준다고 하겠습니다.

* * *

지금까지 라이프니츠와 연관되는 현대의 세 과학인 프락탈 이론, 카타스트로프 이론, 그리고 복잡계 이론을 봤습니다. 각 이론에 있어 '접힘과 펼쳐짐'의 논리가 어떻게 작동하고 있는지를 보려 했는데, 사실 다루는 범위가 너무 넓어서 상세하게 들어가기는 힘들었습니다. 하지만 여러분들이 라이프니츠와 현대 과학이 맺는 관련성들을 거시적으로 훑어볼 수 있는 기회가 되었을 걸로 봅니다. 앞으로도 계속 연구가 진행되어야 할 분야들이죠.

세 과학이 라이프니츠와 맺는 관련성에는 여러 측면들이 있지만, 사실 뒤로 갈수록 라이프니츠로부터 멀어진다고 볼 수 있습니다. 프락탈 이론이 라이프니츠의 세계와 무척 가깝다면, 급변론에서는 (라이프니츠의 연속성의 원리와 대비되는) 불연속이라는 계기가 강하게 나타나죠. 그리고 복잡계 이론에서는 바로 비-결정론이라는 핵심적인 계기가 중요한 역할을 하고 있습니다. 자연철학에서의 이런 이행은 바로 라이프니츠로부터 베르그송-들뢰즈로의 이행과 평행을 달린다고 할 수 있습니다. 오늘날의 과학은 라이프니츠보다는 베르그송-

들뢰즈를 통해서 이해할 때 더 잘 이해되는 것이죠. 하지만 철학사적인/과학사적인 끈을 놓치지 않으려면 이들 사이에 존재하는 연속성 또한 잘 보아야 합니다. 라이프니츠로부터 오늘날의 들뢰즈와 복잡계 과학에 이르기까지 진행되어 온 학문의 흐름을 잘 보면서 거기에서 우리 시대에 걸맞는 주제들이 추출되고 논의되어야 할 것입니다.

3부 하이테크 시대의 모나드
—라이프니츠와 현대 문명

7강_ 프로그램

라이프니츠의 사유에서 가장 흥미로운 측면들 중 하나는 그가 신과 인간 사이에 설정했던 관계들을 인간과 기계 사이의 관계들로 이전시킬 경우 놀라운 설명력을 보여 준다는 사실입니다. 황당한 사변의 대명사로 여겨지는 그의 사유가 단숨에 오늘날 새롭게 도래한 삶의 양식들을 이해할 수 있게 해주는 "첨단의 사유"로 둔갑하는 것이죠. 사실 내가 라이프니츠에게 관심을 가지게 된 것도 이런 맥락에서였습니다. 그 이전에 역易과의 관련성도 있었습니다만.

라이프니츠의 사유가 압축적으로 정리되어 있는 『모나드론』[1]을 오늘날의 하이테크 문명 시대에 걸맞는 방식으로 읽어 봅시다. 특히 정보, 생명체 복제, 사이보그, 인터넷, 가상현실,…… 등과의 관련하에

---

1) 많은 판본이 있지만 기본적인 판은 앙드레 로비네가 편집한 다음 판본이다. G. W. Leibniz, *Principes de la Nature et de la grâce fondés en raison et Principes de la Philosophie ou Monadologie*, PUF, 1954.

서 읽어 보려 합니다.

　첫번째 초점을 맞출 개념은 '정보'information 개념입니다. 정보 개념은 오늘날 현대인들이 사물을 바라보는 가장 기본적인 개념들 중 하나라 할 수 있습니다. 본래의 맥락에서만이 아니라 여러 다양한 맥락들로 확대되어 논의되고 있죠. 우선 라이프니츠가 '실재'를 무엇으로 보았는가 하는 문제부터 살펴보기로 합니다.

§1. 모나드란 무엇인가

라이프니츠는 모나드를 '단순 실체'로 정의합니다. '단순하다'는 것은 "부분들을 가지지 않는다는 것"(1)[2]을 뜻하죠.

　'모나드'monade라는 말은 그리스어의 '모나스'monas에 해당하고 이는 곧 'unity', 'the one' 등을 뜻합니다. 흔히 '단자'單子로 번역하죠. '모나드'라는 말을 쓰기 전에 라이프니츠는 '완성태'라는 말도 썼습니다. 퓌타고라스학파는 이 말을 '단위'라는 뜻으로 사용했죠. 그리고 이 말은 에우클레이데스의 『원론』(7권)이나 아리스토텔레스의 『기상학』(1016b/25~e/30, 1089b/35) 등에도 등장합니다. 조르다노 브루노는 '모나드'를 우주의 궁극 실체라는 뜻으로 사용했으나, 이때의 모나드는 물질적 측면과 정신적 측면을 동시에 띠는 것으로 이해되었습니다. 라이프니츠가 이 말을 직접 따온 것은 판 헬몬트로부터였다고 합니다. 앞으로 보시면 아시겠지만, 내용상으로는 특히 아낙사고라스의

---

2) 고딕으로 표시한 숫자는 『모나드론』의 절을 가리킨다.

사유와 직결된다고 할 수 있죠.

　모나드를 일단 실체라 했습니다. 그런데 전통적으로 "실체"의 지위를 누렸던 것은 개체, 질료, 형상, 보편자 등이었죠. 모나드는 현실적인 개체는 아닙니다. 현실적인 개체는 단순 실체가 아니라 복합체이기 때문이죠. 나중에 밝혀지겠지만, 모나드는 개체가 아니라 개체의 형상적인 부분, 그 설계도와 같은 것입니다. 또, 라이프니츠의 모나드는 일단 질료가 아닙니다. 모나드는 '하나'인데, 질료는 하나(어떤 하나이든)로서 마름질된 것이 아니라 마름질되기 이전의 터, 바탕을 가리키니까요. 모나드는 일단은 어떤 형상적인 뉘앙스를 띤 것으로 이해할 수 있습니다. 라이프니츠가 '완성태'라는 말을 썼던 것에서 알 수 있듯이, 모나드란 어떤 형태가 되었든 어떤 완성된 것을 뜻한다고 이해할 수 있습니다. 그리고 모나드는 보편자는 아니죠. 보편자는 부분들을 가지니까요. 모나드는 일단은 형상에 가까운 것이라고 짐작해 볼 수 있습니다.

　그 다음, '단순하다'는 규정에 초점을 맞추어 봅시다. 단순한 것 즉 부분이 없는 것은 곧 '더 이상 분석할 수 없는 것'을 뜻합니다. 복합체를 계속 분석해 가서 더 이상 분석할 게 없는 것을 찾아내는 것이 분석적 사유의 핵심이죠. 이 최종적인 것은 곧 '순수한 것'입니다. 달리 말해, 타자를 하나도 포함하지 않는 순수 동일자이죠. 플라톤의 이데아가 가지는 주요한 성격들 중 하나가 바로 이 순수하다는 것이죠. 결국 모나드가 '하나'라는 것은 더 이상 분석할 수 없는 순수한 것이라는 뜻입니다. 진정한 하나이므로 더 분석할 수가 없겠죠. 그리고 당연히 순수하겠죠. 모나드가 '진정으로 하나'unum per se라는 것은 바로 이런

뜻입니다.[3]

그런데 이하 라이프니츠가 모나드를 규정하는 대목들을 잘 보면 모나드란 묘한 이중성을 가지고 있음을 볼 수 있습니다. 예컨대 "부분들이 존재하지 않으므로, 연장도 모양도 존재하지 않으며 또 분할도 가능하지 않다."(3) 모나드는 탄생하지도 소멸하지도 않는다(4~6), 모나드에서의 내적 변동은 생각할 수 없으며, 타자에 의한 변동 또한 불가능하다("모나드는 타자가 출입할 수 있는 창문들을 가지고 있지 않다"[4])(7) 등의 규정을 보면, 라이프니츠의 모나드 역시 전통적인 실체 개념들과 유사한 무엇이며, 특히 데모크리토스의 원자와 흡사하다는 것을 알 수 있습니다.[5] 하지만 모나드가 원자와는 판이한 존재라는 점을 아래에서 알 수 있습니다.

그렇지만 모나드들은 일정한 질들을 가져야 한다. 그렇지 않다면 모나드들을 존재자들이라고 하기도 어려워질 것이다. 또, 만일 단순 실

---

3) '진정으로'라는 수식어는 모나드가 절대적인 의미에서의 하나라는 것을 말한다. "나는 우연적인 일자성의 다양한 정도들을 인정합니다. 이 우연하게 형성된 일자성들은 오로지 사유를 통해서만 그리고 외관을 통해서만 그들의 이름[하나의 이름, 예컨대 '한 가족']을 부여받습니다."(「아르노에게 보내는 서한」, 1687년)

4) 이 말은 흔히 모나드의 고립, 단독성, 폐쇄성,…… 등으로 이해되곤 하는데 이는 피상적인 이해이다. 앞으로 자연스럽게 알게 되겠지만, 모나드는 창을 가질 이유/필요가 없다. 각각의 모나드에는 이미 우주 전체가 포함되어 있기 때문이다(하지만 이 '포함'이라는 말은 일상적 의미의 포함과는 다르다). 일반적인 이해와는 정확히 반대의 것을 말하고 있다.

5) 하지만 라이프니츠는 모나드와 원자를 단적으로 구분하는데, 원자가 공간적 연장을 가지는 한 분할 가능하다고 보았기 때문이다(이 점에서 데카르트의 'res extensa'와도 다르다). 모나드는 진정으로 분할 불가능한 것이며, 원자와 달리 연장과 모양도 가지지 않는 것이어야 한다. 요컨대 모나드는 공간적인 것이 아니다.

체들이 전혀 그 질들에 의해 구분되지 않는다면 사물들에게서 변화를 간파해낼 어떤 방도도 없을 것이다. 왜냐하면 복합체 내에 존재하는 것은 단순한 요소들로부터만 유래할 수 있기 때문이다. 그리고 질들을 가지지 않은 모나드들은 서로 구분 불가능한바, 그럴 경우 마찬가지로 그것들은 양에서도 서로 다르지 않기 때문이다. 그리고 결국, 플레눔plenum이 전제될 경우, 운동 상태에서 각 장소는 언제나 이전에 그것이 수용했던 것의 등가물만을 수용할 것이며, 한 사태는 다른 사태와 식별되지 못할 것이다.(8)

방금 아낙사고라스와의 연계성을 언급했습니다만, 라이프니츠의 모나드는 어디까지나 질적인 것입니다. 그런데 상식적으로 여러 질들로 구성된 것은 분석 가능하다고 생각됩니다. 따라서 모나드가 '진정으로 하나'라는 것과 그것이 질적 복수성multiplicity을 담고 있다는 것을 어떻게 조화시킬 것인가가 문제의 초점이 됩니다.

위의 인용문에서 모나드들 사이의 구분은 질적인 것임을 알 수 있습니다. 질적 차이들이 존재하지 않는다면 모나드들을 구분할 방법이 없다는 겁니다(질적 차이가 없다면, 양적 차이도 없게 됩니다. 양적 차이는 '센다'는 행위를 통해 성립하는데, 질적 차이가 없다면 셀 수가 없기 때문이죠. 모나드는 물리공간을 차지하고 있는 것이 아니기 때문에 양적 셈은 물론 불가능합니다). 그런데 이 질적 차이들이 일반적인 맥락에서의 질적 차이들, 예컨대 "저 사과는 붉다"와 "이 사과는 푸르다"라는 두 사실 사이에서의 차이(형용사로 표현되고 있는 질적 차이)는 아닌 듯합니다. 그런 질적 차이라면 당연히 분석 가능하죠. 라이프니츠의 생각을 이해하기가 만만치 않습니다.

여기에서 라이프니츠가 말하는 '질'qualité이란 비-물체적인 '규정성들'을 뜻합니다. 'détermination'이죠. 경우에 따라서는 'modification'이라는 말도 쓰고, 나중에 나오겠지만 더 일반적인 용어로 'attribut'(attribute)라는 말을 씁니다.[6] 그러니까 물질성으로 나타나는 질들을 뜻하는 것이 아니라 논리적인 규정성들을 뜻합니다. 예컨대 한 모나드가 가지는 '빨강'이라는 질은 우리 눈에 보이는 색깔인 빨강을 가리키는 것이 아니라 "이 사과는 빨갛다"라 할 때 '빨갛다'라는 논리적 규정성 자체를 가리키는 것입니다. 우리 눈에 보이는 빨간색은 이 논리적 규정성이 물질에 구현되었을 때 비로소 나타나는 것이죠. 마찬가지로 카이사르라는 모나드(몸을 가진 카이사르가 아니라 카이사르를 카이사르이게 해주는 규정성들의 총체)가 "루비콘 강을 건너다"라는 질을 가지고 있다고 할 때, 이 질이란 실제 루비콘 강을 건너는 카이사르의 행위를 가리키기 이전에 그 논리적 규정성을 가리키는 것입니다(따라서 개체와 모나드를 구분해야 합니다). 방금 '구현'이라는 말을 썼습니다만, 이렇게 본다면 라이프니츠는 그리스 철학에 뿌리 두는 'idealism'——'관념론'이 아니라 '형상철학'입니다——이라는 사실을 우선 확인할 수 있습니다.

그렇다면 문제가 생깁니다. 모나드는 분할 불가능합니다. 하지만

---

6) 스피노자에서 'modification'은 '변양' 즉 양태의 변화를 가리키며, 'attribut'는 '속성'을 가리킨다. 라이프니츠에서 'modification'은 스피노자의 용법과 유사하지만(세부적으로 들어가면 적지 않은 차이가 있다), 'attribut'의 용법은 스피노자의 그것과 판이하게 다르다.

모나드는 여러 질들을, 물론 논리적 질들입니다만 어쨌든 여러 질들을 가진다고 하니, 분명 분할 가능하지 않겠어요? 이 문제는 '논리적 분석'의 가능성과 '물리적 분할'의 가능성을 구분함으로써 해결됩니다. 라이프니츠는 모나드란 물리적으로 분할 불가능하다는 것을 말하는 것이지 논리적으로 분석 불가능하다고 말하는 것은 아닙니다. 모나드는 순수 질적인 무엇입니다. 공간적 외연 자체가 아예 없죠. 물리적 존재가 아니니까요. 그러니까 당연히 분할 불가능하겠죠. 그러니까 이때의 '분할 불가능성'이란 물리적 원자의 분할 불가능성과는 성격이 아예 다른 그런 불가능성입니다.

인용문에서 알 수 있지만, 라이프니츠의 사유는 변화를 토대로 하고 있다는 점에서 근대적입니다(10절에서도 다음과 같이 말하고 있습니다: "나는 또한 창조된 모나드까지 포함해서 모든 피조물은 변화를 겪는다는 것, 나아가 이 변화는 각각에게서 계속된다는 것에 반대할 사람은 없으리라 본다"). 고대 사유가 우선 영원불멸의 형상을 전제하고 그 후 운동을 문제 삼았다면, 근대 사유는 우선 변화를 본래적인 것으로 보고 정지를 설명합니다. 그런데 이때 이 변화를 외적으로 파악하는 경우가 있고('관성의 원리'가 이 경우에 관련됩니다), 내적으로 파악하는 경우가 있습니다. 근대 초의 대체적인 경향이 전자로 흘렀다면, 라이프니츠는 바로 후자를 강조한 대표적인 경우입니다. 다시 말해, 라이프니츠에서의 변화는 단순히 외부적 힘에 의한 운동이나 외적으로 관찰된 변화가 아니라 모든 모나드들이 자체 안에 담고 있는 내적 힘을 말하고 있는 것입니다. 이 점에서 '활동성'이라고 부를 수 있습니다(여기에서 '활동성'이란 한 모나드의 질적 변화를 말하며, 질적 변화란 뒤에서 이야기할 '빈위들'이 펼쳐지는 것을 말합니다).

지금까지 모나드 개념의 규정을 논했습니다만, 핵심은 모나드란 '진정한 하나'이면서도 '질적인 여럿'이라는 사실입니다. 이 두 측면을 (1부, 3강에서 논했던) '주름'이라는 개념을 통해 통합적으로 이해할 수 있습니다. 종이학은 분명 하나입니다. 그러나 종이학은 다면체이죠. 그 면들 하나하나를 질들로 생각한다면, 우리 맥락에서 매우 시사적이 됩니다. 우리는 모나드들 하나하나를 종이학처럼 접혀 있는 존재들, 즉 여러 질들을 통일적으로 내포하고 있는 존재들로 생각할 수 있습니다. 그리고 아직 나오지 않았습니다만, 한 모나드를 구성하는 이 질들은 차례로 펼쳐집니다. 그래서 우리는 자연철학의 맥락에서 논의했던 '접힘과 펼쳐짐'을 이번에는 형이상학의 맥락에서 다시 보게 되는 것입니다.

이렇게 '하나이면서 질적으로 여럿인 것'을 '내적 복수성'internal multiplicity이라 합니다. 핵심적인 개념입니다. 후에 베르그송과 들뢰즈를 공부할 때 나오는 '잠재적 복수성'virtual multiplicity 즉 다양체('multiplicity', 수학에서는 'manifold') 개념의 전신입니다. 라이프니츠-베르그송-들뢰즈의 사유 계열을 공부할 때 가장 기초적인 개념들 중 하나죠. 외적 복수성은 예컨대 10명의 사람들이 존재할 때 성립합니다. 외적 복수성은 공간적 복수성이고, 현실적 복수성이고, 양적 복수성이죠. 그런데 그 열 사람이 하나의 단체를 만들었다고 합시다. 그럴 경우 그 단체는 하나이자 또 여럿인 그런 것이 되죠. 이때의 복수성은 내적 복수성이고, 시간적 복수성이고(그 커뮤니티는 그냥 공간적으로 펼쳐져 있는 것이 아니라 어떻게 전개되는지 시간을 통해서 봐야 합니다. 열명의 사람들이 커뮤니티 안에 접혀 있고 그 주름에서 어떤 일들이 일어날 지는 시간을 지켜봐야 하니까요), 잠재적 복수성이고(방금 말한 이유에 서), 또 질적 복수성입니다(하나이지만 질적으로 여럿이므로). 한 사람 의 신체 같은 좀더 응집력 있는 다양체를 생각해 보면 사태가 보다 분 명해지죠. 이 다양체 개념을 무엇보다 우선 익혀 놓으시기 바랍니다.

§2. 정보로서의 빈위

라이프니츠의 사유를 이해하는 데 가장 기초적인 개념이 '빈위'賓位 개 념입니다. 빈위란 본래 "S is P"라는 명제 형식에서 P의 자리를 가리킵 니다. '빈'은 손님이죠? 술어를 손님과 같은 것으로 보는 생각을 함축 하고 있습니다. 사실 라이프니츠의 사유에 잘 들어맞는 번역어는 아 닌데, 일단 새로운 말로 하기보다는 이 말을 씁시다. 이 개념은 다음 절에 (직접 나오지는 않지만) 시사되어 있습니다.

> 그러나 또한 변화의 원리 외에도 변화하는 존재의 세부 사항들이 존재 해야 한다. 이 사항들이 말하자면 단순 실체들의 구체적 차이와 다양 성을 만들어낸다.(12)

라이프니츠는 변화라는 사실 외에도 어떻게 변할 것인가, 즉 변 화의 세부 사항들이 필요하다고 합니다. 모나드는 '내적인 원리'에 의 해 운동합니다. 즉, 신이 만든 일정한 설계도에 따라 운동합니다. 이 설 계도의 개념을 우리는 '프로그램'으로 재개념화할 수 있습니다. 그런데 프로그램의 세부 사항들이 있다는 것이죠. 예컨대 카이사르라는 모나드는 자신의 설계도에 따라 움직입니다. 그런데 그 설계도의 세부 사항이란 결국 "제왕절개를 통해서 태어나다"('제왕절개'라는 말 자체가 바로 카이사르에게서 유래했죠?), "폼페이우스와 싸우다", "클레오파트라를 만나다", ……, "브루투스 등의 칼에 찔려 죽다" 등등입니다. 그러니까 모나드의 세부 사항들이란 곧 존재론적으로는 그 모나드에게서 '일어나는 일들'이고, 논리학적으로는 그 모나드-주어에 붙는 술어들이죠. 이것들 하나하나를 라이프니츠는 '빈위들'이라 부릅니다. 내용상으로는 사건들이지만, 고전적인 철학자인 라이프니츠는 이를 논리학적인 방식으로 파악하고 있죠.

그러니까 하나의 모나드란 빈위들의 집합체라고 할 수 있습니다. 앞에서 말했던 '질적인 여럿'이 바로 이 빈위들이죠. 그래서 일단 모나드란 빈위들의 다양체라고 할 수 있습니다. 소크라테스는 "아테네에서 태어나다", ……, "독당근을 먹고 죽다" 등등의 집합체이죠. 그런데 '집합체'보다 더 정확히 표현하면 '계열체'입니다. 왜냐하면 한 모나드의 빈위들은 그냥 모여 있는 것이 아니라 일정한 순서로 계열화되어 있기 때문이죠. 선형적으로 계열화되어 있습니다. 그러니까 모나드들 하나하나가 모두 계열인 것입니다. 바로 이 계열체, 한 실체를 구성하고 있는 빈위들의 계열체를 라이프니츠는 "notion"이라고 부릅니다. 일반적인 맥락에서는 '개념'이라고 번역하죠. 그러나 라이프니츠의 맥락에서는 방금 말한 독특한 의미를 담고 있고, 그래서 흔히 '완전개념'이라고 부르고 있습니다. 뒤에서 '완전성' 이야기가 나오는데, 밀접하게 관련되긴 하지만 둘은 구분되니까 혼동하지 마시기 바랍니다.

완전개념의 경우는 "complete"를 쓰고, 완전성의 경우에는 "perfect"를 씁니다. 완전개념이란 결국 무엇일까요? 바로 모나드의 내용 자체입니다. 카이사르의 완전개념은 카이사르라는 모나드를 구성하는 모든 빈위들의 계열체 자체인 것이죠.

그런데 여러분, 묘하죠? 개념이란 개체들보다 상위에 있는 것입니다. 개체들보다 추상적인 것입니다. 뽀삐, 멍멍이, 해피, 바둑이, 점박이,…… 이런 개체들이 다 모여서 '개'라는 개념이 성립하는 것 아니겠어요? 철수, 영희, 앙드레, 톰, 미치코,…… 이런 개인들이 모두 모여 '인간'이라는 개념이 성립하는 것이죠. 그런데 라이프니츠 식으로 생각하면, '철수'라는 개념, '뽀삐'라는 개념이 성립하는 겁니다. 보통 개념에는 '~ity'/'~ité'(~성)가 붙을 수 있습니다. '인간성'에서처럼 '~성'이 붙는데, 이는 해당 개념에 포괄되는 개체들의 공통의 성격을 뜻하죠. 잘 쓰는 말들은 아니지만 '견성'犬性, '마성'馬性, '한국인성', '일본인성' 등도 성립합니다. 그러나 철수성, 바둑이성 같은 말들은 성립하지 않죠. 그런데 라이프니츠의 경우 개체 하나하나가 개념입니다. 하나하나가 'notion'을 통해서 존재합니다. 그러니까 철수성, 뽀삐성 같은 경우도 성립하는 것이죠.

이를 아리스토텔레스의 경우와 비교해 보면 보다 선명히 알 수 있습니다. 아리스토텔레스에게 형상이란 일반적인 것입니다. 뽀삐는 형상을 가지고 있지만, 그것은 개의 형상이라는 일반적인 형상입니다. 그 밖의 뽀삐의 특수한 성질들(털의 모양새, 발톱의 색깔 등등)은 뽀삐의 질료에서 기인하는 것으로 이해됩니다. 그런데 라이프니츠에게서는 개별적인 모나드 하나하나가 완벽하게 개념화되어 있는 것이죠.

개별적인 모나드 하나하나가 합리적으로 가지적입니다. 그래서 우리는 라이프니츠를 초-합리주의자super-rationalist라고 부를 수 있을 겁니다. 아리스토텔레스의 사유가 형상적인 것과 질료적인 것, 필연적인 것과 우연적인 것을 동시에 담고 있다면, 라이프니츠의 사유에서는 원칙적으로 형상적인 것과 필연적인 것에 전적으로 무게중심이 걸립니다. 결국 아리스토텔레스의 형상이 종의 층위에 위치한다면, 라이프니츠의 형상은 개체의 층위에까지 내려가는 것이죠. 라이프니츠에게 모든 차이는 개념적 차이입니다. 아리스토텔레스가 신체에 귀속시키는 측면들을 라이프니츠는 모두 완전개념들로 흡수해버리는 것입니다(그래서 그의 사유에서 신체의 위상은 늘 논쟁거리가 됩니다). 그리고 라이프니츠가 이런 논리를 펴는 근저에는 바로 그 자신이 발명한 '무한소미분'이 깔려 있습니다. 이 이야기는 뒤에서 할 거예요.

자, 그런데 여기에서 오늘 강의를 이끌어 갈 가장 기본적인 가정을 하나 던져 봅시다. 이는 곧 라이프니츠의 빈위를 정보로 보는 것입니다. 빈위＝정보, 이것이 핵심 가정입니다. 그런데 우선 '정보'情報라는 것이 무엇일까요?

정보란 우선 인문학에서의 '의미'에 대응하는 과학적 개념이라고 생각하시면 됩니다. 누군가를 만났는데 그 사람이 한쪽 눈을 깜빡했습니다. 인문학자라면 이를 어떤 '의미'의 표현이라고 생각할 테고, 과학자라면 어떤 '정보'의 제시라고 생각할 겁니다. 뒤에서 논할 내용을 좀 미리 당겨서 이야기하는 게 되겠습니다만, 이는 우리가 세계를 바라볼 때 이원적 구도로 바라봄을 함축합니다. 우리는 가장 추상적인 수준에서 세계를 일단 기화氣化로 이해해 볼 수 있습니다. '기'는 물질,

생명, 정신을 모두 포괄하는 세계의 '실체'입니다. 그런데 이런 실체적 운동과 더불어 세계에는 의미/정보도 함께 존재한다는 것이죠. 의미/정보란 우리가 기화에서 읽어내는 것입니다. 누군가의 눈에서 액체가 흘러나오는 것은 기화입니다. 그런데 우리는 거기에서 '슬픔'이라는 의미/정보를 읽어내는 것이죠. 하늘에 먹구름이 끼는 것은 기화입니다. 하지만 우리는 그것을 그저 물리적 현상으로 지각하는 것만이 아니라 거기에서 이런저런 의미/정보를 읽어내요. 이 '읽어낸다'는 것이 인간적 삶의 핵심을 이룹니다. 이런 '읽어내는' 능력이 없다면 우리가 인간으로서 인간다운 삶을 산다는 것은 애초에 불가능할 것입니다.[7] 아니, 사실 인간은 평소에 온통 의미/정보의 세계 속에서 살아갑니다. 그것이 기화와 동시에 이루어진다는 사실을 잊어버릴 정도로 인간이란 철저하게 의미, 정보, 기호, 문화 속에서 살아가는 존재인 것이죠. 기화가 없다면 당연히 인간도 없습니다. 하지만 의미를 읽어내고 나아가 의미를 구축하고 의미의 세계 속에서 살아가지 않는 인간은 사실 인간이 아니죠. 우리의 삶은 물질적 과정인 동시에 의미적인 과정인 것입니다.

"정보를 얻는다", "정보를 캐낸다", "정보를 은폐한다", "정보를

---

7) 이렇게 '읽어내는' 능력은 '정신'의 수준에 도달한 존재에서만 가능하다. 자신도 기화의 과정에 있지만 기의 수준이 정신의 수준에까지 도달한 존재는 다른 기화에서 의미/정보를 읽어낼 줄 안다고 할 수 있다. 물론 '읽어냄'을 다소 넓게 생각한다면, 생명의 수준에서 이미 이런 읽어냄이 가능하다고도 할 수 있다. 문화 수준의 읽어냄이 아니라 해도 읽어냄의 활동이 없다면 생명체들의 존재 자체가 불가능할 것이다. 생명체들과 생명체들이 또는 생명체들과 비-생명체들이 상호 작용하는 것은 기화일 뿐만 아니라 이미 읽어냄의 과정이기도 한 것이다.

전달한다", "정보를 축소한다", "정보를 숨긴다", "정보를 왜곡한다", …… 같은 말들은 무엇을 뜻할까요? 적군이 어떤 경로로 진격해 올 것인가에 관한 정보를 얻어야 전쟁에 승리할 수 있습니다. 적군은 그 정보를 숨기려 할 터이고, 아군은 그것을 캐내려 하겠죠. 적군이 신체를 움직여 장소 이동을 하는 것은 기화입니다. 그런데 그 기화가 뜻하는 것이 정보죠. 적군이 A 경로로 움직일 때와 B 경로로 움직일 때 각 경우가 이번 전투에 관련해, 나아가 전쟁 전체에 관련해 뜻하는 바가 바로 그 '정보'의 뜻입니다(지금 "정보의 뜻"이라는 표현을 썼습니다만, 정보보다는 의미가 더 근본적이고 포괄적인 개념이라 할 수 있습니다. 지금 표현을 "바로 그 '의미'의 정보입니다"라 했다면 좀 이상하겠죠? '정보'란 의미 개념의 특수한 버전, 주로 과학기술적인 성격을 띠는 버전이라고 할 수 있겠습니다). 누군가가 이 정보를 왜곡했다고 합시다. 그러면 정보를 잘못 안 아군은 전투 내지 전쟁의 의미를 다르게 읽어낼 터이고, 그런 왜곡된 정보에 입각해 다른 기화를 겪을 것입니다. 그리고 어떤 고통/불행의 결과를 당하겠죠(여기에서 알 수 있듯이 기화에서 의미를 읽어내는 것만이 아닙니다. 의미에 입각해 기화를 행하는/겪는 것입니다. 실재에 있어서는 양자가 동시적인 것이지만, 한 사태의 두 얼굴일 뿐이지만, 삶에서는 경우에 따라 기화가 앞설 때도 있고 의미가 앞설 때도 있습니다. 또 하나, 의미, 기화와 더불어 행/불행, 고통/쾌락,…… 등 가치론적 측면들 또한 얽혀 있다는 점입니다. 결국 기화라는 존재론적 실재, 의미라는 인식론적/인간적 차원, 그리고 행/불행 등등의 가치론적 맥락이라는 세 차원이 얽혀 있음을 알 수 있습니다. 사실 매우 많은 이야기를 해야 할 대목이지만, 지금은 내가 나의 전반적인 철학적 구도를 좀 미리 제시하는 것이라고 받아들여 주시면 됩니다.[8] 앞으로 이야기가 진행되면서 조금씩 구체화될 내용입니다).

자, 그러면 빈위와 정보의 관련성에 대해 생각해 봅시다. 예컨대 내가 누군가에 대한 정보를 가지고 있다는 것은 그가 어느 학교를 나왔다든가, 지금 무슨 일을 하고 있다든가, 결혼을 했다/하지 않았다든가 등등을 안다는 것입니다. 그러니까 내가 카이사르에 대해 정보를 가지고 있다는 것은 그는 어느 나라 사람이었다, 그는 누구와 크게 전투를 벌였다, 그는 누구와 연애를 했다,…… 등등에 대해 아는 것입니다. 카이사르의 신체는 사라졌습니다. 우리는 그를 본 적도 없고, 그와 악수를 한 적도 없고, 그의 목소리가 실제 어떠했는가도 알 길이 없습니다. 우리가 "카이사르"라는 존재에 대해 운운하는 것은 사실 그의 물질적 측면이 아니라 그에 대한 정보를 가지고 하는 것이죠. 물질은 사라져도 정보는 남습니다. 우리가 카이사르에게서 '읽어내는' 모든 것들이 우리가 그에 대해서 알고 있는 것, 그에 대해 가지고 있는 정보인 것입니다. 그런데 이 정보들은 결국 카이사르의 빈위들이 아니겠습니까? 카이사르라는 모나드를 구성하고 있는 빈위들 하나하나가 바로 그에 대한 정보인 것이죠. 이렇게 우리는 빈위와 정보를 연결시켜 이해할 수 있습니다.

물론 문제는 간단하지 않습니다. 정보의 단위를 무엇으로 잡느냐의 문제도 있고(물론 정보의 최소단위는 비트입니다. 흔히 말하듯이, 물질은 '원자'로 이루어져 있고 정보는 '비트'로 이루어져 있죠), 빈위 개념

---

8) 이런 구도에 대해서는 이전 저작들에서 다루었거니와, 특히 『사건의 철학』을 참조하라.

을 둘러싸고 있는 이론 전체와 정보 개념의 이론적 배경(물론 하나가 아니라 여럿입니다)은 너무나도 다릅니다. 일단 후자에 대해서는 내가 여기에서 행하고 있는 논의는 라이프니츠를 매우 크게 변환시켜 논의하는 것이라는 점을 염두에 두어야 할 것이고(아마 지금처럼 논의하는 것은 처음이 아닐까 싶고, 그래서 우리 논의는 일종의 이론적 '모험'입니다), 전자에 대해서는 일단 정보의 단위를 상식적으로 즉 "카이사르는 클레오파트라를 사랑했다" 같은 하나의 '사건'으로 본다는 점을 일단 염두에 두어야 할 것입니다.

§3. 식별 불능자들 동일성의 원리

라이프니츠에게서 우리는 몇 가지 중요한 원리들을 발견할 수 있습니다. 라이프니츠 사유의 전체 구조를 이해하는 데 핵심적인 것들이죠. 앞으로도 계속 나오겠지만, 일단 전체적으로 정리하고 들어갑시다.

1. 동일성의 원리. 동일성identity의 원리는 '존재 이유'ratio essendi에 관한 원리죠. 여기에서 '존재'란 '본질'의 뉘앙스를 띠고 있습니다.[9] 이는 일반적으로 말해서 "A는 A다", "어떤 것은 다른 게 아니라 바로 그것이다", "한 사물은 그것이 '~인' 바로 그것이다"A thing is what it is라고 말할 수 있습니다. 라이프니츠는 이것을 달리 공식화해서 "모든 분

---

9) 무엇인가가 존재함이 우연이 아니라 그것의 본질에 기인함을 말한다. 본질상 존재한다는 것은 필연적으로 존재한다는 것이다. 즉, 그것이 존재하지 않을 수가 없음을 뜻한다. 이는 "무엇인가가 왜 없지 않고 있는가?"라는 물음에 관련된다. 이 논리는 스피노자의 『에티카』 도입부를 이해하는 데에도 중요하다.

석명제는 참이다"라고 바꾸어 말합니다. "A = A" 같은 형식의 명제는 무조건 참이라는 겁니다. 그런데 이런 식의 명제들에도 상호성의 명제가 있고 포함의 명제가 있죠. "삼각형은 세 각을 가진 도형이다" 같은 것이 전자의 예이고(주어와 술어를 바꾸어 보세요), "삼각형은 세 변을 가진다"는 후자의 예죠(삼각형을 분석해 보면 '세 변을 가진다'는 것이 연역되죠). 이런 대목에서 라이프니츠의 천재성이 두드러지게 느껴집니다. 라이프니츠를 읽는 묘미 중 하나가 우리가 다소 막연하게 직관적으로 알고 있는 것을 전혀 새롭게 공식화해서formulate 보여 준다는 점입니다.

2. 충족이유의 원리. 충족이유율sufficient reason은 동일성의 원리와 대조적입니다. 이것은 본질에 관련된 원리가 아니라 '실존의 이유'ratio existendi죠. 이는 "모든 일에는 이유가 있다"는 생각입니다. 라이프니츠는 이 명제를 다시 다음과 같이 새롭게 공식화합니다. "모든 참된 명제는 분석적이다." 바로 동일성의 원리와 정확히 대칭적이죠? 그런데 이 명제는 라이프니츠 사유의 특징을 단적으로 보여 주는 명제입니다. 예컨대 "서울 안에는 광화문이 있다"는 명제는 참된 명제죠? 하지만 이것이 분석명제라고는 할 수 없죠. 논리적/개념적 분석을 통해 증명되는 명제가 아니라, 종합명제 그러니까 경험을 해봐야 아는 명제잖아요? 그런데 이것이 왜 분석명제일까요? 뒤에서 이 문제를 다룹니다.

3. 식별 불능자들indiscernibles 동일성의 원리. 이것은 '인식의 이유' ration cognoscendi입니다. "어떤 두 사물도 똑같지는 않다"는 것이죠. 라이프니츠는 이것을 다시 "모든 각각의 개념에는 [그것에 해당하는]

단 하나의 사물만이 존재한다"고 재공식화합니다. 지금 곧 다룰 내용입니다.

4. 연속성의 원리(주로 연속성의 '법칙'이라고 부릅니다). 이것은 '생성의 이유'ratio fiendi입니다. 이른바 "자연은 결코 비약하지 않는다"는 원리죠. 이는 다시 "하나의 특이성은 그것이 다른 특이성과의 이웃관계에 도달하기까지 보통의 점들의 계열을 통과해 뻗어 간다"고 재정식화됩니다. 혹시 예전에 '사건의 철학' 강의를 들었던 분들은 반갑죠? 바로 들뢰즈의 '특이성' 개념을 논할 때 이 내용을 만난 기억이 날 겁니다.[10] 이때의 'singularity'는 특수성, 일반성, 보편성 등의 개념과 관련되는 것이 아니라, 특이성이라고 했죠? 훗날 푸앵카레, 로트만, 시몽동, 들뢰즈 등으로 이어지는 논의에 핵심적인 개념입니다. 연속성의 원리는 라이프니츠에게서 모든 참된 명제는 분석명제이지만, 그 중에는(일반적으로 종합명제라고 하는 명제들은) 무한히 분석해야 할 명제들도 있습니다(사실 대개의 명제가 다 그렇습니다만). 그런데 무한히 분석한다는 것은 (예컨대 선분을 놓고서 생각해 보면 되겠지만) 바로 그 대상이 연속적이라는 것을 뜻합니다. 이는 곧 라이프니츠 자신이 그 창시자인 무한소미분과 관련되죠. 지금은 일단 여기까지만 이야기해 놓고 해당 대목이 나올 때 자세히 이야기합시다.

자, 우리가 지금 다룰 것은 세번째 원리인 '식별 불능자들 동일성의 원리'입니다. 이는 다음과 같이 표현됩니다.

---

10) 이정우, 『사건의 철학』(저작집 2권), 그린비, 2011, 1부, 5강.

각각의 모나드는 서로 달라야 한다. 자연 안에는 서로 완벽하게 같은, 그리고 내적 차이를 또는 고유한 규정성에 기반하는 어떤 차이를 포함하지 않는 두 사물은 존재하지 않기 때문이다.(9)

이 원리는 두번째 원리였던 '충족이유율'과 밀접히 연관되어 있습니다. 두 원리 모두 개별적 존재들의 '실존'에 관련되죠. 이 원리는 간단히 말해 어떤 두 사물을 질적으로 구분할 방도가 없다면 그 사물은 같은 것으로 간주되어야 한다는 것입니다. 이것을 좀더 엄밀하게 정의하면, "모든 성질 P에 대해서, 대상 y가 P를 가질 때 그리고 오직 그때에만 대상 x가 P를 가진다면, x와 y는 동일한 존재이다"가 됩니다. 기호로 하면 다음과 같습니다.

$$(P)(P_x \leftrightarrow P_y) \rightarrow x = y$$

어떤 P라는 성질이 있는데 x가 P를 가지는 것과 y가 P를 가지는 것이 등치일 때 x는 y와 같다는 뜻이죠. 바꿔 말하면, "x가 y와 구분된다면 x에는 있지만 y에는 없는 성질이 적어도 하나 존재한다", 또 바꿔 말하면 "x와 y가 같다면 x의 모든 성질과 y의 모든 성질은 같다"(기호로 하면 위와 반대가 되겠죠?)가 됩니다.

이것을 아주 쉽게 말하면, 이 세상에 똑같은 두 개의(또는 그 이상의) 사물은 없다는 것입니다. 왜일까요? 어떤 두 사물이 똑같다는 것은 한 사물의 성질과 다른 사물의 성질이 완전히 같은 경우인데, 그렇게 말하는 것은 의미가 없다는 것입니다. 만일 "7개의 사물이 있는데,

그 중 두 개는 완전히 같다"고 말한다면 잘못 말한 것이죠. 처음부터 6개의 사물이 있다고 말해야 한다는 것입니다. 완전히 같다면 처음부터 2개를 말할 수도 없는 것이죠. 일단 2개 이상의 사물에 대해 말한다면, 그것은 이미 그것들이 질적으로 모두 다르다는 것을 함축하게 되는 것입니다. 그러니까 만일 세계가 무수한 모나드들로 이루어져 있다고 한다면, 그 모나드들은 모두 질적으로 다르다는 이야기입니다. 우리는 라이프니츠가 세계의 '질적 다양성'을 강조하기 위해서 이 원리를 제시했다는 사실을 알 수 있습니다.

이제 이 원리를 정보의 관점에서 생각해 봅시다. 이런 상황을 생각해 보기로 하죠. 어떤 A라는 사물이 있는데, 나는 A를 직접 만날 수 없습니다. 그럴 때 내가 A를 '아는' 방법은 무엇이 있을까요? A에 대해서 아는 사람에게 A에 대한 정보를 얻는 것입니다. 결혼을 원하는 남녀가 직접 만나기 전에 우선 사진 등을 통해서 정보를 교환하는 것도 이런 경우죠. 그런데 누군가가 내게 A에 대한 정보와 B에 대한 정보 두 가지를 보내 주었습니다. 그런데 그 정보가 완벽히 일치하는 거예요. 처음에는 A와 B가 정말 비슷하구나 하고 생각하겠죠. 그러다가 정보량이 증가하면 증가할수록 좀 이상하다 싶어 할 터이고, 정보량이 매우 많으면 지금 상대방이 A의 정보를 두 벌 보내고 있다고 생각할 겁니다. 정보가 단 하나만 달라도 A와 B는 다른 존재라고 생각하겠죠. 이렇게 어떤 두 존재가 식별 불가능하다면 거기에는 사실상 하나의 존재만이 있는 것입니다. 그리고 '식별識別한다'는 것은 결국 정보를 가지고서 하는 것이죠. 이때 정보의 한 단위를 라이프니츠의 빈위로 잡는다면 우리 맥락에서 의미가 분명해집니다.

이 원리는 복제의 문제와도 관련됩니다. 예컨대 철수를 복제했을 경우, 그 복제 인간과 철수는 같은 인간인가 다른 인간인가? 라이프니츠에 따르면, 어떤 질적 차이든 하나만 달라도 그들은 다른 사람으로 간주해야 합니다. 오로지 완벽히 똑같을 때에만 하나로 간주되죠. 쌍둥이를 생각해 봅시다. 쌍둥이는 유전 정보를 공유함으로써 쌍둥이로 태어납니다. 하지만 사실 쌍둥이는 여러 면에서 다르다고 해야겠죠. 생명체의 본질은 이런 차이들에 있습니다. 차이와 다양성이 확보되지 않는다면 생명체의 세계는 단숨에 무너질 수도 있습니다. 그런데 만일 서로 완벽하게 같은 로봇 두 개를 만들었을 경우는 어떨까요? 이 두 개는 단지 그것들이 차지하는 공간적 위치에서만 다르다고 해야겠죠. 그래서 '복제'란 생명체들의 세계에서보다는 기계들의 세계에서 더 잘 성립한다고 할 수 있습니다. 생명체 복제는 생명체를 기계적으로 본다는 것을 이미 함축하고 있는 것입니다. 철수와 복제된 철수는 그들이 보다 기계적으로 복제된 한에서 그만큼 '같다'고 할 수 있을 것입니다. 식별 불능자들 동일성의 원리는 이렇게 기계적인 복제와 생명체에서의 복제의 차이를 이해하는 데에 도움을 줍니다. 보다 일반적으로 말해서 동일성, 반복, 복제, 상호 교환 가능성,…… 같은 개념들을 이해하는 데 도움을 주죠.

여기에서 '게놈'에 대해 생각해 봅시다. 하나의 존재론적 개념은 맥락에 따라서 여러 버전들로 구체화됩니다. 예컨대 '무'는 심리적으로는 마음의 공허가 될 수 있고, 물리적으로는 진공이 될 수 있고, 경제적으로는 빈곤이 될 수 있고, 건축에서는 비워진 공간이 될 수 있겠죠. 나아가 다른 숱한 버전들로도 구체화될 수 있습니다. 존재론적 사유를 한다는 것은 특정 영역에 구애받지 않고서, 달리 말해 삶의 다양한 영역들을 가로지르면서 가장 근본적인 원리들을 명료화하는 작업이죠. 그런데 모나드 개념도 마찬가지입니다. 여러 구체적인 버전들을 생각해 볼 수 있어요. 그런데 생물학의 맥락에서 본다면 가장 들어맞는 버전은 아마 게놈 개념일 것입니다. 이른바 '유전자 지도'인 게놈은 정보들의 집합체로 볼 수 있습니다. '유전 코드'라는 말에서도 알 수 있듯이 유전자 자체가 일종의 기호체계이고, 바로 그렇기 때문에 정보체계이기도 한 것이죠. '기호'란 무엇인가를 '뜻하는' 것이니까요. 식별 불능자들 동일성의 원리를 적용한다면, 만일 두 게놈이 완벽하게 똑같다면 그 게놈들을 통해서 성립하는 두 생명체도 완벽하게 똑같다고 말해야 하는 것입니다. 오로지 공간적으로만 다르겠죠. 만일 두 인간이 이런 식으로 존재한다면 무척이나 기이한 상황이겠죠.

물론 현실적으로는 이는 불가능합니다. 설사 서 있는 위치만 다른 두 생명체가 있다 해도, 이들이 동시에 맞추어놓은 두 시계처럼 똑같이 행동할 리는 없습니다. 이것은 두 생명체가 내부적으로 달라서가 아니라 그 둘이 외부적으로 관계 맺는 바가 다르기 때문이죠. 설사 두 생명체가 완벽하게 똑같아도 그 둘과 관계 맺는 다른 존재자들까지도 완벽하게 같을 수는 없기 때문입니다. 벌써 둘의 허파에 들어가는 공기 입자들의 수만 해도 다르지 않겠어요? 생명체란 반드시 시간을 삶의 지평으로 해서 변해 가는 존재이고, 변한다는 것은 타자들과 관계를 맺어 감으로써 생성하는 것이니까요. 이런 점에서 완벽한 식별 불능자들은 물리적으로가 아니라 논리적으로만 존재한다고 해야 할 것입니다. 관계 맺는 것 자체가 정보를 주고받는 것이기 때문에, 생명체에서의 정보란 계속 변해 가는 것이라 해야 합니다. 물론 생명체들 중에서 우리는 매우 비슷한 개체들을 자주 봅니다. 인간세계에서도 서로 흡사한 사람들이 많죠? 그래서 일상 언어에서 '같다' 또는 더 강하게는 '똑같다'는 말은 사실 '차이가 적다'는 것을 뜻합니다. 같음과 다름은 결국 '정도'degree의 문제라는 것이죠.[11]

그런데 아주 강한 결정론, 최대로 강한 결정론을 주장할 경우 어떻게 될까요? A라는 존재가 맺는 외부적인 관계들까지도 사실은 A에게 그리고 그 관계 맺는 존재들에게 내부적으로 결정되어 있었다고 해야겠죠. 이는 상당히 이상한 생각이지만, 라이프니츠는 바로 이렇게 생각했습니다. 이 점이 그의 특이한 점이죠. 사실 근대 서구의 철학자들이 대개 다 결정론자들이었습니다만.

§4. 결정론과 '관계의 외부성'

라이프니츠는 "지금까지 말한 바들로부터 모나드들의 자연적 변화들

---

11) 라이프니츠 자신은 이 원리를 세상 모든 사물들이 다 다르다는 것을 강조하기 위해 활용한다. 모나드(와 그 해당 개체)를 무한한 빈위들로 세분해서 바라보는 그였기에, 빈위단 하나만 달라도 두 모나드는 다르다는 결론이 나온다. 그런데 빈위들은 무한하므로 이런 세계에서는 똑같은 모나드란 사실상 존재할 수 없다. 라이프니츠는 이로써 세계의 'multiplicity'를 강조하고자 했다. 현실적으로 생각할 경우, 우리는 몇 개의 빈위들이 다르다 해서 두 모나드를 다르다고 하지는 않는다. 오히려 문제는 차이남의 정도에 있다고 해야 할 것이다. 일정 정도의 빈위들 이상이 다르지 않고서는 우리는 '다름'을 실감하지 못하기 때문이다. 하지만 반대로 작은 차이들이 중요할 때도 있다. "A, B 두 종의 게놈을 비교해 봤더니 큰 차이가 없더라"라는 말은 잘못된 해석이다. 중요한 것은 바로 그 작은 차이이기 때문이다.

은 내적인 원리에 기인한다고 결론 내릴 수 있다"(11)고 말합니다. 그러니까 A라는 모나드가 B라는 모나드를 만난 것은 우연이 아니라 A라는 모나드의 빈위들 중 하나가 바로 "B를 만나다"이기 때문이라는 것입니다. 한 모나드의 어떤 빈위가 펼쳐진다는 것은 결국 그것이 어떤 관계를 맺는다는 것입니다. '축구를 하다'라는 빈위가 펼쳐지려면 당연히 다른 사람들이나 축구공, 골대, 운동장 등등의 타자들과 관계를 맺어야겠죠. 빈위 하나하나가 사건이라는 것을 기억할 필요가 있습니다. "루비콘 강을 건너다"라는 카이사르의 빈위는 이미 루비콘 강을 비롯한 타자들과의 관계를 함축하고 있죠. 그런데 이런 관계가 이미 한 모나드 안에 결정되어 있다는 겁니다.

현대인들에게는 이런 생각은 좀 이상하게 느껴집니다. 관계란 본디 서로 상관이 없는 두 타자가 우발적으로 만나 이루어지는 것, 낯섦에서 시작해 관계를 통해 서로를 변형시켜 가는 과정으로 이해합니다. 관계란 두 타자(또는 여러 타자들) 사이의 문제라고 생각하는 것이죠. A와 B 사이의 관계는 A와 B에 각인되어 있는 것이 아니라 그 둘의 외부에, 그 둘 사이에 존재하는 것이라고 생각합니다. 그러나 라이프니츠에서는 이런 진정한 의미에서의 '사이'라는 것이 없죠. 모든 사이, 관계가 관계 맺는 모나드들의 빈위들로서 이미 선재하는 것이니까요. 이런 생각을 비판하면서 '관계의 외부성'exteriority of relations을 분명히 한 인물이 데이비드 흄입니다. 사실 라이프니츠의 경우는 좀 두드러집니다만, 서구의 중세와 근세의 철학자들에게는 이런 식의 생각이 짙게 배어 있습니다. 왜 그랬을까요? 바로 서구의 사상이 종교-신학적 그림자 아래에 들어 있었기 때문입니다. 이 세계가 결정되어 있다는 것을 왜 그렇게 열심히 주장했을까요? 바로 이 세계란 그저 아무렇게나 움직여 가는 것이 아니라 신의 섭리에 따라 움직여 가는 것이라는 점을 강조하려 했던 것입니다. 자유라든가 우발성은 신에 대해 불경스러운 것이라고 보았던 것이죠. 더 멀리 내려가면 '코스모스'를 이야기한 그리스 철학자들이 있었습니다만, 이들은 신학적이지도 않았고 이렇게까지 강한 결정론자들도 아니었습니다. 중세 그리고 근세 초가 이런 점에서는 두드러졌죠. 이런 전통을 과감하게 타파했던 인물이 데이비드 흄이고, 그래서 우리는 흄에게서 진정한 의미에서의 근대성이 시작되었다고 할 수 있습니다.

어쨌든 라이프니츠는 관계의 내부성을 강조했는데, 이는 일단 그의 지각 개념에서 확인됩니다. 라이프니츠의 말을 들어봅시다.

순수한 하나 즉 단순 실체 내에 여럿을 내포·표상하고 있는 일시적인 상태가 바로 우리가 지각작용이라고 부르는 것이다.[12] 앞으로 분명해지겠지만, 지각작용perception은 통각작용aperception이나 의식conscience과는 구분되어야 한다. 바로 이 점에서 데카르트주의자들은 오류를 범하고 있다. 즉, 그들은 우리가 통각하지 못하는 지각작용들을 무시하고 있는 것이다. 바로 이 때문에 이들은 오직 정신들만이 모나드라는 것, 동물들이나 다른 완성태들의 영혼들은 존재하지 않

---

12) 라이프니츠의 경우 표상(représentation)과 내포(enveloppement)가 동일시된다. 라이프니츠에게 지각의 단위는 각 빈위이고 빈위의 표상은 모나드 자체 안에 이미 내포되어 있기 때문이다.

는다는 것을 주장한 것이다. 또 그들은 대중들이 그렇듯이 긴 잠존潛存과 절대적 죽음을 구분하지 못했으며, 때문에 또한 전적으로 분리된 영혼들이라고 하는 스콜라적 편견으로 빠졌을 뿐 아니라, 영혼들의 소멸 가능성을 긍정하는 의견으로 기울어지기까지 했다.(14)

라이프니츠의 특징적인 생각을 잘 드러내는 대목입니다. 지각이란 인식 주체가 어떤 인식 대상을 접촉해서 그것을 자신의 의식/개념의 차원에서 파악하는 과정이죠(완전히 개념화/정신화된 차원에서는 '인식'이라고 합니다). '지'知는 '안다'는 뜻이고, '각'覺은 우리 의식의 깨우침이라는 뜻이죠.

그런데 라이프니츠의 지각 개념은 독특합니다. 우선 라이프니츠에서는 인식 주체와 대상이 우발적으로 부딪쳐 지각이 성립하는 것이아니라 한 모나드 내에 지각들(즉, 관계들. 지각이란 관계를 통해 성립하니까요)이 이미 첩첩이 접혀 있는 것이죠. 그러니까 지각이란 부딪쳐 성립한다기보다는 함께-펼쳐지는-것이고, 따라서 인식 주체와 대상의 관계는 이미 정해져 있는 것이 됩니다. 카이사르와 루비콘 강이 만나 부딪쳐 카이사르가 지각하는 것이 아니라, "루비콘 강을 건너다"라는 지각/관계/빈위와 "카이사르에 의해 건너지다"라는 지각/관계/빈위가 함께 펼쳐지는 것이죠. 또, 그렇기 때문에 라이프니츠에게서 모든 모나드들은 상호적으로 지각합니다. 다시 말해, 동시에 펼쳐지는 것이죠. 근대 철학에서처럼 인간 주체와 인간 외의 대상이라는 이분법이 아닙니다. 다만 뒤에서 논하겠지만, 지각하는 두 모나드 사이에 능동/수동의 관계가 있을 뿐이죠. 세번째로는 한 모나드 안에 무한히 많은 지각들이 내속되어 있는데 이들 모두가 의식되지는 않습니다. 지금 우리가 공부하면서 주변의 무수한 것들과 관계 맺고 있는데 이 것들을 다 의식하지는 못하죠? 그래서 라이프니츠의 경우 지각이란 의식/정신적 차원의 행위가 아니라 그보다 훨씬 큰 외연을 가집니다.

이런 생각을 정보의 개념과 관련시켜 봅시다. 지각이란 두 생명 체가 만나 또는 생명체와 비-생명체가 만나 서로 정보를 교환하는 행 위입니다(아주 넓게 말하면, 비-생명체끼리 정보를 주고받는 것도 생각 할 수 있습니다만, 이 경우는 '뜻하는 바'라는 개념을 쓰기가 좀 무리죠). 사실 철학적으로는 '지각' 개념이 훨씬 다채롭고 심오한 의미를 담고 있습니다만, 일단 '정보'라는 과학기술적 개념에 초점을 맞추는 한에 서는 이렇게 볼 수 있습니다. 그런데 '정보를 교환한다'는 것은 무슨 뜻일까요? 예컨대 내가 어떤 강아지를 보고 강아지도 나를 봅니다(사 실 '본다'는 표현은 편협한 표현이죠. 시각만 이야기하는 것이니까요. 하 지만 우리 일상어 자체가 시각 중심으로 되어 있으니까 일단 이렇게 씁시 다. 다만 오감 전체를 대표하는 말로 쓴다는 점을 늘 염두에 두어야 합니 다). 내 쪽에서 말하면 강아지가 내게 발發하는 비트들을 받아들여 그 것을 독해한다는 것을 뜻합니다. 강아지 쪽에서 말해도 마찬가지죠. 고대 철학자들은 원자들을 받아들인다고 생각했지만, 오늘날에는 비 트 개념으로 좀더 편리하게 생각할 수 있습니다.

그런데 정보의 단위를 하나하나의 사건들로 보면 어떻게 될까 요? 우리는 기술에서 주로 사용하는 비트 단위가 아니라 사건 단위로 지각을 재구성해 볼 수 있습니다. 그럴 경우 내 쪽에서 말하면, '강아 지가 꼬리를 흔든다', '멍멍 짖다', '내게 다가오다',…… 등의 사건들로 구성된 정보를 받아들여 해독한다고 할 수 있습니다(앞에서 말했듯이, 사건들의 계열은 연속적입니다. 지금 끊어서 이야기한 '꼬리를 흔든다'도 무한소미분에 입각해 무한히 분할할 수 있죠[앞에서 말한 '연속성의 원리']. 현실적으로는 이렇게 할 이유가 없고 또 할 수도 없지만, 이렇게 보면 라이프니츠의 생각은 '비트' 단위보다 더 미세하게 나아간다고도 할 수 있습니다).

그런데 강아지 쪽에서 생각해 봅시다. 강아지가 꼬리를 흔들 때 그 역시 꼬리를 흔드는 그를 반갑게 바라보는 나를 지각합니다. 내 쪽의 지각과 강아지 쪽의 지각은 동시에 이루어지죠. 그러니까 나와 강아지는 서로의 정보를 받아들이면서 동시에 해독하는 것입니다. 라이프니츠의 구도로 말하면 "강아지가 나를 보고 꼬리를 흔든다"라는 빈위와 "주인이 나를 보고 반가워하다"라는 빈위가 동시에 펼쳐지는 것입니다.

그런데 일반적으로 나와 강아지의 만남은 일정 정도 결정되어 있기도 하지만 또 일정 정도 우발적이기도contingent 하다고 생각합니다. 내가 키우는 강아지를 내가 집에 들어갔을 때 만나게 되는 것은 사실 거의 결정되어 있죠(미세하게 생각하면 생각할수록 거기에는 역시 우발성이 개입합니다). 하지만 동네에서 마주쳤을 때는 어떨까요? 강아지를 동네에서 만나게 되는 것은 어느 정도 결정되어 있습니다. 강아지가 다른 동네로 가지 않는 한 동네 안에서 마주칠 개연성이 높으니까요. 하지만 이 과정을 결정되어 있다고는 보기 힘듭니다. 강아지를 집에서 마주칠 수도 있고 동네에서 마주칠 수도 있으니까요. 결국 어느 수준에서 보느냐의 문제입니다. 우리 삶에서는 결정성과 우발성이 복잡하게 또 다층적으로 직조되어 있는 것이죠. 여기에서 복잡하다는 것은 결정적이냐 우발적이냐를 판단할 때 들어가는 요인들이 너무나도 많다는 것이고(가령 마주친 곳이 강아지가 자주 가던 가게인가 아니면 좀체로 가지 않던 가게인가 등등), 다층적이라는 것은 똑같은 사태도 어느 층위에서 보느냐에 따라 달라진다는 것입니다(가령 강아지를 만난 것에 초점을 맞출 것인가, 만났을 때 강아지가 화가 나 있었던 점에 초점을 맞출 것인가 등등). 어쨌든 라이프니츠의 함께-펼쳐짐이라는 생각은 근대의 신학적 결정론의 전형이라 하겠습니다.

그런데 라이프니츠의 생각이 아주 효율적으로 적용되는 경우가 있습니다. 다름 아닌 기계들의 경우이죠. 아주 정확한 두 시계의 시간을 같은 시각으로 맞추어놓아 봅시다. 그 두 시계는 똑같은 시간을 가리키면서 계속 작동하겠죠. 한 시계의 시각과 다른 시계의 시각이 항상 똑같이 맞추어져 펼쳐질 것입니다. 그런데 이런 생각을 두 시계 같은 간단한 경우가 아니라 사물들과 생명체들의 세계 전체에 적용할 경우 라이프니츠적인 생각이 나옵니다. 이른바 '예정 조화'의 세계죠. 그런데 단 한 존재는 예외입니다. 바로 기계들을 이렇게 맞추어놓은 장인, 즉 신이죠. 그러니까 라이프니츠의 세계는 제작자가 존재하고 그 제작자가 자신이 만든 모든 기계들이 자신이 맞추어놓은 대로 펼쳐지도록 조율해 놓은 그런 세계인 것이죠. 물론 오늘날 이런 식의 세계관을 받아들이는 사람들은 없을 것 같습니다. 어떤 사람들(주로 유대교, 기독교, 이슬람교 등 일신교의 신봉자들)은 거시적으로는 맞지만, 미시적으로까지 적용하는 것은 좀 지나치다고 생각할지도 모릅니다. 정확히 말한다면, 존재자들을 기계로서 생각하는 그만큼 라이프니츠적인 예정 조화는 더 잘 성립한다고 할 수 있습니다. 그러니까 라이프니츠가 신과 "피조물들" 사이에 그리고 "피조물들" 사이에 놓는 관계들을 인간과 기계들 사이에 그리고 기계들 사이에 놓으면 그의 생각이 딱 들어맞는다고 할 수 있겠죠. 거꾸로 이야기한다면, 라이프니츠는 기계에 관련된 생각을 철학적 문제들에 투영해 그의 형이상학을 구성했다고 할 수 있습니다.

정보 개념을 가지고서 생각해 보죠. A라는 기계의 내부에 "B와 만나다"라는 프로그램이 장착되어 있고, B라는 기계의 내부에 "A와 만나다"라는 프로그램이 장착되어 있습니다. 그리고 만나는 시간까지 입력되어 있습니다. 그럴 경우 A와 B는 함께 펼쳐짐으로써 만나게 되는 것이죠. 사실 라이프니츠의 지각 개념은 우리가 생각하는 지각 개념이라고 할 수 없습니다. '지각'에는 타자와의 마주침, 정보의 입출력, 정보의 해독, 그리고 때로는 낯섦, 놀라움, 반가움, 두려움,…… 등의 감응의 동반 등등이 전제되어 있는 것이죠. 바로 이런 것이 앞에서 말한 관계의 외부성인 것입니다. 라이프니츠 식으로 생각한다면 지각이란 매우 단순한 무엇이 되는 것입니다. 그것은 두 기계가 조율調律되어 있어 함께 펼쳐지는 것 이상은 아닌 것이죠.

자, 그리고 덧붙여서 지금까지 '펼쳐짐'이라는 표현을 썼는데 이 대목을 명료화해 봅시다. 이것은 라이프니츠의 '욕동' 개념과 연관됩니다. 욕동appétition이란 "한 지각으로부터 다른 지각으로의 변화/이행을 수행하는 내적 원리의 활동"(15)입니다. 지각이란 주로 공간적 논의입니다만, 욕동이란 시간적 논의입니다. 모나드의 본성은 그 활동성에 있고, 그래서 빈위들의 '구조'만이 아니라 그 '생성'도 함께 이야기해야 합니다. 구조에 관련해서 '지각'이 있다면, 생성에 관련해서는 '욕동'欲動이 있습니다. "Appétition"이라는 말은 오늘날 '애피타이저' 같은 말에만 남아 있지만, 라이프니츠에게서는 매우 중요한 뜻을 가진 말로 사용되었습니다.

사실 우리의 삶을 잘 보면 적어도 원초적인 차원에서는 한 지각에서 다른 지각으로의 이행의 연속이라고 할 수 있습니다. 이렇게 한 지각에서 다른 지각으로 옮겨 다닐 수 있는 힘을 라이프니츠는 욕동이라고 합니다. 이것은 곧 주름을 펼치려는 힘이라고 할 수 있죠. 각각의 모나드는 자체 안에 잠재적 주름을 내포하고 있는데, 그래서 모나드들은 그 주름들을 펼치려고 하는 것이죠. 앞에서 라이프니츠의 네가지 힘을 이야기했습니다만(1부, 2강, §10), 우선 본래적 힘(형이상학적 힘)과 파생적 힘(물리학적 힘)을 구분했고 다시 능동적 힘(형상의 힘)과 수동적 힘(질료의 힘)이 있다고 했습니다. 그러니까 본래적-능동적 힘은 모나드 자체의 힘이고, 본래적-수동적 힘은 모나드가 구현된 질료가 가지는 힘(반발력이라든가 투과 불가능성 등등)인 것이죠. 그런데 이때 우리는 이런 문제를 제기했었습니다. "힘이라는 범주와 모나드/완성태라는 범주(더 일반적으로 말해 힘이라는 범주와 형상이라는 범주)가 어떻게 동일시될 수 있을까? 이렇게 생각하면 됩니다. 라이프니츠에서의 형상이란 결국 빈위들의 계열체입니다. 그런데 그 빈위들의 계열체는 그저 어떤 구조로서 존재하는 것이 아니라 펼쳐지려는(스스로를 펼치려는) 힘으로서 존재합니다. 요컨대 모나드는 계열체이자 힘입니다. 계열체인 한에서 지각작용을 하는 것이며, 힘인 한에서 욕동작용을 하는 것이죠. 그래서 라이프니츠의 경우 힘이란 외재적인 것이 아니라 실체 그 자체와 거의 동일시될 수 있는 근본적인 것입니다. 오늘날로 말하면 '에네르기'이고, 우리 식으로 말해 '기'인 것이죠.

여기에서도 우리는 관계의 외부성을 생각해 볼 수 있습니다. 만일 욕동을 라이프니츠의 사유체계 내에서 생각한다면, 그것은 결국 태엽이 풀리는 것과 다를 바 없습니다. 빈위들의 계열체에는 이미 순서가 다 정해져 있고 욕동이란 그 빈위들이 태엽 풀리듯이 하나씩 풀려 나가야 한다는 것을 뜻하기 때문입니다. 더구나 서로 함께-펼쳐지는 모나드들에 있어, 그 해당 빈위들은 같은 시간에 동시에 풀려야 하기 때문에 그 시점에 관한 한 완벽하게 조율되어 있어야 합니다. 결국 한 모나드의 빈위들은 그것과 관계 맺는 나머지 모나드들 전체와 완벽히 조율되어 있어야 한다는 이야기가 됩니다. 이런 생각은 좀 기이하게 느껴지지만, 이것을 기계들의 세계에 적용하면 매우 의미심장합니다. 사실 기계의 부분들 그리고 서로 밀접한 관련을 맺는 기계들은 모두 이런 식으로 작동하죠. 기계들이 다른 방식으로 작동한다고 생각해 보세요. 모두 망가지겠죠. 기계들을 잘 작동시키려면 당연히 그 부품들을 잘 '조율'시켜 놓아야 합니다. 이 대목에서도 내가 앞에서 한 이야기, 즉 라이프니츠의 사유는 신을 인간으로 보고 사물들을 기계들로 보면 잘 들어맞는다는 가설이 실감나게 다가올 겁니다. 그리고 또 이런 생각을 기계들이 아니라 세계 전체에 적용하려는 형이상학을 비판하기 위해서는 '관계들의 외부성'이 도입되어야 한다는 점도 이해할 수 있으실 겁니다. 결국 '타자'의 문제죠.

그런데 참으로 흥미로운 대목은 라이프니츠 자신이 지각에 대한

'기계론적 설명'을 비판하고 있다는 사실입니다. 『모나드론』의 다음 대목은 매우 시사적입니다.

> 나아가 지각과 그것에 의존하는 것은 기계적인 방식으로는 즉 형태들과 운동들로는 해명할 수 없음을 인정하지 않을 수 없다. 예컨대 그 구조상 생각하고 느끼고 지각할 수 있는 기계가 있다고 가정한다면, 방앗간처럼 그 안으로 들어갈 수 있도록 그 기계가 같은 비율들을 유지하면서 커지는 경우를 생각할 수 있을 것이다. 그러나 이럴 경우, 안에 들어간 사람은 서로 맞물려 작동하고 있는 부품들을 볼 뿐 어떻게 지각을 설명해야 할지 알 수 없을 것이다. 그래서 우리는 지각을 복합체나 기계에서가 아니라 단순 실체에게서 찾아야 할 것이다. 또한 우리가 단순 실체에서 발견할 수 있는 것은 바로 지각들과 그 변화들뿐이다. 단순 실체들의 모든 내적 활동들은 바로 이 지각들과 그 변화들에 존재한다.(17)

라이프니츠는 여기에서 지각을 기계론적으로 설명하는 것을 비판하고 있습니다. 여기에서 형태들이란 부품들의 모양과 크기를 말하고, 운동은 위치 이동을 말하는 것입니다. 기계론은 모든 자연현상을 기본 입자의 크기, 모양, 공간 이동 세 가지로 설명한다고 했죠? 라이프니츠는 이런 생각을 비판합니다.

라이프니츠는 복합체에게서는 지각을 발견할 수 없다는 것을 설명하기 위해 재미있는 예를 들고 있죠. 이후 자주 언급되는 대표적인 예가 되는데, 여기에서 '복합체'라는 말은 '물질적 존재' 또는 '물질적으로 지각하는 존재'를 뜻합니다. 예를 들어 어떤 로봇이 있다고 합시다. 그 로봇이 우리가 보기에는 꼭 생각하는 것 같고 느끼는 것같이 보입니다. 라이프니츠는 그 로봇이 아주 커져서 우리가 그 안으로 들어가서 보는 경우를 제시합니다. 반대로 (옛날에 그런 만화를 본 적이 있는데) 우리가 아주 작아져서 들어간다고 해도 좋겠죠. 그러면 우리는 그 로봇 안에서 무엇을 발견할까요? 지각작용을 볼 수 있을까요? 아니라는 것이죠. 우리가 보게 되는 것은 역시 어떤 물질적 실체들, 복합체들뿐이라는 것이죠. 나사, 벨트, 관 등등을 볼 뿐입니다.

"그래서 우리는 지각을 복합체나 기계에서가 아니라 단순 실체에게서 찾아야 할 것이다." 다시 말해서, 지각들은 두 타자 사이의 물리적 접촉을 통해서 형성되는 것이 아니라는 겁니다. 지금 우리는 흔히들 그렇게 생각하죠. 지각작용 이전에 감각작용-sensation이 있고, 감각작용은 순수하게 물리적-생리적인 작용입니다. 그후 그렇게 생긴 표상이 지각perception의 수준에서 포착되고, 마침내 인식cognition의 수준에서 개념화/정신화됩니다. 이것이 상식적인 지각론이죠. 그러나 라이프니츠는 지각작용을 물질적 과정에서 차단시킵니다. 물질과 정신은 전혀 다른 실체이기 때문에 일절 소통하지 않기 때문이죠. 그래서 지각은 바깥에서 오는 물리적 작용에서 정신적 존재로 점차 이전하는 과정이 아니라, 모나드 자체 안에 이미 내재해 있는 순수 논리적 규정성들이어야 한다는 겁니다. 그리고 지각이란 물리적 상호 작용도 감각적 종들의 이전도 아니라는 것, 모나드 내에 접혀 있던 빈위가 펼쳐지는 것일 뿐이라는 점을 강조하고 있는 것이죠. 모나드들 사이의 '함께-펼쳐짐'일 뿐인 겁니다. '내적 활동들'은 바로 이런 맥락에서 이야기되고 있습니다. 물질적 복합체에서 결코 지각작용을 발견할 수 없다면, 역으로 모나드 내에서는 오로지 지각작용들만을 발견할 수 있다는 것이죠. 모나드를 구성하고 있는 것은 오로지 지각들뿐입니다. 그리고 모나드가 활동한다는 것은 다름 아닌 이 지각들이 펼쳐진다는 것을 뜻할 뿐이죠. 어디까지나 내적 활동입니다.

라이프니츠의 이런 비판은 매우 의미심장한 비판입니다. 라이프니츠는 기계의 몸에 들어가는 예를 들었지만, 오늘날이라면 (라이프니츠가 생각한 기계보다 비교할 수 없이 더 정교한 기계인) 뇌에 들어가는 것이 더 적절한 예일 것입니다. 우리가 아주 작아져 아주 작은 잠수함을 타고서 누군가의 뇌에 들어갔다고 합시다. 우리가 그 속을 아무리 헤집고 다닌다 한들 거기에서 그 사람의 지식과 느낌과 사상을 '볼 수' 있을까요? 내 뇌에 들어오면 라이프니츠에 대한 내 생각이 '보이'나요? 수학자의 뇌에 들어가면 수학적 원이라든가 다른 도형들이 '보이'나요? 우스꽝스러운 생각이죠. 이런 즉물적 유물론, 속류 유물론은 공허한 유심론이나 관념론보다 사실 더 소박한 생각입니다. 사실, 일반인들이 생각하는 바와는 달리, 유심론이나 관념론이 철학적으로 오히려 더 설득력 있죠. 유물론이 정말 수준 높은 유물론이려면 이런 초보적인 '범주 오류'category mistake를 벗어나 '물'物이라는 것 자체를 아예 달리 생각해야 할 겁니다. 동북아의 기 일원론 같은 사유가 극히 소박하고 조잡하기까지 하지만 오히려 진정한 유물론에 가깝죠. 어쨌든 라이프니츠의 이런 지적은 매우 중요한 지적입니다.

생각해 보면 참 얄궂죠? 우리는 지금 라이프니츠 사유 전반을 '기계'라는 관점에서 재사유하고 있지만, 라이프니츠 자신이 당대의 기계론적 사유를 이렇게 비웃고 있으니 말입니다. 이것은 바로 라이프니츠가 생각했던 수준의 '기계'와 지금 우리가 논하고 있는 '정보-기계'가 수준이 크게 달라서입니다. 라이프니츠는 데카르트적 기계들을 비판하고 있지만, 그의 사유 자체도 오늘날의 크게 달라진 기계 개념으로 본다면 기계적인 사유로 해석할 수 있는 것이죠. 그것은 우리가 라이프니츠로부터 벌써 300년 이상 나아간 시대를 살고 있기 때문입니다. 중요한 것은 어떤 개념이 '맞냐 틀리냐' 하는 것이 아닙니다. 그 개념을 어떻게 정의하느냐의 문제이죠. 조선조에서의 '리기理氣 논쟁'도 한참 보다 보면 결국 리와 기를 어떻게 정의하느냐의 문제라는 사실을 알 수 있습니다. 학문에서 가장 중요한 것은 '정의'인 것입니다.

§5. 미세지각

그런데 지각에 관한 라이프니츠의 생각에서 특히 흥미로운 부분은 미세지각에 관한 부분입니다. 라이프니츠는 지각을 통각이나 의식과는 구분해야 한다고 합니다. 통각이란 지금 우리가 흔히 지각이라고 부르는 것에 해당합니다. 인간이 자기의식을 가지고서 행하는 지각이 통각입니다.『순수이성비판』에서의 용례를 떠올리면 될 것 같아요. 결국 통각은 데카르트의 '코기토'와 유사한 것입니다. 그런데 통각"이나" 의식이라고 했습니다. 그러니까 통각과 의식도 구분됩니다. 통각은 인간의 자기의식적 수준 즉 '정신'의 수준에서 성립하고, 의식이란 영혼을 가진 모나드의 수준에서 성립합니다. 그러니까 모나드 일반, 의식, 통각/자기의식/정신esprit의 삼분법이 성립하죠. 여기에서 '통각'과 '의식'을 병치한 것도 얼핏 이해되지 않습니다. 지각이나 통각은 의식의 기능이고 의식이란 어떤 존재인데, 기능과 존재가 나란히 병치되고 있죠. 그러나 라이프니츠에서는 모나드나 의식이나 자기의식이 있고서 지각/통각이 성립하는 것이 아니라, 바로 모나드, 의식, 자기의식이 지각/통합의 집합체가 아닙니까? 그래서 지각, 의식, 통각이라고 말한 것이죠. 두번째의 의식의 지각을 뜻하는 용어가 없어서 이렇게 병치한 것입니다. 결국 좀더 알기 쉽게 말해 모나드/완성태, 영혼/의식, 자기의식/정신이라는 세 존재에 각각 지각, 의식적 지각, 통각이라는 세 기능이 대응하는 것입니다.

라이프니츠에 따르면, 모나드의 지각은 무한합니다. 이 무한히 미세한 지각들을 '미세지각들'petites perceptions이라고 합니다. 그런데 이 지각들은 애매하고 모호한 상태의 지각들이죠('애매하다'는 것은 '명료하다/명석하다'의 반대말이고, '모호하다'는 것은 '분명하다/판명하다'의 반대말입니다. 데카르트의 용법이고 그래서 이 대목에서는 데카르트와 라이프니츠의 차이가 두드러집니다). 이 미세지각들의 일정한 범위가 통합되어야만 명석한, 나아가 판명한 지각이 성립합니다. 그래서 일반적인 지각과 의식적 지각, 통각이 구분되는 것이죠. 지금 우리는 이 방의 여러 가지를 지각하고 있습니다. 그렇지만 우리의 지각은 사실상 훨씬 넓습니다. 나중에 '표현' 이야기를 할 때 각 모나드가 우주 전체를 표현한다는 이야기를 할 것입니다만, 거기까지 가지 않더라도 우리는 사실 지금 저 바깥의 인사동 사거리에서 들려오는 소리들, 그리고 저 멀리 남산의 풍경들 등등을 지각하고 있습니다. 다만 그런 무한히 미세한 지각들 중에서 일정 부분만 통합되어(여기에서 신체가 중요한 역할을 합니다) 지금 우리들의 의식에 들어오고 있는 것입니다(나중에 보겠지만, 라이프니츠의 미세지각 이론은 이런 상식적 설명을 넘어섭니다). 라이프니츠에게는 의식에 떠오르기 이전의 무한한 지각들, 지각의 무한소들infinitesimals이 있고(짐작하시겠지만 이 또한 무한소미분과 연관됩니다), 그래서 무의식적 지각이라는 개념이 성립하게 되는 것입니다. 이 무의식 개념은 훗날 베르그송에 의해 계승되죠.

라이프니츠는 이런 지각론을 바탕으로 데카르트주의자들의 몇몇 생각을 논박합니다. 첫째, 데카르트주의자들은 "오직 정신들만이 모나드이며, 동물들이나 다른 완성태들의 영혼은 존재하지 않는다"고 주장합니다. 그러니까 데카르트주의자들에게는 순수한 영혼 즉 'res cogitans'를 제외한 세계의 모든 것이 'res extensa'이죠. 이것을 라이프니츠 식으로 말하자면 데카르트주의자들은 '정신'만을 모나드로 보고, 일반적인 의식/영혼(조심할 것은 데카르트도 'âme'라는 말을 쓴다는 사실입니다. 그런데 이때의 영혼은 코기토를 뜻합니다. 반면 라이프니츠에서의 영혼은 인간의 정신만이 아니라 고대적인 의미에서의 'psychê' 즉 생명의 원리를 뜻합니다) 더 나아가 모나드/완성태 일반을 모두 물질적 존재들로만 파악한다는 것을 뜻합니다. 다시 말해 데카르트가 'res extensa'와 'res cogitans'를 날카롭게 나누는 양자택일의 사유라면, 라이프니츠는 아주 미미한 물질적 존재들로부터 인간 정신, 나아가 신에 이르기까지의 위계를 강조하는 정도의 사유인 것이죠.

다음으로 라이프니츠는 데카르트주의자들이 "긴 잠존과 절대적 죽음을 구분하지 못했다"고 비판합니다. 여기서 '잠존'이라는 말은 'étourdissement'을 번역한 것인데 좀 궁색한 번역이긴 합니다. 마땅

한 말이 없어서 이렇게 번역했습니다. 일상어로서는 '현기증'인데 지금 맥락에서는 전혀 안 어울리죠. 우리말의 '기절'氣絶이 비교적 가까운데, 더 정확히는 죽은 상태이지만 소멸된 상태는 아닌 상태를 가리킵니다. 결국 라이프니츠에게서 죽은 상태란 곧 미세지각으로 돌아간 상태를 말합니다. 그러니까 아까 정신, 영혼, 모나드의 위계를 말했는데, 아래로 갈수록 오늘날 우리가 의식, 정신, 마음, 영혼 등으로 부르는 차원에서 멀어져 점차 몽롱해지는 것이죠. 완전히 와해된 상태가 미세지각 상태라 할 수 있습니다. 그래서 '잠존'潛存으로 번역했습니다. 어떤 이미지가 좋을까요? 여러분들이 병원에서 볼 수 있는 그래프를 생각하면 되겠네요. 환자의 상태를 측정하는 그래프를 보면 올라갔다 내려갔다 파동이 있죠? 그 파동의 평균적인 높이가 환자의 생명의 활력이라고 생각해 보세요. 하지만 그가 죽으면 그 그래프는 모든 높이를 상실하고 직선이 됩니다. 그런데 라이프니츠는 이 직선도 완전한 직선이 아니라는 겁니다. 무한히 미세해서 그렇지 그 직선도 잘 보면 극미의 주름들이 잡혀 있다는 겁니다. 바로 이런 상태가 'étourdissement'이죠. 그러다가 여건이 갖추어지면 다시 그래프가 올라가는 겁니다(얼마 전에 중국에서 식물인간이 되었다가 수십 년 지나 깨어난 사람 있었죠? 라이프니츠 식으로 생각하면 충분히 가능한 이야기입니다). 그런데 라이프니츠는 더 나아가 아예 죽은 경우에조차도 이런 논리가 성립한다는 겁니다. 죽은 상태는 dx의 상태이지 0의 상태가 아니라는 것이죠. 모나드는 불멸한다는 겁니다. 데카르트주의자들은 영혼은 불멸한다고 보았고 물질은 애초에 죽은 것으로 보았으니까, 삶과 죽음이 흑과 백처럼 대립합니다. 반면 라이프니츠의 세계는 충만한 무한과 제로에 가까운 무한소 사이에 무수한 위계가 있는 세계인 것이죠.

그런데 라이프니츠는 'étourdissement'만이 아니라 깊은 잠을 이야기하면서 영혼과 모나드를 구분하고 있습니다.

우리는 마치 기절했을 때처럼 또는 꿈조차 꾸지 않는 깊은 잠에 떨어졌을 때처럼 아무것도 기억하지 못하는, 또 어떤 분명한 지각작용도 하지 못하는 내면 상태를 경험한다. 이런 상태에서 영혼은 단순한 모나드와 뚜렷이 구분되지 않는다. 그러나 이런 상태가 지속되는 것은 아니며 영혼이 그로부터 다시 회복되기 때문에, 영혼은 단순한 모나드 이상의 무엇인 것이다.(20)

앞에서 무의식적 지각과 의식적 지각을 구분하면서 일반적인 모나드와 영혼으로서의 모나드를 구분했는데, 이 절에서는 이제 그 이유가 보다 구체적으로 나옵니다. 일반적인 모나드의 상태는 의식이 동반되지 않는 상태입니다. 그러니까 식물적인 상태라고 할 수 있죠. 이런 상태를 우리 인간의 경우에 빗대어 말한다면 바로 기절했을 때라든가 깊이 잠들었을 때이죠. 이렇게 의식을 동반하지 않는 모나드의 상태가 미세지각의 상태입니다. 물론 영혼과 모나드가 날카롭게 구분되어 서로 단절되어 있는 것은 아닙니다. 영혼은 미세지각의 상태에 빠졌다가 다시 의식을 회복할 수도 있는 것이죠. 미세지각의 상태란 마치 설탕이 물에 녹아 흩뿌려져 있는 상태와도 같습니다. 그러나 일정한 조건이 주어지면 설탕 입자들이 모여 다시 설탕 덩어리가 될 수도 있는 것이죠. 영혼은 라틴어로 'animus/anima'인데, 바로 동물animal이라는 말이 여기에서 나왔습니다. 그래서 동물의 수준이 되면 영혼을 가지고 있다고 할 수 있습니다. 라이프니츠에게는 죽는다는 것도 미세지각의 상태에 빠지는 것을 뜻합니다.

그래서 라이프니츠에게서 의식이 없다는 것과 지각이 없다는 것은 전혀 다른 문제입니다. 일반적인 입장에서 보면 의식 없는 지각이란 좀 생각하기 곤란하죠. 죽어서 의식이 없는데 지각을 한다? 그러나 라이프니츠는 우리가 의식을 가지고 하는 지각이란 사실 고급한 지각이고, 그 아래에는 우리가 평소에 생각하지 않는 보다 심층적이고 보편적인 지각 상태가 있다는 겁니다. 우리가 하는 의식적 지각이란 마치 바닷물에서 일정 부분만 주걱으로 퍼낸 것처럼 미세지각들의 바다에서 길어 올려진 일부라는 겁니다. 의식이 사라져도 모나드는 불멸이며, 모나드 자체 내에 함축되어 있는 빈위들도 사라지지 않습니다. 따라서 지각도 사라지지 않죠. 정보로 생각해 봅시다. 영혼의 수준은 정보의 집적체에 의식이 부과될 때 성립합니다. 그러나 어떤 생명체가 죽어서 의식이 사라졌다 해도, 영혼의 수준이 아니라 모나드의 수준이 되었다 해도, 그 모나드가 함축하는 정보들 자체는 사라질 것인가? 사라지지 않는다고 보아야 합니다. 모나드들은 여전히 "벌거벗은 모나드들"(24)의 상태로 존재합니다. 미세지각들만이 우글거리는 상태라 하겠죠. 예컨대 우주가 멸망해서 그 어떤 형상도 존재하지 않는 상태로 화했다 해도, 나아가 (라이프니츠에게서는 그럴 수 없겠지만) 모나드들마저 해체되었다 해도 미세지각들은 출렁이고 있는 것입니다. x는 없고 dx들만 출렁이는 상태죠. 이 dx들이 일정하게 적분될 때 x

가 성립합니다.

이렇게 x가 성립하는 과정은 철학적 의미에서의 종합synthèse 과정입니다. 수학적으로는 적분 과정이고, 화학적으로는 합성 과정이죠. 광합성 역시 이런 종합작용의 전형을 보여 줍니다. 우주 전체가 종합과 해체의 과정이죠. 라이프니츠는 예컨대 동물들의 기관은 바로 이런 역할을 한다고 봅니다. "자연은 동물들에게 기관들을 갖추어 주었으며, 이 기관들은 햇살들이나 공기의 파동들을 모으고 그것들을 결합해 보다 큰 효과가 나오도록 한다." 감각 기관들도 마찬가지입니다. 종합작용을 하지 못한다면 본다거나 듣는다거나 하는 등등의 기능을 할 수 없죠. 벌거벗은 모나드들은 미세지각들만을 가집니다. 그것들을 통합할 수 있는 기관들이 없기 때문이죠. 우리식으로 말하면 미세하게만 주름 잡혀 있음을 뜻합니다. 그러나 분명한 지각들은 큰 주름을 뜻하고, 이 큰 주름이 현실화되려면 그에 상응하는 신체적 조건이 존재해야 합니다. 카이사르 안에는 '루비콘 강을 건너다'라는 큰 특이성이 존재합니다. 그런데 이 큰 특이성이 실현되려면 카이사르의 신체가 루비콘 강을 분명하게 지각해야 하는 것이죠.

미세지각과 큰 지각, 미분과 적분, '무의식' 상태(라이프니츠의 용어는 아니지만)의 벌거벗은 모나드와 영혼 수준의 모나드, 천지에 퍼져 있는 정보와 그것들의 종합을 통한 정보 집적체 나아가 의식의 형성 등등, 라이프니츠 사유의 이 대목은 매우 흥미롭습니다. 훗날 이 대목은 한편으로는 베르그송–들뢰즈의 존재론으로, 다른 한편으로는 현대의 과학기술적 정보 개념으로 이어지면서 현대 사유의 중요한 자산이 됩니다.

§6. 설계도/프로그램으로서의 모나드

자, 이제 이야기를 좀더 진전시켜 봅시다. 모나드를 일종의 정보 집적
체로 볼 수 있다 했는데, 이 점에서 모나드는 일종의 설계도이죠. 일종
의 프로그램입니다. 이 방향으로 지금까지의 논의를 더 발전시켜 나
가 봅시다.

> 만일 지각들과 욕동들을 가진 모든 것을 영혼이라고 부른다면, 모든
> 단순 실체들 즉 창조된 모나드들은 영혼들이라고 부를 수 있을 것이
> 다. 그러나 자각sentiment은 단순한 지각 이상의 것이기에, 나는 지각
> 만을 가진 단순 실체들에게는 모나드들 및 완성태들이라는 이름으
> 로 충분하며 영혼들이라는 말은 보다 분명한/판명한 지각을 가지는
> 동시에 기억을 동반하는 존재들에게만 적용되어야 한다는 점에 동
> 의한다.(19)

여기에는 지금까지 논했던 영혼 개념에 좀더 고급한 속성들이 부
여됩니다. 모나드들 중에서도 자각自覺을 가지는 것들을 영혼이라고
부르자는 것이죠. 라이프니츠는 분명하고 또 기억을 동반하는 지각을
'자각'이라고 부릅니다. 물론 이때의 자각은 도덕적 뉘앙스가 아니라
인식론적 뉘앙스를 띱니다. 무의식적 지각, 미세지각은 분명하지 않
고 또 기억을 동반하지 않습니다. 그러나 의식적인 지각 즉 자각은 분
명하고 기억을 동반합니다. 달리 말해 힘과 생생함force et vivacité을 동
반하죠.

그런데 기억에 대해 더 생각해 봅시다. 라이프니츠의 기억은 묘합니다. 기억이란 지각으로부터 생기는 것인데 지각 자체가 결정되어 있으니까 그리고 타자와의 진정한 상호 작용을 통해서 생기는 것이 아니니까, 기억 역시 그런 성격을 가지게 되죠. 그게 과연 진정한 의미에서의 기억일까? 시간, 우발성, 마주침, 타자화, 내면,…… 등등이 전제되지 않는 기억이 과연 기억일까? 기억이란 경험을 통해 성립하는 것이지만, 사실 라이프니츠의 기억은 결국 신에 의해 설계된 것입니다. 그러니까 라이프니츠에서의 기억이란 사실 빈위들의 일정한 계열화를 뜻하는 것입니다. 결국 라이프니츠의 기억이란 베르그송적인 또는 현상학적인 기억 개념이 아니라 유전공학에서의 '유전 코드'나 로봇에서의 기억 개념과 유사합니다. 라이프니츠 자신은 사실 데카르트적인 기계론을 넘어 존재론적으로 생명을 구제하려 했다고 할 수 있습니다. 하지만 그의 사유가 신의 제작이라는 구도와 설계된 존재로서의 모나드라는 개념을 전제하는 한, 그의 의도와는 다르게 (적어도 우리의 눈에는) 오히려 매우 '기계적인' 생각으로 보입니다.

로봇을 만들 때 가장 어려운 것이 기억을 주입하는 것이죠. 주입했다 해도 그것이 진정한 기억은 아닙니다. 그것은 그 로봇이 살아가면서 형성된 기억이 아니기 때문이죠. 컴퓨터 기체에 프로그램을 깔듯이, 어느 순간에 주입된 '메모리'에 불과하니까요. 그의 기억은 결국 '설계된' 것입니다. 현대 철학에서는 데카르트를 계속 공격해 왔지만, 과학기술 영역에서는 데카르트의 유령이 너무나도 생생하게 살아 움직이고 있습니다. 이것은 서구 문명의 성격과도 관련되죠. 그런데 인간과 로봇의 관계는 신과 인간의 관계와 같습니다. 신이 모나드를 만든다는 구도는 인간이 로봇을 만든다는 구도와 매우 흡사하죠. 다만, 중요한 차이가 있습니다. 라이프니츠의 모나드는 일단은 탈-물질적 존재이고 따라서 빈위들도 일단은 논리적 존재들이지만, 로봇의 경우에는 물질성이 보다 중요한 역할을 한다는 점입니다. 로봇의 설계는, 물론 설계 자체는 탈-물질적인 것이지만, 물질적 차원을 고려하면서 설계할 때에만 의미가 있기 때문입니다.

그런데 이런 구도는 어느덧 생명을 이해하는 방식에까지 스며듭니다. 신이 각 모나드를 설계했듯이, 유전자 설계사는 한 개체의 유전자를 설계하는 것이죠. 그런데 이런 사상들은 결국 한 개체가 '살아가는' 현상학적 차원이나 의미 구조는 안중에 없습니다. 모든 것을 설계된 영혼으로 환원시키게 됩니다(이때 '영혼'이라는 개념은 이제 전통적인 뉘앙스와는 전혀 다른 뉘앙스를 띠게 됩니다. 「공각기동대」의 '고스트'와 유사한 것이 되죠). 분자생물학에 의해 추동된 생명 개념은 이렇게 정보, 설계, 기호적 코드 등등의 개념을 중심으로 하는 구도를 보여 주고 있습니다. 라이프니츠가 신학적 구도에서 설파한 내용들이 첨단 과학기술 문명에 이르러 기계론적 구도로 재현되고 있는 것이죠.

그런데 모나드가 설계도라 할 때 특히 중요한 것들 중 하나가 빈위들의 순서입니다. 결국 한 기계가 어떤 행동을 보여 주느냐는 그 기계에 장착되어 있는 프로그램이 어떤 순서에 따라 작동하느냐의 문제이죠. 그리고 한 모나드가 펼쳐질 때 그 계기consécution를 어느 정도까지 기억하는가, 즉 의식을 동반해서 자각하는가가 그 모나드의 영혼-됨의 수준에 깊이 연관됩니다. 아울러 (보통 기억과 함께 논의되곤 하는) 상상력 또한 중요합니다. 17세기의 저작들에서 'imagination'

은 오늘날의 뉘앙스에서의 상상작용이기보다는 오히려 '이미지작용' 이라 번역하는 것이 더 나을 것입니다(칸트의 '구상력'으로 이어지죠. 이 경우에도 '상상력'보다는 '구상력'이 더 적절합니다). 그런데 이미지 작용은 흐릴 수도 있고 선명할 수도 있습니다. 그리고 그 '정도'는 바로 그 떠올려지는 지각이 얼마나 강했느냐와 얼마나 자주 있었느냐에 의해 결정됩니다. 강렬했던 지각일수록 더 잘 기억나고, 또 자주 있었던 일일수록 더 잘 기억납니다. 그리고 한 강렬한 지각은 그후에 일정한 습관을 만들어내게 되고 또 자주 기억나죠. 라이프니츠는 이런 문제들도 다루고 있습니다.

하지만 사실 논의가 이 정도 수준에 이르면 이제 라이프니츠적 결정론으로는 도무지 소화하기 힘든 수준에 도달했다고 할 수 있습니다. 고전적인 형이상학과 근세 물리학에 기반하는 생각들로는 인간 나아가 생명에 대한 섬세한 내용들을 다루기는 힘들죠. 19세기에 이르러 멘 드 비랑 등에 의해서 기억, 상상작용을 비롯한 인간(넓게는 동물, 더 넓게는 생명체)의 수준 높은 활동들에 대한 (근세적 패러다임과는 판이한) 사유들이 본격적으로 펼쳐집니다. '프로그램된' 존재라는 생각으로부터 '살아가는' 존재라는 생각으로의 이행이죠. 앙리 베르그송의 존재론은 이런 흐름의 정점을 이루게 되죠. '데카르트에서 베르그송으로' 가는 길을 추적해 이해하는 일이 현대 사유의 이해에 핵심적인 한 갈래입니다.

우리가 '프로그램'이라는 말에서 떠올리는 것은 어떤 정해진 순서에 따라 차례차례로 펼쳐지는 항들일 것입니다. 여기에는 어떤 '필연성'necessity의 관념이 작동하고 있다고 볼 수 있죠. 만일 프로그램이 펼쳐지는데 갑자기 어떤 '우발성'이 작동해 방향이 틀어져버린다면, 그 프로그램은 실패한 것이 되어버리겠죠. 모나드가 설계된 것, 일종의 프로그램이라면, 우리는 거기에서 '필연성'이 중요한 역할을 하게 되리라는 것을 감지할 수 있습니다.

그런데 필연성이란 서구적인(반드시 서구적인 것만은 아니겠지만) 사유의 양식에서 매우 중요한 위상을 띠고 있습니다. 어떤 담론이 필연적 연역의 사유를 펼치면 그것이 높은 인식론적 위상 epistemological status을 띤다고 본 것이죠. 그런데 여기에서는 이 문제를 좀 다른 각도로 보려 합니다. 무엇인가가 필연적으로 펼쳐진다는 것은 곧 그것이 기계적인 것을 뜻하는 것은 아닐까? 이렇게 생각해 볼 경우, 우리는 서구 문명에서 '이성적'이라 말하는 것을 좀 다른 관점에서 볼 수 있을 것으로 봅니다. 근현대 문명 전체를 다시 한번 반성해 보는 실마리가 될 수도 있을 듯하고요.

§7. 충족이유율

라이프니츠는『모나드론』, 29절에서 다음과 같은 발언을 합니다.

> 필연적이고 영원한 진리들에 대한 인식은 우리를 단순한 동물들로부터 구분되도록 해주며, 이성Raison과 과학들을 가질 수 있도록 해준다. 그래서 우리는 우리 자신과 신을 인식할 수 있는 경지로 고양되는 것이다. 그리고 이것이 바로 우리 안의 이성적 영혼 또는 정신 Esprit이라고 불리는 것이다.

칸트가 '필연적이고 보편적인' 인식을 문제 삼는다면, 라이프니츠는 '필연적이고 영원한' 인식을 문제 삼고 있습니다.[13] 필연적이고 영원한 인식이야말로 인간을 '이성적 영혼' 즉 정신으로 만들어 주며, 이는 곧 인간이 이성과 학문을 발전시킬 수 있고 동물-임을 넘어 신으로 근접해 가는 존재가 될 수 있음을 뜻한다는 겁니다. 한마디로 인간을 위대한 존재로 만들어 주는 것은 필연적이고 영원한 진리라는 것이죠. 나아가 라이프니츠가 볼 때 인간이 스스로를 반성할 수 있는 자기의식적 존재(헤겔이나 사르트르의 용어로 말해 '대자적 존재')가 될 수 있게 해주는 것 역시 필연적인 진리들에 대한 인식입니다. "우리를 반성적인 행위들로 고양시켜 주는 것도 또한 필연적 진리들에 대한 인식이며 그 진리들의 추상작용들이다. 그리고 이 반성적인 행위야말로 우리로 하여금 자아라고 불리는 것에 대해 생각할 수 있게 해주고, 우리 내면의 이것저것에 대해 알 수 있게 해준다. 이렇게 우리 자신에 대해 생각하게 됨으로써, 우리는 존재存在에 대해, 실체實體에 대해, 단순한 것과 복합적인 것에 대해, 비-물질적인 것에 대해, 그리고 (우리에게는 한정되어 있는 것이 신에게서는 한정되지 않는다는 것을 깨달음으로써) 신神에 대해서까지 생각하게 된다. 그리고 이 반성적 행위들이 우리가 행하는 이성적 사유들의 주된 대상들을 드러낸다."(30) 이렇

---

13) 영원한 것은 무한한 것과 통한다. 라이프니츠는 영원/무한을 사유하던 시절의 인물이지만, 칸트에게서 이런 사유는 포기되며 단지 인간들 사이의 보편성만이 추구된다. 두 인물 사이에는 거대한 간극이 있다. 칸트에 이르러(이미 흄이 그러했지만) '존재와 사유의 일치'라는 서구 철학의 대전제가 포기되기에 이르기 때문이다. 이는 인간 이성과 물자체 사이의 상응이 포기된 것을 뜻하는 것이 아니라(이는 이전에도 종종 나타났던 경향이다), 진리가 현상과의 일치가 아니라 주체에 의한 그것의 구성으로 바뀌었음을 뜻한다.

게 인간을 형이상학적 존재로 만들어 주는 실마리가 바로 필연적(이고 영원한) 진리에 대한 인식인 것입니다.

그런데 이 문제는 앞에서(§3) 언급했던 네 원리들 중 바로 '충족이유율'과 관련됩니다. 무엇인가를 필연성의 수준에서 인식한다는 것은 무엇을 뜻할까? 라이프니츠에게서는 바로 그것의 이유/근거를 확실하게 파악하는 것을 뜻합니다. 어떤 것이 바로 그것일 수밖에 없는 이유/근거를 알았을 때, 우리는 "아하! 바로 그래서 그럴 수밖에 없었던 거구나!" 하고 고개를 끄덕이게 되는 것이죠. 여기에는 물론 결정론이 전제됩니다.

충족이유율을 논하기 전에 우선 모순율에 대해 짚어 봅시다. 앞에서 네 원리를 말했을 때 동일률(동일성의 원리)은 이미 이야기했습니다만, 모순율은 동일률과 비교됩니다. 동일률이 "A는 A이다"라면, 모순율은 "A는 ~A가 아니다"죠. 동일률은 동일성을 즉자적으로 긍정합니다. 하지만 모순율은 A가 A가 아닌 것(A의 타자)이 아니라는 것을 말합니다. 결국 같은 말이지만 A가 자신이 아닌 타자로 갔다가 되돌아와서 자신의 동일성을 다시 확인하는 것이죠(이 생각은 후에 헤겔 변증법에 의해 보다 심오한 형태로 발전됩니다). 그래서 동일성의 즉자적 긍정인 동일률과는 다릅니다.

라이프니츠에게서 한 명제의 진위는 기본적으로 분석을 통해서 가려집니다. 분석을 통해서 한 명제가 모순을 포함하고 있는지 가려내는 것이죠. 분석한다는 것은 연역적 사유를 하는 것이고, 연역적 사유를 하는 것은 논리적 필연성에 입각해 사유한다는 것을 말합니다. 논리적 필연성에 입각해 분석한 결과 "모순을 포함할 경우 위

僞로서" 결정되는 것이죠. 그리고 진은 거꾸로 위에 대립하거나 모순될 경우 성립합니다. 그런데 이렇게 진위가 판별되는 경우는 분석을 통해 하나의 명제가 모순을 포함하고 있나 없나를 드러낼 때이죠. 만일 한 명제가 분석을 통해서는 판단할 수 없는 명제라면, 칸트 식으로 말해 종합명제라면 사정이 다릅니다. 이러한 명제를 우리는 '우발적' contingent 명제라고 합니다. 예컨대 "총각은 결혼하지 않은 남자이다"라는 명제는 논리적 필연성에 입각한 분석명제이지만, "인사동에는 한빛은행이 있다"는 명제는 사실의 확인에 입각해 판단해야 할 종합명제입니다. 그러니까 총각은 반드시 결혼하지 않은 남자이어야 하지만, 인사동에는 한빛은행이 있을 수도 있고 그렇지 않을 수도 있습니다.

그리고 라이프니츠는 충족이유율에 대해 다음과 같이 말합니다. "어떤 사실도 그것이 왜 달리가 아니라 바로 그렇게 존재하는가를 설명해 주는 이 원리가 없이는 참인vrai 것으로 또는 실존하는 것으로 판명될 수 없으며, 또 [그 사실을 언표하는] 어떤 언표행위도 참된véritable 것으로 판명될 수 없다. 비록 우리가 이 이유들을 대개는 인식할 수 없다 하더라도."(32) 충족이유율은 말 그대로 충분한 이유에 대한 원리이죠. 이 원리는 라이프니츠적 세계관, 라이프니츠적 형이상학을 압축하고 있는 중요한 개념입니다. 루이 쿠투라라는 사람이 있죠. 논리학과 수학을 토대로 해서 철학을 전개한 사람입니다. 쿠투라는 라이프니츠의 모든 철학이 충족이유율에 근거해 있다고까지 말합니다. 버트런드 러셀이 20세기 초에 라이프니츠를 부활시킨 것도 라이프니츠 논리학의 의미를 재음미함으로써 가능했습니다. 이 점에서 충족이유율을 상세히 이해할 필요가 있습니다.

충족이유율이란 쉽게 말하면 "모든 일에는 이유가 있다"라는 뜻입니다. 우리가 인생을 살면서 늘 이유/근거에 대해 생각하게 되죠. "세계가 왜 존재하게 된 것일까?"에서부터 끝없이 "왜?"라고 묻습니다. 그것은 이유에 대한 물음이죠. 이에 관련해 극단적인 두 대답이 있습니다. 세계에는 아무런 이유가 없다. 과학적 의미에서의 원인은 있을지라도 이유는 없다는 입장이 있습니다. 우주가 왜 이렇게 진화했는지, 역사가 왜 이렇게 진행되었는지 이유가 어디 있느냐는 것이죠. 다른 한 극단은 라이프니츠의 생각입니다. 그에 따르면, 모든 일에는 반드시 이유가 있습니다. 우리가 얼핏 우발적인 것으로, 우연적인 것으로, 별 이유가 없는 것으로 생각하는 것들에도 철저하게 이유가 있다는 것이죠. 서문경이 반금련을 유혹한 것, 무대가 독살을 당한 것, 반금련이 결국 무송의 손에 죽은 것, 무송이 결국 유배당한 것, 이 모든 것들이 다 이유가 있다는 겁니다.

그런데 여기에서 조심할 것은 충족이유율이 인과율은 아니라는 점입니다. 조금 아까 이유와 원인을 구분했지만, 이 두 원리는 다릅니다. 인과율은 사물과 사물 사이의 인과관계를 말합니다. 무대가 왜 죽었느냐? 그것은 독을 마셨기 때문이다. 독 때문에 무대의 신체가 파괴되었다. 이것이 인과율이죠. 그리고 우리는 화학적 지식을 사용해서 그 인과관계를 미세하게 추적할 수 있습니다. 독이 어떻게 스며들었는가, 독이 중추신경을 어떻게 마비시켰는가, 독의 화학 성분과 무대의 피의 화학 성분은 어떻게 서로 반응했는가 등등까지도 알아낼 수 있습니다. 그러나 그것은 원인의 탐구이지 이유의 해명은 아니죠. 왜 무대란 사람은 꼭 그렇게 죽을 운명으로 태어났을까? 과학적 탐구가 이 물음에 답을 주는 것은 아닙니다. 과학적 인과와 형이상학적 이유는 성격이 다른 것이죠. 우리가 여기에서 문제 삼고 있는 것은 인과관계/메커니즘이 아니라 이유입니다.

이 충족이유율을 다른 말로 표현하면 "모든 일의 이유는 그 일을 겪는 모나드 안에 내속해 있다inhérent"는 것입니다. 반금련이 무대에게 시집간 것, 왕파의 꼬임에 넘어간 것, 무대를 죽인 것, 그리고 결국 무송의 손에 죽은 것, 이 모든 빈위들이 처음부터 반금련이라는 모나드 안에 이미 내속해 있었던 것이죠. 그러니까 모든 일에는 이유가 있는 거예요. 다시 말해 무대가 독살당한 것은 당연히 이유가 있는데, 그것은 무대 안에 '독살당하다'라는 빈위(우리 식으로 말해 사건)기 무대 안에 이미 내속해 있었기 때문인 겁니다. 그러니까 무대가 독살당한 것, 반금련이 무송의 칼에 죽은 것 등등에는 모두 '충분한 이유'가 있었던 것이죠. 바로 그렇기 때문에 각각에게 내속해 있는 이유 외에 다른 이유가 필요 없는 것입니다. 이것이 '충분한'이라는 수식어의 함축적 의미죠. 라이프니츠는 "모나드는 자족적이다"라 했는데, 이때의 '자족적'이라는 개념은 바로 지금의 '충분한'이라는 개념과 통합니다. 무대가 독살당하기 위해 다른 이유들은 필요없는 것이죠. 오로지 무대의 완전개념 안에 그 사건이 들어 있는 것으로 충분합니다. 그래서 자족적이고 충분하죠.[14]

그런데 "모든 일에는 이유가 있다"는 생각을 보다 논리학적인 형태로 바꾸어 말하면 "한 실체에게서 발생하는 모든 일은 그 실체 안에 내속해 있다"가 됩니다. "Praedicatum inest subjectum"이라고 하죠. 이것은 존재론적으로 말한 것이고, 똑같은 생각을 논리학적으로 바꾸어 말하면 "모든 술어는 주어 안에 내속해 있다"가 됩니다. 어떤 실체에게서 일어나는 모든 일, 예컨대 반금련이라는 실체/주어에 붙는 "고아로 자랐다", "어떤 부잣집에 하녀로 들어갔다", "주인이 자꾸 괴롭혔다", "못난 무대에게 시집갔다", "서문경과 왕파의 꼬임에 말려들었다", "남편을 독살했다", "무송의 칼에 죽었다" 같은 빈위들/사건들/술어들은 모두 반금련 안에 내속해 있었다는 것이죠. 물론 세세한 면면까지 말하려 하면 이 빈위들은 무한히 늘어날 겁니다. 달리 말해, 이 모든 빈위들은 반금련 안에 주름-접혀 있었다impliqués는 말이 됩니다. 역으로 반금련을 인식한다는 것은 이 접혀-있는 빈위들을 펼치는 expliquer 것이라 하겠습니다(프랑스어 'pli' 즉 주름의 뉘앙스를 잘 느낄 수 있습니다). 우리가 1부, 3강에서 이야기했던 '주름' 개념을 여기에서 새로운 형태로 만난 것임을 알 수 있을 겁니다.

그럼 빈위들을 '펼친다'는 것은 무슨 뜻일까요? 만일 모든 사건들/술어들이 그 실체/주어 안에 내속해 있다면, 그것을 인식하기 위해 우리가 해야 할 일은 그 모나드의 주름을 펼치는 것, 즉 빈위들을 하나하나 분석해내는 일입니다. 반금련을 인식하기 위해서 꼭 그의 사건들을 경험할 필요는 없죠. 반금련이 어떻게 행동할지는 이미 그의 모나드에 새겨져 있으니까, 우리는 반금련이라는 주어를 분석하기만 하

---

14) 아리스토텔레스에게 가지적인(intelligible) 것은 형상이며, 질료는 가지적이지 않다. 형상은 필연적이지만 질료는 우발적이다. 라이프니츠에게서 개체들은 가지적인 존재가 된다고, 모나드들 하나하나가 개념들이라고 했거니와, 개체들/모나드들이 가지적이라는 것은 곧 그것이 완전개념으로 되어 있다는 것, 논리적으로 결정되어 있다는 것을 함축한다. 두 생각을 비교해 볼 필요가 있다.

면 되죠. 반금련의 완전개념을 분석하면 됩니다. 분석이라는 말에 해당하는 그리스어가 'analuô'입니다. 그런데 'luô'는 풀다라는 뜻입니다. 다시 말해, 반금련 안에 계열화되어 있는 빈위들을 풀어낸다면, 방금 말한 것처럼 'ex-pliquer'하다면, 우리는 반금련의 삶 전체를 알 수 있다는 이야기가 됩니다. 경험이 필요 없이 '분석'으로 반금련의 모든 것을 인식할 수 있는 것이죠.

그래서 이제 "모든 일에는 이유가 있다"와 "한 실체/주어의 모든 빈위들/술어들은 그 실체/주어 안에 내속해 있다"를 이어서 충족이유율을 언표하는 세번째 방식을 만나게 됩니다. 그것은 바로 "모든 참된 명제는 분석적이다"라는 언표죠. 라이프니츠에게 참된 명제는 경험을 통해 발견되는 것이 아니라 주어에 이미 함축되어 있던 것들을 풀어내는 것이니까요. 그래서 모든 참된 명제는 분석적이라고 말하는 겁니다. 그런데 이 말이 참 묘해요. "모든 참된 명제는 분석적"이라는 생각은 상식적으로 이해하기 힘든 말이죠. 이 말을 거꾸로 써 보세요. "모든 분석명제는 참되다"가 되겠죠. 이 말은 물론 맞습니다. 모든 분석명제는 참되죠. 모든 분석명제는 논리적 필연성logical necessity에 기반하고 있으니까요. 그런데 모든 참된 명제는 분석적이다? 이건 좀 이상하죠. 우리는 일반적으로 모든 참된 명제는 분석명제와 종합명제로 구분된다고 배우잖아요? 그리고 "모든 분석명제는 참이다"는 맞지만 "모든 참된 명제는 분석적이다"는 맞지 않는다고 봅니다. 그런데 라이프니츠는 모든 참된 명제는 분석적이라고 말하고 있는 것이죠.

"모든 분석명제는 참되다"는 (앞에서 언급했던 또 하나의 원리인) 동일률에 입각해 있습니다. 수학적인 예로서 $(a+b)(a-b) = a^2 - b^2$ 같은 경우 이것은 동일률에 입각해 있습니다. 이 명제는 분석적이죠. 이 명제는 동일성, 더 정확하게는 상호 교환 가능성, 논리적 함축의 구도를 가지고 있습니다. 이런 경우는 논리적 필연성에 입각해 있습니다. "총각은 결혼하지 않은 남자이다"와 같은 경우도 마찬가지입니다. 그렇다면 라이프니츠가 "모든 참된 명제는 분석적이다"라고 말하는 것은 모든 참된 명제는 논리적 필연성에 입각해 있다는 것을 말합니다. 그런데 우리는 참인 명제에는 논리적 필연성에 입각해 있는 것도 있고, 또 사실적 우발성factual contingency에 입각해 있는 것도 있다고 봅니다. 그러니까 무송이 청하현에 온 것, 반금련이 창문을 걸다가 막대기를 아래로 떨어뜨린 것, 그리고 그 막대기가 하필이면 서문경의 어깨에 떨어진 것, 무대의 집이 하필이면 왕파와 마주 보고 있게 된 것, 이 모든 것들이 우발적인 것들입니다. 그런데 그 우발성이 너무나 얄궂고 기구해서 그것이 어떤 보이지 않는 존재/힘에 의해 마치 의도된 듯 일어난다고 느껴질 때, 우리는 흔히 '운명'이라는 말을 쓰죠. 그러니까 과학적 '사실'과 철학적/문학적 '운명'은 매우 다른 뉘앙스를 띠고 있지만, 사실은 결국 우발성 개념에 뿌리를 두고 있는 것입니다.

라이프니츠에게는 모든 것이 주름입니다. 주름이란 접혀 있는 것이고, 따라서 그것을 인식하기 위해서는 분석하면 됩니다.[15] 그렇기 때문에 우리 눈에는 분석적으로 보이지 않는 것도 라이프니츠에게는 다 분석적입니다(라이프니츠의 주름 개념과 분석 개념은 이렇게 통합니다). 이 말은 곧 라이프니츠가 모든 종류의 참된 명제는 분석명제로 환원시킨다는 것을 뜻합니다. 무송이 떠난 후에 반금련이 무대를 홀대했다. 송강이 심양강의 술집에서 반역시를 썼다. 이런 명제들은 시공간에 관련된 명제들입니다(그러니까 상식적으로는 경험을 통해서 판단되어야 할 명제이죠. 시공간적이라는 것은 곧 '具體的'이라는 것을 뜻하기 때문입니다. 한자를 잘 음미해 보세요). 그리고 반금련은 무송의 형수다. 또는, 무대는 반금련의 남편이고 무송의 형이다. 이런 명제들은 모두 관계를 뜻하는 명제들입니다. 또, 양산박에는 호걸들이 산다. 이규에게는 쌍도끼가 있다. 이런 것들은 존재에 관련된 명제들입니다. 그리고 물론 무송이 반금련을 죽였다. 송강이 축가장을 쳤다. 이런 것들은 사건, 행위에 대한 명제입니다. 유심히 보면 다 다른 종류의 명제들인 것이죠. 그런데 라이프니츠는 이렇게 다양한 종류의 명제들(대부분 종합명제들)을 모두 분석명제로 환원시키고 있는 것입니다.

그러니까 무대, 무송, 반금련, 서문경, 왕파, 이런 사람들의 관계는 외적인 관계가 아닙니다. 우리는 이런 관계들을 외적으로 형성된 관계들이라 보고 또 우연한 만남들이라고 보죠(무대와 무송도 우발적으

---

15) 물론 라이프니츠도 이것이 현실적으로 가능하다고 보지는 않았다. 하지만 라이프니츠는 우리가 대개의 경우 경험을 통해 사물을 인식할 수밖에 없는 것은 원래 사물이 비개념적인 존재이기 때문이 아니라(사물은 완전개념이다) 우리 인식의 결함 때문이라고 보았다. 그렇다면 실제에 있어서는 왜 경험이 필요한가? 실체의 빈위들은 무한하고(이는 빈위들이 무한 분할이 가능한 방식으로 즉 연속적으로 이어져 있기 때문이다), 때문에 그것들을 인식하기 위해서는 무한한 분석이 필요하기 때문이다(이 역시 무한소미분과 연관된다). '루비콘 강을 건너다'라는 하나의 빈위는 다시 여러 빈위들로 분석될 수 있고, 이런 분석은 (수학에서의 무리수의 분석에서처럼) 끝나지 않는다.
이런 맥락에서 라이프니츠는 '추론의 진리'와 '사실의 진리' 즉 '필연적 진리'와 '우발적 진리'를 구분한다. 여기에서 라이프니츠가 '분석적인 것'과 '필연적인 것'을 구분한다는 점에 주목해야 한다. 어떤 명제가 필연적이면 당연히 분석적이지만, 분석적이라고 해서 필연적이지는 않다. 필연적 진리는 유한한 분석을 필요로 하지만, 우발적 진리는 무한한 분석을 필요로 하기 때문이다.

로 만난 것일까요? 이 물음에 어떻게 답하는가가 그 사람의 철학적 관점과 가치관에 밀접히 연관되어 있습니다). 이렇게 될 수도 있었고 저렇게 될 수도 있었는데, 우연히(물론 여기에서는 형이상학적 맥락입니다) 사태가 그렇게 진행되었다고 봅니다. 그리고 이 다섯 사람의 만남이 우발적이기 때문에 그만큼 기구한 것이고, 그래서 우리는 이 이야기를 들으면서 인간의 운명에 대해 생각하게 되죠. 특히 무대와 반금련의 운명에 대해 생각하게 됩니다. 그러나 라이프니츠는 그게 아닙니다. 무대도 그 모나드에 있어 자기의 완전개념이었고, 또 다른 사람들도 모두 자기 모나드에서의 완전개념이었던 겁니다. 그러니까 청하현에서의 사건은 결국 이 완전개념들이 펼쳐졌음을 뜻할 뿐이죠. 결국 그렇게 되도록 되어 있었던 겁니다. 그러니까 충분한 이유가 있었던 것이죠. 서문경이 반금련을 유혹한 것, 무대가 독살당한 것, 무송이 형수를 죽인 것,······ 이 모든 것들에는 충분한 이유가 있었던 거죠. 라이프니츠의 초합리주의가 바로 이 충족이유율에 고스란히 담겨 있습니다.

라이프니츠의 이런 생각에서 각 모나드의 자율성과 내면성은 설자리가 없습니다. 라이프니츠에게서 모든 개체들은 이미 정해진 '프로그램'에 따라 펼쳐지죠. 무대, 무송, 서문경, 반금련, 왕파 등등에게는 이미 정해진 프로그램이 장착되어 있었던 겁니다. 그런 프로그램들이 착착 펼쳐진 것입니다. 각 프로그램의 단위들(빈위들)에는 이미 시간까지 장착되어 있어, 무송이 a(1)라는 빈위를 펼칠 때 무대는 a(2), 서문경은 a(3),······ 식으로 펼치게 되어 있습니다. 모일 모시에 어떤 장소에서 무대가 '무송을 만나다'로 프로그램되어 있는데 무송에게 같은 시간 같은 장소에서 '무대를 만나다'로 프로그램되어 있지 않다면 이들의 만남은 성립되지 않겠죠. 그래서 모든 모나드들이 일정하게 프로그램된 일정에 따라 동시에 펼쳐져야 하는 것입니다. '카이사르가 브루투스에 의해 암살당하다'라는 빈위와 '브루투스가 카이사르를 암살하다'가 동시에 펼쳐지지 않았다면, 우리가 알고 있는 그 역사가 이루어지지 않았겠죠. 이것이 라이프니츠가 '예정조화설'이라든가 뒤에서 논할 '공가능성' 같은 개념들을 사용하는 이유입니다.

라이프니츠는 왜 이렇게 이상한 생각을 했을까요? 왜 모든 개체들/모나드들은 '프로그램'이라고 주장했을까요? 그것은 바로 신을 최상으로 높이고 피조물들을 최하로 낮추기 위한 것이었습니다. 라이프니츠는 '기독교 공화국'을 건설하는 것을 인생의 최고 목표로 삼았있고(이 점에서 스피노자와 대조적입니다), 이를 위해서는 바로 이런 신학적 구도를 정립하는 것이 필수적이라고 생각했던 것이죠. 그러나 우리의 눈에는 그의 사유가 어떻게 보입니까? 어떤 발명가가 무수한 기계들을 만들어 그것들의 태엽을 일시에 감은 후, 그것들을 풀어놓음으로써 전개되는 사태와 같은 것으로 보입니다. 그래서 각 모나드들은 결국 설계된 프로그램들이고, 이 세계는 이렇게 서로 조율된 프로그램들로 구성된 거대 프로그램이라고 할 수 있습니다. 그렇다면 신은 어떤 존재라 해야 할까요? 바로 이 모든 프로그램들을 설계하고 또 돌리는 슈퍼컴퓨터라고 할 수 있습니다. 발명가로서의 슈퍼컴퓨터죠. 그래서 세계는 항상 'n + 1'의 방식으로 움직입니다. 모나드 A와 모나드 B의 관계는 직접 이루어지는 것이 아니라 슈퍼컴퓨터를 매개로 이루어지는 것이죠. 오늘날 휴대 전화기 사이에서의 통화가 사실은 중앙컴퓨디의 컨트롤을 기쳐서 이루어지고 있는 것과 같죠. 오늘날에는 규모가 커져서 전 세계의 아이폰이 애플사의 컨트롤을 매개해서 작동하고 있습니다. 이렇게 보면 라이프니츠의 존재론은 그의 의도와 는 달리 오늘날의 하이테크 문명을 놀라울 정도로 선명하게 예고하고 있습니다. 그 자신은 자신의 사유가 '기계적'이라고 생각하지 않았죠. 당대의 기계는 극히 단순한 기계들이었으니까요. 하지만 '전자' 시대 를 거쳐 온 우리에게는 그의 사유가 첨단 기계들의 작동 방식과 너무 나도 흡사하게 보입니다.

§8. 미분적 사유와 디지털 프로그램

우발적 진리란 무한히 분석해야 하는 진리라 했습니다만, 이제 이 문 제를 다루어 봅시다. 라이프니츠가 후대의 철학에 남긴 가장 중요 한 유산들 중 하나는 그 '미분적'differential ── 무한소적infinitesimal ──사유에 있습니다. 특히 베르그송과 들뢰즈의 사유에 결정적인 흔 적을 각인하게 되죠. 지금까지 여러 군데에서 라이프니츠의 수학(무 한소미분)과 형이상학(모나드론)의 관계를 언급했습니다만, 이제 그 의 미분적 사유를 본격적으로 생각해 봅시다.

『모나드론』의 36절에는 다음과 같은 생각이 등장합니다.

충분한 이유는 우발적인/사실의 진리들에서도, 즉 피조물들의 우주로 서 펼쳐지는 사물들의 계기에서도 또한 발견되어야 한다. 이 우주에 서는, 사물들의 놀라운 다양성과 물체들의 무한 분할 때문에, 특수한 이유들에 대한 해결이 한없이 상세하게 세분될 것이다.

라이프니츠가 "특수한 이유들"이라고 한 표현은 무슨 뜻일까요? 그것은 한 존재가 왜 하필이면 그러한가라는 뜻입니다. 한 사물은 왜 다른 것이 아니라 바로 그것인 것일까? 하는 물음입니다. 왜 관우는 관우일까? 왜 제갈량은 제갈량일까? 왜 주유는 주유일까? 이런 물음입니다. 예컨대 장비의 수염이 뻗치는 것은 전통 형이상학의 틀로 보면 '우연'입니다. 왜 우연일까요? 그것은 이 사태가 개념적으로는 이해할 길이 없기 때문입니다. "인간은 철학을 한다", 이 명제는 개념적입니다. 인간은 이성적 동물이고, 이성적 존재는 사유할 수 있으므로, 사유할 수 있는 동물은 철학을 할 수 있기 때문이죠. 결국 인간은 철학을 할 수 있습니다. 이렇게 개념적으로 분석됩니다. 다시 말해, 이성적으로 분석됩니다. 그러나 장비의 수염이 왜 뻗치는지는 개념적으로는 분석할 길이 없죠. 이 경우 그 원인은 질료에 있다고 봅니다. 장비의 몸을 이루고 있는 질료의 탓이라는 것이죠. 그런데 질료는 개념적 존재가 아니라 이성적으로 분석할 수 없습니다. 그것은 필연의 영역이 아닙니다. 장비는 이성적 존재이기 때문에 당연히 철학을 할 수 있지만, 그의 수염이 꼭 뻗칠 필요는 없습니다. 뻗칠 수도 있었고 그렇지 않을 수도 있었는데, 결과적으로/사실적으로in fact 뻗치게 된 것입니다. 이것이 '우연'의 의미입니다.

그러나 과거에 우연이었던 것이 학문이 발달하면 더 이상 우연이 아니게 됩니다. 장비의 수염이 뻗치는 것은 원칙적으로 그의 유전자를 통해 설명할 수 있습니다. 앞으로 게놈 프로젝트가 완성되면 과거보다 더 확실하게 설명할 수 있겠죠(물론 이때에도 뻗치는 수염 일반의 설명이지 장비의 수염 자체에 대한 설명은 아니겠지만). 고대 형이상학이 질료의 문제를 우연의 문제로서 처리했던 것은 그때에는 질료를 개념화하는 방법들이 개발되지 않았기 때문입니다. 그런데 조심할 것은 여러 번 이야기했지만 고대 형이상학에는 이런 의미의 우연을 넘어서는 의미가 들어 있다는 사실입니다. 장비의 DNA를 살펴보면 장비의 수염이 뻗치는 이유를 알 수 있다고 합시다(사실 사태는 훨씬 복잡한데, 일단 단순화해서 이야기합시다). 하지만 이때에도 우리는 "도대체 왜?"라고 물을 수 있습니다. 도대체 왜 장비의 DNA가 그렇게 생겼을까 하고 물을 수 있는 것이죠. 또, 이 물음에 대해 어떤 설명이 제시된다 해도 여전히 우리는 이 물음을 다시 던질 수 있습니다. 과학이 발달하면 우연의 문제는 해결되더라도 궁극적으로 우발성의 문제가 해결되는 것은 아닙니다. 우연은 과학적 원인의 문제이지만, 우발성은 형이상학적 이유의 문제이기 때문이죠. 물론 이 두 가지가 관계없는 것은 아닙니다. 방금 유전 형질의 예를 들었거니와, 말하자면 형이상학적 이유는 과학적 원인의 극한이라고 해야겠죠. 그러나 우리는 실증적으로는 영원히 그 극한에 다다를 수 없습니다. 그 이유들 중 하나는 '무한' 개념에 있다고 하겠습니다. 형이상학(과 수학)의 핵심 개념이 무한인 것은 이런 맥락에서입니다.

라이프니츠는 고대의 철학자들이 질료가 지니고 있는 우연성으로 처리했던 것을 개념적-분석적 차원으로 전환시킵니다. 그런데 라이프니츠는 이것을 과학적 원인들을 발견함으로써가 아니라 형이상학적 이유에 대한 새로운 해석을 통해 발전시킵니다. 우연을 정복하는 서로 다른 두 길이죠. 과학적 길이 물질의 원인들을 발견하고자 한다면, 라이프니츠는 바로 그 물질에 구현되어 있는 모나드의 빈위들을 논하는 방향으로 나아갑니다. 그러니까 장비의 수염이 뻗치는 것은 '장비'라는 모나드의 완전개념의 세부 사항들을 분석함으로써 알수 있다는 것이죠. 그런데 이런 작업은 현실적으로는 불가능합니다. 한편으로 장비의 모든 빈위들을 분석할 수도 없거니와, 사실은 장비의 수염이 서양 사람들의 경우처럼 옥수수수염인 경우, 매우 짧은 경우, 관우처럼 길고 아름다운 경우 등등, 다른 수많은 가능한 경우들까지도 고려해야 하기 때문이죠. 때문에 이런 작업은 무한하고 그래서 현실적으로 불가능합니다. 실용적인 성격을 지닌 사람이라면 어차피 불가능한 이야기를 해서 뭐하는가 하고 불평할지도 모르겠지만, 형이상학의 매력은 '~하다'를 말하는 데 있는 것이 아니라 '~수 있다'를 말하는 데 있습니다. 물론 이 세상에 '~수 있다'라고 말할 수 없는 것이 도대체 어디에 있는가라고 말할 수도 있겠지만, 중요한 것은 형이상학'사'의 맥락을 잘 봐야 한다는 것입니다. 수천 년 이어져 온 철학사의 끝에서 이루어지는 형이상학적 상상력(예전의 강의에서 형이상학을 윤형자에 비유했었죠?)과 그냥 허무맹랑한 공상은 별개의 문제죠.

그런데 꼭 가능한 경우들까지 가지 않더라도 한 모나드의 계열을 분석하는 경우에도 무한에 부딪칩니다. 왜 그럴까요? 그것은 한 모나드 계열이 연속적이기 때문입니다. 이 문제를 잘 음미해 볼 필요가 있죠. 아까 무리수 이야기를 했는데, 연속성의 원리를 취하면 무한 개념도 자연스럽게 따라옵니다. 이 경우 간단한 하나의 빈위만을 잡아도 무한한 미세 사건들을 분석해야 합니다. 만일 카이사르의 완전개념을 하나의 연속적 계열로 표상한다면, 하나하나의 빈위는 결국 'dx'가 됩니다. 그렇지 않다면 제논의 역설에서처럼 카이사르는 루비콘 강을 건널 수 없게 되겠죠. 그래서 필연적으로 dx 개념이 요청되는 겁니다. 0이 아닌 무한소 말입니다. 그러니까 연속성이란 무한히 소멸되어 가는 차이의 개념을 요청합니다. Dx란 바로 무한히 소멸되어 가는 차이죠. 이 dx가 적분積分되었을 때 거시적 운동이 성립합니다. 앞에서 충족이유율이 무한소미분과 관련되어 있다는 말을 했는데, 이 대목에서 사태가 좀더 분명해졌습니다. 이 문제는 다시 미세지각론과도 연결되어 있음을 눈치 챌 수 있을 겁니다.

무한소에 관련해 베르그송은 'passage à la limite'라는 말을 씁니다. 이 개념을 명료화하기 위해 라이프니츠의 무한 개념을 좀더 알아봅시다. 라이프니츠는 "진정한 무한은 절대에서만 성립한다. 절대란 모든 구성에 앞서 있으며, 따라서 부분들의 더하기에 의해서는 구할 수 없다"고 합니다. 예컨대 1억이라는 수가 있다고 합시다. 1억이라는 수는 대단히 큰 수이죠. 그렇지만 1억이라는 수도 결국 더하기를 통해서 만들어집니다. 라이프니츠는 '구성'이라는 말을 썼는데, 여기에서 'com-position'은 더하기를 뜻하죠. 그래서 아무리 큰 수도 1이라는 단위와 'n + 1'이라는 형식을 통해서 만들어집니다. 1억의 1억 제곱 같은 상상을 초월하는 수도 마찬가지입니다. 시간이 좀 많이 걸려서 그렇죠(더구나 시간은 수학에서는 비본질적인 문제입니다). 무한대와 대단히 큰 수는 전혀 다른 개념이에요. 무한대라는 것은 수가 아니라 하나의 개념입니다. 1과 무한대는 수라기보다는 개념이죠. 굳이 수라고 한다면 다른 수들에 대해 메타적인 성격을 가지는 수입니다. 같은 수준에서의 수가 아니죠. 그래서 진정한 무한이라고 하는 것은 절대에서만 성립합니다. 절대絶對라는 말은 한자의 의미 그대로 '대'를

끊어 버리는 것입니다. 무엇인가와 서로 '대'하고 있는 것 즉 '상대'相
對가 아닌 것이죠. 두 수는 서로 대합니다. 하지만 무한은 대하고 있는
것이 없습니다. 그래서 절대이죠. 무한이란 구성을 통해서 얻을 수 없
는 별개인 개념인 것입니다.

　라이프니츠는 무한의 세 종류를 이야기하죠. 하나는 절대적 무한.
무한 중에서도 절대적인 무한은 신입니다.

　그 다음은 최대maximum이죠. 이때의 최대는 여러분들이 미적
분 공부하면서 구하곤 했던 최대가 아니죠. 그 어떤 수를 대도 그것
보다 더 크다는 의미에서의 최대입니다. 그런데 재미있는 것은 라이
프니츠가 이런 경우를 '무한'infini이라고 한다면, 데카르트는 '비-일
정'indéfini이라고 한다는 점입니다. 자연철학에 대해 논할 때에도 이
두 개념을 비교한 바 있습니다(1부, 1장, §5). 두 개념 모두 그리스어의
'apeiron'에서 유래한 개념입니다. 두 개념은 다르죠. 무한이 하나의
길인데 끝없이 나 있는 길이라면, 비-일정은 길이 무수히 여러 가지가
있어 어디로 가야 할지 모르는 경우입니다. 만일 우리가 여기(그림 1의
A)를 현실적으로 확인 가능한 지평이라고 본다면, 무한은 이 지평 이
상으로 일정하게 가지만 끝없이 가야 한다는 것을 의미하고(a) 비-일
정은 끝없이 가야 하는 것은 아니지만 도대체 어느 길로 가야 할지 모
르게 길 자체가 끝없이 갈라지는 경우입니다(b). 요컨대 무한은 현실
적으로 끝없이 감이고 비-일정은 가능적으로 끝없이 갈라짐입니다. 둘
다 아페이론입니다.

　그 다음 세번째 무한은 일정한 한계limite가 주어져 있을 때, 바로
옆의 수를 구할 수 없는 경우 즉 완벽한 연속성이 가져오는 무한입니

〈그림 1〉 무한과 비일정

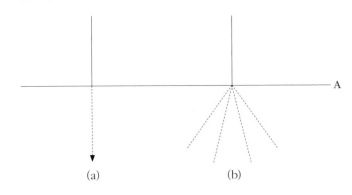

(a)　　　　　　　　　(b)

다. 이 경우가 바로 'passage à la limite'죠. 제논의 역설에서 이미 나타난 무한이죠? 이 경우는 유한 안에 무한이 있게 됩니다. 묘한 역설이죠. 이 역설은 칸토어에 의해서 파헤쳐졌습니다. 그리고 후에 바이어슈트라스를 통해서 극한/한계 개념이 수학적으로 다듬어지죠. 또, 시간의 문제까지 관련된 경우에는 이 역설이 베르그송에 의해 결정적으로 파기됩니다. 그리고 반反-베르그송주의와 위상수학이 도래하면서 수학사-존재론사에서 또 한 번 큰 변화가 오죠. 그 연장선상에서 구조주의가 성립하고 또 르네 톰과 들뢰즈의 사유가 성립합니다. 이렇게 연속성, 무한, 극한, 시공간 개념은 밀접하게 연관됩니다. 어쨌든 이 세번째 무한 개념이 바로 지금 문제가 되고 있는 무한 개념입니다. 우발적 진리가 참일 경우, 그 역시 결정되어 있지만 무한히 분석해야만 그 결정성을 드러내 보여 줄 수 있다는 이야기가 됩니다.

　　프로그램 개념으로 생각해 봅시다. 우리가 어떤 모나드가 왜 저렇게 존재할까를 이해하려면 그것을 만든 설계도, 즉 그 프로그램을 읽어내야 합니다. 무송이라는 개체는 하나의 프로그램이기 때문에, 우리가 무송을 인식한다는 것은 곧 그를 구성하고 있는 프로그램을 읽어내는 것입니다. 만일 어떤 기계의 프로그램을 우리가 완전히 숙지한다면, 그 기계가 어떻게 움직일지 정확히 예측할 수 있습니다. 그런데 그 기계의 프로그램이 거의 무한대로 복잡해서 우리로서는 도무지 다 파악할 수 없는 경우가 있겠죠. 그럴 때는 그 기계가 어떻게 움직이는지를 봐야 비로소 "아하! 저렇게 되어 있군" 하고 알 수 있을 겁니다. 아날로그에서 디지털로 이행하면서 프로그램은 더 정교화되고, 그것을 인식하기도 그만큼 어려워지고 있습니다. 디지털 기술은 정보의 단위를 극히 세분화함으로써 미분적으로 분식하죠. 그래서 그만큼 정교한 프로그램을 작동시킵니다(물론 그 과정에서 아날로그가 가지고 있는 힘과 맛이 사상되기도 합니다). 미분적 사유란 무한 분할을 함축하고 있고, 또 미분된 것이 다시 적분됨으로써 전체를 복원시키는 과정도 함축하고 있습니다. 라이프니츠의 사유 이래 이 미분적 사유는 근현대 문명의 전개에 지대한 영향을 끼치게 됩니다.

그런데 만일 이 세계에 존재하는 모든 컴퓨터들의 프로그램을 완벽하게 숙지하고 있고 그 작동을 훤히 꿰뚫고 있는 컴퓨터가 있다면, 그 컴퓨터야말로 슈퍼컴퓨터라 할 수 있겠죠. 라이프니츠의 신은 바로 이런 존재입니다. 또는 신은 이 슈퍼컴퓨터의 제작자라 할 수 있겠습니다. 신 자신도 모나드인가, 아니면 그렇지 않은가? 이 문제는 라이프니츠 전문가들 사이에서 자주 논쟁거리가 되는 문제입니다. 여기에서는 신 자신은 프로그래머이지 프로그램은 아니라는 입장에서 이야기를 전개해 봅시다. 스피노자의 신은 프로그램이지만(하지만 누군가에 의해서 만들어진 프로그램이 아니라 자체적으로 존립하는 프로그램이죠. 그리고 유일한 전체이고, 무한하고, 절대적이고,…… 등의 성격을 띠고 있는 프로그램입니다. 『에티카』, 1권에서 이 논의가 전개되죠), 라이프니츠의 신은 프로그래머에 가깝습니다. 사실 라이프니츠의 철학은 스피노자를 논박하는 데 주안점을 두고 있다고 해도 과언이 아닐 것입니다. 스피노자와 달리 제작자/창조주로서의 신을 역설코자 한 것이 라이프니츠였고, 어떤 면에서는 그의 철학 전체가 변신론을 중핵으로 하고 있다고 할 수 있습니다. 그에게 신은 바로 슈퍼컴퓨터의 설계자였던 것이죠.

8강_ 가상세계

만일 신이 슈퍼컴퓨터의 설계자라면, 그래서 그 슈퍼컴퓨터로 어떤 세계도 자유자재로 설계할 수 있었다면, 이런 생각을 해볼 수 있습니다. 그 무수히 가능했던 세계들 중에서 신은 왜 하필이면 지금 이런 세계를 설계했던 것일까? 이것이 라이프니츠의 주요 문제들 중 하나입니다. 이제 이 문제를 다루어 봅시다.

§9. 세계의 갈래들

라이프니츠는 신에 대해서 다음과 같이 말하고 있습니다.

> 사물들의 궁극 이유/근거는 한 필연적인 실체에 있어야 하며, 변화의 세부 사항들은 이 실체 안에 마치 샘물에서처럼 오직 탁월한 방식으로 존재한다. 그리고 이 실체가 바로 우리가 신Dieu이라고 부르는 존재이다.(38)

"필연적 실체"라고 했는데, 이 말이 참 묘한 말입니다. 여러 번 반복됩니다만, 필연적인 것은 반드시 그래야만 하는 것이고, 우발이라는 것은 이럴 수도 있고 저럴 수도 있는 것입니다. 필연이란 모순을 허용하지 않아요. 반드시 그래야만 되는 것이니까 그것과 모순되는 것이 있으면 안 되죠. 그런데 우발은 모순을 허용합니다. 내일 비가 올 수도 있고 안 올 수도 있는 것이죠. 철수가 남자로 태어날 수도 있었고 여자로 태어날 수도 있었겠죠. 여기에서 물어볼 것이 있습니다. 필연이니 우발이니 하는 이런 양상modality들은 사물에 붙는 것일까요, 아니면 사실에 붙는 것일까요? 2가 필연적인 것이 아니죠. '2+2=4'라는 것이 필연적인 것이죠. 비가 우발적인 것이 아니라 "비가 오다"라는 것이 우발적인 것이죠. 어떤 사물이 필연/우발일 수는 없습니다. 어떤 사태가 필연적이거나 우발적인 것이죠. 그런데 라이프니츠는 '필연적인 실체'라고 했습니다.

만약 어떤 사물에 필연이라는 양상을 붙인다면 이는 무슨 뜻일까요? 라이프니츠의 말은 이렇게 이해할 수 있습니다. "그 사물은 없을 수 없다"는 것이죠. 사물에 양상을 붙이는 것은 일상 어법으로는 이상합니다. "철수는 필연적이다" 같은 말은 좀 이상하죠. 그런데 만일 이런 표현을 쓴다면, 이는 그 사물이 모순을 허용하지 않는다는 뜻입니다. '철수의 모순'이란 철수가 존재하지 않는 것을 뜻하죠. 그러니까 여기에서 필연적인 실체라고 하는 것은 그 실체가 "반드시 존재해야만 한다"는 것을 뜻합니다. 스피노자는 반드시 존재하는 것이어야 실체라고 말하죠. '자기원인'causa sui이 그런 존재입니다. 스피노자의 정의에 따르면, 자기원인이란 "그 본질이 실존을 포함하는 존재", 다시 말해 "그 본성상, 실존하는 것으로밖에는 생각될 수 없는 존재"(존재하지 않는다면 자신의 본질에 반反하게 되어버리는 존재)이죠. 그래서 결국 필연적인 존재란 '필연적으로 실존하는 존재'라는 뜻입니다. 실존하는 사물들의 최종 원인은 그 자체 반드시 실존해야 한다는 생각이죠. 그런데 라이프니츠에서 이 자기원인은 스피노자에서와는 달리 세계의 목적인입니다. 'Final cause'에서 'final'이란 '마지막'이라는 뜻인데, 마지막이라는 것은 곧 어떤 과정의 목적이죠. 그래서 목적인이 됩니다. 신은 세계의 목적인 즉 최종 근거인 것이죠(스피노자는 『에티카』, 5부에서 이런 생각을 명료하게 비판한 바 있습니다. 역사적 순서로 말한다면, 라이프니츠는 바로 스피노자의 이런 생각을 논박하기 위해서 그의 목적론적 체계를 만들었다고 할 수 있겠죠. 정치적으로 보면 매우 반동적인 시도라 하겠습니다).

"변화의 세부 사항들은 이 실체 안에 마치 샘물에서처럼 오직 탁월한 방식으로éminement 존재한다." 우선 "탁월한 방식으로"라는 개념에 대해 알아봅시다. 이 말은 "형이상학적으로" 또는 "인과적으로"(전통적인 의미에서의 'aitia')라고도 번역할 수 있습니다. 이에 대비되는 말이 "formellement"이죠. '형식적으로', '형이하학적으로', '우발적으로' 등을 뜻합니다. A가 B의 원인일 때, 이것은 B가 A에 들어 있음을 말합니다(근대적 인과의 모델 예컨대 하나의 공이 다른 공을 때리는 경우를 생각하지 말고, 고대적 인과의 모델 예컨대 도토리가 상수리나무에서 나오는 경우를 생각하시기 바랍니다). 이때 B가 A에 들어 있는 방식에는 탁월한 방식과 형식적 방식이 있다는 것이죠. 직역하면 의미가 잘 안 들어오는데요. 건물을 생각해 봅시다. 우리기 공부하고 있는 이 건물은 이것을 설계한 영혼 속에 탁월한 방식으로 들어 있었던 것입니다. 반대로 말해, 그 설계자의 영혼은 그 건물을 탁월한 방식으로 포함하고 있었던 것이죠. 말을 바꾸면, 그 설계 자체는 그 건물의 형상인이자 목적인이라는 뜻입니다. 그러나 어떤 사람이 이 건물을 매입한다고 합시다. 그러면 이 건물은 그 매입자에게 형식적 방식으로 들어 있게 됩니다. 그 매입자가 이 건물의 진정한 'aitia'는 아닌 것이죠. 이렇게 구분할 수 있습니다.[1]

자, 그러면 위의 말을 이해할 수 있을 겁니다. '변화의 세부 사항들'이란 특정한 모나드의 빈위들을 말하는 것이 아니라 우주의 모든 빈위들, 현실세계만이 아니라 가능세계들까지도 포함해 모든 빈위들을 말하는 겁니다. 요컨대 일어날 수 있는 모든 사건들의 총체죠. 이 모든 빈위들은 바로 신의 오성entendement 안에 있습니다. 우리의 맥락에서 말하면, 슈퍼컴퓨터 안에 또는 그것을 제작한 존재의 머릿속에 있는 것이죠. 신은 이 빈위들을 가능한 모든 방식으로 계열화해 봅니다. 그리고 그 중 한 계열체계(나중에 '공가능성'에 대해 이야기할 것입니다)를 현실화시킨 것입니다. 그러니까 마치 하나의 원천(=신)으로부터 수많은 강물들(계열들)이 흘러나오는 것과도 같죠. 이것을 이

---

[1] 정치철학적으로 말해, 이런 어긋남이 바로 자본주의 사회의 모순을 가져온다고 할 수 있다. 다시 말해, 어떤 것의 진정한 원인인 사람과 (돈의 힘을 통해서) 그것을 소유하는 사람이 어긋남으로써 모순이 생겨나는 것이다. 이런 모순은 일정 정도는 어쩔 수 없는 것이지만(탁월한 원인과 우발적 원인이 꼭 일치하는 경우들만이 존재할 수는 없으므로), 모든 것을 돈으로 소유할 수 있는 극(極)자본주의 사회에서 이런 모순은 극단화된다고 할 수 있다. 이런 이유로 사물들의 참 'aitia'를 찾는 존재론과 정의로운 사회를 만들어 가는 윤리학은 서로 맞물리게 된다.

미지를 써서 번역하면 "마치 샘물에서처럼"이라고 할 수 있습니다. 그런데 이런 번역이 자칫 오해를 불러일으킬 수는 있어요. 그렇게 할 경우 라이프니츠가 마치 유출론자처럼 보이니까요. 유출론은 원천과 그 산물들 사이에 연속성을 수립하는 사유여서, 기독교세계에서는 늘 "이단"으로 간주되곤 했죠. 라이프니츠가 중국 철학을 논한『중국의 자연신학에 관한 논구』에서도 유출설이 논박의 중요한 소재가 됩니다.[2] 그래서 "샘물"이라는 은유는 조심스럽게 이해되어야 합니다.

　　라이프니츠에게서 나타나는 이런 계열적 사유를 좀더 적극적으로 해석하고 또 발전시킬 필요가 있어요. 우주가 모나드들의 체계이고, 모든 모나드들이 사건들 또는 빈위들로 이루어져 있고, 우주의 현상들은 결국 그 빈위들의 펼쳐짐이라면, 우리는 이런 세계를 결국 길들/갈래들의 세계로서 이해할 수 있습니다. 그래서 모나드들 하나하나는 길들이고 또 갈래들입니다. 그런 길들, 갈래들이 때로 만나고(무대-모나드와 반금련-모나드의 만남), 때로 헤어지고(무송과 무대의 헤어짐), 때로는 평행을 달리고(다시 만나기 전의 무대와 무송), 때로는 합쳐지고(양산박 이전의 무송과 이후의 무송) 합니다. 그래서 세계는 무수한 길들, 갈래들의 총체이죠. 각 모나드들은 각자의 갈래를, 인간의 경우 '인생 행로行路'를 걸어가죠. 17세기 서구 철학자들은 흔히 "신은 기하학자다"라는 말을 했어요. 그런데 지금 이런 식으로 생각할 경우 우리는 "신은 계열학자다"라고 할 수 있겠죠. 우리의 맥락에서 말한다면, 슈퍼컴퓨터는 또는 그 제작자는 정보들을 계열화함으로써 세계를 만

---

2) G. W. Leibniz, *Discours sur la théologie naturelle chinoise*, §13.

들어낸다고 할 수 있습니다. 끝없이 무한한 길들을 만들어낼 수 있겠죠. 그리고 그러한 길들 중 일정한 것들이 조합됨으로써 하나의 '세계'가 성립합니다.

그렇다면 우리가 사는 세계는 이와 같은 갈래짓기와 어떤 관련성이 있는가? 신/슈퍼컴퓨터가 설계한 무수한 갈래들 중 물질성을 부여받아 실제 세계가 된 것은 오로지 (우리가 살고 있는) 이 세계밖에 없다. 그렇다면 무한히 많은 가능한possible 세계들 중에서 왜 하필 지금 이 세계가 현실적인actual 세계가 된 것일까? 이 문제가 라이프니츠의 핵심 문제입니다. 이것은 건축가가 많은 설계도를 그린 후 그 중 하나를 보고서 "바로 이거다!" 하면서 선택하는 상황과 유사한 상황이죠. 지금 식으로 말하면 바로 '시뮬레이션'입니다. 라이프니츠의 사유는 시뮬레이션에 가까운 사유라고 할 수 있습니다. 신/슈퍼컴퓨터가 무수한 정보들의 바다에서 일정한 정보들을 골라내 갈래들을 만들고, 또 숱한 갈래들을 교차시켜 하나의 세계를 만들고, 그렇게 해서 무수히 많은 '가능세계들'les mondes possibles을 만든 것이죠. 그러니까 신은 곧 시뮬레이터였던 겁니다. 신학적 구도를 배제한다면, 라이프니츠의 세계는 정확히 오늘날 우리가 생각하는 시뮬레이션의 세계인 것이죠.

§10. 슈퍼컴퓨터와 컴퓨터들, 신과 피조물들

이제 슈퍼컴퓨터 또는 (만일 제작자가 존재한다면)[3] 신의 특성들을 알아봅시다. 라이프니츠는 다음과 같이 말합니다.

그런데 이 실체는 이 모든 세부 사항들(이것들은 또한 어디에서나 연결되어 있다)의 충분한 이유이기에, 오직 하나의 신만이 존재하며 이 신은 충족적이다.(39)

모든 세부 사항들은 연속성의 원리에 따라 어디에서나 연결되어 있습니다. 오직 하나의 신만이 존재하는 근거도 결국 모든 갈래지음들이 기본적으로 다 연결되어 있다는 사실에 근거해 있습니다. 불연속이라면 신의 지배도 불연속이 되어버리죠. 갈래들은 꺾일 수는 있지만 끊어질 수는 없습니다. 내가 '정보의 바다'라는 은유를 사용하는 것도 이런 이미지에 입각해서입니다(물론 이 위에서 성립된 각각의 가능세계들은 불연속적입니다).

예를 들어 관우라는 한 계열은 유비, 장비, 조조 등과 함께 황건적과 전투를 하고, 조조를 만나서 적토마를 받고, 제갈량을 만나서 적벽대전에 참여하고, 화용도에서 조조를 다시 만납니다(물론 나관중의 창작입니다만). 이것이 관우가 걸어간 길이죠. 조조는 동탁을 죽이려다 실패하고, 관도대전에서 원소를 크게 무찌르고, 적벽대전에서 패하고, 화용도에서 관우를 만납니다. 이것이 조조가 걸어간 길이죠. 그런데 여기에서 관우는 조조를 놓아줍니다. 만약 관우가 조조를 잡았다면 조조는 죽었겠죠. 그렇게 되었다면 우리가 아는 세계(W_1)가 아니

---

3) 이미 말했듯이, 스피노자의 사유에서는 오직 슈퍼컴퓨터만이 존재한다(물론 이 말이 스피노자가 그리는 세계의 뉘앙스와는 좀 동떨어진 감이 있지만). 반면 라이프니츠에게는 반드시 그 제작자가 존재해야 한다. 두 인물은 내재성의 구도와 초월성의 구도를 대변한다. 여기에서는 이 문제 자체는 다루지 않는다.

〈그림 2〉 관우의 길(A)과 조조의 길(B)

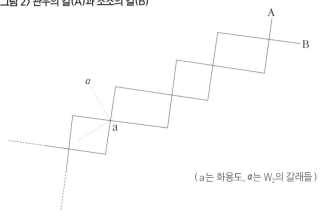

(a는 화용도, *a*는 W₂의 갈래들)

라 다른 세계(W₂)가 펼쳐졌을 것입니다. 그러나 관우는 조조를 놓아 주었고, 결국 여몽에게 사로잡혀 잘린 관우의 머리는 다시 조조를 만납니다. 세번째 운명적인 만남이죠. 이렇게 수많은 갈래들은 만나고 헤어집니다. 여기에서 주목할 것은, 앞에서 무한소미분이라든가 극한 등등에 대해 이야기하면서 여러 번 언급했듯이, 하나의 갈래는 반드시 연속적입니다. 또 결과적으로, 무수한 갈래들로 이루어지는 하나의 세계도 총체적으로 연속적입니다(물론 여기저기에서 숱하게 꺾어지죠. '특이성'들을 가집니다. 그리고 서로 다른 가능세계들은 불연속이라고 해야 합니다). 이것이 라이프니츠의 '연속성의 원리'가 함축하는 깊은 의미라고 생각합니다.

그런데 오직 하나이고 자족적인 신이 바로 이 세부 사항들의 충분한 원리라는 것입니다. '충분하다'는 것은, 앞에서 '충족이유율'을 보았습니다만, 기본적으로 '다른 것이 필요 없다'는 것입니다. 모든 세부 사항들이 즉 빈위들=정보들이 신의 오성 안에, 슈퍼컴퓨터 안에 내장되어 있기 때문에, 이것들을 설명하기 위해 신 이외의 존재를 끌어들일 이유가 없다는 겁니다. 그래서 오직 하나의 신만이 존재하며 그 신은 충족적이라는 것이죠. 그런데 스피노자가 볼 때 인격신/창조주로서의 신은 유일한 하나도 아니고 충족적이지도 않습니다. 자신 바깥에 세계가 존재하기 때문에 유일하지도 않고 충족적이지도 않죠. 절대적 존재가 아닙니다. 그러니까, 흔히 잘못 생각하듯이, 스피노자는 전통적인 신 개념을 파기하고 유물론적으로 간 것이 아닙니다. 오히려 전통적인 신 개념은 진정한 신 개념이 못 된다는 것을 말하고자 한 것입니다. 신은 자신의 바깥을 가질 수 없습니다. 그렇게 되면 이미 그 바깥으로 인해 유일성, 설대성, 부한성,…… 등의 그 성격을 상실하게 되어버리기 때문이죠(『에티카』의 도입부에 '자기원인'의 정의가 나오는 것이 이 때문입니다). 세계가 자신의 피조물인 신은 불완전한 신이며, 세계가 바로 그 자신의 표현인 그런 신이야말로 진정한 신이라는 것입니다. 스피노자는 무신론자도 아니고 유물론자도 아닙니다. 신 개념을 새롭게 이해하고자 했을 따름인 것이죠. 반대로 라이프니츠는 바로 이런 스피노자의 생각을 겨냥해서 자신의 신학을 펼치려고 했던 겁니다. 그런데 흥미로운 것은 위의 절에 바로 이어서 나오는 다음 절입니다.

우리는 또한 이 유일하고 보편적이고 필연적인 지고至高의 실체實體가, 그것과 독립적인 바깥의 존재는 없다는 의미에서 그리고 가능하다는 사실의 단순한 결과라는 점에서étant une suite simple d'être possible, 한계가 없어야 하며 또 가능한 모든 실재를 포함해야 한다

고 말할 수 있다.(40)

이로부터 신은 절대적으로 완전하다는 것을 알 수 있다. 여기에서 완전성이란 엄밀하게 파악된 한에서 적극적 실체의 크기 이외의 것이 아니다(단, 사물들의 한계나 경계는 제외한다). 그리고 경계가 없는 경우 즉 신에 있어서는 완전성이 절대적으로 무한하다.(41)

참 재미있죠? 라이프니츠 자신이 신의 바깥은 있을 수 없다는 것, 바로 그래야만 신이 완전한 존재일 수 있다는 점을 역설하고 있는 것이죠. 스피노자를 논박하고자 했으면서도, 묘하게도 스피노자의 이야기처럼 들리는 말을 하고 있습니다. 잘 음미해 볼 만한 대목이죠.

신에 대해서 라이프니츠는 "그와 독립적인 바깥의 존재는 없다"고 말합니다. 또, "가능하다는 사실의 단순한 결과"라고 말합니다. 우선, 신 바깥에 무엇인가가 있다면 곤란하죠. 그렇다면 신은 무한한 전체가 아니라 바로 그 바깥에 있는 존재에 의해 제한될 터이고 그런 의미에서 유한할 터이니까요. 하지만 그렇다면 도대체 왜 신은 자신의 바깥에 세계를 창조했을까요? 라이프니츠는 왜 이 점을 문제 삼고 있지 않을까요? 위의 문장에서 "독립적인"에 방점이 찍히는 것일까요? 하지만 그렇게 말해도 어쨌든 기성의 기독교적 세계관에서는 분명 신 바깥은 있게 되는 거죠. 바로 이런 이유에서 스피노자는 창조설을 부정하는 것입니다. 신이 정말 자족적이라면 그 바깥에 피조물이 있을 이유가 없는 것이죠. 라이프니츠 자신의 생각을 끝까지 밀고 나간다면 결국 스피노자의 생각으로 귀착할 수밖에 없는 겁니다. 신이 절대적인 존재 —— 말 그대로 대對를 끊어버린絶 존재 —— 가 되려면 세계는 신의 피조물이어야 하는 것이 아니라 신 그 자신의 표현들이어야 하는 것입니다. 신이 절대적인 존재라면 슈퍼컴퓨터를 만들 이유가 없는 것이고, 슈퍼컴퓨터가 절대적인 존재라면 그것의 제작자는 존재하지 않아야 합니다(앞에서도 언급했지만, 라이프니츠 연구에서 "신 자신은 과연 모나드인가?"라는 물음이 제기되는 것도 바로 이런 맥락에서입니다). 과연 라이프니츠는 이런 논박에 어떻게 답할 수 있을지, 결국 스피노자적 논리에 따를 수밖에 없을 것인지, 앞으로의 숙제로서 계속 생각해 봅시다.

또 하나 "가능하다는 사실의 단순한 결과"라는 언급이 나오는데, 얼핏 이해하기 힘든 구절이죠. 이는 쉽게 풀어서 말하면 "자신이 가능하다는 사실이 곧 자신이 필연적으로 존재한다는 사실을 근거 지어 주는"이라는 뜻입니다. 우리가 위에서 우발성과 필연성에 대해 이야기하면서, 한 존재에 필연성을 부여하는 것이 무슨 의미인지를 논했었습니다. 우발적인 존재들의 경우는 가능하다고 해서 꼭 필연적으로 존재하지는 않죠? 가능하지만 현실화되지 않을 수도 있는 것이 우발적인 것이 아닙니까?(바로 이 우발성을 개념화하기 위해서 라이프니츠는 가능세계론을 전개했다고 할 수 있습니다).[4] 그러나 신은 그 가능성 자체가 그 존재의 필연성을 함축하는 존재입니다. 가능과 필연이 일치하는 존재인 것이죠. 신에게서 '가능한' 것들은 곧 '필연적인' 것들입니다. 이 대목 역시 스피노자와 충돌합니다. 스피노자가 볼 때 신에게서는 가능성이라는 양상이 아예 성립하지 않습니다. 라이프니츠

---

4) 이는 아리스토텔레스에 대한 라이프니츠의 응답이라고도 할 수 있다.

가 가능세계론을 구축한 이유들 중 하나는 바로 신에게 보다 많은 '자 의성'을 바치기 위해서였습니다. 중세에 알-가잘리와 이븐 루쉬드의 논쟁과도 관련되죠. 그러나 스피노자가 볼 때 신에게 자의성을 부여 하는 것은 있을 수 없습니다(통속적인 차원에서 말하면, 인격신의 부정 이죠). 신은 오직 스스로의 본성의 필연성에 따라 존재할 뿐입니다. 그 러니까 이런 측면에서 본다면, 라이프니츠보다 스피노자가 오히려 더 '기계적'이라고도 할 수 있습니다. 풍기는 뉘앙스와 느낌은 물론 매우 다르지만, 논리적으로만 이야기해서 스피노자에게는 슈퍼컴퓨터만 이 존재해야 하는 것이죠.

어쨌든 이 대목은 참 흥미로운 대목입니다. 라이프니츠는 '바깥 의 없음'과 '가능=필연'이라는 두 근거에서 신이 완전하다고 즉 무한 하다고 말하지만,[5] 라이프니츠 자신의 논리를 끝까지 밀고 가면 오히 려 스피노자에로 귀결한다는 것이죠. 앞으로도 계속 논해 볼 문제입 니다.

자, 어쨌든 라이프니츠의 세계관은 창조주와 피조물들의 세계관 인데, 그러면 그가 피조물들의 세계에 대해서는 어떻게 이야기하고 있는지 봅시다.

이로부터 또한 피조물들은 신의 영향으로부터 각자의 완전성을 가 지게 된다는 것, 그러나 유한할 수밖에 없는 자신의 본성으로부터 각 자의 불완전성을 가지게 된다는 사실이 따라 나온다. 피조물들이 신 과는 구분되는 것은 이 점에 있기 때문이다.(42)

서구의 중세로부터 17세기에 이르기까지(아우구스티누스에서 라이프니츠까지) 이어지는 형이상학사의 주제(라이트모티브)가 무엇인가? 물론 많지만 아주 딱 부러지게 말한다면, 유한과 무한이 그것입니다. 더 구체화시켜 말하면 무한한 신과 유한한 인간, 또 무한한 신과 유한한 세계의 관계라는 문제이죠. 신과 세계와 인간, 그 삼자 관계를 규명하는 것이 형이상학의 핵심입니다. 그래서 중세 존재론은 일반 존재론과 특수 존재론으로 나뉘었고 특수 존재론은 신학theologia, 우주론cosmologia, 영혼론psychologia이었던 겁니다. 각각 신, 세계, 인간을 다루었죠. 데카르트가 실체로 봤던 것도 바로 이 셋이고(코기토, 물질-공간, 신), 칸트가 '선험적 변증론'에서 비판했던 것도 바로 이 세 존재에 대한 사변이었죠. 데카르트에게 신은 무한 실체이고 인간과 세계는 유한 실체입니다. 항상 이 무한 실체와 유한 실체들의 관계가 문제의 중심입니다. 서구인들에게 무한과 유한의 구도는 가장 근본적인 구도들 중 하나입니다.[6]

---

5) 라이프니츠에게 '완전성'(perfection)이란 '본질의 양'이다. 인용문에서는 "적극적 실재의 크기"라고 표현하고 있다. 여기에서 "적극적"(positive)이란 우발적 요소들(특히 그 공간적 외연)을 접어 둔다는 뜻이며, 질적 차이들의 수만을 문제 삼음을 말한다. 이전 강의(『사건의 철학』)에서 강조했던 '가치-존재론'의 구도이다. 생물학적 맥락에서는 한 생명체의 '분화'(différenciation)의 정도, '활동성의 정도'라고도 할 수 있다. 결국 완전성이란 모나드의 활동성의 정도, 즉 한 모나드가 얼마나 많은 빈위들을 내포하고 있는가와 연관된다.

6) 스피노자의 사유는 일찌감치 이 구도를 탈피했다. 그에게 무한과 유한, 초월성과 내재성, 영원부동과 생성은 이분법적 대립을 통해서가 아니라 일원적 구도로 재편된다. 유한은 무한의 표현일 뿐이며(신은 속성들로서 표현되고, 속성들은 양태들로 표현된다), 초월성은 내재면(plan d'immanence)에 흡수되어 이해되며(신은 내재적이다. 다만 내재면의 어떤 부분이 아니라 진체일 뿐이다), 존재는 곧 생성이다('존재한다'는 것은 곧 '생성한다'는 것이다).

신은 무한히 완전한 존재, 최대 실재의 존재죠(엄밀하게 말하면 '최대'라는 말은 어색합니다. 그렇게 말하면 어디선가 끝나는 느낌이 들기 때문이죠). 즉, 완전성은 양적인 함축을 띠고 있고 그래서 무한-유한의 개념과 연관됩니다. "이로부터 또한 피조물들은 신의 영향으로부터 각자의 완전성을 가지게 된다." 여기에서 "이로부터"는 뭘 말합니까? 앞의 항에서 "신의 완전성은 절대적으로 무한하다"라고 했죠? 그런데 피조물들은 그의 영향을 받아서 각자의 완전성을 가집니다. 말하자면 신의 빛, 은총을 나누어 가지게 되는 것이죠. 플라톤의 '관여'methexis, '분유'parousia 개념의 기독교 버전이라고 할 수 있습니다. 영향은 'in-fluence'죠. 신의 빛이 만물에 스며들어 있는 겁니다(플로티노스의 '일자' 개념의 기독교 버전이라고 할 수 있죠). 이것은 성리학에서의 "성즉리"性卽理와 유사합니다. 각 존재의 성性은 곧 리理=태극이 내재화된/분유된 것이죠. 그래서 모든 사물들은 리의 바탕 위에 존재하게 되고, 근원적으로는 선하게 됩니다. 그림에 비유한다면, 일단은 흰색을 칠해 놓고 그 다음에 다른 색들을 칠하는 것과 같죠. 이것이 바로 '낙천주의'입니다.

그런데 피조물들은 신의 영향으로 완전성을 분유分有하고 있지만, 유한한 본성으로 말미암아 각자의 불완전성을 가지게 됩니다. 여기에서 "유한한 본성으로 말미암아"는 무엇을 뜻할까요? 그것은 바로 만물은 자신의 신체를 가진다는 것을 뜻합니다. 즉, 물질성을 초탈하지 못하기 때문에 불완전한 겁니다. 그리고 물질성을 더 많이 가질수록 더 불완전합니다. 마치 성리학에서 '기'가 더 탁할수록 불완전한 존재인 것과 같습니다. 그러니까 이런 사유에서는 한 사물의 존재론적-가치론적 위상은 마이너스를 통해서 성립합니다. 더하기보다는 빼기를 통해 성립하죠. 얼마나 더 가졌느냐보다는 신이라는 기준으로부터 얼마나 떨어져 있는가에 의해 성립합니다. '가치-존재론'의 특징이죠. 그러니까 신이 순백색으로 칠해진 그림이라면, 다른 존재들은 일정 정도로 탁한 색깔들을 그 위에 덧칠한 존재인 겁니다. 주자가 자주 드는 거울[鑑]의 비유를 상기하면 되겠죠. 이런 점에서도 라이프니츠와 스피노자는 대조적입니다. 라이프니츠의 경우는 초월적 사유를 대변하죠. 하지만 스피노자의 경우 신과 (피조물이 아닌) 사물들의 관계는 전체와 부분의 관계일 뿐입니다. 신의 속성들 중 하나가 물질-속성이고, 때문에 물질/신체란 부정적인 것이 진혀 아니죠. 물질과 정신은 대등한 것이고 신을 표현하는 무한한 속성들 중 둘일 뿐입니다.

그런데 이 문단의 마지막 부분에는 원래 "피조물들의 이 본래적인 불완전성은 물체들의 자연적 관성에서 잘 나타난다"라는 구절이 있었는데 나중에 탈락되었습니다. 그러니까 라이프니츠는 현실적 사물들의 불완전성을 잘 나타내 주는 예로서 '관성'을 들고 있는 겁니다. 관성의 법칙이란 외부의 어떤 힘이 가해지지 않는 이상 자기가 하고 있던 운동을 계속하는 성질입니다. 그것은 거꾸로 말하면 수동적이라는 의미죠. 자체적인 활동력이 없다는 것입니다. 자, 이것은 우리 논의에 중요한 연결고리를 마련해 줍니다. 아까 뭐라고 했어요? 완전성이란 곧 활동성의 정도라고 그랬었죠. 그런데 관성이란 자기의 활동성이 외부에 의해 좌우되는 것을 말합니다. 그러니까 관성이란 활동성의 부재를 뜻하는 것이고, 그만큼 수동적인 존재 양태를 말하는 것입니다. 그것은 곧 그만큼 불완전하다는 것을 뜻하기도 하죠. 물질성은 수동성을 함축합니다. 모든 존재는 신체를 가지는 한 일정 정도 수동적이고 불완전할 수밖에 없죠. 오로지 신만이 '순수 현실태'actus purus입니다. 아까 신에 대해 이야기하면서 말한 '자기원인'과 비교해 보아도 좋을 것 같아요. 피조물들도 순수 현실태는 아니지만(즉 신체를 가지기는 하지만) 특정 형태의 영혼을 가집니다. 영혼은 힘이요 활동성이요 능동성인 것이죠. 우리가 자연철학 이야기를 하면서 라이프니츠가 말하는 힘은 뉴턴에서처럼 물리학적인 힘인 것만은 아니라고 했었죠? 훨씬 고차적인 의미를 함축합니다. 한 존재의 활동성, 완전성, 그 존재 자체를 표현하는 개념이죠. '힘' 하면 흔히 떠올리는 물리적인 힘이나 사회적 권력과는 구분되는 이런 식의 힘 개념('vis viva'. 스피노자의 경우는 'potentia')은 이후에 니체의 'Macht', 베르그송의 'élan vital', 들뢰즈와 가타리의 'puissance/désir' 같은 개념들로 계속 발전되어 나갑니다.

이상의 내용도 지금까지의 논의를 함께한 분들은 정보와 프로그램을 논하는 우리의 맥락에서 충분히 재해석하실 수 있을 겁니다. 슈퍼컴퓨터와 개별 컴퓨터들, 또는 슈퍼컴퓨터와 그 제작자 그리고 개별 컴퓨터들의 관계로 바꾸어 생각하시면 되겠죠.

지금까지 주로 신과 피조물들(슈퍼컴퓨터와 컴퓨터들)에 대해 이야기했는데, 이제 피조물들 사이에서의 관계에 대해 이야기해 봅시다.

피조물은 그것이 [상대적으로] 완전한 한에서 바깥에 작용을 가한다agir고 할 수 있고, 불완전한 한에서 타자에 의해 작용을 받는다pâtir고 할 수 있다. 그래서 우리는 모나드가 분명한 지각들을 가지는 한

그에 능동성Action을 귀속시키고, 모호한 지각들을 가지는 한 수동성 Passion을 귀속시킨다.(49)

우리가 사물들을 정적인 관점에서 보기보다는 동적인 관점에서 볼 때, 사물들은 항상 서로 힘을 가하고 또 받고 있습니다. 플라톤의 『소피스트』에서 개념적 토대를 발견할 수 있죠. 힘을 가하는 것을 '능동적'이라 하고, 힘을 받는 것을 '수동적'이라 하죠. 그런데 능동적인 것과 수동적인 것이 라이프니츠에게서는 어떤 개념을 매개로 규정되고 있습니까? 바로 '완전성'이라는 개념을 매개로 규정되어 있습니다. 두 모나드가 서로 작용을 주고받을 때, 보다 완전도degree of perfection가 높은 것이 낮은 것에 작용을 가하고 낮은 것은 작용을 받습니다. 이것은 라이프니츠에게서 완전도가 모나드의 욕동작용-appétition에, 즉 활동성에 대응한다는 사실을 상기하면 어렵지 않게 이해할 수 있습니다. 그런데 완전성은 또 무엇과 관련될까요? 바로 지각작용과 관련됩니다. 라이프니츠에게서는 지각 자체가 모나드들의 함께-펼쳐짐을 뜻하니까 당연한 이야기겠죠. 그래서 여기에서 라이프니츠가 능동/수동을 지각작용과 연결시키는 겁니다. 완전도란 지각의 분명함 정도와 관련됩니다.

이것은 일상사를 생각해 보면 쉽게 알 수 있습니다. 타자에게 힘을 가하는 모나드는 상황에 대해 명료한 지각을 가집니다. 그러나 작용을 받는 쪽은 상황을 제대로 파악하지 못하죠. 라이프니츠의 이런 생각은 "정보는 힘이다"라는 현대인들의 표어와 일치합니다. 정보란 결국 지각의 양이고, 보다 많은 정보를 가진 사람이 타인에 대해 능동적 입장에 설 수 있는 겁니다. 그래서 삶이란 바로 정보를 둘러싼 전쟁이기도 합니다. 전쟁터에서 상대방 적군을 먼저 지각한 사람이 그를 죽이고 살아남을 수 있죠. '인식'이란 본래 생존의 문제입니다. 정보가, 즉 모나드가 얼마나 타자를 분명하게 지각하느냐가 사느냐 죽느냐의 문제인 것이죠. 이것은 윤리적으로 매우 중요한 문제라고도 할 수 있습니다. 민주주의 사회가 정보의 공개를 중요한 한 원칙으로 하고 있는 것도 이 문제와 연관되죠. 지배자들이 피지배자들을 통제하는 강력한 무기들 중 하나가 바로 정보입니다. 군정 시절의 안기부가 바로 전형적인 예가 되겠죠. 라이프니츠는 이런 맥락에서 이야기한 것이 아니지만, 사실 그의 통찰은 이런 살벌한 진실을 함축하고 있는 것입니다.[7]

§11. 가능세계와 가상세계

라이프니츠에게 있어 현실세계는 유일한 세계가 아닙니다. 무수한 가능세계들이 있는 것이고 그 중 하나가 이 현실세계가 된 것이죠. 그렇

---

7) 다음 절이 이 내용을 보충하고 있다. "그러나 단순 실체들에 있어 한 모나드가 다른 한 모나드에 가하는 영향은 어디까지나 비-물질적(idéale)이다. 그리고 영향은, 신의 관념들에 있어 각 모나드는 신이 시초부터 다른 모나드들을 조절함으로써 자신을 고려해야 한다고 정당하게 주장하는 한, 신의 매개를 통해서만 성립한다. 왜냐하면, 한 창조된 모나드는 다른 모나드의 내부에 물리적 영향을 미칠 수 없으므로, 한 모나드가 다른 모나드에 의존할 수 있는 것은 이 방법밖에 없기 때문이다."(51) 모든 개개의 컴퓨터들이 서로 직접 연결되어 있는 것이 아니라 중앙의 슈퍼컴퓨터를 매개해서만 연결되는 상황을 상상하면 좋을 것이다. 전 세계의 모든 아이폰, 아이패드 등등이 원칙적으로는 모두 애플사를 매개해서 연결된다는 점을 생각해 보자.

다면 가능세계들은 도대체 어디에 존재하는 것일까요? 신의 오성 속에 존재합니다. 우리의 맥락에서 말한다면, 슈퍼컴퓨터 안에는 무한히 많은 프로그램들이 들어 있지만, 그 중 단 하나만이 현실화된 것이라고 하겠습니다.

이렇게 현실화되지는 않았지만 신의 오성 속에 들어 있는 무수한 프로그램들은 '가능한'possible이라는 양상을 띱니다. 각각의 프로그램들은 '가능세계'들인 것이죠. 이에 비해 우리가 사는 이 세계는 '현실세계'actual world입니다. 조심할 것은 우리가 흔히 쓰는 '현실적'이라는 말과 라이프니츠에서의 '현실적'은 매우 다르다는 사실입니다. 예컨대 퇴계 이황은 우리에게는 현실적인 존재가 아닙니다. 그렇다고 라이프니츠적 의미에서의 가능한 존재도 아니죠. 어디까지나 이 세계에서 태어나 살다가 돌아가신 분이니까요. 라이프니츠에게서 'actual'이라는 말은 우리가 평소 말하는 '세계' 전체에 해당하는 양상입니다. 하지만 우리에게 'actual'이라는 양상은 세계 전체에서 우리에게 현실적으로 다가오는 것들에 해당하는 양상이죠. 그래서 용어의 사용이 매우 혼동스럽습니다.

이런 맥락에서 'virtual'이라는 양상을 도입할 필요가 있습니다. 이 'virtual'도 라이프니츠적 용법에서는 'actual'이지만('possible'이 아니라는 것이죠), 우리의 용법에서는 'actual'이 아닌 영역을 가리킨다고 할 수 있습니다. 그런데 이 말도 좀 혼란스러운 말입니다. 요사이에 'virtual'이라는 말은 'virtual reality'라는 말로 주로 회자되면서 '가상세계'를 가리키는 말로 사용되고 있습니다. 하지만 들뢰즈 등의 철학자들에게 'virtual reality'는 가상의 세계 즉 상상의/가짜의 세계가 아니라 현실적이지는 않지만 어디까지나 실재인not actual but real 존재들의 차원을 가리키기 위해 사용되고 있습니다. 철학에서는 오히려 후자의 의미가 일반적이죠. 더더욱 헷갈리는 것은 일상 언어에서는 대개 '가능한'과 '잠재적인'을 그다지 구분하지 않는다는 사실입니다. 또 더 나아가, '현실적인'이라는 양상도 말하는 맥락에 따라 그 외연이 크게 달라진다는 사실이죠. 예컨대 이론적인 맥락에서는 지금 지구에 존재하는, 아니 우주 전체의 그 어딘가에 존재하는 존재들은 모두 현실적인 존재들이지만, 실질적 삶에서는 지구 바깥의 존재들은 말할 것도 없고 우리가 단 한 번이라도 만날 개연성이 별로 없는 존재들도 우리에게는 그다지 "현실적인" 존재들이 아닙니다. 또 얼마 전에 죽은 부모라든가 얼마 후에 태어날 아기는 우리에게 현실적인 존재들로서 다가오죠. 이렇게 양상을 표현하는 말들은 똑 부러지게 한정해서 말하기가 쉽지가 않습니다.

그래서 '현실적인'과 '잠재적인'과 '가능한'을 지금의 우리 맥락에서 분명히 구분해 놓을 필요가 있습니다. 비록 그 경계가 모두 불투명하지만, 현실적인 것은 우리에게 실제 나타나 있는 것이며, 잠재적인 것은 나타나 있지 않지만 '실재'라 말할 수 있는 모든 것이며, '가능적인' 것이란 상상할 수 있는 모든 것이다. 이렇게 구분합시다. 그런데 라이프니츠의 경우는 현실적인 것과 잠재적인 것은 구분되지 않습니다. 모두 '현실세계'에 속하죠. 즉, 가능세계들 중 물질에 구현된 세계가 곧 현실세계이고 나머지는 모두 가능세계입니다. 그러니까 라이프니츠의 가능세계는 '가상현실'이라는 의미에서의 'virtual reality'에 가깝다고 하겠습니다(우리의 맥락에서는 '가상세계'라는 말이 더 적절한 번역입니다). 슈퍼컴퓨터가 만들어낼 수 있는 무수한 가상세계들이 바로 가능세계들이죠.

라이프니츠는 그의 가능세계 개념을 우선 다음과 같이 정식화합니다.

신의 관념들 안에는 가능한 무한한 세계들이 존재하며 그것들 중 하나만이 실존할 수 있으므로, 신이 그 하나만을 특별히 선택해야 했던 충분한 이유가 존재함에 틀림없다.(53)

스피노자와 라이프니츠의 차이점은 스피노자가 세계를 내재적인 필연성의 관점에서 보는 데 비해 라이프니츠는 초월적인 선택의 관점에서 본다는 점입니다. 스피노자에게서 세계는 자체 내의 필연에 따라 운동하는 존재이지만, 라이프니츠에게서는 어디까지나 디자인된 존재입니다. 신이 오성 속에서 수많은 세계들을 디자인했고, 그 중 하나가 지금 이 세계로 구현된/현실화된 것이죠. 그렇다면 현실화되지 않은 다른 세계들도 있겠죠? 그런 세계들을 '가능세계들'이라 합니다. 스피노자의 사유는 세계=신을 자기원인으로 봄으로써 세계를 '디자인'과 '디자이너'의 관점에서 보는 플라톤적-기독교적 관점을 탈피합니다. 그러나 라이프니츠는 디자인의 관점을 고수함으로써 중세에 보다 밀접히 연관됩니다.

오늘날 이런 질료-형상설, 제작적 세계관은 존재론에서보다는 인간의 제작에 관한 논의에서 보다 적절히 입증됩니다(2부, 3강에서 논한 복잡계 이론의 세계상은 바로 디자이너 없이 어떻게 자연적 디자인들이 가능케 되는가를 설명하려는 이론이라고도 할 수 있습니다). 그래서 우리는 세계에 대한 존재론에서는 스피노자의 내재적 관점을 취할 필요가 있지만 인간의 기술문명에 대해서는 디자인의 관점을 취할 필요가 있습니다. 결국 디자인의 세계관은 (다른 곳에서도 여러 번 강조한 바 있지만) 장인문화의 소산이며 의인적인 것입니다. 이번 강의(3부)에서 라이프니츠의 존재론이 오히려 현대 기술문명의 해명에 매우 유익한 것으로 드러나고 있는 것은 우연이 아닌 것이죠.

그러면 신은 어떤 방식으로 세계를 만드는가? 세계는 모나드들의 집합입니다. 모나드라고 하는 것은 완전개념으로 되어 있고, 완전개념이란 빈위들의 계열체입니다. 결국 신이 세계를 만드는 것은 무수한 계열체들을 어떻게 전체적으로 계열화하는가에 입각해 이루어집니다. 신은 계열학자인 것이죠. 이것을 우리 식으로 말하면, 세계란 빈위들의 무수한 갈래들로 이루어지는 것이고 신은 이 갈래들을 조직한다고 할 수 있습니다. 또, 세계란 프로그램들의 무수한 갈래들로 이루어져 있고 슈퍼컴퓨터는 이 갈래들을 조작한다고 할 수 있습니다. 예컨대 반금련의 갈래가 쭉 현실화되다가 어느 특이점에서는 무대와 만나게 되고, 또 어느 특이점에서는 서문경을 만나게 되고, 또 어느 특이점에서는 무송을 만나게 되는 것입니다. 불교 식으로 말해서, 세계란 이렇게 무한한 인연의 실타래로 엮여 있습니다. 이런 관계들은 우발적인 것이지만, 라이프니츠에서 우발이란 순수 우발이 아니라 신에 의한 선택입니다. 때문에 모두 '이유'가 있는 것이죠. 프로그램들을 분석해 보면 프로그램들-전체의 구조 속에서 필연적으로 그렇게 펼쳐지는 것입니다.

관우가 화용도에서 조조를 만난 상황을 생각해 봅시다(물론 이것은 픽션이지만, 가정하고 이야기합시다). 관우가 화용도에서 조조를 놓아준 세계, 이것이 지금의 우리 세계(this world = W_1)죠. 그런데 원래 신의 오성 속에서는 관우가 화용도에서 조조를 놓아주지 않고 사로잡은 세계(W_2)도 설계되었던 겁니다. 그리고 W_3(관우가 조조를 그 자리에서 죽인 세계)을 비롯한 무한한 세계들이 존재합니다. 하나의 세계 내에서는 모순된 두 항들 중 하나는 불가능합니다. 그러나 가능세계들은 모순에 의해 지배되지 않습니다. 조조가 화용도에서 죽는 세계와 죽지 않는 세계는 모두 가능합니다. 그런데 중요한 것은 두 세계가 동시에 가능하지는 않다는 것이죠. 그래서 라이프니츠의 가능세계론에서는 가능-불가능의 쌍이 아니라 함께-가능함compossibilité과 함께-가능하지는-않음incompossibilité의 쌍이 중요합니다. 라이프니츠의 사유에서 매우 중요한 대목이죠. 라이프니츠의 사유는 '모순'의 사유가 아니라 '불공가능성'의 사유인 것입니다.

한 모나드의 매 순간의 빈위들이 어떻게 결정되느냐에 따라 다른 세계들이 디자인됩니다. 관우의 빈위들이 쭉 가다가 유비, 장비, 조자룡을 만나고, 그후 제갈량을 만나면서 우리가 아는 그 세계가 형성되어 간 것이죠. 하지만 이와 다른 방식의 만남들도 가능합니다. 관우가 유비가 아닌 원소를 만난 세계, 제갈량이 아닌 노숙을 만난 세계,…… 등 무수한 세계들이 가능한 것이죠. 이런 세계들이 모두 '가능한' 것입니다.[8] 무한한 가능세계들이 존재합니다. 하지만 모든 계열들이 '동시에' 가능한 것은 아니라고 했습니다. 관우가 화용도에서 조조를 놓아준 사건 이후의 계열과 놓아주지 않고 사로잡은 이후의 계열이 둘 다가능하지만, 둘이 동시에 가능하지는 않은 것이죠. 그런데 이후의 세계는 바로 이 하나의 사건에 의존합니다. 조조가 나중에 자기 아들 조비를 황제로 만들죠(물론 조식과의 권력 다툼 등 복잡한 과정을 거칩니다). 그래서 '조비가 황제가 되다'라는 사건은 만약 관우가 조조를 놔주지 않고 사로잡았더라면 가능하지 않았을 겁니다. 다른 모든 일들이 그렇죠. 이렇게 중요한 모든 사건은 매번 다른 세계들을 함축합니다. 사실 모든 사건들이 다 그렇죠. 다른 세계들의 '다름'을 보다 극적으로 만들어 주는 사건이 바로 '중요한 사건'이라 하겠습니다.

빈위들의 교차점이 되는 이런 지점을 우리는 '갈림길'이라고 할 수 있어요(사실 모든 빈위들은 다 교차점이죠. 그 중 특히 중요한 교차점이 갈림길입니다). 여러 갈래들이 교차하는 지점이죠. 그리고 이렇게 갈라지는 것을 '분기'分岐라 할 수 있습니다(2부, 2강에서 논한 르네 톰의 'bifurcation' 개념에 해당합니다). 결국 매번 갈림길에 도달할 때마다 신은 어느 곳으로 갈래를 잡을까 하고 선택을 하는 것이죠. 그렇게 이루어진 무한한 선택의 결과가 이 세계입니다. 논리적인 필연이 지배하는 세계는 갈림길이 없는 세계입니다. 그러나 우발적 진리가 존재하는 세계는 항상 갈림길들로 이루어져 있죠. 인간은 그 갈림길에서 망설이고, 또 하나의 길을 선택한 후에 후회하곤 하죠. 그러나 신의 관

---

8) 이때의 "가능한"은 일상어에서의 '가능한'과 다르다는 점에 주의해야 한다. 일상어에서 '가능하다'(possible)는 것은 '잠재적이다'(virtual)와 거의 같은 말이다. "그건 가능해"라는 것은 "그건 아마 그렇게 될 거야"라는 말이다. 그리고 라이프니츠가 지금 '가능하다'고 하는 것은 일상어로는 오히려 '불가능하다'고 해야 한다. 라이프니츠에게 가능하다는 것은 곧 신에게 가능하다는 것이다.

점에서 보면 망설임도 후회도 없습니다. 완벽한 계산이 있을 뿐이죠.

신의 선택이라는 관점을 내재적 관점으로 변환시킬 경우, 우리는 예전에 논했던(『사건의 철학』) 문제와 해, 객관적 선험, 특이성, 잠재성 등의 개념들을 다시 만나게 됩니다. 갈림길이란 결국 특이성들이 문제pro-blêma의 구조로서 분포되어 있는 지점이며, 그것은 우리가 그 안에서 살아갈 수밖에 없는 어떤 논리적 구조 즉 객관적 선험인 것입니다.[9] 그리고 이 선험의 양상은 잠재성입니다. 그러니까 가능세계들은 현세계와 다른 곳에 별도로 존재하고 있는 것이 아닌 것이죠('가능한'이라는 개념의 의미는 일상 언어와 가깝게 바뀝니다). 가능세계들은 현세계와는 다른 층위에 존재합니다. '세계'는 현세계와 가능세계들의 총체입니다. 잠재성이란 세계 자체의 숨겨진 측면이라는 이야기죠. 더구나 각종 부분적/미시적 맥락들을 염두에 둘 경우, 현세계와 가능세계들의 경계는 무수히 복수적이며 가변적입니다. 철수와 영희가 철학아카데미에서 수업을 듣고, 한 사람은 종로에 가 지하철을 타고 다른 한 사람은 화랑에 들른다 할 경우 두 사람은 각각 서로 다른 가능세계들을 등 뒤에 남기고 간 것입니다. 우리의 행위 매 순간 가능세계들은 작동하고 있는 것이죠. 우리는 현실만을 살고 있는 것이 아니라 늘 현실과 가능이 갈라지는 접면들을 살고 있는 것입니다. 가능성들은 우리

---

9) 주의할 것은 「가로지르기」(『객관적 선험철학 시론』, 저작집 1권, 그린비, 2011, 2부)에서 논했던 객관적 선험과 여기에서의 객관적 선험은 그 층위가 다르다는 사실이다. 전자는 감성적 언표들의 장으로서 규정되었으며, 후자는 세계의 심층적=잠재적 구조로서 규정되었다. 앞으로 '객관적 선험'이라는 말은 주로 후자의 의미로 사용할 것이며, 감성적 언표의 장 개념은 이미지론으로서 발전시켜 나갈 것이다.

의 행위 매 순간 우리 등 뒤를 스쳐 지나가고 있습니다. 그러나 한 사람이 스쳐 보내는 그 가능을 또 다른 누군가는 현실로서 살고 있는 것입니다.

결국 라이프니츠의 가능은 '논리적 가능'logical possibility이지만, 이런 식의 가능은 '실재적 가능'real possibility = '잠재성'virtuality이라고 할 수 있겠습니다. 어쨌든 라이프니츠의 가능세계는 신에 의한 빈위들의 계열화들을 통해서 이루어지며, 각각의 모나드는 하나의 계열인 것입니다. 정보의 선형적 조직체이죠. 예를 들어 제갈량은 그를 이루고 있는 무수한 빈위들로 구성됩니다. 그 모든 빈위들이 신의 선택에 의한 것이죠. 그런데 그러한 선택이 현세계를 이룬 선택과 거의 같긴 하지만 약간은 다를 경우는 어떻게 될까요? 그러니까 우리가 알고 있는 그 제갈량의 빈위들이 거의 맞는데, 다만 한 가지 제갈량이 제갈건이 아닌 다른 모자를 쓰고 있는 경우는 어떨까요? 또 다 같은데 수염이 짧은 관우, 다 같은데 청룡언월도를 휘두르는 장비, 다 같은데 방천화극을 사용하는 주유 등등. 이런 경우를 가리켜 "모호한vague 제갈량"이라고 부릅니다. 정보의 계열에서 미세한 것들이 다른 제갈량이죠. 어떤 빈위까지 달라지면 그때부터 더 이상 제갈량이 아니라고 할 수 있을까요? 무한한 빈위들 중 어디까지가 제갈량의 본질적인 빈위들일까요? 이런 맥락에서 모호한 제갈량이라는 개념이 나옵니다.

이런 '모호한 x'의 개념이 나오는 것은 세계가 근본적으로 연속적이기 때문입니다. 유비를 만나지 않은 제갈량, 적벽대전에서 대패한 제갈량, "旣生亮 何生瑜!"를 외치면서 죽은 제갈량, 이런 제갈량은 결코 제갈량이 아닙니다. 그렇지만 마속 대신에 위연을 애지중지한 제갈량, 장비와 갈등을 겪은 제갈량, 백제성이 아닌 성도에서 탁고託孤를 맡은 제갈량은 어떨까요? 참 애매하죠? 또 더 미세하게는 맹획을 육종육금한 제갈량, 미인 아내를 둔 제갈량, 마차 대신 말을 타고 다닌 제갈량은 또 어떨까요? 이런 사소한 내용들이 달라진다고 제갈량이 더 이상 제갈량이 아니게 될까요? 어려운 문제입니다. 그러니까 신이 하나의 모나드를 창조하는 과정은 마치 실수의 연속성을 하나하나 메워 가는 것과도 같습니다. 처음에 자연수(핵심적인 사건들)를, 다음에는 정수(중요한 사건들), 유리수(다채로운 사건들), 마지막에는 무리수까지(사소한 사건들) 메워 나가는 것이죠. 애매한 제갈량 같은 개념은 이런 맥락에서 제기되는 것입니다.

한 모나드를 구성하는 정보들, 그의 프로그램에서 얼마만큼이 바뀌면 그 모나드가 아닌가? 이런 문제입니다. 디지털 그래픽에서 어떤 얼굴을 연속적으로 변형해서 다른 얼굴을 만드는 것을 본 적이 있죠? 예컨대 관우의 얼굴에서 출발해 연속적인 변형을 거치면서 마지막에는 장비의 얼굴이 되어버리는 겁니다. 과거의 영화에서는 "펑!" 소리가 나면서 연기가 나죠. 그러면서 그 전의 관우가 장비로 바뀌어 있습니다. 그런데 오늘날의 영화에서는 디지털 변형을 통해 연속적으로 변해 가는 과정을 보여 줍니다. 이는 곧 아리스토텔레스로부터 라이프니츠로의 존재론적 전환을 깔고 있다고 볼 수 있습니다. 연속적 변형continual metamorphosis이라는 디지털적 개념이 라이프니츠의 미분적 사유를 기술적으로 구현하고 있는 것이죠.

라이프니츠에게 가능세계는 신이 구성한 세계들입니다. 이것을 우리 맥락으로 보면 무엇이 될까요? 바로 우리가 구성해내는 상상적인 세계들imaginary worlds입니다. 그러니까 가능세계들이란 우리 자신이 이렇게 저렇게 상상해 보는 세계들인 것이죠. 그런데 상상적인 세계들에도 개연성이 높은 것들이 있고 그저 상상일 뿐인 것들이 있습니다. 개연성이 높은 것들이 곧 잠재성의 세계이죠. 한 아이를 보면서 그 아이가 어른이 될 것이라고 상상하는 것은 그저 단순한 상상이 아니라 잠재성에 대한 일종의 예측이죠. 과학적 사유에서도 상상력이 중요하다고 할 때에는 이런 의미에서입니다. 개연성이 떨어지는 것들은 상상적 세계들인데, 현대의 하이테크 기술 특히 컴퓨터를 이용해서 이 상상적 세계들을 마치 현실세계처럼 "체험"할 수 있게 한 것이 바로 '가상세계'virtual world입니다. 용어가 아주 혼란스럽죠. 이때의 "virtual"은 '잠재적'이 아니라 '가상적'이니까요. 그러니까 '잠재적'의 의미에서의 "virtual"이 일상어에서의 "possible"에 가깝다면, 이때의 "virtual"은 라이프니츠적 의미에서의(그러나 물론 신학적 맥락을 벗어버린) "possible"에 가깝습니다. 우리 인간이 구성해 보는 하나하나의 가능세계들이 바로 가상세계들인 것이죠. 가상세계를 짜는 놀이가 유행하는 것도 신이 되고 싶은, 자신이 스스로 '세계'를 설계해 보고 싶은 인간의 욕망 때문인 것입니다. 그리고 경우에 따라서는 그렇게 구성된 가상세계가 기술의 힘으로 현실화될 수도 있겠죠. 현대 기술에서의 '시뮬레이션'이 가지는 의미라고 할 수 있습니다.

§12. 공가능성

이제 신이 빈위들을 계열화해 세계를 만든 방식이 어떤 것인가 좀더 자세히 생각해 봅시다. 특히 '적합성'convenance이라는 개념이 중요합니다.『모나드론』, 54절에는 다음 구절이 있습니다.

> 그리고 이 이유[신이 가능세계들 중 특정한 하나를 현실화한 이유]는 적합성, 즉 이 세계들이 포함하는 완전도들degrés de perfection에 있을 수밖에 없다. 각각의 가능한 존재들은 각각이 내포하는 완전성에 따라 실존을 요청할 권리를 가지기 때문이다.

신은 최선의 세계를 창조했다고 했습니다. 그런데 라이프니츠는 최선의 세계를 창조하는 메커니즘을 바로 적합성에서 찾고 있습니다. '적합성'이라고 번역한 "convenance"는 동사 "convenir"에서 온 것이고, "convenir"는 함께con 오다venir를 뜻합니다. 지금 맥락에서 이 말 자체를 잘 볼 필요가 있습니다. 아까 우리가 갈래, 갈림길 등을 이야기했는데, 하나의 '세계'를 구성한다는 것은 결국 이 갈래들을 조직하는 것이고 그때 중요한 것은 갈림길들을 어떻게 조직하느냐입니다. 마치 지하철을 건설할 때 갈아타는 곳들을 어떻게 분포시키느냐가 중요한 것과도 같습니다. 나머지는 수월하죠. 가장 핵심적인 사건들은 모두 교차로이자 갈림길을 형성하기 때문입니다. 반금련이 무대에게 시집을 갈 것인가, 왕파의 꼬임에 응할 것인가, 서문경의 유혹에 넘어갈 것인가, 무대의 독살에 참여할 것인가 등등은 모두 갈림길입니다. 그 갈림길들에서 어떤 갈래로 가는가, 어떤 문을 여는가, 어떤 지도리가 돌아가는가, 이것이 특정한 '세계'의 구성에 핵심적입니다. 신이 세계를 조직할 때 가장 핵심적인 것이 이 갈림길들을 배치하는 일이죠.

그런데 갈림길들이란 바로 여러 갈래들이 "convenir"하는 곳이죠. 또, 동시에 "bifurquer"하는 길이기도 합니다. 길들이 모이고 또 갈라지는 이 지점들이 중요한 것이죠.

그런데 이 갈림길에서 어떤 논리적 구조가 작동합니까? 바로 앞에서 말했던 공가능성이죠. 그러니까 여러분들하고 내가 철학아카데미에서 만나지 않는 세계도 있었던 것입니다. 그런데 신이 판단하기에 여러분들과 내가 공가능한 것이 좋겠다고 판단했기 때문에 지금 이렇게 우리가 같이 있는 것이죠. 그러면 이 공가능성을 정하는 기준은 무엇일까요? 바로 각 세계들이 결과적으로 내포하게 되는 완전도들에 있다는 겁니다. 그런데 완전도란 무엇이라 했습니까? 바로 '적극적 실재의 크기'라고 했죠(§10). 존재의 양, 실재성의 정도, 또 '접힘과 펼쳐짐'의 구도에 따른다면 분화의 정도, 특이성들의 양, 잠재력의 양, 복잡성의 정도 등으로 말할 수 있습니다. 그러니까 신은 "convenir"의 체계를 설계하면서 실재의 양을 가장 크게 만든다는 것이죠. 즉, 세계를 가능한 한 복수적인multiple 것으로 만든다는 것입니다. 그래서 "multiplicité", "complexité"가 중요하고, 여기에서 "pli"라는 것을 유심히 볼 필요가 있다고 했습니다. 그러니까 신이 갈림길에서 매 순간 여러 세계의 선택지를 놓고 계산할 때, 일차적인 고려의 대상은 복수성입니다. 연속성의 원리를 이런 측면에서도 음미할 수 있습니다. 실수의 연속성에 대해 이야기했습니다만, 연속성은 무한을 함축하고 따라서 가장 큰 복수성을 함축하기 때문이죠.

그런데 무조건 복수성만 추구할 수는 없습니다. 왜 그럴까요? 복수성만을 추구할 경우 최선의 세계가 갖추어야 할 또 하나의 조건 즉 간명함simplicité이 침해되기 때문입니다. 이 세상에 꽃이 많을수록 좋습니다. 세상에 꽃이 개나리 하나만 있다고 상상해 보세요. 또, 세상에 과일이라곤 오로지 사과 하나만 있다고 상상해 보세요. 참 쓸쓸하겠죠. 하지만 복수성만이 능사는 아닙니다. 꽃이 다양할수록 좋겠지만, 이 세상을 꽃이 온통 덮어버린다고 생각해 보세요. 그러면 다른 식물들, 동물들은 살 수가 없겠죠. 또, 같은 부류를 놓고서 양을 기준으로 생각해도 마찬가지입니다. 코끼리, 하마, 원숭이 등등 동물들이 다양할수록 좋겠지만, 그 중 하나가, 예컨대 코끼리가 무조건 많아진다고 생각해 보세요. 아주 골치 아프겠죠. 덮어놓고 존재들을 증식시킬 경우 오히려 파괴를 가져옵니다. 생태계의 순환을 상기하면 쉽게 이해할 수 있을 것 같습니다. 그래서 신은 서로 대립하는 두 원리인 복수성과 간명성을 절묘하게 조합해야 하는 것입니다. 이것을 "optimalisation" 즉 '최적화'라고 합니다. 오늘날에는 경제학 등에서 사용되는 기법으로 알려져 있습니다만, 이 말은 사실 라이프니츠의 세계관을 표현하기 위해 도입된 용어입니다. 복수성 속의 간명성 simplicity in multiplicity, 이것이 신이 행하는 최적화의 원리입니다. 그러니까 신은 어디까지나 계산할 뿐입니다.[10]

모나드들은 프로그램들입니다. 프로그램들이 많을수록 그것들

---

10) 이것은 악의 문제와 관련해서 중요한 시사를 던진다. 신이라 해서 모든 것을 자의적으로 할 수 있는 것은 아니며, 사물들의 근본 법칙에 따라 세계를 설계해야 한다. 마치 건축가가 물리 법칙을 어기면서 설계를 할 수 없는 것과도 같다. 때문에 라이프니츠에게 악이란 어느 정도 필연적이다. 신은 악을 최소화할 수는 있지만 없앨 수는 없다. 볼테르의 비판이 피상적인 것은 이 때문이다.

로 구성되는 세계는 그만큼 다채롭고, 더 높은 완전도를 가지겠죠. 하지만 프로그램들이 모두 공존할 수 있는 것은 아닙니다. 프로그램들 중 어떤 것들은 논리적 일관성을 이루지만, 다른 것들은 그렇지 못하죠. 오늘날의 컴퓨터 존재론('온톨로지')은 이 문제를 중시해서 다룹니다. 슈퍼컴퓨터는 또는 그 제작자는 모든 프로그램들을 면밀히 검사해서 공가능한 것들을 계열화함으로써 세계를 구성하는 것입니다. 지금 우리가 사는 세계는 그런 구성에 있어 최적화를 이룬 세계인 것이죠. 라이프니츠는 이런 최적화 과정이 "최선의 세계의 실존을 가능케 한 원인"이라고 말하고 있습니다.

그런데 이상의 논리에 따라 만들어진 세계에서 그러면 각각의 모나드들은 어떤 관계를 맺을까요? 이제 슈퍼컴퓨터와 개별 프로그램들 사이의 관계가 아니라 프로그램들 사이에서의 관계에 대해 생각해 볼 때입니다.

이제 모든 창조된 사물들 각각에게서, 나아가 모든 사물들 사이에서 성립하는 이 연결liaison 또는 대응accommodement이 각각의 단순 실체들이 다른 모든 것들을 표현하는 관계들을 가지도록, 그리고 결과적으로 우주의 항구적인 살아 있는 거울이 되도록 만든다.(56)

젊은 남자가 여자의 마음을 끌려 할 때 흔히 쓰는 말이 있죠. "옷깃만 스쳐도 인연인데,……" 그런데 라이프니츠의 세계에서는 옷깃을 스치지 않았어도 인연입니다. 상식적으로 우리가 만날 수도 있고 만나지 않을 수도 있었습니다. 여러 가지 가능성이 있었는데, 우연히 만났다고 생각되죠. 그런데 라이프니츠의 생각은 다릅니다. 지금 이 세계에 있는 것들은 다 필연적으로 인연을 맺은 것입니다. 왜 그럴까요? 라이프니츠에게 지금 이 세계는 그 자체가 신이 숙고해서 만든 것입니다. 신이 가능한 한 가장 완전한 존재가 되도록 숙고해서 만든 존재이고, 그 숙고의 기본 원리들 중 핵심적인 것이 바로 공가능성이죠. 지금 이 세계에 존재하는 모든 것들은 다 함께 가능하기 때문에 지금 이렇게 존재하는 것입니다.

상식적인 관점에서 볼 때 이 세계에는 'convenir'하는 것도 있고 그렇지 않은 것도 있죠. 그렇지만 라이프니츠에서는 공가능하지 않은 것들, 상호 적합하지 않은 것들은 이 세계에 애당초 들어 있지도 않은 것이죠. 이 세계 내의 모든 것들은 다 공가능하고 적합합니다. 공가능하지 않음, 적합하지 않음은 이 세계의 여러 사물들 사이에서가 아니라 바로 이 세계와 다른 세계들, 즉 가능세계들 사이에서 성립하는 것입니다. 이 점을 잘 음미해 보세요. 우리에게는 이 세계 자체가 불연속적이고 거기에 적합과 부적합이 있지만, 라이프니츠의 경우 불연속과 불공가능성은 세계들 사이에 있을 뿐 이 세계 자체는 완전히 공가능하고 적합한 것입니다. 그래서 라이프니츠에게 이 세계(또 각각의 세계)는 기본적으로 조화로운 것이고(더 정확히 말해 조화롭기 때문에 각각이 하나의 세계가 되는 것입니다), 이것이 라이프니츠적 낙천주의의 보다 심오한 측면입니다. 그리고 이런 생각이 몸과 마음의 관계 문제에 적용될 때 몸과 마음의 '예정 조화'라는 생각이 자연스럽게 따라 나오는 것이죠(그러니까 예정조화설은 라이프니츠의 사유에서 파생적인 위상을 띨 뿐입니다. 한 철학자의 유명한 개념은 종종 그 사유의 핵심은 아닌 경우가 많습니다).

그러므로 우리를 구성하고 있는 빈위들 중 딱 하나만 주어져도 다른 모든 빈위들이 연역 가능해야 합니다. 왜 그럴까요? 예를 들어 A 라는 학생에게 "철학아카데미에서 강의를 듣다"라는 빈위가 있어 지금 현실화되고 있습니다. 그렇다면 이 빈위 하나와 공가능한 모든 빈위들이 자동적으로 따라 나와야 합니다. 하나의 빈위가 무수한 다른 빈위들을 함축하는 것이죠. 나아가 A의 빈위들 전체가 주어지지 않으면 지금 이 빈위도 없겠죠. 그런데 그 무한한 빈위들 각각에 다시 다른 무수한 모나드들의 빈위들이 적합해야 합니다. 제갈량을 구성하는 한 빈위와 적합한 무한한 빈위가 제갈량 자체 내에 그리고 다른 모든 모나드들 내에 정해져 있어야 합니다. 그래야만 이 세계가 공가능한 세계가 되는 것이죠. 그러니까 이 세계의 모든 것은 서로가 서로를 표현하고 있는s'entr'exprimer 것입니다. 그러니까 서로 거울처럼 비추고 있는 것이죠. 앞에서 모나드에 "창이 없다"는 말을 피상적으로 이해하지 말라고 했던 것이 기억날 겁니다.

9강_ 폴딩/언폴딩

§13. 울림

우주의 모든 존재들 사이에서 성립하는 이런 상호 표현을 앞으로 울림이라고 합시다. 이 우주에 존재하는 모든 것은 서로 끊어져서 존재하는 것이 아니라 연속적으로 이어져 있다는 겁니다. 하나가 있으면 그 하나가 다른 것들을 쭉 몰고 와요. 이런 것을 소리로 비유하자면 울림인 것이죠. 소리라고 하는 것은 참 묘하죠. 우리가 너무나 익숙해 있고 너무나 당연하다고 생각하지만, 이렇게 여러분과 내가 공간적으로는 떨어져 있는데 서로가 서로의 소리를 이해하고 소통한다는 사실이 어찌 보면 참 신기한 일인 것이죠. 사건 하나하나를 소리 하나하나로 비유한다면, 우주 전체가 울리는 겁니다. 그런데 이 울림은 소리에서 특히 잘 느낄 수 있지만 소리를 넘어서 훨씬 고차적인 방식으로 성립합니다. 소리 자체는 아주 작은데, 물리적으로는 약한데, 누군가의 한마디 말이 '심금'心琴을 울릴 수 있습니다. 소리가 없는 경우인데도 그저 어떤 광경이 마음을 사로잡습니다. 우주의 모든 것들 사이에는 물리적 차원을 넘어서는 어떤 울림이 있습니다. 그것이 'convenir'라는 말의 진짜 의미죠.

만일 하나의 빈위가 우주의 다른 모든 빈위들을 함축한다면, 모든 개체 안에 논리적으로 이미 우주 전체가 들어가 있다는 것을 뜻합니다. 의상대사는 "一微塵中含十方 …… 一念卽是無量劫"이라고 했고, 또 블레이크는 "to see a World in a grain of sand …… and Eternity in an hour"라고 했습니다. 그런데 이런 생각을 물리적이고 시공간적인 외연을 가지고서 생각하면 곤란합니다. 논리적이고 존재론적으로 생각해야 하는 것이죠. 바로 '함축'이라는 논리적 관계를 통해서 생각해야 합니다. 그때에만 부분 속에 전체가 있다는 역설이 분명하게 이해됩니다. 바로 라이프니츠가 말하는 상호 표현이고, 우리식으로 말하면 우주——물리학적인 우주가 아니라 넓은 의미에서의 우주——의 울림인 것이죠. 울림은 이런 방식으로 이해해야 합니다. 우리의 맥락에서 말한다면 세계의 모든 것은 다 링크되어 있다고 할 수 있습니다. '링크'link라는 말 아시죠? 모든 프로그램들이 어떤 경로로든 다 링크되어 있는 상황인 것이죠.

그런데 여기에서 하나의 문제가 생깁니다. 만일 하나 안에 모든 것이 함축되어 있다면 결국 모든 것은 전체를 함축한다는 것이고, 그렇다면 모든 모나드는 결국 우주 전체라는 이야기가 됩니다. 그럴 경우 하나의 모나드는 다른 모나드들과 어떻게 구분될 수 있을까요? 모든 것이 서로를 비추고 있고 서로 링크되어 있다면, 하나의 개체는 어떻게 성립하는가? 라이프니츠는 모든 존재는 우주 전체를 함축하지만, 각각은 우주 전체의 일부분만을 명석하고 판명하게 지각한다고 합니다. 그 일부분이 해당 모나드의 '관점'입니다. 지금 우리에게 신촌 로터리나 이대 앞도 지각되고 있다는 겁니다. 다만 미세지각을 통해서 지각하고 있을 뿐이죠. 명석하고 판명한 지각은 이 교실로 그칩니다. 그렇지만 미세지각의 수준에서 우리는 지금 종로 전체를, 서울 전체를, 더 나아가 우주 전체를 지각하고 있다는 겁니다. 그래서 라이프니츠의 표현, 울림 개념과 미세지각 개념, 그리고 미세지각들의 일정 범위의 통합intégration[1]과 관점이 서로 밀접하게 연관되어 있음을 알수 있습니다. 소리로 비유하면 미세지각은 무한히 작은 웅성거림이고, 일정한 관점은 그 웅성거림이 일정 부분 통합되어 특정한 소리가 된 경우죠(현대 음악은 바로 이런 원리에 따라 구성되고 있습니다). 그러니까 라이프니츠에게서는 주체가 인식론적으로 세상을 특정하게 보기 때문에 그런 관점을 가지게 되는 것이 아니라, 그 주체가 존재론적으로 그런 관점을 가지고 있기 때문에(더 정확히 말해, 그런 관점으로 되어 있기 때문에) 세상을 그렇게 보는 것이죠. 이 점이 칸트와 크게 차이 나는 점입니다.

또 하나의 문제가 있습니다. 각 모나드가 세계 전체를 함축한다면 결국 무한한 세계들이 있다는 것인가요? 하지만 그렇지는 않습니다. 무한히 증폭되는 세계란 사실 하나의 세계가 각 모나드에게서 무한히 반복되는 것일 뿐이기 때문이죠.[2] 인터넷에서 하나의 창에서 다

---

1) 미세지각들이 지각의 무한소(dx)라 한다면 일정 부분에서의 통합은 그것들의 적분이라고 할 수 있다. 이 점에 관한 자세한 논의로 Deleuze, *Pli*(Minuit, 1988), 7장을 보라.

른 창으로 계속 링크해 갈 수 있고, 또 다른 창에서도 계속 링크해 갈 수 있습니다. 원칙적으로 하나의 창에서 슈퍼컴퓨터의 모든 창들로 갈 수 있죠. 그렇다고 창의 수만큼(사실상 무한하지만) 슈퍼컴퓨터가 존재하는 것은 아닙니다. 링크들은 결국 무한히 중첩되고 있기 때문이죠(실제 우리는, 대개 작은 범위에서이긴 하지만, 링크들을 한참 돌다 보면 원래 창으로 돌아오곤 하는 것을 경험합니다). 각각의 창에는 모든 링크들이 주름-접혀 있습니다('폴더'가 이런 의미죠). 그렇지만 결국 그 모든 링크들은 슈퍼컴퓨터에게서 반복되는 것입니다. 다만 하나의 폴더가 얼마만큼의 링크를 일차적으로 주름-접고 있는가에 따라 그 폴더의 '관점'이 형성되는 것이죠.

더 정확히 말해, 세계가 있어 모나드들에 반영되는 것이 아니라 모나드들의 총체가 바로 세계(정확히 말해 물질에 구현되기 이전의 세계)인 것이죠. 개별 컴퓨터들의 총체가 존재하지 않는 상황에서 우선 슈퍼컴퓨터가 존재한다고 하기 힘든 것과 같습니다. 결국 하나의 세계/슈퍼컴퓨터가 각 모나드/컴퓨터/프로그램에게서 반영되는 것이지 무한한 세계들/슈퍼컴퓨터들이 존재하는 것이 아닙니다(이 논의를 가능세계론과 착각하면 곤란합니다). 다시 말해, 관점들 바깥에 하나의 도시가 있고 그 도시에 대한 여러 관점들이 있는 것이 아니라 무수한 상보적인 관점들의 합이 바로 그 도시인 것이죠. 이 상황은 사영기

---

2) "여러 방향에서 주시되는 하나의 도시가 전혀 달리 보이고 관점에 따라 복수화되듯이, 무한한 단순 실체들이 존재함에 따라 그만큼의 상이한 우주들이 존재하게 된다. 그렇지만 이 우주들은 결국 각 모나드의 상이한 관점에 따른, 한 단일한 우주에 투사된 시점들일 뿐이다."(57)

하학과 관련이 있습니다. 여러분들, 어렸을 적에 할머니하고 손가락 가지고 놀던 생각이 나시죠? 손가락으로 모양을 만들어 벽에 나타나는 모습들을 보면서 놀곤 했죠. 그러니까 하나의 손이 관점에 따라 다른 모양이 됩니다. 이런 놀이가 기하학적으로 체계화된 것이 사영기하학이죠. 라이프니츠가 들고 있는 도시의 예는 이 그림자놀이와 통합니다.

또 바로 이런 방식으로 세계를 구성했기 때문에, 앞에서 말한 '최적화'도 가능합니다. 사물들을 복수화시키는 가장 좋은 방법이 뭘까요? 바로 무수한 거울이 있어 최초의 하나를 계속 반사시키는 겁니다. 우리 각자의 컴퓨터 화면에 나타나는 것은 슈퍼컴퓨터가 반사된 어떤 한 거울인 것입니다. "Window 95"라는 이름은 시사적이죠? 그런데 무조건 복수화하기만 하면 안 되고, 각 존재들이 상보적으로 질서를 형성해야 합니다. 그래야 '복수성 속의 간명성'이 실현되는 것이죠. 그때에 적극적 실재의 양이 최대에 달하게 되고, 따라서 완전한 세계가 되는 것입니다. 그리고 가장 완전한 세계가 가장 조화로운 세계입니다. 그러나 오늘날의 컴퓨터세계가 이런 조화를 달성하고 있다고 보기는 힘들겠죠. 라이프니츠는 낙천주의자였고 그래서 윤리에 대한 고민을 그다지 찾아볼 수 없지만, 우리가 사는 세계는 그렇게 낙천적 세계가 아니고[3] 그래서 윤리적 탐구들이 절실한 세계라고 할 수 있습니다. 앞으로 고민해 봐야 할 문제죠.

---

3) 이는 단지 사람들의 인성의 문제이기만 한 것은 아니다. 링크된(linked) 세계의 구조적 문제이기도 하다.

Q 이전에 말씀하신 "무질서는 곧 무한한 질서"라는 것[4]과 지금의 맥락을 연결시키면 어떻게 되나요?

A 라이프니츠의 구도에서는, 그럴 경우 신의 오성이 가장 무질서한 곳이 됩니다. 우리의 맥락에서, 신의 오성이라는 생각을 배제하면 세계의 근저는 무질서가 될 터이고 그 무질서란 무한한 빈위들이 얽혀 있는 차원이라는 이야기가 됩니다. 그 차원에서 일정한 빈위들이 계열화되어 나타날 때 질서 있는 어떤 '세계'가 나타납니다. 물론 이때의 '세계'란 현상적으로 질서 지어져 있는 세계죠. 그러니까 사물들의 근저는 무한한 질서의 소용돌이이고 그로부터 일정한 질서가 마름질되어 나온다고 할 수 있습니다.

Q 연속성이라는 개념을 수많은 빈위들의 이어짐이라기보다 순간순간의 사건들이라고 본다면, 그럴 경우 연속성에 대한 기본적인 정의에 어긋나지 않나요?

A 그럴 경우 그 사건들을 어디에서 끊느냐가 문제가 됩니다. 사건들은 불연속이지만, 사건들의 층위를 미세하게 가져가면 앞에서 실수를 차례로 메웠던 경우처럼 연속성이 성립합니다. 반금련은 무대와 결혼하고, 왕파와 만나고, 서문경의 유혹을 받고, 무대를 독살하고, 무송에게 살해당하죠. 이렇게 보면 각 사건들은 불연속입니다. 그렇지만 무대와 결혼하고 왕파와 만나기 전까지 또 여러 사건들(앞의 다섯 사건들보다는 작은 사건들)이 있었겠죠. 그리고 그것들 사이에 다시 더 작은 사건들이 촘촘히 들어섭니다. 그래서 결국에는 연속성이 성립하는 것이죠. 그러

---

4) 이정우, 『사건의 철학』(저작집 2권), 그린비, 2011.

니까 그야말로 사건이라는 말이 전혀 어울리지 않는 극미의 사건들을 생각할 때 빈위들에서의 무한소(dx) 개념이 성립합니다.

§14. 프락탈

지금까지의 모나드론은 신체를 배제한 채 논의되어 왔지만, 모나드가 물질에 구현되어 성립한 이 세계는 어디까지나 물질적인 존재들, 신체적인 존재들로 되어 있는 세계입니다. 라이프니츠는 이런 존재들을 '복합체'로 부르는데, 이는 모나드가 '단순 실체'라는 점을 상기하면 이해됩니다. 우선 다음 구절을 봅시다.

> 복합체들은 단순한 것들과 일치한다. 왜냐하면 전체는 꽉 차 있고 그래서 모든 물질은 연속적이므로. 또 물질-공간 안에서 모든 운동은 떨어져 있는 물체들에게 그 거리에 비례해 효과를 미치고 그래서 각 물체는 접촉해 있는 물체들에 의해 변양되고, 또 어떤 면에서는 이들에게서 일어나는 모든 일의 영향을 받을 뿐만 아니라 이들에 접촉하고 있는 물체들에 의해서까지도 간접적으로 영향 받기 때문에, 이러한 소통은 얼마든지 멀리 뻗어 가기 때문이다. 그래서 모든 물체는 우주에서 일어나는 모든 일에 의해 영향 받으며, 때문에 전체를 보는 존재는 각 모나드에게서 도처에서 일어나는 일을 읽어낼 수 있으며, 나아가 시간상으로나 공간상으로나 현재로부터 멀리 떨어져 있는 것을 파악함으로써 이미 일어난 것 또는 앞으로 일어날 것까지도 읽어낸다. 그래서 히포크라테스는 "모든 것이 함께 숨 쉼"에 대해 말

한 것이다. 그러나 하나의 영혼은 자신 안에서 분명하게 표상된 것만을 읽어낼 수 있다. 그리고 자신 안에 접고 있는 잔주름들을 한꺼번에 펼칠 수는 없는데, 이들은 무한하기 때문이다.(61)

라이프니츠는 단순한 것들 즉 모나드들과 복합적인 것들 즉 물체들 사이에도 조화가 성립한다고 봅니다. 그래서 복합체들이 단순한 것들과 일치한다고 한 것이죠. 그런데 복합체 차원에서의 울림은 모나드들의 경우와 약간 뉘앙스가 다릅니다. 모나드들에서의 울림이란 논리적 함축이라는 성격을 띠었는데(그래서 인터넷공간에 비유했죠), 자연철학적인 울림은 우주를 가득 채우고 있는 물질-공간plenum에서 운동이 무한히 전파되어 가는 것을 뜻합니다. 운동이 연속적으로 전달되어 간다는 것이죠. 물론 거리가 멀어질수록 영향력은 줄어들겠죠. 그런데 이런 생각에는 진공이 존재하지 않는다는 전제가 깔려 있습니다. 라이프니츠에게 진공이 존재하지 않는다는 것은 물리학적 탐구의 결과로서 제기된 것이 아니라 시공간을 사물들에 부대하는 존재들로 본 기본 입장에서 파생된 것입니다. 어쨌든 운동은 무한히 연속적으로 전달되죠.

그런데 여기에서 막연히 운동이라고 이야기했지만, 실제 우리가 사는 세계는 물질의 세계가 아니라 물체들의 세계죠. 다시 말해, 좀 더 구체적으로 문제가 되는 것은 신체입니다. 그리고 라이프니츠에게서 신체는 관점 개념과 밀접한 관련을 띱니다. 앞에서 모든 모나드들은 우주 전체를 표상하지만 각각의 상황에 따라서 일부분만을 분명하게 지각한다고 했습니다. 그런데 그 각각의 '상황'이라는 게 과연 뭘까요? 바로 각 모나드의 신체입니다. 그러니까 라이프니츠에게서 신체는 묘한 위상을 띱니다. 한편으로 신체는 모나드가 아니기 때문에 불투명하고 불활성적인 무엇이지만, 다른 한편으로 모나드의 무한한 빈위들이 일정 부분 통합됨으로써 분명한 지각으로서 성립하는 것은 다름 아닌 신체를 통해서인 것이죠.

이런 맥락에서 "특히 자신에 관련해 변양되는 그리고 자신이 그것에 관련해 완성태로서 존재하는 신체"라는 구절을 이해할 수 있습니다. 여기에서 자신이란 곧 어떤 모나드이죠. 그런데 하나의 모나드는 신체와 섞임으로써 하나의 개체를 이루는 것이 아니라 다만 별개의 존재로서 신체와 붙어 있을 뿐입니다. 그러면서 신체는 다른 신체들과 상호 작용함으로써 그것의 모나드와 관련해 변양되며, 또 모나드는 그 신체에 대해 완성태로서 작용하는 것이죠. 신체와 영혼은 별개의 존재인데, 다만 둘이 딱 붙어서 서로 조화롭게 존재한다는 것입니다.[5] 그리고 모나드는 원칙적으로 우주 전체를 표상하지만, 특히 자신의 신체에 가까운 것들만 분명하게 표상한다는 것이죠.

"그리고 이 물체가 플레눔 내의 모든 물질의 연결을 통해서 우

---

5) "영혼들은 목적인의 법칙에 따라 욕동작용, 목적과 수단을 통해서 행동한다. 신체들은 운동인의 또는 운동의 법칙에 따라 행동한다. 그럼에도 이 두 영역, 즉 운동인의 영역과 목적인의 영역은 서로 조화를 이룬다."(79) 목적인과 운동인이 서로 부합하면서 조화를 이룬다는 것이다. 라이프니츠에게서 이원론은 더 강화된다. 데카르트의 경우, 영혼들이 물체에 힘을 가할 수는 없지만(그럴 경우 '운동량 보존의 법칙'이 깨진다), 그 방향을 바꿀 수는 있다. 그러나 라이프니츠는 어떤 경우에도 두 차원 사이에 작용이 일어날 수 없다고 보았다(라이프니츠는 물질 전체의 방향 또한 보존된다고 보았다). 예정 조화를 통해 서로 부합할 수만 있다는 것이다.

주 전체를 표현하기 때문에, 영혼 또한 특수한 방식으로 그에 속해 있는 신체를 표상함으로써 우주 전체를 표상한다." 우주가 플레눔이라는 것은 연속적이라는 말입니다. 연속적이기 때문에 울림이 성립하죠. 뉴턴의 경우 진공을 인정하였고, 그랬기 때문에 "action at a distance"(떨어진 거리에서의 작용)를 제시했습니다. 그러나 라이프니츠의 경우 철저하게 연속성의 원리를 견지했고, 이 원리에 따라 운동은 우주 전체로 퍼져 나갑니다. 그런데 영혼은 신체를 표상한다고 했습니다. 그래서 영혼은 신체의 울림을 통해서 우주의 울림을 표상하게 되는 것이죠. 모나드의 층위와 물체의 층위가 각각 울림을 내포하지만, 신체와 영혼 사이에서도 울림이 성립합니다. 이 울림으로부터 예정 조화가 성립합니다. 울림은 곧 조화인 것이죠.

여기에서 '표현'이라는 개념이 나왔는데, 라이프니츠에게서 이 말은 일반적인 용법과는 다소 다릅니다. 라이프니츠에게서의 표현은 표상과 거의 비슷한 뜻으로 사용됩니다. 보통은 어떤 것(주로 사람의 마음) 안에 들어 있던 것이 바깥으로 나오는 것에 대해 표현이라는 말을 쓰죠. 그러나 라이프니츠에게서는 어떤 한 존재가 다른 존재에게서 증식되는 것이 표현입니다. 예를 들어 철수가 영희에게 편지를 보냈다고 합시다. 이것은 곧 철수의 마음이 이 편지에서 반복되면서 증폭, 증식된다는 것을 뜻합니다. 만약 편지가 러브레터라고 한다면 사랑한다는 마음이 여기 편지에 증식되는 것이고, "빨리 빚 갚아" 하고 독촉하는 편지라면 빨리 빚을 갚아 주었으면 하는 마음이 표현되는 겁니다. 그러니까 각각의 모나드가 우주 전체를 표현한다는 말은 우주 전체가 각각의 모나드에게서 반복됨으로써 증식한다는 거예요. 이런 의미에서 라이프니츠의 표현 개념은 표상 개념과 거의 유사한 말이죠. 표현과 표상 개념은 모두 우주의 울림을 뜻하는 개념들입니다.

이제 논의는 보다 구체적인 영역으로 내려갑니다. 복합체에 대한 논의가 보다 구체화되어 생명체에 대한 논의로 갑니다.

> 한 모나드에 속하는 신체(모나드는 그것의 '완성태' 또는 '영혼'이다)는 그것의 '완성태'와 더불어 생명체라고 불리는 것을 형성하며, 또 '영혼'과 더불어 동물이라고 불리는 것을 형성한다. 그런데 한 생명체 또는 한 동물의 신체는 언제나 유기적이다. 왜냐하면 모든 모나드가 나름대로 우주의 한 거울이므로, 그리고 우주는 완전한 질서에 의해 다스려지므로, 표상하는 존재 내에도 즉 영혼의 지각작용들 내에도, 그리고 결과적으로 (우주가 영혼에 표상될 수 있게 하는) 신체 내에도 질서가 존재해야 하기 때문이다.(63)

지금까지 울림의 개념을 봤는데, 이제 이런 형이상학적 기초 위에서 자연철학적인 논의가 전개됩니다. 앞에서 모나드들의 위계에 대해 논했는데, 이제 이런 논의가 신체들에 대한 논의를 포함해서 다시 진행됩니다. 이하의 논의는 1부에서 이야기했던 '주름', 2부에서 이야기했던 '프락탈'과 직결되는 논의입니다. 또 보론에서 논할 음양의 주름과도 연결됩니다.

지금까지 주로 모나드를 먼저 논하고 이 모나드가 신체에 구현된다고 말했는데, 신체를 먼저 논한다면 어떻게 될까요? 만일 질료가 어떤 완성태도 머금고 있지 않다면, 그것은 우주공간에 그저 퍼져 있게 됩니다(그런데 라이프니츠의 경우 공간은 파생적인 존재이기 때문에 이런 경우는 배제되죠). 그런데 질료에 어떤 일정한 완성태가 깃들일 때 그것은 생명체가 되는 것입니다. 즉, 그 질료가 올챙이처럼 물속을 헤엄치든, 새처럼 하늘을 날든, 어떤 형태로든 그냥 질료가 아니라 일정한 규정성들을 머금게 될 때 생명체가 되는 것이죠.

그런데 사실 라이프니츠에게 모나드가 깃들이지 않는 물질이란 의미가 없습니다. 물질이 먼저 상정되고 그 다음 모나드가 논의되는 것이 아니기 때문이죠. 그래서 우리가 평소 물체라고 부르는 것들도 라이프니츠에게는 '유기적인'(근대적인 의미와는 다르죠. 근대적인 의미에서의 유기체는 무기물과 날카롭게 구분되는 별도의 차원이지만, 라이프니츠에게 이 말은 어디까지나 연속적인/정도상의 문제입니다. 즉, 물질이 조직된 일정한 정도를 뜻하는 것이죠) 존재입니다. 다만 조직화의 정도가 0으로 무한히 접근하는 존재죠. 완성태의 무한소라고 할 수 있습니다. 그러니까 라이프니츠에게 무기물, 식물, 동물, 인간은 연속적으로 배열될 뿐 날카롭게 단절되지는 않습니다.

다만 신체가 완성태 중에서도 보다 고급한 '영혼'을 머금을 때, 그것은 동물이 됩니다. 'Animal'이라는 말 자체가 'animus/anima'에서 유래했죠. 광물들이나 식물들은 벌거벗은 지각작용, 즉 미세지각작용을 합니다. 그러나 동물 수준이 되면 의식을 동반하는 지각작용 즉 통각작용을 하고, 또 욕동작용을 함으로써 어떤 느낌을 가지게 되죠. 그리고 인간의 수준이 되면 자기의식을 가지게 되고 이성적인 활동을 합니다.

그런데 동물을 포함하는 생명체들(결국 우주의 모든 사물들)이 유기적인 이유가 나옵니다. 모든 모나드들이 나름대로(즉, 각자의 관점에 따라) 우주의 거울이라는 것은 결국 모든 모나드들 사이에 울림이 존재한다는 것이고, 또 우주 전체가 거대한 조직화/조화를 보여 준다는 것을 뜻합니다. 따라서 영혼과 신체 사이에도 질서/조화가 존재해야 하는 것이죠. 결국 라이프니츠의 세계는 범유기체주의의 세계입니다. 이 유기체주의를 떠받치는 것은 곧 '울림'의 개념이고, 보다 현대적으로 말하면 '프락탈'입니다. 각 부분 속에 전체가 들어 있기 때문에, 세계 전체에서의 링크는 물론이고 울림이 성립하는 것이죠(링크는 단지 선형적인 이어짐만을 뜻하지만, 울림은 입체적인 프락탈 구조를 함축합니다). 특히 다음 절은 매우 중요합니다.

> 모든 생명체의 유기적 신체는 일종의 신성한 '기계' 또는 '자연적 자동장치'로서, 모든 인공적인 '자동장치'들을 무한히 능가한다. 왜냐하면 인간의 기술에 의해 만들어진 '기계'는 그 각 부분들에서는 '기계'가 아니기 때문이다. 예컨대 놋쇠 바퀴의 살은 우리에게는 인공적 산물이 아닌 그리고 자체로서는 바퀴에 부여된 역할에 관련해 기계의 성격을 전혀 포함하지 않는 부분들 또는 조각들을 가진다. 그렇지만 '자연'의 '기계'들, 즉 생명체들은 그들의 무한히 작은 부분들에서도 여전히 '기계'들이다. 바로 이것이 '자연'과 '기예' 사이의, 즉 신성한 기예와 우리의 기예 사이의 차이이다.(64)

라이프니츠는 여기에서 유기체와 기계를 유비시키고 있습니다. 우선 염두에 둘 것은 '기계'라는 말의 뉘앙스입니다. 17세기에는 유기체와 무기체의 구분이 뚜렷하지 않았습니다. 다만 무한히 연속적인 조직화의 정도가 있었죠. 그래서 우주 전체를 묘사할 때에도 '기계'라는 개념이 사용되었고(흔히 시계에 비유하곤 했죠?), 유기체는 매우 복잡한 기계로서 이해되었습니다. 여기에서 라이프니츠는 신이 만든 유기체와 인간이 만든 기계를 정도상의 문제로 비교하고 있습니다. 그러니까 유기체는 '신성한' 기계이고 또 '자연적인' 자동장치라는 것이죠. 여기에서 '자동장치'라는 말도 현대적인 뉘앙스와는 달리 이해하는 것이 좋습니다. 현대인에게 자동장치 하면 그냥 기계 생각이 나지만, 17세기 개념으로는 유기체가 오히려 자동장치로서 매우 고급한 존재라는 뉘앙스를 띱니다.

그런데 신성한 기계와 인위적인 기계 사이의 차이를 논하면서 중요한 이야기가 나옵니다. 바로 우리가 1부, 3강에서 다루었던 주름 개념이 등장하죠. 즉, 인공물은 전체로서는 기계이지만 그 부품들은 기계가 아닙니다. 그냥 물체 덩어리일 뿐이죠. 그러나 유기체는 그렇지 않죠. 우리 몸 전체도 기계이지만 간, 허파, 심장 등등도 그것들 자체로서 기계들이며, 또 허파꽈리 하나하나도 기계들입니다. 이런 생각은 특히 세포 이론이 나오면서 더욱 설득력을 얻게 됩니다. 그렇게 무한한 주름 구조를 형성하는 것이 신이 만든 이 세계입니다. 프락탈 구조인 것이죠. 인위적인 기계들은 이런 구조에 이르지 못한다는 것입니다. 물론 라이프니츠가 현대에 태어나 대단히 발달한 기계들(특히 전자 수준의 기계들이나 정보처리 기계들)을 보면 놀랐을 겁니다. 그러나 이 경우에도 인위적 기계의 주름 구조가 무한으로까지는 가지 않기 때문에, 라이프니츠적 비교는 적어도 그 사유 자체 내에서는 유효합니다.

결국 라이프니츠의 세계는 거대한 체계, 조직화, 질서, 울림, 조화를 형성합니다. 그리고 그런 부분들을 다루는 담론들 역시 체계적으로 조직되어 있죠. 라이프니츠 사유의 이런 체계성은 세르에 의해 파헤쳐졌습니다. 레셔도 이 구조에 대해 도식해 주고 있는데, 이 도식을 소개하면 다음과 같습니다.

모나드들/미시적 단위들	실체론적 형이상학
단순한 복합체들	역학적 물리학
동물들	생물학
인간	의학 및 심리학
인간 공동체들	정치학
천체들	천체 물리학
우주 전체	형이상학
가능성의 영역	신학: 목적론적 형이상학

세르의 도식은 여기에 옮기기가 너무 힘들 정도로 복잡하고 정교합니다. 『라이프니츠의 체계』를 참조하셨으면 합니다. 어쨌든 라이프니츠의 사유는 프락탈 구조를 그 핵심으로 하고 있습니다. 다음 절들 (65~69)은 이 점을 특히 잘 드러내고 있습니다.

'자연'의 '창조주'는 이 신성하고 무한히 놀라운 장치를 사용할 수 있었다. 왜냐하면 물질의 각 부분은 고대인들의 말대로 무한히 분할 가능할 뿐만 아니라 끝없이 나뉠 수 있기 때문에, 모든 부분은 다른 부분들로 나뉘고 그 각각은 자신의 고유한 운동을 가지기 때문이다. 그렇지 않다면 물질의 각 부분이 모든 우주를 표현하는 것은 불가능하리라.

그래서 우리는 극히 미세한 물질 입자 내에도 피조물들의, 생명체들, '동물'들, '완성태'들, '영혼'들의 세계가 존재함을 알 수 있다.

물질의 모든 부분이 나무들로 가득 찬 정원이나 고기들로 가득한 연못으로 생각될 수 있을 것이다. 그러나 한 나무의 모든 가지들, 한 동물의 모든 부분들, 그리고 그 내부의 모든 액체 방울들 또한 그러한 정원 또는 연못이다.

그리고 정원의 나무들 사이에 있는 땅이나 공기 그리고 연못의 물고기들 사이에 있는 물은, 그 자체는 나무나 물고기가 아니라 해도, 이것들 역시 나무나 물고기를 포함하고 있다. 다만 대개의 경우 극히 작기 때문에 우리로서는 지각하지 못할 뿐이다.

따라서 우주에는 어떤 황무지도, 어떤 불모지나 죽은 땅도 존재하지 않으며, 카오스와 혼란은 단지 외관상 존재할 뿐이다. 즉, 멀리서 연못을 볼 때 물고기들이 하나하나 분별되지 못한 채 흐릿하게 덩어리져 움직이는 것처럼 보이는 것과 같을 뿐이다.

이 대목들에 라이프니츠의 프락탈 사유가 아주 잘 드러나 있습니다. 라이프니츠 당대로 말한다면 그야말로 황당하고 환상적인 사변으로 비쳤겠지만(사실 20세기에 들어와 쿠투라와 러셀에 의해 라이프니츠 논리학이 새롭게 해석되기 이전, 라이프니츠의 사유는 황당한 형이상학적 사변의 대명사로 일컬어졌습니다), 우리에게는 꼭 그렇게 무리한 이야기로만 비치지는 않습니다. 생명과학이 더 발달할수록 오히려 더 빛을 발할 통찰이라 하겠습니다. 17세기에 이런 생각을 했다는 것은 참 놀랍습니다.

그런데 이런 프락탈 구조는 소프트웨어의 맥락에서 논할 때와 하드웨어의 맥락에서 논할 때 상당히 다릅니다. 사실 소프트웨어에 있어서는 위와 같은 이야기가 얼마든지 가능하죠. 아니 사실 인터넷 공간이란 바로 저런 식으로 되어 있습니다. 물방울 폴더를 열었을 때 거기에서 정원을 비롯한 갖가지 것들이 나오는 것이 얼마든지 가능하죠. 문제는 하드웨어의 맥락까지 넣어서 이야기해도 그럴까 하는 것입니다. 작은 물방울 속에 갖가지 미생물들이 살고 있다는 것을 잘 알고 있는 우리에게는 라이프니츠의 이야기는 오히려 이해하기 쉽습니다. 프로그램들이 갖가지 형태의 프락탈 구조를 보여 주는 것은 사실이죠. 하지만 프로그램의 하드웨어까지 포함할 경우 라이프니츠적 구도에는 일정 정도 제한이 가해져야 할 것입니다. 물방울 속에서 또 다른 생명체를 발견하는 것은 가능하겠지만, 거기에서 만리장성을 발견할 수는 없겠죠. 이는 더 이상 존재론의 문제가 아니라 실증 과학의 문제라 하겠습니다.

§15. 소프트웨어와 하드웨어

자, 그럼 라이프니츠에게서 소프트웨어와 하드웨어의 관계에 대해서 더 살펴봅시다. 라이프니츠는 우선 다음과 같이 말하고 있습니다.

모든 살아 있는 신체가 그것을 이끄는 '완성태'를 가지며, 그것이 동물에서는 바로 '영혼'이라는 것을 알 수 있다. 그렇지만 이 살아 있는 신체의 부분들은 다른 살아 있는 존재들, 즉 식물들과 동물들로 가득 차 있으며, 다시 이들 또한 자체의 '완성태' 또는 이끄는dominante '영혼'을 가지고 있다.(70)

신체 자체 즉 하드웨어는 물질적 바탕에 불과하지만 그것에 모나드 즉 소프트웨어=프로그램이 구현됨으로써 일정하게 행동하는 생명체가 됩니다. 그래서 모나드가 신체를 "이끈다"고 할 수 있겠죠. 영혼이란 곧 소프트웨어=프로그램인 것입니다. 이 점에서 라이프니츠에게서 생명체는 로봇과 같습니다. 물론 앞에서 그가 기계와 생명체를 구분했었죠?(64) 하지만 우리가 생각하는 기계의 수준에서는 라이프니츠가 생각하는 생명체란 정확히 로봇인 것이죠. 소프트웨어(영혼)를 장착한 하드웨어(신체)인 것입니다.[6]

그런데 생명체가 주름 구조를 가지기 때문에, 모나드들 역시 주름 구조를 가지게 됩니다. 사실 거꾸로 이야기하는 게 더 정확하겠죠. 모나드가 주름 구조를 가지기 때문에 생명체도 주름 구조를 가진다고 할 수 있습니다. 하지만 하드웨어를 감안하면 이야기가 간단하지

---

6) 물론 라이프니츠의 신학 구도를 걷어내고 논의를 '인간과 기계'로 이전할 경우, 생명체를 완벽히 기계로서 이해할 수는 없다. 오늘날의 기계가 완벽히 생명체가 되기를 지향하고 있지만 그것이 온전히 가능하리라고는 생각되지 않기 때문이다. 로봇에게 생명체란 도달하고자 하는 극한이라고 할 수 있다(물론 로봇의 다른 방향으로의 "진화"는 별도의 문제이다).

는 않다고 했죠? 어쨌든 완성태, 영혼 안에 다시 무한한 완성태, 영혼이 존재하게 되는 것이죠. 허파는 허파의 완성태를 가지게 됩니다. 그렇지만 이것들이 따로 노는 것이 아니라 완벽하게 조화를 이룸으로써, 무한히 퍼져 나가는 울림을 형성함으로써 질서가 있게 됩니다. 라이프니츠의 신학적 구도를 접어두고 본다면, 이런 완벽한 질서란 존재하지 않죠. 플라톤의 말처럼 세계는 한편으로 '우주'이기는 하지만 다른 한편으로는 코라의 '아낭케'적인 운동에 맡겨져 있으니까요. 게다가 이런 식의 형상철학적 구도를 벗어던진다면 더 말할 나위도 없겠죠.

그런데 라이프니츠에게서 하드웨어와 소프트웨어는 엄밀하게 구분됩니다. 영혼과 신체는 별개라는 것이죠. 라이프니츠는 "모든 신체들은 마치 강물처럼 계속 흐르고 있으며, 부분들은 계속 나타나고 또 사라진다"고 말합니다. 이 대목도 참으로 시대를 앞서가는 통찰력을 보여 주죠. 17세기에 이런 생각을 했다는 사실이 놀랍습니다. 라이프니츠 생각으로는, 영혼은 하나의 모나드로서 단순 실체이지만 신체는 다른 신체들과 뒤섞여 변하는 존재라는 겁니다. 우리 몸은 늘 다른 존재들과 섞이죠. 외부에 있던 음식물을 몸에 넣기도 하고 또 몸 안에 있던 것을 배설하기도 합니다. 또, 우리의 체세포는 외부 환경과 물질들을 긴밀히 상호 교환합니다. 수많은 세포들이 태어나고 죽습니다. 그래서 신체 자체는 헤라클레이토스의 말처럼 강물과도 같은 'flux'입니다. 그런데 그 'flux'가 일정하게 조직되고 또 일정한 완성태를 구현하게 되는 것은 곧 모나드가 그 안에 구현되기 때문인 것이죠. 그래서 라이프니츠에서 신체의 의미는 그다지 크지 않습니다. 물질의 세계는

'flux'이니까요. 그러니까 생명체가 죽으면 그 신체는 흩어지죠. 그래서 다른 무수한 물질들과 섞입니다. 다만 그 모나드는 영원하며 그 모나드가 다른 신체를 얻으면 또 부활하는 것이죠. 삶과 죽음에 대한 이런 생각은 당시에는 일반적인 생각이었으나, 18세기에는 유물론에 의해 또 19세기 이후에는 반성철학적 전통에 의해 강력하게 비판받습니다. 그러나 묘하게도 오늘날에는 오히려 설득력 있게 들립니다.

그러면 라이프니츠가 삶과 죽음에 대해 어떤 생각을 가졌는지 자세히 봅시다.

> 영혼은 신체를 오직 점차적으로, 정도에 따라 변화시키며, 따라서 그 모든 기관들을 한꺼번에 잃어버리는 경우는 없다. 동물들에게서 종종 형태변이가 일어나긴 하지만, '영혼'들의 '전생'轉生이나 윤회는 일어나지 않는다. 신체들로부터 완전히 분리된 영혼들은 없으며, 신체 없는 '정령精靈들'도 없다. '신'만이 신체를 가지지 않는다.(72)
> 그래서 전적인 탄생이나 완전한 죽음은 존재하지 않는다. 그런 경우들은 영혼의 분리를 전제하기 때문이다. 우리가 탄생이라고 부르는 것은 발생/펼쳐짐이자 생장일 뿐이며, 죽음이라고 부르는 것은 접힘이자 쇠퇴일 뿐이다.(73)

영혼이 신체를 정도에 따라 변화시킨다는 것은 생명체의 변화가 천천히 일어난다는 것을 뜻합니다. 신체의 변화는 영혼에 의해 지배되는데, 이 변화는 늘 서서히 일어나죠. 다만 탄생과 죽음만이 다소 급작스럽습니다. 어쨌든 라이프니츠는 연속성의 원리를 견지하며, 따라서 기관들이 한꺼번에 없어진다거나 또는 전생, 윤회 같은 경우는 없다는 것이죠. 다만 형태변이는 일어납니다. 올챙이가 개구리가 되고, 구더기가 파리가 되고, 애벌레가 나비가 되고, 인간의 배아도 조그만 알같이 존재하다가 나중에 복잡한 인간이 되죠. 형태변이는 분명 존재합니다. 그러나 라이프니츠는 우리가 미세하게 관찰하지 못해서 그렇지 그 과정도 사실 연속적으로 일어난다는 겁니다. 그리고 올챙이라는 신체와 개구리라는 신체는 개구리-모나드의 편의상 바뀌는 것이지 그 이상의 의미는 없다는 것입니다. 결국 라이프니츠에게 핵심은 소프트웨어입니다. 하드웨어에서의 변화는 사실 소프트웨어가 구체화되는 방식들일 뿐인 것입니다. 컴퓨터 본체가 어떤 재질로 되어 있든, 어떤 형태를 하고 있든, 어떻게 작동하든 그 알맹이는 소프트웨어인 것이죠.

나아가 신체와 완전히 분리된 영혼들이나 정령들(여기에서는 천사들을 뜻할 수도 있습니다)은 없다는 것이죠. 오로지 신만이 신체를 완전히 떠나 있습니다. 그래서 모나드가 물질과 완전히 분리되어 떠다니는 경우는 없습니다. 죽는다는 것은 미세지각으로 돌아다니는 것이고 따라서 기관들이 없는 물질 속에 퍼져 있다는 것을 뜻할 뿐이죠. 소프트웨어가 하드웨어 없이 공중에 붕붕 떠다닐 수는 없다는 겁니다. 소프트웨어가 구체적으로 실현되어 존재하려면 어떤 형태가 되었든 하드웨어가 있어야 하는 것이죠. 물론 핵심은 소프트웨어에 있습니다만. 그런데 순수 소프트웨어, 완벽한 탈-물질적 존재가 있는데, 이는 물론 신이라는 겁니다. 보다 내재적으로 해석하면, 슈퍼컴퓨터의 알맹이 즉 절대소프트웨어 그 자체가 되겠죠.

라이프니츠에게서는 생명체의 탄생이 갑작스러운 것이 아닙니다. 다만 생명체는 접혀 있었을 뿐이며, 그것이 점차 펼쳐지는 것일 뿐입니다. 그렇게 펼쳐져서 우리 눈에 보일 때 우리는 '탄생'을 이야기하는 것이죠. 죽음도 마찬가지입니다. 죽음이란 펼쳐졌던 생명체가 다시 접혀서 안 보이게 되는 것뿐입니다. 다만 모나드가 신체에 구현되어 그 빈위들이 하나하나 실현될 때 생명체가 피어나는 것이고, 다시 빈위들이 접혀서 잠재성의 차원으로 돌아갈 때 신체가 와해되는 것이죠. 이 대목에서 연속성의 원리, 접힘과 펼쳐짐 등과 같은 라이프니츠 사유의 특성들을 다시 한번 볼 수 있습니다. 다시 말해, 탄생이란 폴더가 풀려서 그 안에 잠재해 있던 것들이 나타나는 것일 뿐이고, 죽는다는 것은 어떤 폴더로 접혀 들어가는 것일 뿐이라는 겁니다. 삶과 죽음이란 결국 접힘과 펼쳐짐folding and unfolding입니다. 하드웨어가 망가졌다고 해서 소프트웨어 자체가 사라지는 것은 아닙니다. 그것은 슈퍼컴퓨터 안에 여전히 프로그램으로서 존재하는 것이죠. 다만 현실적으로 작동하지 않을 뿐입니다.

라이프니츠는 모든 생명체들은 반드시 어떤 생명체들로부터 온다고 생각했습니다. 이 또한 17세기라는 시대를 감안한다면("세포는 세포로부터"라는 생각은 19세기나 되어서야 정착하게 됩니다) 혜안이라고 할 수 있겠죠. 그런데 이 문제는 발생학으로 말한다면 '전성' preformation의 문제와 연관됩니다. 그런데 전성설에서 중요한 것은 정확히 무엇이 전성前成해 있는가 하는 점입니다. 스팔란차니 같은 사람은 정자 속에 아주 작은 아기가 들어 있다는(그렇다면 이 아기의 정자에는 다시 더 작은 아기가 들어 있겠죠. 그리고 무한 소급될 것입니다), 현대인들에게는 실소를 자아내는 생각을 가졌습니다만, 어디까지나 실험적-이론적 장치들이 없었던 시절의 이야기입니다. 라이프니츠는 이런 식의 전성설은 물론 지지하지 않았고 폰 베어 이후 후성설이 정설이 되었지만, 사실 "전성이냐 후성이냐?"라는 물음은 잘못된 물음입니다. 전성과 후성, 프로그램과 그 구현, 필연과 우연,…… 등이 어떻게 얽혀 있는가를 정확히 밝히는 것이 관건이겠죠. 라이프니츠에게서의 전성은 곧 프로그램의 전성입니다. 그러나 17세기 특유의 신학과 결정론의 그늘 아래 있었던 라이프니츠는 이 프로그램을 너무 실체적으로만 생각했다는 한계를 띠죠.[7] 오늘날 이 문제는 예컨대 들뢰즈의 '잠재성과 현실성'의 구도에서처럼 훨씬 역동적인 구도로 사유되어야 할 것입니다.

라이프니츠에게서는 신체가 아무리 많이 변해도 신체에 구현되어 있는 모나드(즉, 완성태)는 파괴되지 않습니다. 현대식으로 말해, 동물의 신체는 태어나고, 성장·노화하고, 또 죽는다 해도 그 동물의 본체, 즉 조직화의 도안 자체는 어떤 식으로든 남는다는 것입니다. 달리 말한다면, 그 동물의 게놈은 남는다는 것입니다. 그러니까 어떤 동물이 죽었어도 그 게놈만 완변하게 인식해 두면 언제라도 재생시킬 수 있는 것이죠. 유전자 지도만 확보하면 오늘날 제갈량을 복제하는 것도 가능하다는 겁니다. 대중적으로는 『쥬라기 공원』을 통해서 익숙

---

7) "우리는 (항구적인 우주의 거울인) '영혼'만이 아니라 동물 자체도 파괴 불가능하다고 결론 내릴 수 있다. 비록 동물의 경우 그 '기계'가 종종 부분적으로 파괴되며, 또 유기적 껍질들을 벗어던지거나 입는다 하더라도."(77)

해진 이런 생각은 라이프니츠에게서 연원한다고 할 수 있습니다.

그런데 여기에서 어떤 우연도 개입하지 않는 완벽한 복제가 가능한지 생각해 볼 필요가 있죠. 아마도 완벽한 복제는 불가능할 겁니다. 그래서 만일 우리가 제갈량의 유전자를 확보해서 그를 재생시킨다면 어떤 제갈량이 나올까요?[8] 아마도 전에 내가 말한 '모호한 아담'이 나오지 않을까 합니다. 미세한 부분들에서는 달라질 수도 있는 것이죠. 그러니까 원래 제갈량보다 목소리가 약간 허스키하게 된다거나, 수염이 조금 더 짧게 날 수도 있는 겁니다. 물론, 생명의 세계가 생각보다 훨씬 역동적이기 때문에 더 크게 달라질 수도 있겠죠. 이는 좀 황당한 사변처럼 보일 수도 있지만 오늘날의 하이테크 문명을 감안하면 가능할 수도 있습니다. '모호한 아담'이라는 개념이 기묘하게도 현실성을 획득하는 것이죠. 또 하나 생각해야 할 것은 후천적인 면입니다. 선천적으로도 모호한 제갈량이 나오겠지만, 제갈량이 다시 태어난 환경이 너무나도 다른 환경이기 때문에 또 다른 제갈량으로서 살아갈 것입니다. 현실적으로는 그야말로 전혀 다른 사람으로서 살아가겠죠. 극히 평범한 인물로 죽을 수도 있습니다. 그럼에도 핵심적인 기질氣質에서

---

8) 여기에서 라이프니츠가 생각하는 모나드와 현대의 유전자를 구분할 필요가 있다. 라이프니츠가 볼 때 유전자는 물질 쪼가리이지 모나드 자체는 아니다. 모나드는 단순 실체이기에. 유전자는 모나드를 나르는 탈 것(vehicle)일 뿐이다(도킨스의 관점에서 보면 얄궂게도, 유전자가 탈 것이 되어버린 셈이다). 나아가 꼭 '유전자'일 필요도 없다. 라이프니츠가 볼 때 프로그램이 어떤 하드웨어에 실리는가는 본질적인 문제가 아니기 때문이다. 물론 프로그램은 어떤 형태가 되었든 하드웨어를 필요로 한다. 신만이 순수 현실태일 수 있기 때문이다. 다만, 영혼과 신체의 결합은 통합(l'union)이 아니라 부합(la conformité)이라 해야 할 것이다.

는 원래 제갈량과 연속성이 있는 그런 인물이 될 것입니다. 만일 이런 제갈량을 많이 복제한다면, 그때 나올 제갈량들은 생물학적으로는 일종의 '가족 유사성'을 형성할 겁니다. 물론 사회적으로는 상당히 다른 사람들로 살아갈 것입니다만.

* * *

지금까지 라이프니츠의 철학을 현대적인 맥락에서 새롭게 해석해 보았습니다. 라이프니츠에게는 여러 면모가 있는데, 여기에서는 주로 자연 또는 사물에 대한 그의 생각을 살펴보았죠. 1부에서는 라이프니츠의 자연철학을 보았고, 2부에서는 현대 과학(프락탈 이론, 급변론, 복잡계 이론)에 비추어 라이프니츠의 아이디어를 새롭게 해석해 봤습니다. 그리고 3부에서는 라이프니츠가 신과 인간의 관계에 대해 논한 것을 인간과 기계의 관계로 옮겨서, 현대 하이테크 문명을 이루고 있는 요소들을 라이프니츠 식으로 해명해 보았습니다. 사실 이 외에도 라이프니츠를 매개로 해서 논할 수 있는 여러 주제들이 있죠. 특히 현대 예술을 라이프니츠적으로 해명하는 것은 흥미로운 작업이 될 것입니다. 또, 스피노자와의 관계는 물론이고 철학사적 연관관계를 짚어 보는 것도 중요합니다. 라이프니츠와 동북아 철학을 비교하는 것 또한 필요하고요. 여러분들도 앞으로 계속 이런 관심을 가지고서 라이프니츠를 보시면 많은 흥미로운 논의거리들을 이끌어낼 수 있을 것입니다.

보론

여러 세계를 가로지르기[1]

현대 사유의 핵심에 놓여 있는 '시뮬라크르'는 두 얼굴을 띤다. 한편으로 그것은 사건과 이미지의 의미를 새로이 인식하고 예술 등을 통해 그 잠재력을 펼치는 것과 관련되지만, 다른 한편으로는 사건과 이미지를 만들어내고 조직하고 나아가 유통시키고 판매하기까지 하는 행위들을 함축한다. 전자는 현대 존재론의 성과를 통해 다루어졌지만, 후자는 테크놀로지의 발달과 후기 자본주의사회의 도래를 배경으로 한다(전자는 들뢰즈의 이름과 결부되어 있고, 후자는 보드리야르의 이름과 결부되어 있다). 시뮬라크르의 이 두 얼굴은 때로는 합쳐지기도 하고 또 때로는 날카롭게 대립하기도 하면서 현대 사회/문화를 수놓고 있다.

현대 테크놀로지는 이전의 인류가 단지 꿈꾸기만 했던 것을 현실

---

1) 철학아카데미 엮음, 『철학의 21세기』(소명출판, 2002), 111~139쪽에 수록되었던 글을 수정한 것임.

화했고(상상적인 것이 현실적인 것이 된다), 자본주의는 과거에 유통과 판매의 대상이 아니었고 또 아니어야 했던 존재들을 유통·판매할 수 있는 배경을 제공했다(토지, 노동, 화폐 등등이 상품화된다). 시뮬라크르의 조작을 우리는 '시뮬레이션'이라 한다. 시뮬레이션은 어떤 존재론적 바탕에서 성립하는가? 인간 존재에 대해 어떤 의미를 함축하는가? 어떤 가치론적 함축을 띠는가? 이런 문제들을 사유하는 것은 곧 우리 시대를 존재론적으로 개념화하는 일이다.

시작하기 전에 두 가지를 구분해 두자. 시뮬라크르를 논하는 것과 시뮬레이션을 논하는 것은 다른 갈래이다. 시뮬라크르는 그 연원도 오래되었거니와(플라톤의 '판타스마', '시뮬라크라'), 관련되는 문제들 또한 방대하다. 이미지·사건·현상·'상'象의 논의, 영상을 비롯한 문화에 대한 논의, 물질과 이미지에 관련된 존재론적 논의, 의미에 관련된 담론학적 논의를 비롯해, 사건과 이미지에 관련되는 모든 문제들이 시뮬라크르의 문제들이다. 그러나 시뮬레이션은 현대에 이르러 성립한 것이며, 특정한 기술적 조작과 관련된다. 따라서 시뮬레이션의 문제는 시뮬라크르와 관련되는 수많은 문제들 중의 한 분야로 볼 수 있다.

또 하나, '시뮬레이션'과 '시뮬라시옹'은 똑같은 말 'simulation'의 음역이지만 그 영어 음역의 뉘앙스와 프랑스어 음역의 뉘앙스는 판이하다. 공학적 개념인 '시뮬레이션'은 하이테크 문명의 한 요소이지만, 장 보드리야르의 개념인 시뮬라시옹은 현대 사회의 존재론을 포착해 주는 개념이다. 전자의 맥락은 특정한 모의模擬에 의한 기술적 조작이고, 후자의 맥락은 현대적 삶의 양태에 대한 사회존재론적 개념화이다. 두 개념 모두 뒤에서 논할 '세계 IV'의 핵심 요소들이다.

네 세계

우리가 평소 '세계'라고 말할 때 그것은 현세계現世界를 말한다. 현세계는 일상과 상식의 세계이며, 개별적 실체들과 물질적 바탕, 그리고 인간이 만든 문화적 산물들로 구성되는 세계이다. 현세계의 인식론적 가능조건은 지각 그리고 지각에 바탕을 두어 만들어진 일상 언어에 있다. 인간의 지각은 사물의 미시적 운동을 따라가지 못하며, 따라서 일정하게 평균화되고 등질화된 세계를 포착한다. 대부분의 경우 우리는 "녹색의 탁자"에서 녹색이 아닌 다른 미세한 색들을 놓치게 된다. 예민하게 주의하지 않는 한, 우리가 살아가는 세계는 이런 평균적이고 일반화된 세계이다. 우리 신체가 이미 특정한 방식으로 조직되어 있기 때문에 그에 상관적인 세계도 일정하게 조직된 세계로 나타나기 때문이다. 그리고 지각의 이런 성격은 관념과 언어에 그대로 투영된다. 우리의 관념은 지각에 기반해 생겨나며, 그에 상관적으로 일상 언어가 구성된다. 그래서 상식의 세계는 물, 공기 같은 유체들을 제외하면 일정하게 덩어리진 실체들/명사들과 이들이 띠는 양태들 즉 성질들/형용사들로 구성되는 세계이다. 그리고 이 존재들의 변화를 통해서 운동들/동사들이 성립한다. 이 세계를 우리는 '세계 I'이라고 할 수 있다.

현세계/현실을 감성적 언표들의 총체로 규정하고 이 총체(언표-장)를 객관적 선험으로 보는 것[2]은 지금 생각해 보면 두 가지 점에서 문제가 있다. 감성적 언표를 사건으로 이해할 경우, 이 규정은 지나치게 운동/동사 중심이 되며 현세계의 구조적 안정성을 무시하게 된다.

또 이미지로 이해할 경우,[3] 이 규정은 지나치게 감각적 성질들/형용사들 중심이 되며 역시 개체들/명사들을 무시하게 된다. 그러나 우리가 살고 있는 현세계는 개체들을 떠나 생각할 수 없으며, 감성적 언표들을 통한 규정은 이미 하나의 이론적 추상인 것이다.[4] 하지만 이것이 현실세계에서 이론적 존재들theoretical entities을 배제해야 함을 뜻하지는 않는다. 추상적 존재들, 보다 고급한 존재들 또한 이미 현실세계를 구성하고 있기 때문이다(오늘날 DNA 같은 존재는 더 이상 생물학적 존재만은 아니다). 이것은 또한 현실세계는 그 자체 시간 속에서 변해가며, 역사성을 배제한 채 어떤 한 측면으로 환원할 수 없는 세계임을

---

2)『객관적 선험철학 시론』(저작집 1권, 그린비, 2011)에서 이런 논지를 전개한 바 있다.

3) 이미지는 필연적으로 물질의 존재를, 물질이라는 규정이 너무 좁다면 어떤 바탕을, 필요로 한다. 이미지는 어떤 표면에서 나타나며, 표면은 언제나 무엇인가의 표면이다. 표면만 따로 떼어서 사유하는 것이 가능하다 해도, 표면이 무엇인가의 표면인 한 우리는 또한 바탕/물질에 대한 사유를 필요로 하게 된다. 이미지는 그 배후에 물질성을 전제한다(이미지라는 말의 용법에 따라서는, 물질성 자체도 무수한 이미지들이 응축된 것일 뿐이라고 생각할 수도 있다). 반면 사건이란 정확히 그것이 그런 바탕으로부터 벗어나는 순간에 성립한다. "장종훈이 홈런을 쳤다"는 사건은 물질적 바탕 위에서 솟아오르지만, 그것이 '사건'이 되는 것은 탈물질적인 무엇으로서 존재하게 되는 그 순간에 성립한다. '흔들림'이라는 사건은 흔들리는 깃발로도 흔드는 바람에도 또 그것을 보는 사람의 마음으로도 환원되지 않는 그 무엇이다.

4) 로저 펜로즈의 세 세계(물리적 세계, 정신세계, 플라톤의 이상적 수학세계)의 경우는 또 다른 방식의 이론적 추상을 보여 준다(『실체에 이르는 길 1』, 박병철 옮김, 승산, 2010, 59쪽 이하). 여기에는 현실적인 개체들이 들어설 자리가 없다. 덧붙여 말한다면, "물리적 세계에 대한 이해……에서 혁명적인 진보가 이루어진다면, 정신세계에 대한 이해는 자연스럽게 따라올 것"(65쪽)이라는 생각은 자연과학자들의 전형적인 인식론적 오류이다. 물리 세계를 탐구하는 주체는 오히려 정신세계이고, 탐구의 결과는 결국 정신세계에 실마리를 두고 있기 때문이다. 객체를 시원에 두는 일방향적인 인식론이 아니라 객체와 주체의 순환——단순한 순환이 아니라 말하자면 나선(螺線)을 그리는 순환——을 섬세하게 주목해야 한다.

뜻하기도 한다. 특정한 측면으로 현실세계를 규정하고 다른 존재들을 그러한 규정으로부터 이해하는 것은 논리적 재구성일 뿐이며, 그 자체가 어떤 특정한 존재론적 입장을 전제한다. 그러나 현실세계는 그러한 존재론적 반성 이전의 무엇이며, 사건들과 이미지들, 개체들, 추상적 존재들의 복합체이다.

또 하나, '현실'과 '객관적 선험'은 구분되어야 한다. 선험은 현실이 아니라 현실을 가능하게 하는 것이며, 이 점에서 객관적 선험은 사건들과 이미지들을 조직해 주고 있는 논리적 구조, 담론의 공간, 'problêma'로 보아야 할 것이다. 언표-'장' 개념에 이미 이런 생각이 포함되어 있었지만, 분명히 할 필요가 있다. 이 논리적 구조에는 한편으로 세계 자체의 주어진 존재 방식인 필연적 구조가 있으며, 다른 한편 시대와 문화에 따라 사건들/이미지들을 조직하는 구조인 코드가 있다. 필연적 구조를 연구하는 것은 자연과학의 작업이고, 문화적 코드를 연구하는 것은 사회과학의 작업이다. 철학적 맥락에서 볼 때, 전자는 존재론의 작업이고 후자는 윤리학의 작업이다. 두 작업의 종합이 사유 일반을 구성한다. 객관적 선험은 현실세계인가? 그것은 한편으로 선험적 위상을 띤다는 점에서 일차적 현실은 아니다. 그러나 객관적 선험이란 현실 속에 내재하며 그것의 또 다른 심층적 얼굴이라는 점에서는 확장된 의미에서의 현실이다. 넓게 보아 현세계는 감성적 현실과 객관적 선험을 동시에 내포한다.

그러나 인간은 현세계를 '초월'하는 다른 세계를 찾았다. 그것은 가변적이고 지리멸렬한 현세계 너머에서 보다 참된 존재를 찾으려는 지적 호기심에서(다양한 현상들을 주재하는 원리, 이법), 또는 현세계에서는 해결하기 힘든 실존적인 문제를 풀기 위해서(삶에 대한 공포와 죽음에 대한 불안), 또는 현세계 내에서의 권력을 초월적 차원을 통해 정초하기 위해서였다(왕족·귀족과 신들 사이의 혈연관계). 여기에서 초월세계와 객관적 선험의 차원은 구분된다. 객관적 선험은 현세계의 가능조건으로서 현실 속에 내재하지만, 초월세계는 바로 그 객관적 선험을 벗어나는 다른 세계이기 때문이다(전자는 '선험적인=초월론적인' 것이지만, 후자는 '초월적인' 것이다). 이 세계가 인간의 창조물일 뿐인지 아닌지는 또 다른 문제이다.

전통 사회는 기본적으로 이 세상(세계 I)과 저 세상(세계 II)의 이분법에 기반해 성립했다. 그리고 세계 I에서 벌어지는 일들은 세계 II에 근거하는 것으로 이해되었다. 세계 II는 세계 I에 '구현'된다. 전통 사회의 형이상학적 사유에서 일차적인 것은 비-물질적인(현세계를 초월하는) 차원이며(형상, 신, 리 등등) 이 차원이 물질적 차원에 구현됨으로써 현세계가 성립한다. 운동성은 물질의 특성으로 부과되며, 따라서 실체/명사, 성질/형용사, 운동/동사라는 존재론적 위계가 성립한다.[5] 나아가 세계 II는 세계 I에서 벌어지는 일들을 평가하는 가치론적 잣대이기도 했으며, 가치-존재론적 위계가 전통 사회를 지배했다고 할 수 있다. 전통 형이상학에서 중요한 문제는 세계 I과 세계 II의 관계를 해명하는 것이었고, 그 관계의 해명을 통해 현세계에서의 삶

---

5) 후대로 갈수록 이 위계가 전복되는데, 니체와 베르그송 이후의 생성철학들에서 이 전복이 완성된다. 그러나 변화/운동을 사유하려는 시도의 실마리는 플라톤 자신에 의해 마련되었다고 해야 할 것이다. 『소피스테스』, 247e 이하를 보라.

을 정초하는 것이었다.

세계 II에 대한 거부는 근대성을 특징짓는다. 근대적 사유를 특징 짓는 것은 미시세계(와 거시세계)에로의 접근이다. 미시적인 것에 대한 감수성이 현대인을 특징짓는다. 명사·형용사·동사라는 일상 언어적 요소들로 사유하던 전통은 무너지고 전혀 다른 접근법이 도래한다. 이제 사유는 상식의 세계로부터 날아 올라가기보다는 그 아래로 파고 들어간다. 탈-물질적인 것의 물질에로의 '구현'이 아니라 미시적인 것들('~자', '~소' 등등)의 '조합'을 통해서 현실세계가 설명된다(구조주의 역시 근대적인 성격의 과학이지만, 조합의 사유를 사용하지 않는다는 점에서 독특하다. 개별적인 요소들의 조합이 구조를 형성하기보다 구조——변별적 위치들의 체계——가 개별적인 요소들의 '의미'를 결정하기 때문이다). 기구들이 발달할수록 미시세계의 층위는 계속 낮아지게 되며 극한으로 내려간 미시의 세계는 이제 수학적 구조를 통해서만 이해되는 존재들을 드러내고 있다. 때때로 자연과학은 말하자면 수학적 미립자를 사용하는데, 해석학analysis에 의해 한 사물에서의 무한소를 규정하고 적분을 통해 그 사물을 재구성하는 기법은 근대 과학의 핵심에 놓여 있다. 따라서 세계 I에서 발생하는 모든 것들은 미시세계의 운동이 일으키는 효과로서 전락한다.[6] 이 과학기술의 세계를 세계 III이라 할 수 있다(때로 과학기술은 오히려 현세계보다 거시적인 세계를 탐구하는데, 예컨대 천문학이나 진화론이 그렇다).

전통 사회에서 늘 세계 I과 세계 II가 문제시되었다면(형상/리와 질료/기의 관계, 천도와 인도, 본체와 외관, 보편자와 개별자,……의 관계), 근현대 사회에서 언제나 문제가 되어 온 것은 세계 I과 세계 III의 관계이다(미시세계와 현실세계의 관계). 그것은 천문학자들이 계산한 달(또는 화학적으로 분석된 달)과 피가로가 공주의 손톱 크기로 만들어 "따 온" 달의 관계이다. 그런데 세계 II, III이 세계 I을 '외관'으로 전락시켰다고 해도, 세계 II든 세계 III이든 이들이 늘 세계 I과의 관련 하에서 논의되었다는 것은 역설적으로 세계 I이야말로 가장 기본적인 세계라는 것을 말해 주는 것이 아닐까? 예컨대 쿼크를 연구하는 소립자 물리학자도 DNA를 연구하는 분자생물학자도 일상에서는 세계 I의 존재론을 자연스럽게 전제하고서 살아간다. 일상 언어를 사용하는 한에서, 언제나 우리는 (아리스토텔레스에서 그 전형을 볼 수 있는) 상식적 존재론을 전제한다. 형이상학이나 자연과학을 행할 때 세계 II 또는 III을 이야기하다가도 일상으로 돌아와서는 다시 세계 I을 전제한 채 생각하고 말하고 행동한다는 사실, 세계 I을 벗어나는 차원을 모색하다가도 결국 세계 I로 돌아와 살아간다는 사실은 존재론적으로 의미심장하다.[7]

---

6) 이 세계 II와 세계 III은 그 성격이 매우 다름에도 현세계를 다분히 부차적이고 환각적인 차원으로 전락시킨다는 공통점을 가진다. 이 경우 사건, 이미지, 개체같이 현세계를 구성하는 요소들은 그것들을 '넘어서는' 존재들로 환원된다. 이 점에서 예컨대 개체 이상의 본질이나 이하의 본질이 아니라 개체의 본질을 사유한 아리스토텔레스, 둔스 스코투스, 라이프니츠 등등의 사유는 오늘날에도 소중한 가치를 띤다. 다음을 보라. 라이프니츠, 『모나돌로지』, §12.

7) 세계 II와 세계 III도 매우 미묘한 관계를 맺는다. 종교적 세계인 세계 II와 과학적 세계인 세계 III은 얼핏 대립하는 듯하다. 그러나 과학이라는 담론이 기본적으로 넓은 의미에서의 플라톤주의에 기반한다는 것을 생각하면, 문제는 훨씬 복잡하다. 물질성과 현실을 동일시하고 세계 II를 탈물질적 이법의 세계로 생각할 경우, 세계 II와 세계 III은 근접한다. 그러나 세계 II를 비합리적 세계로 생각하는 한, 세계 II와 세계 III은 확연히 구분된다.

현상학은 이런 사실을 민감하게 사유하고자 했으며, 세계 I을 전락시키지 않는 사유를 전개하려 했다는 점에서 현대 사유에서 중요한 의미를 갖는다. 세계 III이 본격적으로 모습을 드러내고 세계 I 자체가 세계 III이 제시하는 미립자들, 함수들, 그래프들로 증발하기 시작했을 때 현상학이 등장한 것은 거의 필연적인 것이었다. 그러나 세계 I을 자체로서 절대화하는 것은 세계 II, III 속으로 세계 I을 증발시키는 것과 마찬가지로 편협한 사유이다. 우리가 보고 사는 이 세계가 그 자체로서 실재라는 생각은 분명한 인간중심주의이기 때문이다. 윅스퀼의 말처럼 종이 존재하는 그만큼 '세계'도 존재한다고 해야 하리라. 중요한 것은 어느 한 세계를 절대화하는 것이 아니라 다양한 세계'들' 각각이 지니는 의미가 무엇이고 이들이 맺는 관계가 어떤 것인가를 사유하는 것이다. 그것이 '존재론'이라는 담론의 역할일 것이다. 근대가도래한 이후 세계 III이 힘을 증폭시켜 가고 있다 해서 세계 I과 세계 II가 소멸한 것은 아니다. 대부분의 선남선녀들은 오늘도 세계 I을 살아가고 있으며(물론 매우 크게 변한 세계 I이지만), 또 종교의 형태로든 주술의 형태로든 형이상학적 이론의 형태로든 세계 II 역시 견고하게 남아 있다. 하나의 세계가 소멸하고 다른 세계가 탄생하는 것이 아니라 세계의 끊임없는 증식이 있을 뿐이다(물론 이 증식은 단순히 우발적인 것이 아니라 인간-주체의 개입을 통해 가능해진다고 해야 한다). 존재론자의 일차적 자격은 이 존재들의 복수성을 복수성 자체로서 받아들이고 사유하는 태도와 능력이다.

어떤 세계를 사유하든 분명 세계 I이 인간의 원초적인 현실인 점은 변함이 없다. 그러나 중요한 것은 문명이 발달하고 역사가 쌓여 갈

수록 세계 I 안에 세계 II와 세계 III이 점점 복잡하게 얽혀 든다는 사실이다. 때문에 세계 I(생활세계)은 실체화될 수 없으며 역사적 지평 위에서 변해 가는 그대로의 모습으로 포착되어야 할 것이다. 오늘날 이 세계 I의 전체적 모습을 크게 변형시키고 있으며 앞으로도 부정하기 힘든 힘으로 스며들리라고 예상되는 또 하나의 세계가 생겨났다. 세계 III이 세계 I에 침투시킨 대표적인 존재인 '기계'와는 또 다른 성격의 존재들, 즉 네트워크, 영상 이미지들, 인터넷, 가상현실 등등이 침투시키고 있는 새로운 어떤 세계이다. 'Virtual reality'라는 말이 가리키듯이 이 현상들은 오늘날 또 하나의 현실이 되었다. 이 세계를 가상세계, 세계 IV라 부를 수 있다. 오늘날의 존재론적 사유는 이제 기존의 세 세계와 더불어 가상세계를 사유해야 할 시점에 도달했다.

가상세계의 존재론

가상세계는 얼핏 문화적(가상공간, 인터넷 등등), 오락적(예컨대 전자오락) 차원에서 우리 삶에 스며들고 있는 것으로 보인다. 그러나 오늘날 전쟁이 가상세계를 매개해 이루어진다는 것, 자본주의의 메커니즘에서 사이버공간이 중요한 역할을 한다는 점을 생각하면 사태는 다르다. 기술은 전쟁과 자본에 연결될 때 심각한 문명사적 의미를 띠기 때문이다. 이 점에서 가상세계의 존재론은 현대, 나아가 미래의 운명을 다루는 존재론이다.

　가상세계는 컴퓨터의 발달이 전방위 정보교환체계의 구축(인터넷에서 오늘날의 SNS까지)과 환각적 지각 상황의 창출(가상현실)의 단계에 도달했을 때, 현실적인 무엇으로서 등장했다. 즉, 현실세계를 형성하는 한 요소로서 등장했다. 그리고 그것이 어떤 방식으로 변해 갈지는 예측 불가능하다. 그러나 가상세계는 과연 전혀 새로운 세계일까? 사실 가상세계는 인류의 역사를 줄곧 동반해서 인간 존재의 한 얼굴을 형성해 온 세계이다. 그것은 바로 꿈과 상상의 세계이다. 가상세계는 세계 I과 다르다. 그것은 세계 I을 지배하는 인과법칙에 지배되지 않는다. 강호의 고수들이 공중을 훨훨 날아다니고, 용이 뿜어내는 불이 사방을 태우고, 허여멀건 영혼들이 우글거리는 그런 세계이다. 인간이 꿈, 상상, 가능과 더불어 살아가는 존재인 한, 가상세계의 역사는 인류의 역사와 동외연적이라고 해야 하리라. 이 가상세계들은 라이프니츠가 신학적 구도하에서 생각한 가능세계이기도 하다. 그리고 이때의 'virtual=possible'(따라서 이때의 'virtual'은 들뢰즈적 뉘앙스에서의 잠재적이 아니다)은 현대적 감각으로는 'imaginary'에 해당한다고 해야 할 것이다.

　그러나 가상세계는 역설적으로 그것이 현실세계에 스며들 때에 비로소 가상세계로서 존재하게 된다. 우리가 살아가는 세계('세계'라고 믿고 있는 그것)가 전적으로 가상세계라면, 가상세계라는 말은 의미가 없다. 이때 가상세계라는 말과 현실세계라는 말은 변별되지 않는다. 가상세계는 그것이 현실세계의 어떤 한 층위를 이룰 때, 그래서 현실세계와 변별되는 점을 뚜렷이 드러낼 때 가상세계로서 (존재론적으로) 인식되고 또 (사회학적으로) 인정된다. 현실세계와 변별되는 한에서의 가상세계는 이미지의 세계이다. 현실세계가 물질성을 떠나서는 생각될 수 없다면, 가상세계는 물질성을 떠난(물론 가상세계를 가능하게 하는 기계장치들은 별개의 문제이다) 이미지들의 세계이다. 이미지들이 마치 그 뒤에 물질이 존재하는 것처럼 조직되어 일관성 있는 세계를 형성할 때 가상세계가 성립하며, 그 가상세계와 물질성을 갖춘 현실세계가 뚜렷이 변별될 때 두 세계의 구분이 가능하다.

세계 IV는 세계 II와도 다르다.[8] 가상세계는 비-물질적 세계이지만 물질을 떠나 존재할 수 없는 비트의 세계이다. 세계 II는 물질성의 측면에서 세계 I과 대비된다. 최초의 기독교 호교론자들 중 한 사람인 오리게네스가 맨 처음 하려 했던 일은 신의 비-물질성을 증명하려 한 것이었다. 세계 II는 초월세계, 즉 시간·공간·인과를 초월하는 세계이다. 가상세계 역시 비-물질적 세계이다. 그러나 가상세계는 물질성을 초월한 세계가 아니라 오히려 물질성에 의존하는 세계이다. 가상세계는 기술적 조작의 산물인 것이다. 초월세계는 인과를 초월하지만, (자체 내에서 인과를 초월하는) 가상세계는 역설적으로 철저히 인과적인 물질적 법칙성에 기반한다.

가상세계는 이성과 불연속적 자기동일자가 지배하는 세계가 아니라 욕망과 이미지의 흐름이 지배하는 세계이다. 플라톤의 경우 이데아의 세계는 물질세계에 구현되기 이전에 자족적으로 존재하는 세계로서, 그것은 또한 '누스'(이성)의 세계이기도 하다. 이 세계는 순수한 형상들의 세계이다. 형상들은 타자와 섞이지 않기 때문에 각각 불

---

8) 두 세계를 관련시키는 논의로 예컨대 마이클 하임, 『가상현실의 철학적 의미』(여명숙 옮김, 책세상, 1997)를 보라. 하임은 여기에서 가상현실을 플라톤주의와 연결시키고 있다. 그러나 이는 적절한 생각이 아니다. 세계 II와 세계 IV는 일면 상통하기도 하지만, 여러 면에서 크게 다르기 때문이다.

연속을 형성하며 각자의 자기동일성을 가지고서 존재한다. 형상들은 즉자적으로 존재하며 변화하지 않는다. 반면 가상세계는 현실세계에서 채워지지 않는 꿈과 상상이 분출하는 욕망의 공간이다. 현실세계에서의 불가능 또는 잠재성을 현실적인 것(으로 여겨지는 것)으로 만드는 장치가 가상세계이다. 이 세계에서 이미지들은 끝없이 연속적으로 변이되기도 하고, 빠른 속도로 흘러가기도 하고, 마구 뒤섞이기도 한다. 이 세계는 이미지들이 명멸하고 흐르는 세계이다. 초월세계가 영원한 관조의 세계라면, 가상세계는 순간적 현혹眩惑의 세계이다.

마찬가지로 세계 IV는 세계 III과도 다르다. 후자가 입자들의 세계라면 전자는 비트의 세계이다. 세계 I에 주어지는 물리적 세계는 고체들과 유체들의 세계이다. 나무, 돌 같은 고체와 물, 공기 같은 유체는 현상학적으로 전혀 다른 의미를 함축한다. 그러나 과학은 이런 차이를 피상적인 것으로 만들며, 모든 형태의 물체들을 입자들로 환원해 파악한다. 고체역학과 유체역학의 구분, 고체와 유체의 화학적 구분이 있지만, 자연과학은 궁극적으로 입자설의 형태를 취하며(입자의 개념이 양자역학 이래 아무리 크게 변했다 해도), 거시적인 성질들에서의 차이는 미시적 메커니즘의 부대 효과일 뿐이다. 과학은 이 물질적 존재들을 전제하며, 공간을 차지하고 질량-에네르기를 갖추지 않은 물질이란 개념적 모순을 함축한다. 반면 비트는 공간과 질량-에네르기를 갖춘 물질이 아니다. 그것은 비-물질적인 정보의 단위이며, 물질로부터 파생하지만("철수가 밥을 먹었다"는 정보는 일정한 물질적 변화의 표면효과로서 존재한다) 물질로 환원되지는 않는 존재이다. 비트의 세계가 물질의 세계에 기반하는 것은 사실이지만, 두 세계는 분명하게 구분된다.

그러나 세계 III과 세계 IV 사이의 가장 기본적인 차이는 물론 세계 III이 과학에 의해 발견되는 사물들의 세계라면 세계 IV는 기술에 의해 만들어지는 허구적인 세계라는 점이다. 이 점에서 세계 I에서의 기술과 세계 IV에서의 기술은 다르다. 현실세계에서의 기술은 물리적 법칙에 따라야 하며, 나아가 경제적, 법적, 정치적 조건들에 따라야 한다. 현실세계에서의 기술은 이중적 의미에서 제한을 받는다. 반면, 세계 IV에서 기술은 물론 도덕적-법적 제한을 받기는 하지만 존재론적으로는 어떤 제한도 받지 않는다. 그것은 "모든 것이 가능한 세계"이다. 세계 I에서 기술이 실패하면 쓰레기더미가 쌓이거나 인명까지도 위협받는 데 비해, 세계 IV에서 기술(이 경우는 소프트웨어)이 실패했을 경우에는 지워버리고 다시 만들면 그만이다.[9]

또, 세계 III이 사물/물체의 세계라면 세계 IV는 이미지/사건의 세계이다. 물체는 자체로서는 질량과 에네르기를 함축하며, 인간에게는 신체와 일정한 역학적 관계를 맺는 대상이자 더 넓게는 인간의 신체가 그 안에서 살아갈 수밖에 없는 물질적 환경이다. 신체는 물체들 중 하나이며 물체들에 의해 압도당한다. 신체의 미약함을 극복하기 위해

---

9) 때문에 가상현실에 중독되어 살아가는 사람은 현실세계와 가상세계의 엄연한 차이를 보지 못한 채 마치 마약을 먹은 듯한 몽롱한 상태에서 살아가게 된다. 그러나 보다 넓게 말해서 가상세계까지 가지 않더라도 거짓말, 엉터리 소문, 영상, TV 방송, 신문과 잡지 등을 비롯한 숱한 불량 정보들에 중독되어 살아가는 현대인은 근본적으로 인식론적 환영 속에서 살아가고 있다고 할 수 있다. 사람들은 현실 속에서 심각한 사태가 벌어져도 (예컨대 세계무역센터에서의 테러) 그것을 영화나 게임과 혼동한다. 이미지가 현실을 갉아먹고, 삶은 몽롱한 꿈으로 변한다. 현대란 '환'(幻)의 시대이다.

만들어진 기계들은 또한 다른 방식으로 신체를 에워싼다. 반면 사건과 이미지의 세계는 꿈과 상상력의 세계, 순간적으로 나타났다가 사라지는 그러면서도 연속적 흐름을 이루는 차원이다. 세계 IV에서의 이미지와 사건은 실체들의 표면에서 솟아오르는 존재들이 아니라 실체들로부터 벗겨져서 별개의 차원을 이루는 존재들이다(이들의 존속을 가능케 하는 물체적 장치들은 별도의 문제이다). 그리고 그 안에서 물리법칙이 더 이상 통용되지 않는 심상心像들의 세계이기도 하다. 이 점에서 세계 IV의 탄생은 신체의 제약을 벗어나 (더 이상 상상이 아닌) 현실 같은 가상세계에서 마음껏 살아가고 싶은 욕망을 반영한다.

이 점에서 세계 III이 이중인과[10]에 의해 지배되는 세계라면, 세계 IV는 오직 사건들 사이의 계열화만이 지배하는 세계이다. 실체의 표현으로부터 이미지들/사건들이 발생하는 현실세계의 인과에서는 비-물질적인 것이 물질적인 것(아니면 최소한 물질적 측면을 포함하는 실체적인 것)에 일차적으로 지배받지만, 가상세계에서는 이런 지배가 의미를 상실한다. 따라서 가상세계에서는 이미지들/사건들의 자유자재의 계열화를 통해서 무수한 '의미'들이 생성한다. 실재에의 참조가 필요 없는 가상세계에서는 의미들의 검증이란 무의미하며 오로지 의미들의 조합들만이 문제가 된다. 이것이 가상세계에서 "모든 것이 가능한" 이유이다. 그러나 가상세계란 신이 없는 세계가 아니라 있을 수

---

10) 이중인과의 개념은 물체들 사이의 인과와 사건들 사이의 인과를 구분하는 스토아철학과 실체의 표현과 변양태들끼리의 인과를 함께 함축하는 『에티카』의 인과 개념이며, 들뢰즈의 『의미의 논리』(계열 14)에서도 전개된다.

없는 세계이다. 모든 의미는 주어지는 것이 아니라 인간에 의해 조작되는 것이기 때문이다.

가상세계의 '존재'에 있어 가장 역설적인 것은 그것이 탈-물질적인 자유의 세계이면서도 동시에 거대한 테크놀로지의 산물이고 따라서 그에 전적으로 의존한다는 것이며, 또 훨훨 날아다니는 꿈과 상상의 세계이면서도 철저하게 자본의 지배를 받는 상품의 세계라는 것이며, 또 국적과 이데올로기를 초월하는 듯한 세계이면서도 철저하게 미국을 중심으로 하는 특정 문화권의 장 속에 들어 있다는 점이다. 요컨대 가상세계는 현실세계와 유리될(되었다고 착각할) 때 꿈과 자유의 공간으로 여겨지지만, 실제 현실세계와 유리될 수 없으며 따라서 왜곡된 유리의 구조 속에서 존재한다는 점이다. 이 점에서 (대부분의 젊은이들처럼) 가상세계의 향유에만 몰두하고 그 향유 아래에 깔려 있는 정치-경제학적 상황을 잊어버린다면, 그것은 결국 테크놀로지와 자본, 미국과 대중문화의 지배를 더욱 가속화하는 데 일조하는 것이 될 것이다.

가상세계에서의 주체

만일 세계 IV가 상상의 세계와 유사한 세계라면 가상세계는 사실 현실세계와 나란히 잠재적으로 존재해 왔다고 해야 할 것이다. '호접몽' 胡蝶夢의 이야기는 이 사실을 극명하게 보여 준다. 오늘날에 와서 달라진 것은 이 세계가 테크놀로지의 발달에 힘입어 '현실'이 되었다는 사실이다. 따라서 'virtual reality'에서 중점은 오히려 'reality'라는 말에 있을 것이다. 그러나 이 말은 과거보다는 차라리 미래를 바라보고 있다. 잠재적 가상이 현실적 미래가 되리라는 생각이 이 말에 스며들어 있기 때문이다. 그런 가정(어떤 사람들에게는 기대)에 설득력을 불어넣기 위해 저 멀리에서 현재를 끌어당기는 미래, 그 미래는 어떤 에너지로 그런 힘을 발휘하는가. 말할 필요도 없이 자본주의는 기술에 그 '존재 이유'를 부여하며(현대의 입구에서 기술은 자본주의를 변모시켰다. 오늘날 관계는 역전되어 자본주의가 없는 기술은 존립할 수 없게 되었다. 시간은 때때로 관계를 역전시킨다), 미래에로 갈라져 달려가는 시간-선들을 평정하려 한다. 미래, 그것이 기술-자본이 지배하는 세계에로가 아니라 다른 어떤 세계에로 이어지는 시간의 철로를 달리리라고 현재로서는 거의 생각하기 힘들다.

가상'현실'이 되기 이전에 상상의 세계는 어디에 존재했을까? 가상세계는 어디에 잠복해 있다가 이 세계로 불쑥 나타난 것일까? 그것은 심상의 세계에서 현상의 세계로 뚫고 나왔다. 즉, 마음속 이미지들의 세계에서 현실 이미지들의 세계로 전환된 것이다. 놀랍게도 가상세계의 고향은 마음이다. 그러나 그 고향은 더 근본적인 고향으로부터 이주해 옴으로써 생겨난 고향인 듯이 보인다. 애초에 이미지들은 현실세계에서의 현실적(원한다면 물리적) 변화로부터/와 함께 생성하는 것이기 때문이다.[11] 가상세계는 현실세계라는 낯선 세계에 처음으

---

11) '~로부터'의 입장을 취할 때 독립적인 인식 주체를 가정하고 '겪음'을 통해 관념들/이미지들을 만들어 가는 경험론의 장에 서게 되고, '~와 함께'의 입장을 취할 때 연장-속성과 사유-속성의 동시적 표현(스피노자, 『에티카』, 2부, 명제 7)이라는 스피노자적 사유의 장에 서게 된다.

로 부딪치는 것이 아니다. 그것은 그것이 처음으로 생성되었던 저 아득한 고향으로 다시 돌아오는 것이다. 가상세계를 구성하는 모든 요소들은 현실세계의 그 어딘가에서 생성했고 누군가의 마음속에 맺힌 그런 모습들인 것이다. 물론 기술의 급속한 발달은 현실 속에서는 결코 경험할 수 없는 이미지들을 창출하고 있지만 말이다.

심상의 세계에서 이미지들은 자유자재로 움직인다. 그러나 마음의 울타리를 벗어날 수는 없다. 현실의 세계에서 사물들은 안정된 질서를 유지한다. 그러나 바로 그 때문에 마음을 가진 인간에게는 때로 갑갑하게 다가온다. 그래서 사람들은 현실 속에 외화外化된 비현실적 이미지들을 그토록 좋아한다. 그것은 현실 속에 있지만 현실을 벗어나기 때문이다. 전통 철학자들이 세계 인식에 있어(그것이 세계 I이든 세계 II이든) 상상작용을 그토록 경계한 이유가 여기에 있다. 상상이란 일종의 꿈이다. 우리의 의식이 객관적 대상에 몰입할 때 꿈이나 상상은 위축되며, 역으로 꿈이나 상상에 몰입할 때 대상에 대한 주목은 흐려진다. 그런데 만일 가상세계가 마음속에 있던 꿈과 상상의 세계를 외화한 것이라면, 그 세계에 몰입할 때 우리는 현실을 대하고 있지만 사실상 꿈꾸고 있는 것이다. 깨어 있는 세계에서는 맨 정신이 그러한 몰입을 자꾸 저지한다. 그래서 이미지를 파는 산업은 어떻게든 사람들을 백일몽白日夢의 상태로까지 이끌 수 있는 강렬한 가상을 개발하려 한다. 그 기법은 소설에서 영화로 다시 가상 게임으로 진화해 왔다. 사람들은 의식의 훈계를 피하고 싶어 하는 법이다.

심상이 심상 자체로서 머물 때, 우리는 그 심상이 진짜가 아니라는 것을 안다. 왜인가? 심상을 가지고 노는 나와 자신이 심상을 가지고 놀고 있다는 것을 아는 내가 공존하기 때문이다. 내가 의식/맨 정신의 눈초리를 피해서 이미지의 세계에 빠지려면 그 이미지가 내 바깥에 존재해야 한다. 바깥의 대상에 몰두할 때 우리는 그렇게 몰두하고 있는 자신(의 의식)을 상실할 수 있기 때문이다.[12] 그래서 가상세계의 성공은 얼마나 사람들의 "얼을 빼놓을 수 있는가"에 달려 있다. 지루한 영화와 박진감 넘치는 영화는 사람들의 얼을 빼낼 수 있는 급수가 다르다. 대중적인 차원에서 말해, 추상적인 소설은 현란한 영상에 자리를 내주었고 이제 영상을 대체할 수 있는 새로운 얼-빼기-장치들이 속속 선보이고 있다. 그 극한은 자신이 어떤 가상세계에 들어가 있다는 것을 전혀 의식하지 못하는 '매트릭스'의 세계일 것이다. 이 세계에서 현실의 몸은 사라지고 알고리듬으로 화한 '마음'만이 존재할 것이다. 여기에서 마음은 한 개체와 동일시된다.

우리의 감각은 수시로 이성의 검열을 받는다. 그러나 가상세계가 기술적으로 완성될 경우, 우리의 감각은 이 세계에로 완전히 용해될 것이고 따라서 지금의 의식을 대신할 새로운 의식이 탄생할 것이다. 콩디야크의 입상立象이 보여 주었듯이, 의식 자체가 감각을 떠나서는 존재할 수 없기 때문이다. 그때에 세계 I에 존재하는 '나'와 세계 IV에 존재하는 '나'가 연속성을 가질지는 예측하기 힘들다. 소설이나 영화

---

12) 이른바 "도를 닦을" 때 우리는 정반대의 방향으로, 즉 우리 마음 저 깊은 곳으로 눈길을 밀어 간다. 그러나 묘하게도 이때 역시 우리는 의식/맨 정신을 잃어버린다. 우리의 말 짱한 의식이란 철저한 외면화와 철저한 내면화의 사이에서만 성립하는 것으로 보인다. 그래서 맨 정신으로 살아간다는 것은 간단하지 않다. 그것은 헬리콥터 조종사들이 말하는 것 같은 균형을 요구하기 때문이다. 우리의 의식은 어떤 안정된 존재라기보다는 늘 자기도 모르게 균형을 잡으려 노력하면서 안팎을 오라가라하는 존재이다.

가 끝나면 우리는 현실로 돌아온다. 그러나 가상세계에 간 나는 그 세계가 끝났다는 것을 어떻게 알 수 있을까? 현실의 나와 가상세계 속의 내가 공존할 경우 가상세계는 불완전하다. 가상세계가 완벽할 경우, 현실의 나 바깥에서 누군가가 기계 조작을 하지 않는다면 진짜 나와 절연된 '나'는 영원히 그 세계 속에 머물 것이다. 고도로 발달한 가상세계에 들어간다는 것은 현실세계에서 죽는 것과도 같다. 가상세계가 꿈의 세계와 비슷한 것이 이 점에서도 확인된다. 그 가상세계 속에서 '나'가 행복하다/불행하다 해도 현실의 나는 행복하지/불행하지 않다. 왜냐하면 행복/불행이란 행복한/불행한 나와 그 행복/불행을 확인하는 나가 공존할 때에만 성립하기 때문이다.

사람들은 집 안팎을 드나들고, 직장의 안팎을 드나든다. TV에 몰입했다가 다시 일에 몰두하기도 하고, 향락의 세계에 빠져 허우적거리다가 정신 차리고 가정에 충실하기도 한다. 더 추상적 차원에서, 물리학의 세계에 몰입하다가 시의 세계에 몰입하기도 하며 어둡고 우울한 세계에 들어갔다가 다시 밝고 명랑한 세계로 나오기도 한다. 산다는 것은 드나드는 것이다. 이러한 드나듦의 가장 근본적인 형태는 여러 세계들 사이를 드나드는 것이다. 무당이나 사제들은 세속세계와 성스러운 세계를 드나든다. 과학자들은 거시세계와 미시세계를 드나든다. 세계 I과 세계 IV 사이를 드나드는 것이 현대인의 일상생활이 되었다. 세계 II와 세계 III으로의 드나듦이 소수의 사람들에게 국한되는 행위라면, 세계 IV로의 드나듦은 적어도 현대식 도시에서는 대중적인 일상사가 되었다.

드나듦은 드나드는 주체의 변화를 함축한다. 한 주체는 드나듦을 통해 조금씩 변해 간다. 하나의 공간에서 다른 공간으로 계속 이동해 가면서 주체는 때로는 크게 때로는 작게 변한다. 물론 경계선들이 갑작스럽게 다른 주체를 만들진 않는다. 기질과 기억이 존재하기 때문이다. 그럼에도 주체는 드나듦을 통해서 변해간다. 만일 오늘날의 세계가 세계 I과 세계 IV의 드나듦을 통해서 성립한다면, 주체들 또한 그 드나듦을 통해 형성되고 변환됨에 틀림없다. 드나듦이 원활치 못할 때 빠짐이 성립한다. 그래서 사람들은 도박에 빠지고, 주색에 빠지고, 마약에 빠지고, 또 가상세계에 빠진다. 삶의 원활한 역동성은 상실되고, 드나듦의 균형 감각은 점차 초점을 잃어 간다. 가상세계에서의 인식과 감정이 자꾸 현실세계에 투영된다. 가상세계에서의 나와 현실세계에서의 나 사이에 점차 깊은 골이 패인다. 주체들은 여러 세계들 사이에서 분열증을 앓는다.

시뮬레이션과 번역의 문제

분열증이란 번역의 문제이기도 하다. 한 주체는 시간 속에서의 변화와 기억을 통한 동일성의 보존이라는 두 모순된 측면을 동시에 안고 살아간다. 변화만이 있을 때 정체성은 상실되고 극단적으로는 오직 현재만을 살아가는 하루살이가 되지만, 동일성만이 있을 때 시간과 변화를 포용하지 못한 채 딱딱한 기계가 된다. 한 주체는 변화와 기억의 쉼 없는 종합을 통해 자신의 정체성을 가꾸어 나간다. 그것은 곧 다양한 세계'들'을 가로지르는 과정이기도 하다. 한 세계에서 다른 세계로 건너갈 때(세계라는 말을 넓게 사용할 경우, 학교라는 세계에서 공부하다가 길거리라는 세계로 건너가는 경우도 역시 건너감이다), 주체의 크고 작은 변화가 일어나며 그 변화를 어떻게 종합하느냐에 따라 그 주체의 정체성이 끝없이 변형된다. 그 종합이 등질적 연속성으로 갈 때 기계가 되고, 단적인 불연속으로 갈 때 하루살이가 된다. 우리는 정체성에서의 강한 불연속을 분열증의 문제로 볼 수 있다.

불연속이 있는 곳에, 즉 분기가 있는 곳에 분열이 존재한다. 그리고 그런 분열을 앓는 주체에게 분열증이 존재한다. 보다 넓은 맥락에서, 한 가족이 분열증을 겪을 수도 있고(예컨대 거의 대화하지 않는 부부), 한 국가가 분열증을 겪을 수도 있다(예컨대 전라도와 경상도의 분열). 분열이란 소통의 부재에서 기인하며(이전의 자기와 지금의 자기 사이의 소통 부재, 집단들끼리의 소통 부재 등등), 소통의 부재란 곧 번역의 부재를 함축한다. 모든 소통이란 번역의 과정이기 때문이다. 우주의 모든 것은 복잡한 번역의 체계로서 존재하며, 번역이 되지 않을 때 문제가 발생한다.

번역이란 무엇인가? 번역이란 한 의미체계를 다른 의미체계에 대응시키는 방식이다. 하나의 의미체계는 서로간에 일정 정도 정합성을 형성하는(아니면 정합적이고자 하는) 기호체계와 그 기호체계가 '뜻하는' 의미들의 체계, 그리고 그 기호체계가 '지시하는' 사물들의 체계로 구성된다. 기호·의미·사물들이 형성하는 일정한 장을 하나의 의미체계라 볼 수 있다. 우리는 이런 의미체계를 '세계'라 부를 수 있다. 하나의 의미체계를 다른 의미체계로 번역한다는 것은 일차적으로 하나의 기호체계를 다른 기호체계로 변환시키는 작업이다. 그러나 이런 번역은 동시에 각 기호체계가 뜻하는바 의미들의 번역이며, 동시에 각 기호체계가 지시하는 사물들의 번역이기도 하다. 요컨대 번역이란 궁극적으로 세계들 사이에서 성립한다. 우리가 하나의 세계에서 다른 세계로 건너갈 때, 거기에는 반드시 번역이 개입한다. 도서관에서 운동장으로, 물리학에서 철학으로, 배구에서 야구로, 미국에서 한국으로, (타임머신이 존재한다면) 21세기에서 19세기로 등등, 이 무수한 건너-감들은 두 세계가 갈라서는 접면接面에서의 번역을 매개로 하는 것이다.

이 매개는 다면적이다. 번역이란 일차적으로/표면상 기호들의 번역이다. 다양한 책들이 서로 다른 언어로 번역된다. 그림이 음악으로, 몸짓이 그림으로, 표정이 언어로,…… 번역된다. 기호들의 번역은 각 기호들에 상관적인 세계들의 번역이다. 그러나 많은 경우 번역은 왜곡과 단절을 포함한다. 'Pear'를 '배'로 번역하지만, 'pear'가 지시하는 과일과 '배'가 지시하는 과일은 꽤 다르다. 한 사람의 표정은 종종 엉뚱하게 번역된다. 누군가의 말이 다른 사람의 마음에 의해 굴절되어 이해된다. 번역이란 오해와 왜곡, 변형을 필연적으로 내포하는 것이다. 번역은 때로 단절되기도 한다. 한 세계와 그 상관자인 기호는 다른 세계와 그 상관자인 다른 기호로 전혀 번역되지 않을 수 있다. 현대 과학에 드리워져 있는 미시세계와 거시세계의 단절은, 비록 프리고진을 비롯한 많은 사람들이 그 단절을 메우려 했음에도, 필연적으로 우리에게 인식론적 혼란을 가져온다.

원활한 번역과 더불어, 많은 세계를 가로지르면서 살아간다는 것은 곧 여러 언어로 사유한다는 것을 함축한다. 철학 개념들과 미술 등에서 나타나는 감각적 존재들을 양방향으로 번역할 수 있는 사람은 두 세계를 넘나들면서 살 수 있다. 헬라어와 한글을 동시에 하는 사람은 두 세계를 넘나들 수 있다. 좀더 근본적으로 자신의 정체성을 가꾸어 나아가는 것 역시 번역의 문제이다. 자신의 체험들 사이에서 번역할 수 없을 때, 그것들 사이에 다리를 놓아 소통시킬 수 없을 때 분열증과 편집증이 도래한다. 하나의 세계-언어에 갇힐 때 편집증이 도래하며, 계속 변하는 세계들-언어들 사이에서 번역할 수 없을 때 분열증이 찾아온다. 편집증과 분열증은 결국 번역의 문제인 것이다. 정체성을 가꾸는 것은 '하나의 나'를 키워 나가는 것이 아니라(그것은 열정적인 편집증이다) '여러 나들' 사이를 번역을 통해 가로지르는 것이다. 그런 역동적 정체성만이 분열증과 편집증을 극복할 수 있다.

시뮬레이션은 현실세계를 번역한 가상세계이다. 시뮬레이션의 주체는 가상세계와 현실세계를 드나들면서 번역을 통해서 두 세계를 관련시킨다. 번역이 원활하게 되지 않을 때 가상세계에 중독되거나 현실세계를 절대화하게 된다. 현실세계의 진짜와 가상세계의 가짜는 서로 번역된다는 점에서 절대 모순을 형성하지 않는다. 가짜 헬리콥터는 진짜 헬리콥터와 번역된다는 점에서 그 나름대로의 실재성을 지닌다. 그것은 현실적인 것은 아니지만 그럼에도 실재적인 것이다. 시뮬레이션은 'actuality'라는 실재와 'virtuality'라는 실재를 번역하는 작업이다. 그것은 진짜 같은 가짜를 만들어내고, 그 진짜 같은 가짜를 통해서 진짜를 새롭게 이해하는 기법이다.

이렇게 진짜 같은 가짜를 만들어내는 가상 조작(시뮬레이션)에는 두 가지 방식이 존재한다. 첫번째 방식은 인류가 줄곧 사용해 온 방법이고, 두번째 방법은 아직 실현되지 않은 전혀 다른 방법이다.『수

호지』에서 공손룡은 축가장과의 전투를 비롯한 여러 전투에서 생생한 이미지들의 창출을 통해 적을 무찌른다. 공손룡은 하늘을 어둡게 만들고 저 위로부터 무수한 뱀들, 용들, 괴물들이 쏟아져 내려오는 이미지들을 조작함으로써 적들로 하여금 혼비백산하게 만든다. '혼비백산'魂飛魄散은 곧 우리의 의식이 자기를 상실하고 외적 이미지들의 장에 사로잡혀 흩어짐을 표현한다. 인류는 이렇게 보다 생생한 이미지들을 만들어내는 무수한 장치들을 제작해 왔다. 인간 자신이 그러한 이미지로 변장하는 경우(연극)에서 시작해 그림자놀이, 거울놀이 등을 거쳐, 영상 기법은 획기적인 방식으로 이미지 산출의 새로운 장을 열었다. 현재의 영상은 전후좌우상하 중 어느 한 면에 고정되며, 감상 주체와 명확한 거리를 갖는다. 만일 우리를 온통 둘러쌀 수 있는 영상이 개발된다면, 오로지 촉각만이 진짜와 가짜를 구별해 줄 것이다. 영상에 후각·미각 등이 덧붙여진다면(지금 이 단계의 기술이 개발되고 있다) 더 생생한 시뮬레이션이 가능할 것이다. 그러나 이런 기법이 아무리 발달해도 가상세계는 우리의 바깥에 존재한다.

그런데 생리학적으로 보면 시각이미지 등도 결국 뇌에 의해 통제된다. 따라서 가장 고도화된 이미지 조작은 뇌를 직접 조작하는 경우이다. 즉, 어떤 이미지를 우리 앞에 펼치는 것이 아니라 뇌 안으로 그대로 주입하는 경우이다. 만일 컴퓨터를 우리 뇌에 직접적으로 연결시킬 수 있다면, 컴퓨터의 모든 내용은 우리 뇌에 그대로 입력될 것이다(더 정확히 말해, 번역된다). 또 거꾸로 우리 뇌의 내용물들은 컴퓨터를 통해서 바깥으로 유출될 수 있다. 이런 전뇌화電腦化 개념은 이미지 조작의 궁극적인 형태이다. 디지털 기술, 생체역학, 미세 기계공학 등의 발달이 결국 지향하는 것은 전뇌화의 세계라고 할 수 있다. 이때 심상과 외상外像은 일치하게 되며, 머릿속의 상상과 머리 바깥의 시뮬레이션이 일치하게 된다. 이럴 경우 한 인간의 내면이 외화되고 조작되는 지경에 이를 것이다.

그러나 어떤 경우라 해도 다른 세계들이 세계 IV로 환원되는 것은 아니다. 고도로 조작되는 가상세계도 결국 다양한 기계장치들을 필요로 하고, 그 장치들이 놓여 있는 것은 현실세계이기 때문이다. 그리고 시뮬레이션을 실시하는 인간들 역시 현실세계 속에 놓여 있다. 결국 현실세계와 물리적 세계(과학기술의 세계) 그리고 가상세계는 서로를 번역한다. 전자메일을 보낼 때, 보내는 사람의 마음은 일정한 전자 장치들로 번역되고 그렇게 번역된 세계가 다시 받는 사람의 마음으로 번역된다. (모든 세계들을 포괄하는) 세계는 번역의 복잡한 체계이다. 존재론적으로 서로 다른 존재들이 늘 상호 번역되면서 소통이 이루어진다(일상적인 번역은 너무나 자연스럽고 순간적이어서 '번역'이라는 말이 어색할 정도의 번역에 기초한다), 모든 세계들은 세계 자체(직관적으로 말할 때의 하나의 세계)의 얼굴들이다. 그리고 그 얼굴들은 번역을 통해 서로 소통한다. 이 얼굴들이 서로 교차하는 곳이 'inter-face'이다. 현대 문화의 복잡성은 이 접면들의 복잡성에서 유래한다.

시뮬레이션이 가능하려면 심리차원과 현실차원, 논리차원, 이미지차원 등이 서로 번역 가능해야 한다. 사람의 생각이 알고리듬으로 번역되고, 그것이 이미지로 번역되고, 또 그 이미지가 현실적 사물들로 번역되어야 한다. 문화란 복잡한 번역의 체계이다. 컴퓨터 발명의 진정한 의미는 새로운 기계의 발명에 있다기보다 새로운 언어의 발명에 있다. 즉, 지금까지의 언어와는 다른 언어의 발명인 것이다. 이런 언어들을 연결시키는 것이 접속이다. 접속이란 세계와 세계가 만나는 곳에서 이루어진다.

여러 세계 속에서 살아가기

세계의 일정한 정립은 곧 주체의 일정한 정립을 함축한다. 세계 I 속에서 인간은 자연이 본래 함축하는 조직화의 양태들을 당연한 것으로 받아들이고 살아간다. 거기에서 인간은 다른 사물들과 자연적 생리학이 부여한 그대로의 삶을 살아간다. 물론 이런 세계는 추상일 뿐이며, 인간이 '인간'으로서 등장했을 때 이미 세계 II는 존재했다. 세계 II를 전제할 때 주체는 일정한 이법/섭리의 산물이 되며, 삶이란 인간을 넘어서는 초월적 힘을 따를 때 정당한 것이 된다. 오늘날에도 많은 사람들이 이런 세계-주체 구조 속에서 살아간다. 세계 III이 점점 힘을 얻어 감에 따라 인간은 물리세계로 점차 환원되었으며 과거에 존재했던 의미와 가치들은 빛을 잃어 갔다. 여기에서 주체는 결정론적인 구도 속에서 해체되며 목적이나 의미는 환상으로 자리매김된다. 세계 IV가 등장하면서 인간은 세계 I(그러나 이때의 세계 I이란 이미 세계 II, III이 복잡하게 스며든, 그리고 계속 변해 가는 현실이다)에서의 힘겨운 삶을 가상 조작을 통해서 벗어나고자 하며, 새로운 '세계' 자체를 만들어내고자 하는 욕망에 사로잡히게 된다.

그러나 초월세계, 미시세계, 가상세계도 결국 현실 속에 어떤 형태로 자리 잡을 때에만 그 의미를 보다 분명하게 드러낸다. 초월세계를 논하는 모든 담론, 제도적 장치들, 사람들은 현실세계 속에서 존재한다. 미시세계를 논하는 사람도 자기의 세계를 잠시 접어놓는 순간 현실로 다시 돌아온다. 가상세계 역시 현실세계에서의 기술, 기계장치, 자본, 인간들이 만들어 놓은 세계이다. 어떤 세계가 도래하든 가장 근본적인 세계는 현실세계이다. 그리고 다른 세계들은 결국 현실세계의 역사 속에서 도래한 새로운 차원들이다. 그리고 앞으로 도래할 어떤 세계들도 결국 현실세계의 역사 속으로 편입될 것이다. 현실세계와의 끈을 놓친 채 다른 세계들에 함몰될 때 '비현실적인' 인간으로 화하며, 거기에서 혼란과 어지러움, 소외와 왜곡이 배태된다. '현실'이 모든 사유, 담론, 행위의 일차적인 기반인 것이다.

그러나 현실이란 고정된 그 무엇이기보다는 계속 변해 가는 것이며, 그 내용과 의미가 계속 달라지는 장이라는 점을 다시 한번 음미하자. 나아가 사실상 일차적인 의미의 현실 자체가 그 안에 가능성의 차원을 머금고 있다는 것을 생각할 필요가 있다. 한 교실에서 수업이 끝나고 사람들은 바깥으로 나간다. 한 사람은 종로를 향해 걸어가고, 다른 사람은 신촌을 향해 걸어간다. 신촌을 향해 걸어가는 사람의 등 뒤에서 그의 세계와는 다른 세계, 어떤 가능세계가 멀어져 간다. 우리는 삶의 중요한 순간들에서 매번 'pro-blêma' 앞에 놓이게 되며, 여러 세계 앞에 놓이게 된다. 그리고 끝없이 문을 열어야 하고 새로운 지도리를 돌려야 한다("一闔一闢謂之道"). 우리의 삶에서 서로 배제적인 삶의 갈래들(=세계들)이 계속 갈라지고 합쳐진다. 그때마다 우리는 나름대로의 시뮬레이션을 한다. 서로 절연된 수많은 가능세계들이 존재하는 것이 아니다. 우리의 삶 속에서 이미 무수한 가능세계들이 열리고 또 닫히고, 수렴하고 또 발산하고, 탄생하고 또 사라지고, 드러나고 또 숨고 있다.[13] 현실과 상상은 "이미 거기에서" 착종되어 있는 것이다.

현실을 이렇게 생각하는 한에서, 우리에게 가장 소중한 것은 현실이다. 상상 없는 현실이란 기계적 몸짓들의 연속이다. 그러나 현실 없는 상상이란 마약을 먹거나 꿈을 꾸고 있는 상태와 진배없다. 우리가 시뮬레이션의 세계에 함몰되기보다는 시뮬레이션을 상업적-기업적으로 장악하고 있는 세계 I 속의 권력에서 눈을 떼지 말아야 하는 것은 이 때문이다. 대중들이 가상세계에 빠져 살기를 바라는 것은 자본가와 권력자들이다. 테크놀로지가 우리에게 주는 것은 얼마간의 편리와 호기심이다. 그러나 테크놀로지가 가져오는 역운逆運은 우리에게 너무나 많은 대가를 요구한다. 가상현실은 우리에게 얼마간의 호기심과 편리함을 주겠지만, 그보다 훨씬 소중하고 아름다운 것들을 앗아갈 것이다. 그래서 우리는 횔덜린의 시구를 거꾸로 읊어야 할 것 같다. 구원이 있는 듯이 보이는 그곳에, 그러나 위험도 함께 자라난다네.

그래서 여러 세계를 가로지르면서 산다는 것은 참으로 중요한 가치이다. 하나의 세계에 갇힐 때 주체는 박제된 실체로 화한다. 현실세계를 절대화할 때(그러나 앞에서 말했듯이 현실세계는 이미 여러 개의 세계이다), 우리에게 미래는 언제나 두렵고 불안한 것으로 다가온다.

---

13) 초월적 형태의 가능세계론은 라이프니츠, 『모나드론』, 53~55에서 전개되었다. 그러나 우리의 현실 자체가 복잡한 가능세계들로 구성되어 있다. 우리가 앞으로 발전시켜 나가야 할 이 생각을 내재적 가능세계론이라 부를 수 있을 것이다.

세계 II를 절대화할 때, 매일을 살아가는 우리의 현실은 (플라톤이 실제 그렇게 표현했듯이) 그림자 같은 존재로 전락한다. 세계 III을 절대화할 때, 우리의 모든 의미와 가치, 목적 등은 환상으로 둔갑한다. 세계 IV를 절대화할 때, 우리는 기술자들과 자본가들이 만들어 놓은 전자회로 속으로 빨려 들어가 알고리듬으로 해체된다. 여러 세계를 산다는 것(그러나 그 중심은 언제나 '현실'이다. 그 현실을 고착화시키지 않는다는 전제하에서), 그것은 세계(포괄적 의미)에 어떤 금을 긋고 스스로를 어느 한 국면에 고착된 주체로서 화석화하기를 거부하는 것이다. 현실의 역사에 발을 디디되 여러 세계를 균형 있게 가로지르며 살아갈 때, 그리고 어느 한 세계를 고착화하려는 권력[14]에 저항하면서 살아갈 때, 세계/삶이란 우리에게 더 밝고 아름다운 무엇으로 다가올 것이며 우리는 무위인無位人으로서 살아갈 수 있을 것이다.

---

14) 대중은 '상식'의 이름으로 세계 I을 고착화하려 한다. 종교 ─── 특히 일신교(유대교, 기독교, 이슬람교) ─── 는 '도그마'의 이름으로 초월적인 세계 II를 고착화하려 한다. 과학은 '사실'의 이름으로 세계 III을 고착화하려 한다. 테크놀로지와 대중문화는 '재미'의 이름으로 세계 IV를 고착화하려 한다.

사건, 의미, 행위 : 易의 현대적 이해

"무릇 역이란 성인이 이치를 궁구하고[極深] 기미를 연구한[研幾] 바의 것이다."(상/10장)[1] 이 구절은 역의 본질을 핵심적으로 보여 주는 구절들 중 하나이다. "極深"은 무엇을 뜻하는가? 세계는 주름-접혀 있어 '심'이요, 그 주름들을 펼쳐-밝히는[解明] 것은 '극'이다. "幾"란 무엇인가? 이는 우선 '기미'幾微이다. 확실치는 않지만 그 징조가 보일 때 '기미'가 성립한다. 여러 가지 가능성들이 우리의 눈앞에 놓여 있을 때, 그러나 알기 쉽게 펼쳐져 있기보다 (음과 양의 이치에 따라) 복잡하게 주름-접혀 있을 때, 우리는 그 주름을 풀어야 한다. 그리고 주름 속에 접혀 있던 어떤 한 갈래를 선택해야 한다. 이때 무엇이 우리를 인도하는가? '기'가 우리를 인도한다. 그것은 우리의 행위를 인도하는 실마리이다. 그래서 '기'를 "움직임의 징조"라 했다. 우리 삶에서 가장 중요한 것들 중 하나는 우리가 갈림길에 섰을 때, 어떤 'pro-blêma' 앞에 섰

---

1) 『주역』(周易) 「계사전」(繫辭傳)의 인용은 본문에 '상/1장'처럼 간단히 표시했다.

을 때, 그 미래의 갈래들을 어떻게 인식할 것인가, 그리고 어떻게 선택할 것인가이다. '기'는 바로 이런 상황을 가리킨다.

'기'는 곧 '특이성'이다. 그것은 곧 삶의 매듭을 뜻한다. 매듭들이 하나의 장을 이룰 때 우리는 특이성들의 장 안에 서 있게 된다. 그 장의 계열들 하나하나는 곧 '도'道이다. 그래서 우리는 하나의 갈래를, 하나의 길/도를 걸어간다. '기'가 때[時], 바라다/기대하다, 위태롭다 등을 동시에 뜻한다는 점은 매우 시사적이다. 삶의 한 매듭에 서 있음은 곧 어떤 뾰족한 특이점 위에 서 있는 것이다. 이런 발상은 우리를 계열학적 논의로 이끌어 간다.

易과 사건의 존재론

「계사전」(상/5장)의 "生生之謂易"에서 '생'은 낳다/태어나다를 뜻한다. 이는 곧 흙 위에 풀과 나무가 피어나는 모습을 상형하고 있다. 이 '생'을 '펼쳐지다'로 이해해 보자. 이 경우 이 말은 "펼쳐지고 또 펼쳐지는 것을 일러 역이라 한다"로 해석된다. 그렇다면 무엇이 펼쳐지는가? '사건'이 펼쳐진다. '생생'이란 곧 무수한 사건들이 끝없이 펼쳐짐을 뜻한다. 사건이란 무엇인가? 흙 위로 생명체가 돋아 나오듯이, 우리 삶 속으로 솟아오르는 것, 나타나는 것, 드러나는 것이다. 이 드러남, 나타남, 솟아오름은 어떻게 해서 발생하는 것일까? 결국 기氣의 움직임에서, 기화氣化에서 유래한다. 얼굴의 표정은 몸의 기가, 더 심층적으로는 마음의 기가 움직인 결과요, 먹구름은 하늘의 물방울들의 기가 움직인 결과이다. 사건이란 기의 운동이 우리 삶의 표면으로 나타나는 것이다. 아직 문화적으로 가공되지 않은 원초적 사건은 '감성적 언표'이다.[2] 문화적으로 가공되지 않았기에, 우리는 그것을 감성을 통해서만 받아들일 수 있다. 그러나 거기에는 이미 의미가 잠재되어 있다. 우리는 이런 맥락하에서 사건을 기-의미로서 규정할 수 있다. 웃음이란 한 인간의 기의 움직임이자 또한 '우스움'이라는 의미의 원초적 형태이다.

우리 삶은 감성적 언표들, 사건들로 가득 차 있다. 사건은 감성적 언표와 가공된 의미 사이에서 펼쳐진다. 사건들이 펼쳐지는 장소, 우리가 '현실'現實이라고 부를 수 있는 장소는 곧 기-의미들의 장이다. 감성적 언표들의 명멸과 사건들의 펼쳐짐 그리고 의미들의 변화, 이것이 실질적 존재감을 갖추고서 우리에게 드러나는 세계, '현-실'이다. 현실의 장은 "生生之謂易"의 장인 것이다. 이 장을 지배하는 존재론은 어떤 것인가?

"강유剛柔가 서로 비비고[摩] 팔괘가 서로 갈마들어[盪], 그것을 울림으로써 뇌정雷霆이 일고 적심으로써 풍우風雨가 인다."(상/1장) 강함과 유함이 만나서, 양기와 음기가 만나서 서로를 밀고, 그로써 마찰과 투쟁이 발생한다. 때로 그 투쟁은 파괴를 낳기도 하지만, 때로는 조화와 창조를 빚어낸다. 남자와 여자의 만남은 끝없이 마찰을 빚어내지만, 어느새 그 마찰은 어루만짐으로 변해 있다. 그 어루만짐으로부터 귀여운 아이가 탄생하고 생명의 위대한 길은 이어진다. 이렇게 음과 양이 변증법적으로 엮이면서 이루어지는 사건들, 그리고 여러 사건들이 계열화되어 이루어지는 삶의 양태들을 역학은 우선은 8개의

---

2) 이정우, 『객관적 선험철학 시론』(저작집 1권, 그린비, 2011), 2부, 3장.

괘로서 포착한다. '탕'蘯이란 무엇을 뜻하는가? 그것은 음과 양이 서로를 비비고 서로 엮임으로써 이끌어내어지는 과정이다. 예컨대 두 양이 하나의 음을 감싸면 리괘離卦가 되고, 그 역의 경우는 감괘坎卦가 된다. 그리고 괘와 괘가 엮여-이끌어내어짐으로써 64괘가 성립한다. 리괘가 간괘 위로 갈 경우에는 화산火山이 되어 여괘旅卦가 되지만, 리괘가 간괘 아래로 갈 경우에는 산화山火가 되어 비괘賁卦가 된다. 양효들과 음효들이 춤을 추고 널뛰기를 하면서 서로 복잡하게 짝짓기 놀이를 하는 장면을 상상해 보자. 선인들이 '탕'을 이야기했을 때 이런 이미지가 작동하고 있지 않았을까. 역의 세계는 곧 대립을 통한 생성과 조화의 세계이다.

"剛柔相摩 八卦相蘯"은 실재의 차원이다. 세계의 심층에서 벌어지는 일이다. 그러나 이때의 심층은 미시세계를 뜻하지 않는다. 그것은 오히려 아직 드러나지 않은 차원, 우리 눈길 아래 펼쳐지지 않은 차원들을 뜻한다. 이런 심층적 운동이 우리에게 현상으로서, '표면효과'로서 나타나는 것이 바로 천둥, 벼락, 비, 바람이다. 그렇다면 이때의 실재와 현상을 이어주는 메커니즘은 무엇인가? 그것이 바로 "鼓之以雷霆"에서의 "鼓"이고 또 "潤之以風雨"에서의 "潤"이다. '고'는 보통 '두들기다'를 뜻하지만, 때로 '부풀다'를 뜻하기도 한다(의학에서 '수고창' 水鼓脹은 배가 부풀어 오르는 것을 뜻한다). 그러나 이 말을 '울리다'로 번역할 수도 있다. 물리적 울림은 '파'波를 말한다. 논리적 맥락에서의 울림은 인과관계를 뜻한다(이 경우 '울리다'는 '퍼지다'와 통한다). 강유가 서로 밀고 팔괘가 서로 널을 뜀으로써, 그 울림이 우리 삶의 표면에까지 나타나는 것이다. '윤' 역시 마찬가지이다. 물리적으로는 물 같은 존재가 멀리까지 퍼져 나가는 과정이며, 논리적으로는 하나의 존재가 반향을 일으키면서 멀리 퍼져 나가는 것을 의미한다. 이로써 우리는 현실에서 감성적 언표들이 솟아오르는 것을 본다. 그리고 기존의 문화적 장에서 솟아오른 감성적 언표들은 사건들로서 받아들여진다.

사건들은 '접힘과 펼쳐짐'의 논리에 따라 생성한다. "역에 태극이 있어, 이것이 양의를 낳고, 양의가 사상을 낳고, 사상이 팔괘를 낳는다"고 했다(상/11장). 태극은 우주 최고의 원리로서, '아르케'이다. '극'은 용마루로서, 모든 부분들을 꿰는 척추와도 같다. 그러나 태극은 어떤 점이 아니다. 그것은 공간적 표상을 거부하는 추상적 원리이다. 이 때문에 주돈이는 "無極而太極"이라 했다. 태극은 '원기'로 해석되기도 하고 최상의 '리'로 해석되기도 한다. 다시 말해, 개별화 이전의 근원적인 혼돈으로서의 원기로 해석되기도 했고(한대의 경우) 물질적 원리가 아니라 물질을 조직하는 비-물질적 원리인 리로 해석되기도 했다(송대의 경우). 우리의 맥락에서는 후자가 적절하다. 태극은 우주의 지도리이다. 지도리가 우주의 파편들을 모두 이어 주고, 또 우주가 어떻게 움직일지를 결정한다. 이 지도리들의 총체가 태극이다. 태극이란 우주를 구성하고 또 이끌어 가는 특이점들의 총체가 아닐까?[3]

---

3) 물에는 두 개의 특이점이 존재한다. 물과 얼음 사이, 물과 수증기 사이의 특이점들이다. 야구 경기에도 많은 특이점들이 존재한다. 선수, 심판, 관중, 장갑, 방망이 등등 질료들이 개별화되는 것 자체가 특이점이요, 이들이 움직여 가는 방식도 특이점이다. 선수가 친 공이 안타가 되는 순간, 잡히는 순간도 특이점들이다. 말할 필요도 없이 우리 인생 역시 무수한 특이점들로 구성된다. 태극은 우주 자체에 내재해 있는, 우주를 종이학처럼 접고 있는, 우주가 움직여 가면서 꺾이는 과정을 지배하는 이법이다. 특이점들의 총체인 것이다. 특이성에 대해서는 『사건의 철학』(저작집 2권, 그린비, 2011), 1부, 5강에서 다루었다.

"易有太極"은 우주의 생성에는 무수한 매듭들이 있다는 것, 무수한 지도리들이 있다는 것을 뜻한다. "한 번 닫고 한 번 여는 것[一闔一闢]을 변變이라 한다"고 했다. 변화란 문을 여닫는 것이다. 모든 변화에는 지도리=특이성들이 있다. 물이 어는 것, 사람이 태어나고 죽는 것, 한 차례의 야구경기 등등, 우주의 모든 변화는 무수한 매듭들로 이루어진다. 그래서 역에는 태극이 있다. 때문에 태극은 아리스토텔레스의 '부동의 원동자' 같은 존재와는 전혀 다르다.[4] 역 바깥에 태극이 있어서 마치 사람이 자동차를 움직이듯이 역을 만들어내는 것도 아니다. 역의 마디마디의 총화가 태극인 것이다. 태극은 'origin'이 아니며, 시간적으로나 논리적으로나 지금 우리가 체험하고 있는 이 우주의 운동 저편에 그것과 구분되어 존재하는 그 무엇이 아니다. 따라서 역이 태극을 '포함하는' 것도 아니다. 역과 태극은 동외연적co-extensive이다. 다만 역이 기 개념을 포함한 운동 자체를 가리킨다면, 태극은 그 운동의 지도리들, 특이점들을 가리킨다는 점에서 구분된다. 따라서 지금의 맥락을 "道生一 一生二"의 구도에서 볼 경우, 기로서의 '일'=역과 태극으로 해석되는 한에서의 '도' 사이에는 존재론적 층차가 없어야 한다. '생'은 외부적인 낳음이 될 수 없는 것이다.

'생'을 '펼치다'로 해석한다면, 태극이 양의를 펼친다는 것은 곧 역=기가 태극에 따라서 음기와 양기로서 펼쳐짐을 뜻한다. 펼쳐짐이란 곧 표현됨이다. 따라서 이는 "역이 음양으로 표현되다"를 뜻하게

---

4) 레그는 태극을 "Grand Terminus"로 번역했는데, 서구의 전통 존재론이 짙게 배어 있는 번역이다.

된다. 태극이 특이성들의 총체라면, 단지 공간적이고 정적인 총화가 아니라 변해 가는 과정까지 포함하는 총화라면, 이는 발생의 과정과 유비적일 수 있다. 수태된 난자에 계속적으로 새로운 지도리가 생겨나고 점차 복잡화된다. 새로운 지도리가 생겨남은 태극으로 온축되어 있는 지도리들이 펼쳐지는 것에 다름 아니다. 역의 세계는 우주의 변화 전체를 이런 방식으로 본다. 음양의 표현을 하나의 구슬 안에 두 작은 구슬이 있다가 바깥으로 나오는 것으로 생각하면 곤란할 것이다. 음과 양은 기의 두 양상이다. 그러나 이때의 '양상'modality은 서구 철학 전통에서처럼 시간과 관련되기보다는 기의 존재양식/경향성을 가리키는 것으로 이해되어야 할 것이다. 우리의 예에서, 얼음이 물이 되고 수증기가 되는 과정은 양의 과정이며 그 반대 과정은 음의 과정이다. 각각은 하나의 펼쳐짐이고 펼쳐짐은 곧 지도리/특이점들의 계열화이다. 결국 음과 양이란 기화를 이끌어 가는 특이점들이 계열화되는 양태로 정의될 수 있다.

그러나 세계를 특이점들의 분포로만 사유할 수는 없다. 구체적인 물질적 원리, 즉 기의 강도intensity가 아울러 사유되어야 한다. 태극의 펼쳐짐은 기를 통한 펼쳐짐이기에 단순한 논리적 원리가 아니라 구체적 원리가 될 수 있다. 현대식으로 말해 세계는 태극의 '구조'와 기의 '힘'의 결합을 통해서 생성한다. 음과 양은 특이점들의 계열화와 기의 강도들의 변화라는 두 계기를 동시에 함축한다. 요컨대 우주는 두 원리, 즉 물질적 원리인 기와 논리적 원리인 태극으로 되어 있다. 기는 천지에 편재해 있는 근원적인 물질-에네르기이고 태극은 그 물질-에네르기의 변화를 지배하는 특이점들의 총화이다. 세계는 기가 모습을 바꾸어 가면서 나타나는 곳이며, 그 변화를 추상할 경우 특이점들의 펼쳐짐으로 볼 수 있다. 그리고 그 펼쳐짐의 양상은 두 가지로서, 음과 양은 실체가 아니라 기-특이점들이 움직여 가는, 즉 계열화되어 가는 양상이다. 역학은 이 두 계열화를 —와 --로 부호화했다.[5]

"一陰一陽之謂道"(상/5장)는 역학의 세계관을 압축적으로 드러낸다. 이 구절은 공간적으로 해석할 수도 있고 시간적으로 해석할 수도 있다. 공간적 해석의 경우, 이는 "한 측면에서는 음이고 다른 측면에서는 양인 것을 도라 한다"고 할 수 있다. 즉, 모든 존재는 음과 양의 두 얼굴로 나타난다는 뜻이다. "剛柔相推以生變化"와 통한다. 혼은 양이고, 백은 음이다. 다른 맥락들(가정에서의 남자와 여자, 하루에서의 낮과 밤)에서도 이런 식으로 이해된다. 이런 단순한 예들을 넘어, 한 의학적 맥락에서 정기精氣는 음이고 신기神氣는 양이다. 기를 "matter-energy"로 번역할 경우, 물질은 음기의 측면을 나타내고 에네르기는 양기의 측면을 나타낸다. 시간적으로 해석할 경우, 사건으로서의 특이성들의 계열화가 한 번은 양으로 한 번은 음으로 갈마드는 것으로 볼 수 있다. 얼음이 물로 그리고 다시 수증기로 화해 가는 사건계열이 양의 측면이고, 수증기가 물이 되고 다시 얼음이 되는 것은 음의 측면

---

5) "Les deux règles"라는 불역은 썩 적절하지는 않다. 또 "two elementary Forms"라는 영역은 더욱 부적절하다. 영어에서 대문자로 "Form"이라 하면, 이는 우선 플라톤 이래의 이데아를 가리키기 때문이다. 차라리 "yinyang"으로 음역하는 것이 나을 것이다. 또, 사상과 팔괘는 "les quatre symboles", "les huit koua simples"와 "four emblematic Symbols", "eight Trigrams"로 번역하고 있는데, 태극, 양의까지는 존재론적 맥락에서의 용어들로 번역되다가, 사상, 팔괘는 갑자기 기호학적 용어들로 번역되고 있는 점이 눈에 띈다. 사상과 팔괘도 우선은 존재론적 방식으로 이해되어야 할 것이다.

이다. 이렇게 음과 양이 갈마드는 것이 곧 물의 도이다.

요컨대 역이란 사건들의 펼쳐짐이고, 태극-음양-사상-팔괘의
관계는 접힘과 펼쳐짐의 관계이며, 음과 양은 우주의 두 얼굴이자 접
힘과 펼쳐짐의 영원한 갈마듦이라 할 수 있다.

기-의미

감성적 언표란 우리 몸과 상관적으로 발생한다는 점에서는 기의 운
동이고, 다른 한편으로 의미의 씨앗을 담고 있기 때문에 의미담지자
이기도 하다.[6] 감성적 언표란 곧 기-의미이다. 이 개념은 역학에서의
'상'象 개념과 통한다. 역학에서 상 개념은 매우 기본적이다.

상 개념은 세 가지를 뜻한다. 하나는 현상 자체이며, 둘은 사물
을 본뜨고 추상해내는 것이며, 셋은 이하에서 논할 기-의미이다. 가
장 기본적인 의미는 ('외관'이 아니라) '현상'이다. 또는 '사건'이라 할
수도 있다. 사실 현상이라는 막연한 개념보다는 사건으로 이해하는
것이 더 많은 것을 준다. 물론 상 개념을 이어받고 있는 일차적인 어
휘는 '현상'現象이다. '상'이란 바로 '나타나는 것', '드러나는 것'을 뜻
한다. 그래서 "見乃謂之象 形乃謂之器"라 했다(상/11장). 'Symbole'
이라는 번역어는 적절하지 않다. '상'은 나타난 것 자체이지 나타
난 것을 상징화한 것이 아니기 때문이다. 불역은 이 말을 어떤 존재
를 부호화한 것으로 보고 있는데, 그 이전에 '상'은 부호화되는 존재

---

6) 이정우, 『객관적 선험철학』(저작집 1권, 그린비, 2011), 2부 참조.

를 뜻한다. 'Phénomène'나 'événement'이 좋을 것이다. 영역에서는 "The (first) appearance of anything(as a bud) is what we call a semblance; when it has received its complete form, we call it a definite thing." 즉, 상은 일단 형태가 없이 흐릿하게 나타난 무엇이고 그것이 구체적으로 형태를 갖추어 뚜렷하게 나타나면 '기'가 된다는 것이다. 그러나 이것은 고체로서 뚜렷하게 형체를 갖춘 것은 의미가 확정된 것이고 유체적인 존재나 사건 같은 것들은 아직 의미가 존재하기 이전의 단계라는, 일종의 아리스토텔레스적인 도식을 전제하고 있다. 이 때문에 '외관'의 뉘앙스가 강한 'semblance'라는 말을 쓰고 있다. 그러나 동북아 사유에서 세계는 "生生之謂易"의 세계이다. 유동적인 것은 실재성이나 의미론적 기능이 떨어진다는 것은 편견이며, 물질의 운동과 의미의 탄생은 동시적인 것이라 해야 한다.

나타남, 드러남은 결국 인간 주체에 대해서의 나타남, 드러남이다. 다른 인식 주체에게는 이 세상이 달리 나타날 것이다. 결국 '세계'는 고립적인 실체가 아니라 인간과 세계가 서로 교감交感하고 있는 지금 이 차원에서 성립한다. 그래서 모든 문화는 결국 이 '현실'에 준거할 수밖에 없다. 아무리 뛰어난 과학 이론을 만들어도 그 이론이 어떤 형태로든 우리 눈앞에 현전하지 않으면 설득력을 가지기 힘들다. 반대 방향으로 말해, 어떤 형이상학 이론도 현실에서 어떤 구체적인 실마리를 가지고서 출발하지 않으면 공허할 수밖에 없다. 결국 그 어떤 것도 나타남, 드러남의 이 장, 다시 말해 객관세계와 인식 주체가 공존하고 있는, 겹쳐진, (메를로-퐁티적인 의미에서) 주름-접혀 있는 이 장, 감성적 언표들과 사건들로 가득 찬 이 세계에 준거하지 않으면 생생한 의미를 가지기 힘든 것이다. 이런 생각은 서구의 경우 철학사가 진행되는 과정에서 차츰 밝혀지게 되지만, 동북아의 경우 역학에서의 '象'에 대한 강조가 이미 이런 점을 역설하고 있었다 하겠다.

'상'은 '본뜨다'를 뜻하기도 한다. '본'을 뜬다는 것은 한 존재가 어떤 타자와 똑같은 존재로 변해 감을 뜻한다. 반대 방향에서 본다면 대상을 표상하는 것이기도 하다. 화가가 어떤 산을 그린다는 것은 한편으로 그림이 그 산을 본떠 닮아 감을 뜻하지만, 반대 방향으로는 산이 그림으로 표상됨을 뜻한다. 팔괘는 우주의 이법을 추상화한 일종의 표상체계이다. 하지만 이 표상은 고도의 추상적인 표상이다. 괘란 결국 어떤 상황, 사태, 어떤 흐름에 내재하는 고도의 추상적인 운동 구조를 표상한다. 이것이 "성인이 괘를 설設하고 상을 관觀하고 사를 계繫해, 길흉을 밝혔다[明]"(상/2장)는 구절의 의미이다. 역이란 결국 괘를 세우고, 상을 관찰하고, 풀이를 붙여, 길흉을 밝히는 것이기 때문이다 (인용문의 순서와는 달리, 괘를 세우는 것보다는 상을 관찰하는 것이 먼저일 것이다). '상'의 의미는 다음 구절에도 잘 나타나 있다. "성인이 계셔 천하의 이치[賾]를 보았으니, 그 형용을 본따고[擬] 물의를 본떴[象]으니, 이를 일러 상象이라 한다."(상/8장) 주희는 '색'賾을 "잡다하고 혼란스러운 것"으로 풀이했지만, 세계의 근본 원리, 추상적인 구조로 이해하는 것이 낫다.[7] '물의'物宜는 "사물이 적절하게 존재하고 있는 바른 상태"로 이해할 수 있다.[8] 여기에서도 상이란 '의'擬와 더불어 본뜸을 뜻하고 있다. 그리고 그렇게 이루어진 표상 역시 '상'으로 불리고 있다. 상이라는 개념은 이렇게 개별적인 현상, 사건으로부터 무수히 계열화된 구조들, 나아가 세계의 궁극적인 이치에 이르기까지 다양한 것들을 가리킨다.

그러나 상에 대한 이런 (말하자면 구조주의적인) 파악은 사태의 절반만을 이야기하고 있다. 상은 한편으로 세계=기의 운동이지만, 다른 한편으로 특정한 의미를 띠고 있는 기호이다. 그것은 자연과 문화의 접면에 위치한다. 상이란 기-의미의 구조화된 장인 것이다. 역의 세계는 주관을 뺀 객관도 아니고 객관을 뺀 주관도 아니다. 주관과 객관이 맞물려 있는 세계, 주관과 객관이 이미 겹쳐져 있는 세계, 기의 운동이자 동시에 문화적 의미이기도 한 사건들로 충만한 세계, 이 세계를 다루는 것이 역이다. 역학에서의 '이치'는 인간적 가치나 의미, 상황 등을 해체시켜 "객관적인" 그 무엇으로 환원시켜버리는 무엇이 아니다. 구조 자체가 이미 인간적 의미를 함축하고 있는 장, 다시 말해 기의 운동이자 의미가 이미 조직화되어 있는 장이다. 여기에서 '인간적 의미'란 무엇인가? "길흉이란 잃음과 얻음의 상이요, 회린悔吝이란 우우憂虞의 상이요, 변화란 나아감과 물러섬의 상이요, 강유란 낮과 밤의 상이다"(상/2장)라는 구절이 열쇠를 제공해 준다. 길흉이 잃음과 얻음의 상이라는 것은 거꾸로 말하면 잃음과 얻음의 상이 길흉이라는 것이다. 잃음과 얻음은 사건이다. 그러나 길흉은 의미이다.[8] 의미로서

---

7) 여기에서 '사물들의 깊은 이치'는 근대 이후에 익숙하게 된 미시세계의 경지를 뜻하지 않는다. 그것은 우리의 시선을 매우 넓게 가져갔을 때 드러나는 세계의 조직화 양태이다. 동북아에서 '현상을 넘어선' 무엇은 사물들의 아래로 파들어 갔을 때의 무엇을 뜻하지 않으며, 오히려 개별적인 현상들, 사건들이 계열화되어 나타나는 보다 고급한 형태의 '상'을 말한다. 고대의 이법, 도, '깊은 이치' 등과 같은 개념들은 사건들의 계열화를 통해서 이해되어야 한다.

8) 鈴木由次郞, 『易經 下』, 明治書院, 1984, 328頁.

의 길흉이 사건 아래로 파고들어 갔을 때 '발견되는' 것은 아니다. 그것은 해당 사건이 어떤 계열들의 매듭에 위치하는가를 깨달았을 때 '드러난다'고 할 수 있다. 모든 사건은 상황 속에서 발생하고 그 상황을 구성하는 계열들의 구조가 드러날 때, 그리고 그 계열화가 내포하고 있는 의미 복합체가 드러날 때, 하나의 상이 드러나는 것이다. 그렇기에 상이란 조직화된 기이자 동시에 조직화된 의미, 더 간단히 말해 조직화된 기-의미이다. 그때 '길하다'/'흉하다'라는 상이 성립한다.

Pro-blêma

'상'은 상징, 부호이기 이전에 이런 존재론적 맥락을 담고 있다. 그러나 괘상으로서의 '상'은 또한 상징이자 부호이기도 하다. 그리고 그 요소는 효이다. 효란 무엇인가? "성인이 계서 천하의 움직임을 보고, 그 회통會通을 살피었으니, 그로써 그 전례典禮를 행하고, 거기에 사辭를 걸어, 그로써 길흉을 판단했으니, 이를 일러 효爻라 한다."(상/8장) '회'란 사물들과 사건들[天下之動]을 조직해 주는 모든 이법들의 총체를 말한다. '통'은 그러한 이법들이 그야말로 구슬들을 하나의 실로 꿰듯이 질서정연하게 통합되는 것을 뜻한다. 그러니까 '회통'이란 우주의 모

---

9) 한 노인이 아들을 잃은 경우를 생각해 보자. 이 잃음은 우리에게 다양한 감성적 언표들을 통해서 인지된다. 말 위에 얹혀 피묻은 옷을 입은 채 돌아온 아들, 그 아들을 보고 통곡하는 노인, 몰려든 마을 사람들, 웅성대는 소리 등등. 이 사건의 상이 곧 흉이다. 그러나 흉 자체가 지각되는 것은 아니다. 흉은 잃음이라는 사건보다 존재론적으로 더 고차의 존재이다.

든 계열화들이 정합적으로 조직되어 형성되는 우주의 거대한 이법이다. 이런 이론적 바탕에서 실천적 방향이 모색된다. '전례'란 보편적이고 필연적인 규범을 말한다. 회통에 근거하기에 보편적이고, 우주의 인식에 근거하기에 필연적이다.

효란 세계의 움직임에 관련된다. 그래서 "爻也者 效天下之動者也"(하, 3장)라 했다. 64괘와 384(64×6)효는 모두 세계의 움직임을 표상한다. 그리고 이 하나하나에 풀이가 있다. 왜 효 여섯 개를 겹칠까? "易有太極~"이라 한 구절을 상기한다면 4개나 8개가 오히려 더 적절하지 않은가? 왜 3×2=6인가? 다음 구절이 참조가 된다. "『역』의 서책 됨이 광대하고도 두루 갖추어, 천도가 있고 인도가 있고 지도가 있어 삼재三才를 겸해 그것을 거듭하니[兩之] 6이라. 6이란 다름 아니라 삼재의 도이다."(하/10장) 결국 3이라는 수는 천지인 삼재를 가리킨다. 천지인을 두 번 중복함으로써 6효가 성립한다. 육효의 움직임이 "三才之道"인 것이다. 이때 움직임의 두 양상은 음과 양이다. 때문에 음효와 양효가 있다. 천지인 삼재와 음양의 혼효가 6효를, 하나의 괘를 낳는다.

"8괘는 상으로써 고告하고, 효사와 단사는 정情으로써 말한다."(하/2장) 팔괘는 상으로써 드러내고 효단은 정으로써 언표한다는 것이다. 여기에서 '정'이란 일반적인 의미에서의 '감정'보다 훨씬 깊은 뜻을 품고 있다. 이 정은 곧 '정황'情況의 정이다. '상'이 인간적 의미가 배제된 구조가 아니라 인간적 의미를 담고 있는 구조 즉 '상황'狀況이라면, '정' 개념 역시 마찬가지로 '정황'을 가리킨다. 여러 사건들이 계열화되고, 몇몇 계열들이 일정하게 조직되어 하나의 구조/장을 이루고, 그 구조/장 자체가 어떤 인간적-문화적 의미를 담지할 때, 이것이 곧 상황 또는 정황인 것이다. '사解'는 바로 이 정황을 풀이하는 언어이다. 이 풀이는 인간의 주관을 솎아낸 객관에 대한 풀이가 아니다. '풀이'에는 여러 가지 맥락이 있다. '$x^2+y^2=R$'을 "원점에서 반지름 R의 거리에 있는 점들의 집합"이라 푸는 것은 한 언어체계를 다른 언어체계로 번역한 것이다. 또, 슈뢰딩거 방정식의 4개 적분상수를 해석하는 것은 하나의 기호와 하나의 사태를 상응시키는 것이다. 또, 해석학에서 말하는 해석은 은폐되어 있는, 본래의 의미와 다른 형태로 그러나 본래의 의미를 암시하는 상징 속에 살짝 드러나 있는 그런 의미를 밝히는 것이다. 이에 비해 역에서의 풀이란 결국 길흉을 밝히는 데핵심이 있다. 길흉을 밝힌다는 것은 한 정황이 내포하는 미래와의 관련성을 밝히는 것이다. 한 정황에 함축되어 있는 운명의 도안plane of destiny을 조금이라도 더 넓게 펼쳐내려 하는 것이다.

이 때문에 "천하의 움직임을 울리는[鼓] 것은 '사'에 있다"(하/12장)고 했다. '고'는 울림이다. 천하의 움직임은 '상'으로서 포착되고, 상은 '효'와 '괘'로서 표상된다. 그런데 효와 괘가 역의 체계 속에서 (적어도 그 자체로서는) 완벽한 형태로 정리되었다는 것은 상/정황이 인간사에서 반복됨을 함축한다. 그렇기 때문에 추상화가 가능하다. 효와 괘에 붙인 풀이들은 어느 지역, 어느 시대에 유일무이하게 발생한 사건에만 적용되는 것이 아니라 인간의 삶 속에서 늘 반복되는 정황들에 계속적으로 적용된다. 말하자면 그 적용과 영향력이 시공간적으로 퍼져 나가는 것이다. 이것이 '울림'의 의미이다. 정황이란 각인의 '처해-있음'이다. 그래서 "'사'란 각인이 그 향하는 바[所之]를 가리킨다"(상/3장)고 했다. 처해 있다는 것은 결국 우리 모두는 수많은 사건-계열들이 교차하는 매듭 위에 서 있음을 말한다. 우리의 존재 자체가 의미복합체인 것이다. 한마디로 우리는 늘 어떤 갈림길[幾]에 서 있다. 효사와 괘사는 그 정황 속에 처해 있는 사람이 가는 바를 가리켜 준다. 미래의 시간에 이어질 사건-계열들을 보여 주는 것이다.

계열은 갈래이다. "길흉을 논함은 '사'에 있고, 회린悔吝을 걱정함은 갈림길[介]에 있다"(상/3장)고 했다. '회린'은 뉘우치고 주저하는 것이다. 우리는 언제 주저하고, 언제 뉘우치는가? 어떤 복잡한 시간의 매듭 위에 처해 있을 때이다. 이 매듭은 곧 'pro-blêma'이고, 이는 일련의 특이성들의 장이다. 매듭이 복잡하다는 것은 곧 거기에서 교차하는 사건-갈래들이 많다는 것이나. 그래서 주저하고 뉘우치는 것은 바로 '개'介에서 발생한다고 한다. 우리는 시간의 지도리에 서 있을 때 주저하게 되고, 하나의 문을 열었을 때 후회하게 된다. 정황을 이해한다는 것은 곧 어떤 사건-장의 매듭에서 교차하고 있는 사건-의미 계열들을 풀어내는 것이다. 그 풀이가 '사'이고, 이 사를 통해서 길흉이 밝혀진다. 이런 과정이 행위의 지침이 된다. 이런 실행이 오랫동안 쌓여 정형화된 것이 역이다. 이런 점에서 역이란 삶(사건들)의 패턴이요, 의미의 패러다임이고, 행위의 틀이다. 이런 점을 염두에 두고서 역을 활용한다면, 오늘날에도 그 의미가 없다고 할 수 없다.

참고문헌

가타리, 펠릭스, 『카오스모제』, 윤수종 옮김, 동문선, 2003.

김영식, 『과학혁명』, 민음사, 1984.

김용국·김용운, 『프랙탈과 카오스의 세계』, 우성, 1998.

데란다, 마누엘, 『강도의 과학과 잠재성의 철학』, 김영범·이정우 옮김, 그린비, 2009.

라이프니츠·클라크, 『라이프니츠와 클라크의 편지』, 배선복 옮김, 철학과현실사, 2005.

마오, 엘리, 『무한, 그리고 그 너머』, 전대호 옮김, 사이언스북스, 1997.

마투라나·바렐라, 『인식의 나무』, 최호영 옮김, 자작나무, 1995.

모르간, 가레쓰, 『조직의 8가지 이미지』, 박성언·김주엽 옮김, 지샘, 2004.

바슐라르, 『현대 물리학의 합리주의적 활동』, 정계섭 옮김, 민음사, 1998.

박홍규, 『형이상학 강의 1』, 민음사, 1995/2007.

_____, 『희랍 철학 논고』, 민음사, 1995/2007.

배선복, 『라이프니츠의 삶과 철학세계』, 철학과현실사, 2007.

스튜어트, 매튜, 『스피노자는 왜 라이프니츠를 몰래 만났나』, 석기용 옮김, 교양인, 2011.

안셀 피어슨, 키스, 『싹트는 생명』, 이정우 옮김, 산해, 2005.

야마구치 마사야, 『카오스와 프랙털』, 한명수 옮김, 전파과학사, 1993.

위그너 외, 『프랙털의 세계』, 박채규 옮김, 김영사, 1996.

이정우, 『신족과 거인족의 투쟁』, 한길사, 2008.

_____, 『객관적 선험철학 시론』(저작집 1권), 그린비, 2011.

_____, 『사건의 철학』(저작집 2권), 그린비, 2011.

_____, 『세계철학사 1: 지중해세계의 철학』, 길, 2011.

이케다 기요히코, 『굿바이 다윈?』, 박성관 옮김, 그린비, 2008.

자콥, 프랑수아, 『파리, 생쥐, 그리고 인간』, 이정희 옮김, 궁리, 1999.

톰, 르네, 『카타스트로프의 과학과 철학』, 이정우 옮김, 솔, 1995.

푸코, 미셸, 『말과 사물』, 이광래 옮김, 민음사, 1986.

_____, 『쾌락의 활용』, 문경자 · 신은영 옮김, 나남, 2004.

프리고진 · 스텐저스, 『혼돈으로부터의 질서』, 신국조 옮김, 정음사, 1988.

호프스태터, 더글러스, 『괴델, 에셔, 바흐』, 박여성 옮김, 까치, 1999.

荻原明男, 『ニュートン』, 講談社, 1982.

池田淸彦, 『構造主義生物学とは何か』, 海鳴社, 1988.

日本記号学会 編, 『生命の記号論』, 東海大学出版会, 1994.

Aczel, Amir D., *Nicholas Bourbaki*, JC Lattès, 2009.

Antognazza, Maria Rosa, *Leibniz: An Intellectual Biography*, Cambridge Univ. Press, 2009.

Barrow-Green, June, *Poincaré and the Three Body Problem*, American Mathematical Society, 1997.

Beesley, Philip and Sarah Bonnemaison(eds.), *On Growth and Form: Organic Architecture & Beyond*, Tuns Press, 2008.

Belaval, Yvon, *Leibniz, critique de Descartes*, Gallimard, 1960.

Bergson, Henri, "Le possible et le réel", *Œuvres*, PUF, 1959.

Bouquiaux, Laurence, *L'harmonie et le chaos: le rationalisme leibnizien et la "nouvelle science"*, Peeters, 1994.

Cassirer, Ernst, *Leibniz' System in seinen wissenschaftlichen Grundlagen*, Elwertsche Verlagsbuchhandlung, 1902.

Clavelin, Maurice, *La philosophie naturelle de Galilée*, Colin, 1968.

Couturat, Louis, *La Logique de Leibniz*, Alcan, 1901.

Deleuze, Gilles, *Le pli: Leibniz et le baroque*, Minuit, 1988.

Descartes, René, *Principiorum philosophiae*, pars secunda, XX, in *Œuvres de Descartes*, éd. par Charles Adam et Paul Tannery, Paris, 1897~1914.

_____, *Formation de l'animal*, in *Œuvres*.

Descombes, Vincent, *Le Même et l'autre*, Minuit, 1979.

Duffy, Simon(ed.), *Virtual Mathematics: The Logic of Difference*, Clinamen Press, 2006.

Duhem, Pierre, *Le système du monde*, Hermann, 1913~1959.

Entretien avec Mandelbrot, "Comment j'ai découvert les fractales", *La Recherche*, n° 175, mars 1986.

Guéroult, Martial, *Dynamique et Métaphysique leibniziennes*, Les Belles-Lettres, 1934.

Jones, Graham and Jon Roffe(eds.), *Deleuze's Philosophical Lineage*, Edinburgh University Press, 2009.

Kaandrop, Jaap A., *Fractal Modelling : Growth and Form in Biology*, Springer-Verlag Telos, 1994.

Kline, Morris, *Mathematical Thought from Ancient to Modern Times*, 3 vols., Oxford University Press, 1990.

Leibniz, Gottfried Wilhelm, *Sämtliche Schriften und Briefe*, hrsg. von der Deutschen Akademie der Wissenschaften zu Berlin.

_____, *Die philosophischen Schriften von Gottfried Wilhelm Leibniz*, hrsg. von Gerhardt, 7 Bde., Berlin, 1875~1890.

_____, *Opuscules et fragments inédits de Leibniz*, éd. par Louis Couturat, Georg Olms, 1903/1988.

_____, *Principes de la Nature et de la grâce fondés en raison et Principes de la Philosophie ou Monadologie*, PUF, 1954.

_____, *Correspondance Leibniz-Clarke, présentée d'après les manuscrits originaux de Bibliothèques de Hanovre et de Londres*, par A. Robinet, PUF, 1957.

_____, *Leibniz et la dynamique*, par Pierre Costabel, Hermann, 1960.

_____, *Philosophical Papers and Letters*, trans. & ed. L. E. Loemker, Reidel, 1969.

_____, *Nouvelles lettres et opuscules inédits de Leibniz*, par Louis Alexandre Foucher de Careil, Hildesheim, 1971.

_____, *L'être et la raison avec Trente-cinq lettres de Leibniz au R. P. des Bosses*, traduites du latin et annotées par Christianne Frémont, Vrin, 1981.

_____, *Œuvres concernant la Physique*, par Jean Peyroux, Blanchard, 1985.

_____, *Discours de métaphysique et Correspondance avec Arnauld*, par George Le Roy, Vrin, 1988.

_____, *La naissance du calcul différentiel*, par Marc Parmentier, préface par Michel Serres, Vrin, 1989.

_____, *Leibniz : Philosophical Essays*, trans. Roger Ariew and Daniel Garber, Hackett, 1989.

_____, *The Early Mathematical Manuscripts of Leibniz*, trans. J. M. Child, Cosimo Classics, 2008.

Mandelbrot, Benoît, *Les objets fractals*, Flammarion, 1975.

_____, *The Fractal Geometry of Nature*, Freeman, 1982.

Mansion, Auguste, *Introduction à la Physique Aristotélicienne*, Vrin, 1913.

Mashaal, Maurice, *Bourbaki*, Belin, 2002.

McLachlan, J. C., *On Growth and Form : Spatio-temporal Pattern Formation in Biology*, eds. M. A. J. Chaplain & G. D. Singh, Wiley, 1999.

Meyerson, Émile, *Identité et réalité*, Vrin, 1908.

Müller, Kurt und Gisela Krönert, *Leben und Werk von Leibniz*, Frankfurt am Mein, 1979.

Peters, F. E., *Greek Philosophical Terms : A Historical Lexicon*, New York University Press, 1967.

Petitot-Cocorda, Jean, *Morphogénèse du sens*, I, PUF, 1985.

Reichenbach, Hans, *The Direction of Time*, University of California Press, 1956.

Roger S. Woolhouse(ed.), *Gottfried Wilhelm Leibniz : Critical Assessments*, 4 vols., Routledge, 1993.

Russell, Bertrand, *A Critical Exposition of the Philosophy of Leibniz*, London, 1900.

Saunders, Peter, *Introduction to Catastrophe Theory*, Cambridge University Press, 1980.

Serres, Michel, *Le système de Leibniz et ses modèles mathématiques*, PUF, 1968.

Sklar, Lawrence, *Space, Time, and Space-Time*, University of California Press, 1977.

Thom, René, *Stabilité structurelle et morphogénèse*, InterEditions, 1972.

_____, *Esquisse d'une sémiophysique*, InterEditions, 1988.

_____, *Logos et Théorie des Catastrophes*, Actes du colloque international de 1982 sous la direction de J. Petitot, Genève, Patiño, 1988.

_____, *Apologie du logos*, Hachette, 1990.

_____, *Prédire n'est pas expliquer*, Eshel, 1991.

Thom, René, et al., *Penser les mathématiques*, Séminaire de philosophie et mathématiques de l'Ecole normale supérieure, Seuil, 1982.

Thompson, D'Arcy, *On Growth and From*, Cambridge University Press, 1961.

Wiener, Nobert, *Cybernetics: Control and Communication in the Animal and the Machine*, The MIT Press, 1948.

_____, *The Human Use of Human Beings: Cybernetics and Society*, Da Capo Press, 1950.

Zeeman, Erik C., *Catastrophe Theory*, Addison-Wesley, 1977.

개념 찾아보기

인명 찾아보기